Hans Buob

Biblische Predigten zu den Sonntagsevangelien

Lesejahr B

Hans Buob

Biblische Predigten zu den Sonntagsevangelien

Lesejahr B

UNIO VERLAG

ISBN 978-3-935189-34-7

Bibliografische Information Der Deutschen Bibliothek
Die Deutsche Bibliothek verzeichnet diese Publikation in der Deutschen Nationalbibliografie; detaillierte bibliografische Daten sind im Internet über http://dnb.ddb.de abrufbar.

November 2011
Hochaltingen, St.-Ulrich-Straße 4, D-86742 Fremdingen

Gesamtherstellung: Druckerei Steinmeier, Deiningen

Inhaltsverzeichnis

Vorwort

Liebe Leser,

mit diesem dritten Band der Betrachtungen der Sonntagsevangelien möchte ich Ihnen helfen, zu einer Vertiefung des Glaubens zu kommen. Die Beschäftigung mit dem Wort Gottes, das in sich die Kraft hat, das im Innersten des Menschen zu bewirken, was es sagt, ermöglicht wahre Veränderung.

Neuevangelisierung setzt eine Vertiefung des Glaubens voraus. Papst Benedikt XVI. wird nicht müde, dies immer wieder zu sagen. Auch Papst Johannes Paul II. weist die Priester darauf hin, das Wort Gottes in die Mitte ihrer Verkündigung zu stellen: „Wenn die Priester nur um die Kraft des Wortes Gottes wüssten!"

Ich möchte an dieser Stelle allen danken, die in selbstloser Weise mitgewirkt haben, dass die Herausgabe dieses Buches ermöglicht wurde. So bete und hoffe ich, dass die Beschäftigung mit der Hl. Schrift viele zu einem vertieften Glaubensleben verhelfe und sie so zu Zeugen des Wortes Gottes werden.

P. Hans Buob SAC

Am Fest der hl. Erzengel
Hochaltingen, 29. September 2011

Die Adventszeit

Jesus sprach zu seinen Jüngern: In jenen Tagen, nach der großen Not, wird sich die Sonne verfinstern und der Mond wird nicht mehr scheinen; die Sterne werden vom Himmel fallen und die Kräfte des Himmels werden erschüttert werden. Dann wird man den Menschensohn mit großer Macht und Herrlichkeit auf den Wolken kommen sehen. Und er wird die Engel aussenden und die von ihm Auserwählten aus allen vier Windrichtungen zusammenführen, vom Ende der Erde bis zum Ende des Himmels. Lernt etwas aus dem Vergleich mit dem Feigenbaum! Sobald seine Zweige saftig werden und Blätter treiben, wisst ihr, dass der Sommer nahe ist. Genauso sollt ihr erkennen, wenn ihr (all) das geschehen seht, dass das Ende vor der Tür steht. Amen, ich sage euch: Diese Generation wird nicht vergehen, bis das alles eintrifft. Himmel und Erde werden vergehen, aber meine Worte werden nicht vergehen. Doch jenen Tag und jene Stunde kennt niemand, auch nicht die Engel im Himmel, nicht einmal der Sohn, sondern nur der Vater. Seht euch also vor und bleibt wach! Denn ihr wisst nicht, wann die Zeit da ist. Es ist wie mit einem Mann, der sein Haus verließ, um auf Reisen zu gehen: Er übertrug alle Verantwortung seinen Dienern, jedem eine bestimmte Aufgabe; dem Türhüter befahl er, wachsam zu sein. Seid also wachsam! Denn ihr wisst nicht, wann der Hausherr kommt, ob am Abend oder um Mitternacht, ob beim Hahnenschrei oder erst am Morgen. Er soll euch, wenn er plötzlich kommt, nicht schlafend antreffen. Was ich aber euch sage, das sage ich allen: Seid wachsam!

Jesus sprach zu seinen Jüngern: In jenen Tagen, nach der großen Not, wird sich die Sonne verfinstern und der Mond wird nicht mehr scheinen; die Sterne werden vom Himmel fallen und die Kräfte des Himmels werden erschüttert werden. [Vv. 24-25]

Was hat dieses Wort Gottes uns heute in diesem Jahr zu sagen? Denn Advent ist die Zeit der Erwartung, nicht nur von damals, als die Menschen auf den Messias warteten, sondern es geht jetzt im Advent immer auch um unseren Lebensadvent, um unsere Vorbereitung auf das Kommen des Herrn hin zur Hochzeit.

Jesus spricht zu seinen Jüngern am Ölberg. Er ist wieder aus Jerusalem hinausgegangen durch den Kidron-Bach hindurch auf die andere Seite, und befindet sich somit also gleichsam gegenüber dem Tempel. Es ist die letzte Rede Jesu vor seinem Leiden.

Jesus spricht zu Beginn seiner Rede von den Tagen *„nach der großen Not"*. Was in diesen Tagen der großen Not geschieht, hat er seinen Jüngern in den Versen zuvor geschildert (Mk 13,1-23). Und er hat sie gewarnt vor den falschen Propheten und „Messiassen", die in dieser Zeit auftreten werden: *„Wenn dann jemand zu euch sagt: Seht, hier ist der Messias!, oder: Seht, dort ist er!, so glaubt es nicht."* (Mk 13,21)

Doch in diesem Evangelium kommt nun ein Übergang zu etwas ganz Neuem. „Jene Tage" sind nicht mehr die Tage der großen Drangsal und der großen Not, sondern es sind die Tage nach der großen Drangsal. In der großen Drangsal ging es um Verführung, Glaubensabfall usw. Jetzt hingegen kommen kosmische Veränderungen, die als Zeichen für die Ankunft des Herrn für alle sichtbar sind.

Während der Zeit der Verführung aber konnte man noch verführt werden, ohne es selbst überhaupt richtig zu bemerken. In dieser Zeit des Abfalls konnte vieles im Verborgenen geschehen. Jetzt aber, wo es um die Veränderung von Sonne, Mond und Sterne geht, um das Verlöschen der Lichter, ist es für alle offensichtlich. Diese äußeren Zeichen sind ein Signal für die Ankunft des Menschensohnes und es sind Zeichen, die plötzlich aufscheinen und erkennbar sind, so wie der Blitz. Wie es Jesus an einer anderen Stelle sagt: *„Denn wie der Blitz bis zum Westen hin leuchtet, wenn er im Osten aufflammt, so wird es bei der Ankunft* *des Menschensohnes sein.“* (Mt 24,27) In diesem kosmischen Zeichen also kann sich niemand mehr täuschen. Die himmlischen Kräfte weisen eindeutig auf die unmittelbar bevorstehende Ankunft des Herrn hin. Sie zeigen den Gerichtstag an.

Dann wird man den Menschensohn mit großer Macht und Herrlichkeit auf den Wolken kommen sehen.
[V. 26]

Im Griechischen heißt es wörtlich: *Sie* werden den Menschensohn kommen sehen. Mit dem „Sie“ sind die Gegner Jesu und auch die Gegner der Jünger Jesu gemeint. Auch „Sie“, die bis jetzt Christus geleugnet haben, die in der großen Drangsal, in der großen Not abgefallen sind, die sich nicht um Gott gekümmert haben und die sich auch um diese Zeichen der Not und der Drangsal nicht gekümmert haben, auch sie können sich jetzt nicht mehr täuschen. Jetzt sehen sie den Menschensohn kommen auf den Wolken des Himmels, mit großer Macht und Herrlichkeit – aber eben zu spät.

Dieser unbestimmte Plural drückt also gewissermaßen die überall wahrnehmbare Offenbarung des Menschensohnes aus, und zwar des Menschensohnes in seinem Lichtglanz und in seiner Herrlichkeit. Alle, ohne Ausnahme, werden es erkennen und es gibt jetzt keine Täuschung mehr.

Das Bild vom Kommen auf den Wolken drückt die Herrlichkeitsfülle des Endrichters aus, seine Gewalt und Macht und eben v.a. seine Gottheit. Denn „Wolke“ ist in der Bibel immer das Zeichen der Gegenwart Gottes.

Und er wird die Engel aussenden und die von ihm Auserwählten aus allen vier Windrichtungen zusammenführen, vom Ende der Erde bis zum Ende des Himmels. [V. 27]

Der erste Akt ist also, dass alle, die Christus abgelehnt und ihn nicht angenommen haben, sein Kommen mit ansehen müssen. Sie können ihn jetzt nicht mehr leugnen. Die griechische Formulierung „kai tote“ - „und dann“ weist auf etwas hin, das direkt darauf folgt, also gewissermaßen auf den zweiten Akt des Gerichttages, nämlich die Sammlung der Auserwählten.

Der Menschensohn sendet also seine Engel aus, die die Ernte einholen. Sie sammeln die Auserwählten von überall her. Und „sammeln“ heißt: aus allem herausklauben, so wie man die guten Samen aus der Kleie herausklaubt, und wie Jesus es einmal an anderer Stelle sagt: *„Von zwei Männern, die in jener Nacht auf einem Bett liegen, wird der eine mitgenommen und der andere zurückgelassen. Von zwei Frauen, die mit derselben Mühle Getreide mahlen, wird die eine mitgenommen und die andere zurückgelassen.“* (Lk 17,35)

Die Engel sammeln die Auserwählten *„aus allen vier Windrichtungen“*. Diese Formulierung enthält eine ganz tröstliche Verheißung: Kein Erwählter wird bei der Sammlung also vergessen oder übersehen – wo auch immer er sich befindet. Und das griechische Wort für „aussenden“ – Gott, Jesus sendet die Engel aus, die Auserwählten zu sammeln – „apostelein“, ist das gleiche Wort wie Jesus es gebraucht, als er die Apostel aussendet, als er ihnen Macht und Vollmacht, gewissermaßen Sendungsgewalt gibt. So wie einst die Apostel, wird er also bei seiner Wiederkunft auch die Engel mit Vollmacht senden. Sie haben die Vollmacht uns aus dieser Welt herauszulösen für die Hochzeit des Lammes.

Lernt etwas aus dem Vergleich mit dem Feigenbaum! Sobald seine Zweige saftig werden und Blätter treiben, wisst ihr, dass der Sommer nahe ist. [V. 28]

Dann bringt Jesus einen Vergleich: Der Feigenbaum ist ganz im Gegensatz zu den meisten anderen Bäumen in Palästina den

Bäumen hier bei uns sehr ähnlich. Sie werfen im Herbst das Laub ab und im Frühling treiben sie wieder frisches Laub. Die meisten Bäume in Israel hingegen sind immergrüne Bäume. Darum nimmt Jesus für das Gleichnis den Feigenbaum.

Interessanterweise vergleicht Jesus nun aber sein Kommen und das Gericht nicht mit dem Herbst – Herbst als Zeit der Ernte, Gericht als Erntezeit –, wie wir es vielleicht tun würden, sondern mit dem Frühling und mit dem Sommer. Im Frühling, wenn der Feigenbaum ausschlägt, dann wisst ihr: Der Sommer ist nahe. Es geht gleichsam um diesen Sommer des Lebens, der nie mehr endet, der nie mehr untergeht in einem kalten Winter. Das ist ein Bild für die Ewige Hochzeit des Lammes, ein Bild für das Ewige Leben, für dieses Sein bei Gott, ein ewiger Sommer.

So, wie der Feigenbaum den Sommer ankündigt, so sollen auch die Jünger anhand all der Zeichen die Nähe des Endes erkennen: vorher die große Not, die Drangsal, die viele nicht gemerkt haben oder bei der sie regelrecht abgefallen sind, aber auch jetzt die kosmischen Zeichen. Sie alle weisen auf die Nähe des Endes hin. Und die Endvollendung erfolgt eben mit der Ankunft des Menschensohnes. Diese Worte „outos kai umeis“ – „genauso sollt ihr erkennen“, zeigt die ganz starke Betonung auf, an den Zeichen der Zeit die Nähe des Endes zu erkennen: Genauso sollen die Jünger an diesen Zeichen, an Sonne, Mond und Sternen erkennen, dass die Zeit des Endes nahe ist.

Amen, ich sage euch: Diese Generation wird nicht vergehen, bis das alles eintrifft. [V. 30]

Das hebräische „Amen“ zeigt an, dass das nun Folgende absolut sicher ist. An dem, was Jesus jetzt sagt, gibt es also nichts zu deuten oder wegzunehmen. Es ist eine sehr starke Betonung der folgenden Prophetie.

„Diese Generation“ steht in der Einzahl. Es geht also um das ganze Menschengeschlecht, das nicht vergehen wird, bevor das alles geschieht. Man könnte also sagen: Die Menschheit wird nicht aussterben. Sie wird nicht ausgelöscht werden durch Atombomben oder etwas anderes, durch eigenes falsches Handeln, bevor das alles geschieht. Es gibt ja immer wieder Menschen, die „prophezeien“, dass der Mensch sich schließlich selbst vernichten wird, aber Jesus sagt uns hier etwas anderes: Die Menschheit wird die Ankunft des Menschensohnes erleben. Diese Generation wird nicht vergehen, bevor das alles geschieht.

> **Himmel und Erde werden vergehen, aber meine Worte werden nicht vergehen.** [V. 31]

Auch an dieser Stelle bekräftigt Jesus noch einmal ganz stark, dass sein Wort nicht seine Gültigkeit verliert. Es wird so sein, wie er es seinen Jüngern – und damit auch uns – gesagt hat, auch was die Zeichen der Zeit angeht, auch was die Zeichen am Himmel angeht, auch was die Drangsale angeht. Es wird so sein. Wir haben daher kein Recht, daran herumzudeuten und alles nur in einem sogenannten übertragenen Sinn zu verstehen, wo dann eigentlich nichts mehr übrig bleibt und keiner mehr weiß, auf welche Zeichen er überhaupt hören oder schauen soll. Nein, es wird nichts vergehen. Himmel und Erde werden vergehen, aber nicht seine Worte.

> **Doch jenen Tag und jene Stunde kennt niemand, auch nicht die Engel im Himmel, nicht einmal der Sohn, sondern nur der Vater. Seht euch also vor und bleibt wach! Denn ihr wisst nicht, wann die Zeit da ist.** [Vv. 32-33]

Nur der Vater kennt also den Zeitpunkt. Die Jünger haben Jesus selbstverständlich gefragt, wann das alles geschehen wird (vgl. Mk 13,3-4). Und diese Frage ist eine Frage, die auch wir immer wieder haben. Wenn wir dann von Prophetien hören über den

Weltuntergang und alles Mögliche, dann macht uns das oft neugierig und wir wollen unbedingt mehr darüber erfahren. Aber das ist dann reine Neugier und es geht uns nicht etwa um Umkehr. Deshalb gibt Jesus auch keinen Zeitpunkt an.

Denn wenn wir z.B. wüssten, dass in zehn Jahren der Herr kommt, würde so mancher sich überhaupt nicht mehr um Gott kümmern. Er würde drauflos leben und dann kurz vor der Wiederkunft des Herrn versuchen, umzukehren. Aber wenn ich ein Leben lang bewusst gegen den Heiligen Geist gesündigt habe – denn darum handelt es sich – wenn ich ganz bewusst mein Leben ohne oder gar gegen Gott gelebt habe, werde ich beim Kommen des Herrn selbst dann nicht plötzlich einfach umkehren können, wenn ich es aufrichtig will. Dann wird die Gnade total verscherzt sein. Da müsste dann schon ein großes Wunder geschehen. Damit wir also nicht in Gefahr kommen zu sündigen, ist es gut, dass wir den Zeitpunkt der Wiederkunft des Herrn nicht kennen. Wir sollen vielmehr immer in dieser Bereitschaft auf die Ankunft des Bräutigams zur Hochzeit des Lammes leben. Das ist das Entscheidende. Und das ist etwas Großartiges.

Es ist wie mit einem Mann, der sein Haus verließ, um auf Reisen zu gehen: Er übertrug alle Verantwortung seinen Dienern, jedem eine bestimmte Aufgabe; dem Türhüter befahl er, wachsam zu sein. [V. 34]

Jesus bringt jetzt das Gleichnis vom Mann, der sein Haus verlässt um auf Reisen zu gehen. Dieses Gleichnis ist ganz und gar auf ihn hin ausgerichtet: Denn er geht ja bei der Himmelfahrt weg, um dann zu einer ganz unbestimmten Zeit wieder zu kommen. Das Gleichnis zeigt, dass jeder im Haus des Herrn eine Aufgabe und eine Vollmacht bekommt. Das heißt für uns, dass jeder von uns im Reich Gottes und in der Kirche von Gott eine Aufgabe und eine Vollmacht bekommt. Wer nun seinen Auftrag und diese Vollmacht annimmt und sie täglich tut, der ist auch bereit, wenn er schläft. Der braucht nicht einmal aufwachen, wenn der Herr kommt. Er muss dann nicht plötzlich schnell aufstehen, um schnell noch etwas zu regeln, das er tags zuvor versäumt hat, und zu dem er jetzt womöglich nicht mehr kommt. Wer seinen Auftrag also treu erfüllt, den nimmt der Herr gewissermaßen aus dem Schlaf heraus. Er ist ja immer bereit. Er tut ja immer das, was der Wille des Herrn ist. Das ist die wunderbare Aussage dieser Stelle. Es geht gar nicht um Außergewöhnliches, sondern um das schlichte Erfüllen des Auftrages.

Mit dem Türhüter, der ja hier eigens erwähnt wird, spricht Jesus die Apostel und damit auch ihre Nachfolger direkt an. Wie der Türhüter sollen auch die Verantwortlichen seines Hauses, nämlich der Kirche, wachsam sein, damit kein falscher Prophet oder falscher Christus in das Haus Gottes gelangt. Wenn der Herr selbst aber wiederkommt, ist es ihre Aufgabe die Türe auch wirklich für alle zu öffnen.

Seid also wachsam! Denn ihr wisst nicht, wann der Hausherr kommt, ob am Abend oder um Mitternacht, ob beim Hahnenschrei oder erst am Morgen. Er soll euch, wenn er plötzlich kommt, nicht schlafend antreffen. [Vv. 35-36]

Jesus weist jetzt noch einmal ganz eindringlich auf den unbekannten Termin hin: Wir wissen nicht, wann der Herr kommt, wann er selbst wieder zurückkommt. Deshalb sollen alle immer in Bereitschaft sein, selbst wenn er in der Nacht kommt. Er soll uns gewissermaßen geradezu im Schlaf abholen können. Wir haben dann keine Zeit mehr, noch schnell zu ergänzen, was wir nicht richtig gemacht haben, sondern wir sollen all unsere Sachen erledigt haben. Wir sollen selbst im Schlaf die Wiederkunft des Herrn erwarten. Das ist ganz wichtig.

Mit diesem „schlafend antreffen“ – wie es im Griechischen wörtlich heißt – ist natürlich nicht das natürliche Schlafen in der Nacht gemeint. Es geht vielmehr darum, dass der Herr uns bei seiner Wiederkehr im gewünschten Zustand antrifft. Der ungewünschte Zustand wäre z.B. eine gewisse Schläfrigkeit, in der ich vieles versäumt habe und seinem Auftrag und der Verantwortung, die er mir gegeben hat, nicht gerecht geworden bin. So soll der Herr mich nicht antreffen, sondern immer im gewünschten Zustand: Ich bin immer beschäftigt mit seinem Auftrag, mit der Verantwortung in seinem Haus, die er mir gegeben hat.

Was ich aber euch sage, das sage ich allen: Seid wachsam! [V. 37]

Am Schluss des heutigen Evangeliums wird noch einmal ganz deutlich: Diese Mahnung zur Wachsamkeit gilt nicht nur den Jüngern damals, sondern allen Menschen im Hause Gottes – uns allen!

Darum ist es wichtig, dass gerade dieses Evangelium uns wieder ausrichtet auf das Kommende, damit wir eben nicht so vor uns hinleben, und dann dem Ende mit Angst und Schrecken entgegensehen. Denn das Ende ist ja die Vollendung meines Lebens. Es ist das in meinem ganzen Leben Ersehnte: dass ich diesen kommenden Herrn, diesen Bräutigam seiner Kirche, der Braut, so erwarte, wie eine Braut ihren Bräutigam am Hochzeitsmorgen erwartet und dass er mich findet nicht als einen, der überrascht wird, sondern als einen, der sich nach ihm sehnt, der unaufhörlich mit offenen Augen und mit offenen Ohren in die Zukunft hinein auf sein Kommen hört.

Wenn wir also die Zeichen der Zeit sehen: die Tage der großen Not, in denen sich die Sonne verfinstert und die Sterne vom Himmel fallen, dann soll nicht die Angst wachsen, sondern unsere Erwartung und unsere Sehnsucht. Dann soll der Herr uns als Erwartende und als Sehnende finden.

Es spielt eine entscheidende Rolle, ob der Herr mich antrifft als einen Menschen, der den Himmel so vor sich herschiebt, der es nicht eilig hat und der gar keine große Sehnsucht hat, bei diesem unendlich liebenden Gott zu sein, sondern sich lieber auf dieser Erde gemütlich einrichtet – oder ob ich mich wirklich nach dem Kommen des Herrn sehne, dass ich mich sehne nach diesem Gott, der sich nach mir sehnt. Das wird ganz entscheidend in meinem Sterben und Tod – oder eben bei der Wiederkunft des Herrn, wenn sie noch zu meinen Lebzeiten geschieht: Wie findet mich der Herr vor? Als einen Erwartenden und Sehnenden – oder als einen bestenfalls Gleichgültigen?

Man muss sich dieses Bild wirklich einmal vor Augen halten: Wie ergeht es denn einem, der eine große Sehnsucht nach mir hat und voll Freude zu mir kommt und dann erleben muss, dass ich überhaupt keine Sehnsucht nach ihm habe, dass ich eigentlich wünschte, er wäre später, zu einem „passenderen" Zeitpunkt gekommen, dass ich noch so viele andere Dinge habe, die mir (scheinbar!) mehr Spaß machen als dieses Du. Genau so ergeht es Gott mit uns!

Dieses Evangelium will uns also wirklich wieder daraufhin vorbereiten, dass wir das Ziel vor Augen nicht vergessen: nämlich die Hochzeit des Lammes. Das ist etwas Großartiges, etwas Ewiges, etwas, das nicht mehr vergeht, etwas, wo es keinen düsteren Montag mehr gibt, sondern wo wir für immer in diesem Auferstehungstag bleiben, dem Tag der Hochzeit mit dem Lamm. Lassen wir uns von diesem Gotteswort und in diesem Advent also wirklich wieder auf dieses Ziel hin ausrichten und lassen wir es uns wirklich etwas kosten in unserem Betrachten, in unserem Beten – damit Gott wieder Sehnsucht für uns wird, damit die Ankunft des Herrn Sehnsucht für uns wird, damit der Himmel Sehnsucht für uns wird. Denn nur dann werden wir alles das auch von ihm empfangen.

Anfang des Evangeliums von Jesus Christus, dem Sohn Gottes: Es begann, wie es bei dem Propheten Jesaja steht: Ich sende meinen Boten vor dir her; er soll den Weg für dich bahnen. Eine Stimme ruft in der Wüste: Bereitet dem Herrn den Weg! Ebnet ihm die Straßen! So trat Johannes der Täufer in der Wüste auf und verkündigte Umkehr und Taufe zur Vergebung der Sünden. Ganz Judäa und alle Einwohner Jerusalems zogen zu ihm hinaus; sie bekannten ihre Sünden und ließen sich im Jordan von ihm taufen. Johannes trug ein Gewand aus Kamelhaaren und einen ledernen Gürtel um seine Hüften, und er lebte von Heuschrecken und wildem Honig. Er verkündete: Nach mir kommt einer, der ist stärker als ich; ich bin es nicht wert, mich zu bücken, um ihm die Schuhe aufzuschnüren. Ich habe euch nur mit Wasser getauft, er aber wird euch mit dem Heiligen Geist taufen.

Anfang des Evangeliums von Jesus Christus, dem Sohn Gottes: [V. 1]

Wir wollen auch heute wieder hineinhören, was dieses Evangelium, dieses Wort Gottes uns in unseren Lebensadvent hinein sagen will. Zu Beginn heißt es: „*Anfang des Evangeliums*“. Was heißt das? Gemeint ist Anfang und Grundlage des Evangeliums, nämlich die Geschichte Jesu Christi. Das Leben Jesu Christi – von der Taufe im Jordan durch Johannes bis hin zu Jesu Tod und Auferstehung – ist Anfang und Grundlage des Evangeliums.

Markus nennt Jesus den „Christus“, den „Gesalbten“ und er sagt sogar noch genauer „der Sohn Gottes“. Das ist ein zu beachtendes Wort. Markus nennt den ganzen Doppelnamen Jesu. Dieses „Christus“ bezeugt: Dieser Jesus ist nicht irgendein Jesus, sondern er ist der Christus, der Gesalbte. Es ist der Sohn Gottes und das Evangelium ist die Verkündigung seines Lebens und seiner Lebensbotschaft von der Taufe im Jordan bis hin zu seinem Tod und seiner Auferstehung.

Es begann, wie es bei dem Propheten Jesaja steht: Ich sende meinen Boten vor dir her; er soll den Weg für dich bahnen. Eine Stimme ruft in der Wüste: Bereitet dem Herrn den Weg! Ebnet ihm die Straßen! [Vv. 2-3]

Markus zitiert nun den Propheten Jesaja und – ungenannt – den Propheten Maleachi, die ja beide vom wiederkommenden Herrn sprechen. Hier nun ist die Rede vom wiederkommenden Elias, der hier indirekt klar auf Johannes gedeutet wird. Johannes ist Elias, er ist der, der vor Christus herkommt und ihm den Weg bereitet. Mit dieser Gleichsetzung von Johannes und Elias ist also zugleich bereits zu Beginn des Evangeliums auch Jesus als der erwartete Messias klar bekannt.

So trat Johannes der Täufer in der Wüste auf und verkündigte Umkehr und Taufe zur Vergebung der Sünden. [V. 4]

Das zuvor zitierte prophetische Wort wird nun ganz konkret auf Johannes angewandt. Es findet seine Erfüllung in der Gestalt des Johannes. Der Ort, an dem Johannes wirkt und verkündet, ist die Wüste, und zwar die Araba, der unteren Jordansenke in Richtung des Toten Meeres. An dieser Stelle hat bereits Elija viele Wunder gewirkt und von dort aus fuhr er in den Himmel auf. Das ist wohl mit ein Grund dafür, dass die Schrift sagt, dass Elija wiederkommen wird, um den Messias vorzubereiten. Und Jesus verkündet nun: In diesem Johannes *ist* Elija bereits wieder gekommen. Er hat den Weg bereitet.

Genau an dieser Stelle also tauft Johannes und ruft eine Taufe „des Umdenkens“ aus, wie es wörtlich heißt. Das ist eine wichtige Formulierung, denn all unsere Worte und all unser Tun gehen immer vom Denken aus. Immer wieder müssen wir unser Denken ins Lot bringen und umdenken, damit unsere Worte und unsere Taten dann auch diesem Denken entsprechen.

Aufgrund der Erbsünde sind wir alle im Grunde ja Egoisten, die nur an sich selbst denken: Was bringt es? Was gibt es mir? Hat es einen Sinn, wenn ich es tue? Gewinne ich etwas dabei? Verliere ich etwas dabei? Bekomme ich Ansehen oder nicht? Bekomme ich Geld oder nicht? usw. Umdenken heißt nun: Weg von mir und hin zu Gott. Ich denke jetzt von Gott her. Was ist der Wille Gottes? Was ist eigentlich sein Weg, den er mit mir gehen will? Ich versuche, von ihm her die Zeichen der Zeit zu sehen. Ich suche von ihm her das, was um mein Leben herum sich so gibt und zeigt, zu erklären, zu verstehen, zu durchschauen, auch in mir selbst, meine Freuden, meine Leiden richtig einzuordnen. Das heißt „umdenken". Johannes verkündet eine Taufe des Umdenkens, mit der dieser Egoismus gleichsam abgewaschen werden soll, damit wir fähig werden, von Gott her zu denken.

Diese Taufe der Umkehr und des Umdenkens hat bei Johannes die Bedeutung eines Zeichens. Sie bewirkt noch nicht die Vergebung der Sünden, aber sie gibt dem Umkehrenden die Gewissheit, dass seine Umkehr gültig ist und dass sie von Gott anerkannt wird. Diese Umkehr ist die Voraussetzung dafür, dass der Mensch dann, wenn der Messias kommt, von Gott her denken kann und ihn erkennt, dass er nicht von sich her denkt, wie es die Pharisäer und die Schriftgelehrten tun. Sie hatten ein bestimmtes Bild – wir werden es an einem anderen Adventssonntag noch sehen – dem der Messias entsprechen musste.

Aber um genau dieses Umdenken geht es: Nicht, was ich mir vorstelle und was ich bestimme ist entscheidend, sondern mein „Ich" muss weg. Ich muss von Gott her denken. Deshalb ist diese Johannes-Taufe für die Umkehrenden die Gewissheit, dass sie ihre Umkehr gültig vollzogen haben und dass diese Umkehr von Gott anerkannt ist. Damit haben sie einen Weg bereitet für das Kommen des Messias, damit sein Wort bei ihnen ankommen kann und nicht an ihrem Egoismus und an ihrem eigenwilligen Denken abprallt. Diese Taufe bereitet also Jesus den Weg zu den Herzen der Menschen. Der Mensch öffnet sich in dieser Taufe, indem er nicht mehr von sich her denkt – der Messias muss so sein, wie ich ihn mir vorstelle – sondern von Gott her denkt: Dieser Messias darf sich mir offenbaren. Ich höre. Ich lasse mich belehren. Und genau das ist letztlich das Anliegen des Johannes: Er richtet die Blicke auf die Ankunft des Herrn, damit die Menschen auf den schauen, der kommen soll, damit sie offen sind, sich überraschen lassen.

Ganz Judäa und alle Einwohner Jerusalems zogen zu ihm hinaus; sie bekannten ihre Sünden und ließen sich im Jordan von ihm taufen. [V. 5]

Wir sehen hier an dieser Stelle schon beim Boten und Vorläufer, nämlich Johannes, das, was dann bei Jesus noch deutlicher wird: Das Evangelium ist nicht nur Predigt, also Wort, sondern viel mehr. Johannes handelt mehr als er redet. Er verkündet nicht nur eine Bußtaufe, sondern er tauft auch schon. Er zeigt einen Weg der Umkehr, einen konkreten Schritt der Umkehr, so dass die Menschen nicht bloß *wissen,* was sie tun sollen, sondern es auch konkret *tun* können.

Vielleicht ist das heute oft genauso: Es wird zu viel verkündet, aber es werden zu selten Schritte der Umkehr angeboten. Wenn wir den Menschen nur sagen, dass im Adventsevangelium die Aufforderung steht: Kehrt um!, so nehmen sie das vielleicht zur Kenntnis. Aber wenn sie dann nach Hause gehen, wissen sie noch immer nicht, wie diese Umkehr aussehen könnte, was sie ganz konkret jetzt tun sollen.

Johannes und auch nach ihm Jesus hingegen haben mehr getan als geredet. Sie haben den Menschen Wege aufgezeigt. Jesus hat ihnen das Heil offenbart in den Zeichen, Wundern und Heilungen usw. In diesen Dingen wurde das, was er verkündet hat, spürbar, erfahrbar. Und so auch bei Johannes: Die Menschen kommen nicht nur zu ihm und hören, dass sie umkehren sollen, sondern Johannes sagt ihnen auch klipp und klar, wovon sie umkehren sollen und wie diese Umkehr konkret aussehen soll. Alle mögliche Menschen – selbst Soldaten, die ja Römer und damit Heiden waren – sind so von Johannes fasziniert, dass sie zu ihm kommen und fragen: Johannes, was sollen wir tun?. Und er wird in seiner Antwort ganz praktisch und konkret: Fordert nicht mehr Lohn als ihr bekommt und geht mit den Leuten anständig und menschenwürdig um als Soldaten. Und auch den Pharisäern und Zöllnern sagt er ganz konkret was sie tun und wie sie leben sollen. Und dann setzte er ein Zeichen: Wer diese Umkehr jetzt wirklich vollziehen will, der kann sich taufen lassen. So wie Johannes müssen auch wir den Menschen Wege anbieten, Schritte, die sie tun können. Im Tun erfahren sie eine Veränderung ihres Lebens.

Die Menschen kommen zu Johannes und sie bekennen ihre Sünden. So erst kommt es zu einer echten Herzensreue. Zuerst muss das Bekenntnis der Sünden kommen und nur dann kann sich in uns auch wirklich eine neue Schöpfung ereignen. Und genau das ist das Problem heute. Wir Menschen haben kein Sündenbewusstsein mehr und deshalb auch keine Herzensreue mehr. Manche Menschen sagen: Ach, ich habe vielleicht einmal gebeichtet vor vielen Jahren, aber ich wüsste jetzt nicht, was ich falsch gemacht habe. Also ich muss Ihnen ehrlich sagen, ich muss jede Woche oder alle 14 Tage beichten, weil ich einfach so viel spüre, was egoistisch ist, was nicht gut ist, was nicht gottgewollt ist, was einfach irgendwie alles Gute, das man zu tun versucht, immer wieder mit Negativem, Egoistischem usw. durchsäuert. Wenn ich jedoch kein Sündenbewusstsein mehr habe, dann spüre ich das alles nicht mehr. Dann kommt es aber auch nicht zur Herzensreue. Dann bin ich auch nicht mehr offen für die Botschaft Jesu. Dann werde ich auch da sehr kühl, ja geradezu verstockt. Die Sünde in mir, die ich selbst nicht mehr erkenne, blockiert mein Hören auf die Botschaft Jesu.

Ein Weiteres: Johannes macht Israel klar, dass es kein Recht habe auf den Messias trotz der vielen Propheten, die den Messias voraus verkündeten. Sie haben nicht einfach ein Recht auf den

Messias, sondern Voraussetzung ist Bußfertigkeit. Sie müssen zuerst wirklich umdenken. Sie müssen von Gott her denken. Sie müssen ihre Sünden bekennen. Dann werden sie den Messias erkennen. Dann ersehnen sie ihn, denn je mehr ich meine Sünde erkenne, umso mehr sehne ich mich nach Vergebung.

Wenn ich einfach nur sage: „Ich bin Israelit" oder: „Ich bin ein Christ. Ich habe ein Recht, von Christus angenommen zu werden" usw., dabei aber überhaupt kein Schuldbewusstsein mehr habe, dann kann Christus sich mir nicht mehr offenbaren. Die Hörfähigkeit auf Gott hin ist blockiert.

Die Taufe des Johannes ist nun noch nicht selbst Vergebung, das konnte nur Jesus, der Sohn Gottes. Aber sie weckt die Sehnsucht nach Vergebung und damit die Sehnsucht nach dem, der vergeben kann. Ohne Sündenbewusstsein gibt es keine Sehnsucht nach Vergebung. Wenn ich schon gar kein Sündenbewusstsein habe, wie soll ich eine Sehnsucht nach Vergebung haben? Das ist der wahre Lebensadvent. In diesem Advent wächst die Sehnsucht nach Vergebung, die Sehnsucht nach dem Kommen des Herrn. Aber voraus geht das Sündenbewusstsein.

Es ist dabei nicht so, dass mit der Umkehr und Buße des Menschen alles getan ist – das ist nur die Voraussetzung. Entscheidend ist Gottes mächtige Vergebungstat, die uns durch Jesus Christus geschenkt wird. Die Taufe des Johannes aber erzeugt erst einmal ein Bewusstmachen der Sünde, ein echtes Bereitsein, umzukehren und ein Wachsen der Sehnsucht nach Vergebung, nach dem, der Vergebung schenken kann, nach dem Messias. In diesem Sinne ist Johannes der Vorläufer, der Wegbereiter.

Johannes trug ein Gewand aus Kamelhaaren und einen ledernen Gürtel um seine Hüften, und er lebte von Heuschrecken und wildem Honig. [V. 6]

Johannes wird hier geschildert als einer, der nicht nur von Buße redet, sondern selber Büßer ist, der selber ganz auf Gott hin und von Gott her lebt, der dieses Umdenken vollzieht und vollzogen hat. Damit ist er die eigentliche Hoffnung auf Vergebung. Wenn Johannes schon so lebt, dann muss ja der, auf den er hinweist, bald kommen. Er ist so gleichsam der Durchblick auf die Vergebung hin, die kommt.

Alle vier Evangelien führen uns über den strengen Johannes den Täufer zu Jesus. Wenn also die frohe, mächtige Botschaft Jesu uns erreichen soll, dann muss zuerst die ernste und aufwühlende Unruhe eines Johannes über uns kommen. Wir müssen uns dann zuerst von Johannes zum Umdenken führen lassen. Wir müssen uns zuerst zum Sündenbewusstsein hinführen lassen und die Sünden bekennen, wie es hier heißt, damit uns dann wirklich diese mächtige Botschaft erfasst und verändert.

Er verkündete: Nach mir kommt einer, der ist stärker als ich; ich bin es nicht wert, mich zu bücken, um ihm die Schuhe aufzuschnüren. [V. 7]

Man muss bedenken, dass Israel seit 500 Jahren keinen Propheten mehr hatte. Und dann kommt da dieser Johannes und macht einen ungeheuren Eindruck auf die Menschen, selbst auf die heidnischen Soldaten. Das spüren wir in allen Evangelien.

Wenn aber jemand durch seine überzeugende Lebensweise so starken Einfluss auf die Menschen hat, besteht immer die Gefahr, dass wir Menschen an solch einer Person hängen bleiben und so gar nicht zu dem gelangen können, auf den er hinweist. Wir bleiben gleichsam beim Wegweiser stehen und kommen nicht zum Ziel. Deshalb weist dieser geachtete und viel geschätzte Johannes ganz klar von sich weg auf den Stärkeren, der nach ihm kommt. Das ist Umkehr, Umdenken. Johannes muss von vorneherein Klarheit schaffen für seine Zuhörer. Nicht er ist der Messias.

Nicht durch ihn bekommen sie die Erlösung und die Vergebung der Sünden. Er, Johannes, ist nicht einmal gut genug, dem kommenden Propheten einen Sklavendienst zu leisten. Das wird ein ganz anderer sein, ein viel Mächtigerer eben, der sogar die Sünden vergeben kann.

Das ist ein ganz wichtiger Punkt für alle, die im Reiche Gottes tätig sind, also für uns alle. Wie oft können wir wirkliche seelische Leiden von Menschen erleben, die durch einen Menschen ein Stück des Lebens geistlich geführt wurden und ihm viel verdanken, der sie dann aber nicht loslassen, nicht an einen anderen weitergeben kann. Ein solcher Mensch missbraucht dann seinen Dienst, um diese Menschen für sich festzuhalten. Das sind immer ganz große geistliche Leiden. Ich darf als Wegweiser die Menschen nicht festhalten, sondern muss sie aufs Ziel hinwerfen und hinschicken, muss sie absolut von mir lösen. Sie dürfen sich nicht an mich binden, sondern sollen sich ja an Christus binden. Das ist die Botschaft des Johannes und da sollten auch wir überlegen, ob wir nicht Menschen binden anstatt sie zu Christus zu führen. Das können auch Eltern sein, die die Kinder an sich binden und sie den Weg, den sie eigentlich von der Berufung her, von Gott her gehen sollten, nicht gehen lassen, weil sie die Kinder bei sich, ja für sich haben wollen. Wir müssen freigeben. Wir sind nur Vorläufer. Wir sind Ankünder dessen, der viel stärker ist, der kommen wird, auf den hin sich die Menschen orientieren sollen.

Ich habe euch nur mit Wasser getauft, er aber wird euch mit dem Heiligen Geist taufen. [V. 8]

Johannes stellt jetzt seine Taufe mit Wasser der Taufe Jesu gegenüber, nämlich der Taufe mit Heiligem Geist. Er weist wiederum ganz von sich weg. Was er mit Wasser tut, nämlich taufen als Zeichen, das kann jeder tun. Aber jener, der kommen wird, auf den er hinweist und dessen Wegbereiter er ist, der wird mit Heiligem Geist taufen. Das kann nicht jeder. Das kann keiner außer ihm. Unter seinen Händen wird alles heilig und Heil bringend.

Obwohl Johannes also der Gottgesandte ist, so ist er doch vor Jesus, den er den Menschen offenbart und vorbereitet, eigentlich nichts. Er ist nicht einmal wert, ihm wie ein Sklave die Schuhriemen zu lösen. Und in der Tat: Wie sollte je ein Mensch sich vor Christus hinstellen und Christus die Schuhriemen lösen wollen? Wie könnte ein Mensch einen solchen Stolz aufbringen, als wäre er etwas Besonderes – wenn sich nicht einmal Johannes würdig fühlt, diesen niedersten Sklavendienst zu tun. Das Markusevangelium beginnt also gewissermaßen damit, dass im Angesicht Gottes alle Menschengröße geradezu hinweggefegt wird. Gott allein bleibt der Wirkende. Das ist diese massive Aussage am Anfang des Markusevangeliums. Johannes, der Geschätzte, Johannes, der Wegbereiter, Johannes, der Größte unter den von Frauen Geborenen – wie Jesus sagt – er ist nicht einmal wert, Schuhriemen aufzulösen, d.h. er ist vor ihm, der kommt, gar nichts.

Nehmen wir uns in diesem Advent auch dieses Evangelium zu Herzen und schauen wir, welcher Punkt in diesem Wort Gottes für uns entscheidend und wichtig ist, um zu einer echten Umkehr zu kommen, um Christus wirklich nachzufolgen und auch andere Menschen auf diesem Nachfolgeweg mitzunehmen.

Es trat ein Mensch auf, der von Gott gesandt war; sein Name war Johannes. Er kam als Zeuge, um Zeugnis abzulegen für das Licht, damit alle durch ihn zum Glauben kommen. Er war nicht selbst das Licht, er sollte nur Zeugnis ablegen für das Licht. Dies ist das Zeugnis des Johannes: Als die Juden von Jerusalem aus Priester und Leviten zu ihm sandten mit der Frage: Wer bist du? bekannte er und leugnete nicht; er bekannte: Ich bin nicht der Messias. Sie fragten ihn: Was bist du dann? Bist du Elija? Und er sagte: Ich bin es nicht. Bist du der Prophet? Er antwortete: Nein. Da fragten sie ihn: Wer bist du? Wir müssen denen, die uns gesandt haben, Auskunft geben. Was sagst du über dich selbst? Er sagte: Ich bin die Stimme, die in der Wüste ruft: Ebnet den Weg für den Herrn!, wie der Prophet Jesaja gesagt hat. Unter den Abgesandten waren auch Pharisäer. Sie fragten Johannes: Warum taufst du dann, wenn du nicht der Messias bist, nicht Elija und nicht der Prophet? Er antwortete ihnen: Ich taufe mit Wasser. Mitten unter euch steht der, den ihr nicht kennt und der nach mir kommt; ich bin es nicht wert, ihm die Schuhe aufzuschnüren. Dies geschah in Betanien, auf der anderen Seite des Jordan, wo Johannes taufte.

Es trat ein Mensch auf, der von Gott gesandt war; sein Name war Johannes. Er kam als Zeuge, um Zeugnis abzulegen für das Licht, damit alle durch ihn zum Glauben kommen. Er war nicht selbst das Licht, er sollte nur Zeugnis ablegen für das Licht. [Vv. 6-8]

Auch im Evangelium des heutigen Adventssonntags begegnet uns wieder Johannes, der Vorläufer Jesu, der die Ankunft des Herrn vorbereitet. Das ist zugleich ein Hinweis für uns darauf, dass auch wir jetzt im Lebensadvent in der Erwartung des wiederkommenden Herrn, wie Johannes den Weg bereiten sollen zu den Herzen der Menschen. Dazu aber müssen wir durchlässig werden für den Herrn auf andere hin. Es geht also auch um unser Handeln an den andern.

Die ersten drei Verse sind aus dem Prolog des Johannes genommen. Sie machen zunächst deutlich, dass Johannes ein Gesendeter ist. Er hat keine Sendung aus sich selbst heraus. Er hat sie sich nicht selbst genommen, sondern es ist eine ewige Sendung von Gott her, wie sie durch die Propheten vorausgesagt ist. Das kommt auch später in seiner Antwort zum Ausdruck, als er von den Verantwortlichen in Jerusalem gefragt wird, wer er sei (vgl. Joh 1,19-28).

Johannes ist von Gott gesandt als Zeuge. Er ist nicht selbst das Licht, sondern soll Zeugnis vom Licht geben, damit die Menschen durch ihn zum Glauben kommen. Und genau das ist auch unsere Sendung: Wir sollen wie Johannes sein; wie er sollen wir Zeugnis geben vom Licht, damit andere durch uns zum Glauben kommen. Dieses Zeugnis aber können wir nur geben, wenn wir zuvor selbst dieses Licht erfahren haben.

Dies ist das Zeugnis des Johannes: Als die Juden von Jerusalem aus Priester und Leviten zu ihm sandten mit der Frage: Wer bist du? bekannte er und leugnete nicht; er bekannte: Ich bin nicht der Messias.

[Vv. 19-20]

Johannes wird nun von den Verantwortlichen in Jerusalem gewissermaßen „amtlich" geprüft. Diese handeln ja in der Autorität des Moses, auch wenn ihr Tun nicht immer ihren Worten bzw. dem Gesetz des Moses entspricht. Dennoch haben sie die Autorität und das Recht, Johannes zu prüfen. Deshalb ist dieses Zeugnis des Johannes ein „amtliches" Zeugnis. Es wird dem Johannes von den Verantwortlichen abverlangt und Johannes muss ihnen gehorchen, wenn er ein echter Prophet ist.

Johannes aber stellt sofort klar, dass er eben nicht der Messias ist, wie vielleicht manche glauben mögen, sondern „nur" sein Zeuge. Er ist nicht selbst das Licht, sondern nur Zeuge des Lichtes.

Sie fragten ihn: Was bist du dann? Bist du Elija? Und er sagte: Ich bin es nicht. Bist du der Prophet? Er antwortete: Nein. [V. 21]

Die Frage, ob er dann vielleicht Elija sei, rührt daher, weil es in der Schrift heißt, dass Elija wiederkommen wird, um den Messias vorzubereiten. Als Johannes auch das verneint, fragen sie ihn, ob er „der Prophet" sei. Damit ist der Prophet gemeint, den Mose vorausverkündet hat: *„Einen Propheten wie mich wird dir der Herr, dein Gott, aus deiner Mitte, unter deinen Brüdern erstehen lassen."* (Dtn 18,15) Doch auch diese Frage muss Johannes verneinen, denn der Prophet, den Mose meint, ist Jesus selbst, der zweite Mose, der große Mose, der den Menschen wirklich aus der Gefangenschaft der Sünde in die Freiheit der Erlösung führt.

Diese Fragen machen deutlich, wie sehr die Verantwortlichen in Jerusalem, die Schriftgelehrten und Pharisäer und auch der Hohe Rat, auf diese drei Gestalten: Messias, Elija und „der Prophet" festgelegt sind. Denn das sind die in der Schrift angekündigten Personen, die kommen sollen und die auch die Endzeit einleiten werden.

Da fragten sie ihn: Wer bist du? Wir müssen denen, die uns gesandt haben, Auskunft geben. Was sagst du über dich selbst? Er sagte: Ich bin die Stimme, die in der Wüste ruft: Ebnet den Weg für den Herrn!, wie der Prophet Jesaja gesagt hat. [Vv. 22-23]

Die Abgesandten geben sich mit den Antworten des Johannes nicht zufrieden. Johannes soll sich vor dem Hohen Rat nicht mit eigenen Worten verteidigen, sondern sie wollen einen Schriftbeweis. Der Messias, Elija oder der Prophet – das alles wäre ein Schriftbeweis. Da Johannes dies alles aber verneint, bleiben sie hartnäckig: *„Wer bist du?"*

Und Johannes gibt ihnen nun den geforderten Schriftbeweis für seine Sendung, indem er Jes 40,3a aufgreift, wo es heißt: *„Eine*

Stimme ruft: Bahnt für den Herrn einen Weg durch die Wüste!" Neben Elija und dem Propheten gab es mit Jesaja eben noch eine andere Gestalt in der Schrift, die das Kommen des Messias vorbereiten sollte. Die Rede ist hier allerdings nur von der Stimme, nicht vom Rufer selbst. Es kommt also auf die Person des Rufenden überhaupt nicht an. Und ebenso kommt es auch auf Johannes letztlich gar nicht an, sondern er selber bleibt im Hintergrund. Er ist nur die Stimme eines Rufenden, gleichsam die Stimme dessen, der kommen wird. Er bereitet vor. Entscheidend aber ist, dass diese Stimme ertönt und auch gehört wird. Nur so kann sie den Weg ebnen.

Interessant ist hier nun die Reaktion der Abgesandten, die zeigt, dass sie mit dieser Stimme, von der der Prophet Jesaja spricht, eigentlich nichts anfangen können. Sie sind festgelegt nur auf diese drei: den Messias und seine Vorbereiter Elija und „der Prophet". Aber alle drei lassen sich scheinbar nicht auf Johannes anwenden, und den vierten, die Stimme des Rufers in der Wüste, kennen sie nicht. Sie haben sie nicht in ihrem Repertoire des Denkens und deshalb spielt sie für sie auch keine Rolle. Sie hören nicht hin. Wenn sie aber hinhören würden, könnten sie erkennen, dass sie den Propheten Jesaja in all ihren Vorstellungen übersehen oder vergessen haben. Aber sie übergehen die Antwort des Johannes. Ihre Reaktion ist kein echtes Hören und keine echte Besinnung.

Hier wird eine große Gefahr auch im religiösen Bereich deutlich. Wie oft sind auch wir auf bestimmte Dinge festgelegt (oder lassen uns von anderen festlegen), so dass wir eine sehr verengte Sichtweise haben und unsere eigene Vorstellung darüber, wie es im Reich Gottes zu sein hat. Aber dann sind wir nicht mehr offen für das Wort Gottes und für sein Wirken. Diese „Sturheit" blockiert uns dann geradezu. Darum sollen wir immer offen sein auf Gott hin und auf die Schrift hin, so dass wir auch heute die Stimme des Rufers in der Wüste wirklich hören können. Vielleicht kommt diese Stimme aus einer (geistlichen) Richtung oder von einer Person, mit der ich gar nicht rechne oder die mir sogar suspekt ist. Dann ist es ganz wichtig, wirklich offen hören zu können. Die Abgesandten von Jerusalem konnten das nicht mehr. Sie waren blockiert. Sie waren festgelegt und festgefahren. Dadurch verbauen wir uns so viel an Zuwendung Gottes uns gegenüber. Denn wenn wir uns derart versteift haben auf bestimmte Ideen und Gedanken, kann Gott uns gar nicht mehr in unserem Innersten erreichen. Darum ist es so wichtig uns immer wieder selbst zu prüfen. Wir müssen hören können – hören können auch einmal auf Dinge, die wir noch nicht beachtet haben, die uns noch nicht in den Sinn gekommen sind, die wir überlesen und übersehen haben – um dann auch zur Besinnung zu kommen.

Die Abgesandten aus Jerusalem jedoch handeln hier, wie bereits erwähnt, nicht so. Sie beachten nicht, dass die Heilige Schrift von dieser Stimme in der Wüste tatsächlich schreibt und dass der Ruf dieser Stimme entscheidend sein könnte – und damit auch der Ruf des Johannes. Sie ignorieren es und damit ist auch Johannes für sie nicht mehr ernst zu nehmen. Sie fragen erst gar nicht mehr nach der Wahrheit seines Wortes. Und auch hier ergeht wieder die Warnung an uns: Wir müssen sehr aufpassen, dass wir nicht einen Menschen, der vielleicht einige Fehler hat oder gemacht hat, einfach abtun und nicht mehr auf ihn hören. Es könnte sein, dass gerade durch ihn und gerade heute Gott zu mir sprechen möchte.

Unter den Abgesandten waren auch Pharisäer. Sie fragten Johannes: Warum taufst du dann, wenn du nicht der Messias bist, nicht Elija und nicht der Prophet? [Vv. 24-25]

Im weiteren Verlauf des Gespräches schalten sich nun die anwesenden Pharisäer ein und versuchen Johannes jetzt auf ihrer Ebene auszufragen. An ihrer Frage wird deutlich, dass nicht seine *Verkündigung* Anstoß erregt – denn das ist ja der Aufruf zur Umkehr –, sondern sein *Tun*, nämlich seine Buß- und Umkehr-

Taufe. Für die Pharisäer stellt sich hier die Frage, ob diese Taufe des Johannes vor Gott Geltung hat. Ist sie autorisiert?

Indem die Pharisäer also infrage stellen, ob er überhaupt das Recht zu einer solchen Taufe hat, wird gerade deutlich, dass diese Taufe Scheidung und Entscheidung bewirkt. Denn die Pharisäer sprechen ihm dieses Recht ja ab und lassen sich dann konsequenterweise auch nicht taufen. Damit aber wird dieses Tun des Johannes für die Abgesandten von Jerusalem zu einer regelrechten Scheidung und Entscheidung für oder gegen diesen Christus, wie es ja nachher sehr deutlich wird, als Jesus in Erscheinung tritt.

Er antwortete ihnen: Ich taufe mit Wasser. Mitten unter euch steht der, den ihr nicht kennt und der nach mir kommt; ich bin es nicht wert, ihm die Schuhe aufzuschnüren. Dies geschah in Betanien, auf der anderen Seite des Jordan, wo Johannes taufte. [Vv. 26-28]

Eigentlich müsste die Antwort des Johannes die Pharisäer und auch die anderen Abgesandten aus Jerusalem aufhorchen lassen: *„Mitten unter euch steht der, den ihr nicht kennt und der nach mir kommt; ich bin es nicht wert, ihm die Schuhe aufzuschnüren.“* Die natürliche Reaktion wäre jetzt, nachzufragen, wo genau denn sich derjenige, auf den alle schon so lange warten, befindet. Aber so, wie sie schon die „Stimme in der Wüste“ nicht akzeptiert haben, nehmen sie auch dieses entscheidende Wort nicht ernst. Für sie ist das alles einfach undenkbar.

Johannes selbst erklärt sich für unwürdig, dem, der „mitten unter euch“ steht, die Schuhriemen zu lösen. Er ist also nicht einmal würdig ihm einen Sklavendienst zu tun. Johannes nimmt sich dadurch ganz zurück, damit der, der schon „mitten unter euch“ ist, wirklich herauskommt. Er will ihn nicht durch seinen Schatten verstecken, sondern: Er, Christus, ist das Licht. Johannes gibt nur Zeugnis vom Licht. Johannes will damit diesen Abgesandten und allen Zuhörern eigentlich sagen: Fragt nicht nach mir, fragt nach ihm. Johannes weist also von sich weg auf Jesus hin. Diese Bewegung finden wir immer wieder, wenn wir im Evangelium auf Johannes stoßen.

Als Jesus dann tatsächlich am Jordan auftritt, sagt Johannes zu seinen Jüngern: Seht das Lamm Gottes! und diese wenden sich von Johannes ab und folgen Jesus. Und Johannes lässt sie gehen. Er hält niemanden fest. Er führt alle hin zu Jesus. Das ist eben diese ganz entscheidende Sendung des Johannes und durch das Evangelium des Advents auch unsere Sendung: Wie er, sollen auch wir die Menschen immer wieder wegschicken von uns hin zu Gott.

Wie kommt aber nun Johannes zu dieser Sicherheit im Hinblick auf Jesus? Das Zeugnis des Johannes besteht in den Aussagen, die er im heutigen Evangelium und im Anschluss daran (vgl. Joh 1, 29-39) über sich und über Jesus macht: *„Ich sah, dass der Geist vom Himmel herabkam wie eine Taube und auf ihm blieb."* (Joh 1, 32) Das ist das Zeugnis des Johannes: Er hat es gesehen. Und ihm wurde gesagt: *„Auf wen du den Geist herabkommen siehst, und auf wem er bleibt, der ist es, der mit dem Heiligen Geist tauft."* (Joh 1,33) Der Geist Gottes kommt nicht im Sturm und er kommt nicht im Feuer, sondern er kommt in diesem sanften Wehen, in diesem sanften Schweben, eben wie eine Taube. Das ist sein Wesen und deshalb ist die Taube das Symbol für den Heiligen Geist.

Diesen Heiligen Geist sieht Johannes nun also auf Jesus ruhen, und dieses Bleiben des Geistes ist etwas ganz Neues. Denn im Alten Testament war das Wirken des Geistes eine zeitlich begrenzte Inspiration, bei der der Geist jemand angesprochen oder durch jemanden gesprochen hat. Jetzt aber ruht der Geist Gottes auf Jesus – und bleibt auf ihm. Das ist das Zeichen dessen, der „unter euch steht" und nur weil der Geist Gottes auf Jesus bleibt, wird er mit Heiligem Geist taufen und diese Taufe ist dann nicht mehr nur Zeichen für Umkehr oder zur Vorbereitung auf das, was kommt. Diese Taufe schenkt in Wirklichkeit das Heil und das neue Leben und die Vergebung. Der Heilige Geist ist Jesu bleibender Besitz und nur aus ihm heraus ist sein Tun geistgewirktes Tun. *„Ich bezeuge: Er ist der Sohn Gottes."* (Joh 1,34)

Der Sohn Davids könnte nicht Sünden vergeben, wenn er „nur" Sohn Davids wäre. Nein, er ist Sohn Gottes und aus der Kraft Gottes handelt er. Daher müssen auch wir uns in dieser Adventszeit wieder fragen: Wer ist Christus für mich? Wir müssen aufpassen, dass wir nicht an irgendwelchen Jüngern hängenbleiben, an Propheten, die er sendet, sondern dass wir nach ihm selbst fragen. Natürlich können wir uns z.B. an den Heiligen orientieren, aber auch sie weisen uns – wie Johannes – auf Christus hin. Fragen wir also nach Christus und nicht so viel nach uns selbst! Wer ist dieser Christus für uns?

Entscheidend ist also, nach wem ich frage. Als die Jünger des Johannes auf sein Wort hin: *„Seht, das Lamm Gottes!"* (Joh 1,36) von ihm weggehen und Jesus folgen, wendet sich Letzterer ihnen zu und fragt sie: *„Was wollt ihr?"* (Joh 1,38a) Das ist interessant. Er sagt nicht: *Wen* sucht ihr?, sondern Was sucht ihr? Und ihre Antwort auf diese Frage macht deutlich, dass sie nicht irgendjemanden oder irgendetwas suchen, sondern den ganz bestimmten Einen: Wir suchen dich. *„Wo wohnst du?"* (Joh 1,38b) Wir wollen dahin, wo du zu Hause bist, wo du ganz bei dir bist, in dein Intimstes. Dich suchen wir. Und das sollte – angesichts des heutigen Evangeliums – auch unsere Antwort auf die Frage Jesu sein: Herr, ich suche nicht irgendetwas, sondern dich, und zwar ganz.

In jener Zeit wurde der Engel Gabriel von Gott in eine Stadt in Galiläa namens Nazaret zu einer Jungfrau gesandt. Sie war mit einem Mann namens Josef verlobt, der aus dem Haus David stammte. Der Name der Jungfrau war Maria. Der Engel trat bei ihr ein und sagte: Sei gegrüßt, du Begnadete, der Herr ist mit dir. Sie erschrak über die Anrede und überlegte, was dieser Gruß zu bedeuten habe. Da sagte der Engel zu ihr: Fürchte dich nicht, Maria; denn du hast bei Gott Gnade gefunden. Du wirst ein Kind empfangen, einen Sohn wirst du gebären: dem sollst du den Namen Jesus geben. Er wird groß sein und Sohn des Höchsten genannt werden. Gott, der Herr, wird ihm den Thron seines Vaters David geben. Er wird über das Haus Jakob in Ewigkeit herrschen, und seine Herrschaft wird kein Ende haben. Maria sagte zu dem Engel: Wie soll das geschehen, da ich keinen Mann erkenne? Der Engel antwortete ihr: Der Heilige Geist wird über dich kommen, und die Kraft des Höchsten wird dich überschatten. Deshalb wird auch das Kind heilig und Sohn Gottes genannt werden. Auch Elisabeth, deine Verwandte, hat noch in ihrem Alter einen Sohn empfangen; obwohl sie als unfruchtbar galt, ist sie jetzt schon im sechsten Monat. Denn für Gott ist nichts unmöglich. Da sagte Maria: Ich bin die Magd des Herrn; mir geschehe, wie du es gesagt hast. Danach verließ sie der Engel.

In jener Zeit wurde der Engel Gabriel von Gott in eine Stadt in Galiläa namens Nazaret zu einer Jungfrau gesandt. Sie war mit einem Mann namens Josef verlobt, der aus dem Haus David stammte. Der Name der Jungfrau war Maria. [Vv. 26-27]

Das Evangelium des heutigen Adventssonntags ist ein sehr bekanntes Evangelium, das voller Spannung ist. Gott sendet. Der Engel Gabriel wird von Gott „in eine Stadt in Galiläa" gesandt, wie es hier heißt. Nazaret war damals eine eher unbekannte und unbedeutende Stadt. Die Stadt selbst kann daher nicht der Grund für die Sendung Gabriels sein. Was also soll er dort tun? Zu wem will Gott ihn wohl senden? Die Hörer und Leser werden zunächst im Unklaren darüber gelassen, um wen es hier geht. Erst nach und nach wird dieses „Rätsel“ gelöst: Es ist zunächst die Rede von einer „Jungfrau“, die verlobt ist mit Josef aus dem Haus Davids. Und erst nach dieser geradezu feierlichen Einführung wird der Name der Jungfrau genannt: Maria.

Dem heutigen Evangelium unmittelbar voraus geht die Erzählung, wie Gabriel dem Zacharias im Tempel erscheint und ihm zusagt, dass Elisabeth, seine Frau, die – wie auch er selbst schon im höheren Alter – noch ein Kind empfangen soll, nämlich Johannes. Hier aber spricht Gabriel mit Zacharias, also mit dem Mann und nicht mit der Frau. Das ist der erste Unterschied.

Der Engel trat bei ihr ein und sagte: Sei gegrüßt, du Begnadete, der Herr ist mit dir. [V. 28]

Bei der Begegnung mit Zacharias tritt nicht der Engel ein, sondern Zacharias tritt ein in das Heiligtum. Es war der Glaube Israels, dass die Engel im Tempel wohnen. Der Engel steht zur Rechten des Altars. Er ist einfach da. Er kommt Zacharias keinen Schritt entgegen. Bei Maria ist es ganz anders. Gabriel wird gesandt. Gabriel muss zu ihr. Er tritt hinein und spricht voll großer Achtung einen Gruß. Bei Zacharias hingegen ist es Gabriel überhaupt nicht eingefallen, ihn erst noch zu grüßen. Er beginnt sofort mit seiner Botschaft, ohne Gruß.

Gegenüber diesem alttestamentlichen Priester Zacharias wahrt also der Engel seine Würde: Er gewährt dem Zacharias gewissermaßen Audienz. Er lässt ihn bei sich eintreten und verkündet ihm ohne Gruß seine Botschaft. Hier ist eindeutig der Niedere zum Hohen gekommen, der Priester Zacharias zu dem gewaltigen Engel Gabriel. Bei Maria ist es umgekehrt. Der Engel tritt bei ihr ein und Maria empfängt den Engel. Sie ist es, die sozusagen die

Audienz gewährt. Maria ist hier als die Höhere zu erkennen. Bereits diese Stelle kündigt Maria als die Herrin der Engel an.

Das Verhalten des Engels weist eigentlich in graue Vorzeit zurück. Viele von den Vätern und auch heutige Theologen sind ja der Überzeugung, dass der Fall der Engel bzw. die Prüfung der Engel eben durch eine Frau geschehen ist: Gott hat ihnen die Frau der Genesis vorgestellt, Maria, die einmal über ihnen stehen wird, und an ihr haben sich die Engel für oder gegen Gott entschieden. Es gibt diejenigen, die diese Frau über sich anerkannten, und diejenigen, die gefallen sind und die Frau abgelehnt haben. In der Verkündigungsszene finden wir nun gewissermaßen die Stunde, in der die guten Engel stellvertretend durch Gabriel sich Maria unterordnen. Er tritt herein. Er grüßt. Er ist der Niedrigere gegenüber der Höheren, der Königin der Engel, der Frau, die über den Engeln steht. In dieser Stunde ist auch das Schicksal der Engel enthalten.

An diesem Gruß *„Sei gegrüßt, du Begnadete, der Herr ist mit dir“* scheiden sich also die Geister. Es ist scheinbar ein nur kleines Zeichen: Die einen grüßen, die andern verweigern den Gruß. Und doch ist dieses „Ave Maria“ heute noch ein Zeichen der Unterscheidung und der Entscheidung. Wo dieses Wort gesprochen wird, wo diese Worte gebetet werden, müssen sich die Mächte entscheiden, entweder sich unter sie zu stellen, so wie Gabriel, oder ihr den Gehorsam verweigern und zu weichen.

Der Gruß Gabriels zeigt also an, dass Maria schon jetzt die Begnadete ist, nicht erst durch die Empfängnis Jesu, und zwar im Hinblick auf die Menschwerdung Jesu aus ihr. Der Herr bereitet ihre Mutterschaft durch die ihr schon vorausgehende Begnadigung bereits vor.

Sie erschrak über die Anrede und überlegte, was dieser Gruß zu bedeuten habe. Da sagte der Engel zu ihr:

Fürchte dich nicht, Maria; denn du hast bei Gott Gnade gefunden. Du wirst ein Kind empfangen, einen Sohn wirst du gebären: dem sollst du den Namen Jesus geben. Er wird groß sein und Sohn des Höchsten genannt werden. Gott, der Herr, wird ihm den Thron seines Vaters David geben. Er wird über das Haus Jakob in Ewigkeit herrschen, und seine Herrschaft wird kein Ende haben. [Vv. 29-33]

Anders als Zacharias erschrickt Maria nicht über die Erscheinung des Engels, sondern wegen der verheißungsvollen Anrede: *„Sei gegrüßt, du Begnadete, der Herr ist mit dir"* an sie, die demütige Magd.

Dieses „Du wirst empfangen und gebären" der Verkündigung des Engels ist im Sinne eines „Du *sollst* …" zu verstehen, so dass Raum bleibt für das „Ja" Mariens. Sie wird nicht verpflichtet, sondern sie hat noch Raum für eine eigene Entscheidung.

Der Name eines Menschen steht für sein Wesen und Gott selbst setzt den Namen des Kindes fest, um zu zeigen, dass er seine Hand über diesem Kind hält. Dann zählt der Engel einfach alle Prophetien hintereinander auf, die über den Messias verkündet wurden: „Sohn des Höchsten", „Gott, der Herr wird ihm den Thron seines Vaters David geben", „Er wird über das Haus Jakobs in Ewigkeit herrschen", „Seiner Herrschaft wird kein Ende sein".

Maria sagte zu dem Engel: Wie soll das geschehen, da ich keinen Mann erkenne? [V. 34]

Maria glaubt. Sie zweifelt nicht wie Zacharias, der den Engel fragte: *„Woran soll ich erkennen, dass das wahr ist? Ich bin ein alter Mann und auch meine Frau ist in vorgerücktem Alter."* (Lk 1,18) Die Folge seines Zweifels und Unglaubens ist die (vorübergehende) Stummheit, die dann gewissermaßen das Zeichen der Verheißung an ihn ist. Maria aber glaubt sofort. Sie braucht keinen Beweis. Sie ist bereit und fragt nur nach dem Wie: *„Wie soll das geschehen, da ich keinen Mann erkenne?"*

Die Frage Mariens enthält nun eine interessante Aussage: Sie ist ja verlobt, doch die Gegenwartsform „da ich keinen Mann erkenne" bezeichnet hier eigentlich einen auch in der Zukunft andauernden Zustand. Maria wird also zwar heiraten, will aber in der Ehe jungfräulich bleiben. Das ist nach dem Gesetz des Mose durchaus möglich: *„Heiratet sie einen Mann, während sie durch ein Gelübde oder durch ein voreiliges Wort, mit dem sie sich verpflichtet hat, gebunden ist, dann bleiben die Gelübde oder die Enthaltung, zu der sie sich verpflichtet hat, in Kraft, falls ihr Mann an dem Tag, an dem er davon erfährt, dazu schweigt. Wenn ihr Mann aber an dem Tag, an dem er davon erfährt, seine Zustimmung versagt, dann hat er ihr Gelübde, an das sie gebunden war, oder das voreilige Wort, durch das sie sich verpflichtet hatte, außer Kraft gesetzt, und der Herr wird es ihr erlassen."* Der Wunsch Mariens ist also nichts Außergewöhnliches, sondern im Gesetz des Mose ausdrücklich festgelegt. Alle Gesetze Gottes aber sind auf Christus hin geschaffen. Und wenn wir nun überhaupt von irgendjemand erwarten dürfen, dass er diesem Gelübde zustimmt, dann doch wohl von Josef, der als Einziger in der Schrift als der Gerechte bezeichnet wird. So also ist die Frage Mariens zu verstehen: Ich habe das Gelübde abgelegt. Ich glaube zwar deiner Verkündigung, aber wie soll es geschehen?

Der Engel antwortete ihr: Der Heilige Geist wird über dich kommen, und die Kraft des Höchsten wird dich überschatten. Deshalb wird auch das Kind heilig und Sohn Gottes genannt werden. Auch Elisabeth, deine Verwandte, hat noch in ihrem Alter einen Sohn empfangen; obwohl sie als unfruchtbar galt, ist sie jetzt schon im sechsten Monat. Denn für Gott ist nichts unmöglich. [Vv. 35-37]

Also der Engel gibt Maria in seiner Antwort die Zusicherung, dass sie als Jungfrau empfangen wird und ihr Gelübde somit bestehen bleibt und auch nicht angerührt wird. Das eigentliche Interesse bei dieser Stelle gilt aber der Heiligkeit und der Gottessohnschaft Jesu. Das Kind wird „heilig und Sohn Gottes genannt werden." Das ist auch der Grund ihrer Jungfräulichkeit. Es ist der Sohn Gottes.

Obschon also Maria im Gehorsam glaubt und vertraut, so gibt der Engel doch dem Leser der Schrift noch einen Beweis an, um dessen mögliche Zweifel zu entkräften. Der Beweis ist Elisabeth, die schon im vorgerückten Alter dennoch ein Kind empfangen hat und bereits im sechsten Monat schwanger ist. Maria aber braucht, wie gesagt, einen solchen Beweis nicht mehr. Sie hat bereits in der Tiefe ihres Herzens Ja gesagt.

Da sagte Maria: Ich bin die Magd des Herrn; mir geschehe, wie du es gesagt hast. Danach verließ sie der Engel. [V. 38]

Aus dem erschrockenen Nachsinnen und der suchenden Frage: „Wie soll das geschehen?" reift nun in Maria diese ganz ergebene Zustimmung. Sie sagt: *„Ich bin die Magd des Herrn"*, die *Sklavin. „Mir geschehe, wie du es gesagt hast."* Sie liefert sich radikal dieser Verheißung aus und ist vollkommen einverstanden, ohne es genau zu wissen, wie das geschehen soll. Der Heilige Geist wird über sie kommen. Das hat sie gehört. Alles andere aber überlässt sie Gott.

Dieses bedingungslose Ja Mariens ist für immer und für jeden Menschen der Höhepunkt alles religiösen Verhaltens vor Gott. Ja sagen zum Willen Gottes, ob ich ihn nun verstehe oder noch nicht – das soll auch unsere Grundhaltung sein und es ist letztlich der Ausdruck unserer Ganzhingabe an Gott. Dieses Ja drückt eine passive Verfügbarkeit und zugleich eine aktive Bereitschaft aus. Es ist also, könnte man sagen, tiefste Leere und höchste Erfüllung, beides in einem. Ganz Sklavin, ganz leer, ganz unwürdig und höchste Erfüllung von Gott her. Das alles steckt in diesem Ja.

Dann heißt es so wunderbar: *„Danach verließ sie der Engel."* Der Engel geht ebenso leise fort wie er gekommen ist. Er lässt Maria das letzte Wort. Denn sie, die jetzt alles Gott überlässt, ist ja die Herrin über die Engel.

Gerade so kurz vor Weihnachten sollten wir dieses Evangelium zum Anlass nehmen um zu überprüfen, wie es mit unserem Ja zum Willen Gottes im Alltag aussieht. Denn erst durch dieses bedingungslose Ja kann Christus in uns geboren werden und in uns Fleisch annehmen – und erst dann auch durch uns in die Welt hineinwirken. „Denn würde er tausendmal in Bethlehem geboren und nicht in dir, du wärest ewiglich verloren", sagt Angelus Silesius. Aber entscheidend ist mein Ja. Mein Ja wird zwar die Geburt Gottes durch mich nicht bewirken, aber es ist die Voraussetzung, dass Gott sie durch mich bewirken kann. Mein Ja ist unbedingt notwendig.

Prüfen wir also unser Ja zum Willen Gottes. Wir beten ja immer wieder: „Dein Wille geschehe, wie im Himmel, so auf Erden" – aber meinen wir das auch so unbedingt und absolut? Gerade in den Situationen, in denen wir Gott nicht verstehen in unserem Leben, in unserem Alltag, sollten wir uns bemühen, ihm immer zuerst unser Ja zu geben. Denn wenn ich gerade dort, wo es dunkel wird, wo ich nichts mehr verstehe, wo so mancher verzweifeln will oder auch wirklich verzweifelt, zu meckern und zu murren beginne, geschieht nichts, es wird eher schlimmer. Wenn ich aber in diese Dunkelheiten meines Lebens, auch in die größte Not hinein, mein Ja spreche, dann wird in mir Christus, das Licht, geboren, von dem Johannes Zeugnis gibt. Deshalb sollen wir nicht einfach nur bitten und betteln, wenn wir in Not geraten und in scheinbar absolute Dunkelheit, sondern unser Ja sagen – und zwar ohne schon verstehen zu wollen, vielleicht nur als reiner Willensakt vom Verstand her durch die Lippen gepresst: Ja, Herr, ich bin einverstanden mit dem, was du jetzt tust, damit dann Christus durch mein Ja in mir geboren werden kann, damit mir das Licht aufgeht, dass mir der Sinn aufgeht und in mir die Kraft kommt, in diesem Dunkel das Licht zu erkennen, es durchzustehen und wirklich etwas Neues zu erfahren.

Die Weihnachtszeit

Es kam für die Eltern Jesu der Tag der vom Gesetz des Mose vorgeschriebenen Reinigung. Sie brachten das Kind nach Jerusalem hinauf, um es dem Herrn zu weihen, gemäß dem Gesetz des Herrn, in dem es heißt: Jede männliche Erstgeburt soll dem Herrn geweiht sein. Auch wollten sie ihr Opfer darbringen, wie es das Gesetz des Herrn vorschreibt: ein Paar Turteltauben oder zwei junge Tauben. In Jerusalem lebte damals ein Mann namens Simeon. Er war gerecht und fromm und wartete auf die Rettung Israels, und der Heilige Geist ruhte auf ihm. Vom Heiligen Geist war ihm offenbart worden, er werde den Tod nicht schauen, ehe er den Messias des Herrn gesehen habe. Jetzt wurde er vom Geist in den Tempel geführt; und als die Eltern Jesus hereinbrachten, um zu erfüllen, was nach dem Gesetz üblich war, nahm Simeon das Kind in seine Arme und pries Gott mit den Worten: Nun lässt du, Herr, deinen Knecht, wie du gesagt hast, in Frieden scheiden. Denn meine Augen haben das Heil gesehen, das du vor allen Völkern bereitet hast, ein Licht, das die Heiden erleuchtet, und Herrlichkeit für dein Volk Israel. Sein Vater und seine Mutter staunten über die Worte, die über Jesus gesagt wurden. Und Simeon segnete sie und sagte zu Maria, der Mutter Jesu: Dieser ist dazu bestimmt, dass in Israel viele durch ihn zu Fall kommen und viele aufgerichtet werden, und er wird ein Zeichen sein, dem widersprochen wird. Dadurch sollen die Gedanken vieler Menschen offenbar werden. Dir selbst aber wird ein Schwert durch die Seele dringen. Damals lebte auch eine Prophetin namens Hanna, eine Tochter Penuels, aus dem Stamm Ascher. Sie war schon hochbetagt. Als junges Mädchen hatte sie geheiratet und sieben Jahre mit ihrem Mann gelebt; nun war sie eine Witwe von vierundachtzig Jahren. Sie hielt sich ständig im Tempel auf und diente Gott Tag und Nacht mit Fasten und Beten. In diesem Augenblick nun trat sie hinzu, pries Gott und sprach über das Kind zu allen, die auf die Erlösung Jerusalems warteten. Als seine Eltern alles getan hatten, was das Gesetz des Herrn vorschreibt, kehrten sie nach

Galiläa in ihre Stadt Nazaret zurück. Das Kind wuchs heran und wurde kräftig; Gott erfüllte es mit Weisheit, und seine Gnade ruhte auf ihm.

Es kam für die Eltern Jesu der Tag der vom Gesetz des Mose vorgeschriebenen Reinigung. Sie brachten das Kind nach Jerusalem hinauf, um es dem Herrn zu weihen, gemäß dem Gesetz des Herrn, in dem es heißt: Jede männliche Erstgeburt soll dem Herrn geweiht sein. Auch wollten sie ihr Opfer darbringen, wie es das Gesetz des Herrn vorschreibt: ein Paar Turteltauben oder zwei junge Tauben. In Jerusalem lebte damals ein Mann namens Simeon. Er war gerecht und fromm und wartete auf die Rettung Israels, und der Heilige Geist ruhte auf ihm. Vom Heiligen Geist war ihm offenbart worden, er werde den Tod nicht schauen, ehe er den Messias des Herrn gesehen habe. [Vv. 22-26]

Das Entscheidende dieses Tages ist die Darstellung Jesu. Die Reinigung und das Opfer werden sozusagen nur nebenbei erwähnt und hätten überall im Land geschehen können, doch die Darstellung des Erstgeborenen geschieht im Tempel in Jerusalem. In Bethlehem wurde Christus durch die Hirten als Messias proklamiert. Jetzt wird er unter den Augen Gottes im Tempel durch zwei Propheten, Simeon und Hanna, öffentlich anerkannt.

Maria geht hier den Weg des Gehorsams nach dem Gesetz. Ihr Gehorsam eröffnet den Weg des Heils. Als Erstgeburt ist Jesus dem Herrn und dem Tempeldienst geweiht. Durch den Loskauf von seinen Erstgeburtspflichten bei der kultischen Reinigung gehört er dem Volk Israel und wird zum Heilseigentum aller Völker. Simeon drückt das folgendermaßen aus: *„ein Licht, das die Heiden erleuchtet“* (V. 32).

Von Simeon heißt es nicht: „er wartete“ auf den Messias, sondern: *„er erwartete“* den Messias – „prosdechomenos“. Sein Blick und seine Aufmerksamkeit sind ganz auf den Kommenden gerichtet. Er hat also die innere Gewissheit, dass er den Messias noch sehen werde. Er hat sicher nach einem Mann Ausschau gehalten, doch in den Tempel kommt ein Kind. Dennoch erkennt Simeon in ihm den Messias. Ein solches Erwarten gehört zum Ausreifen aller wahren Frömmigkeit. Auch wir bekennen in der Eucharistie: Wir erwarten sein Kommen in Herrlichkeit.

500 Jahre lang gab es in Israel keine Propheten. Jetzt erleben wir das Wieder-Erwachen des prophetischen Geistes in Zacharias, dem Vater des Johannes des Täufers, in Elisabeth, der Mutter des Johannes, in Simeon und Hanna und in Maria selbst.

Jetzt wurde er vom Geist in den Tempel geführt; und als die Eltern Jesus hereinbrachten, um zu erfüllen, was nach dem Gesetz üblich war, nahm Simeon das Kind in seine Arme und pries Gott mit den Worten: Nun lässt du, Herr, deinen Knecht, wie du gesagt hast, in Frieden scheiden. Denn meine Augen haben das Heil gesehen, das du vor allen Völkern bereitet hast, ein Licht, das die Heiden erleuchtet, und Herrlichkeit für dein Volk Israel. Sein Vater und seine Mutter staunten über die Worte, die über Jesus gesagt wurden.

[Vv. 27-33]

Simeon verspürt einen unwiderstehlichen Drang hin zum Tempel. Der Heilige Geist wohnt noch nicht in ihm – das wird erst durch die Taufe möglich – aber er kommt von Zeit zu Zeit über ihn. Vielleicht haben die alttestamentlichen Propheten manchmal auch sehr menschlich gehandelt, denn sie hatten ja die Kraft der Erlösung noch nicht in sich.

Simeon erkennt durch den Heiligen Geist in dem Kind Jesus den Trost Israels. Was er erwartet, mündet ein in tiefste Freude. Mit dem „nun" in seinem Ausruf: *„Nun lässt du, Herr, deinen Knecht, wie du gesagt hast, in Frieden scheiden."* löst er sich gewissermaßen von der Erde. Mit seinen leiblichen Augen sieht er nur ein kleines Kind. Mit den Augen des Glaubens erkennt er in ihm das ewige Heil Gottes. In ihm hat er jetzt Frieden. Er nennt das Kind nicht „kyrios“, „Göttlicher Herr“, sondern „despota“ – „Herrscher“, „Gebieter“, und sich selbst „dulos“ „Sklave“. Wie ein Sklave will er ganz seinem Herrn zu eigen sein.

Von den Hirten heißt es: *„Kommt, wir gehen nach Betlehem, um das Ereignis zu sehen, das uns der Herr verkünden ließ.“* (Lk 2,15b) Dieses „Sehen“ ist eigentlich ein tieferes Erkennen. Christus ist das ewige Wort des Vaters. Er ist Licht für die Heiden und für Israel.

Simeon segnete sie und sagte zu Maria, der Mutter Jesu: Dieser ist dazu bestimmt, dass in Israel viele durch ihn zu Fall kommen und viele aufgerichtet werden, und er wird ein Zeichen sein, dem widersprochen wird. [V. 34]

Simeon sieht nicht nur die Herrlichkeit des Kindes, sondern auch seine Niedrigkeit. Der Trost Israels ist der, der durch tiefstes und schmerzlichstes Leid gehen muss und ein Zeichen ist, dem widersprochen wird. Für viele wird er zum Fall. Er ist gesetzt zum Fall und zur Auferstehung vieler in Israel. Alle Israeliten müssen sich an ihm entscheiden. Keiner kann ihn unbeachtet lassen. Er ist wie ein Fels, an dem sich der Strom spaltet und dann zweigeteilt weiterfließt. Der Mensch muss sich klar für oder gegen Christus, den Felsen entscheiden – bis heute. Für die einen ist er Gottes Kraft und Gottes Weisheit, wie Paulus sagt, für die anderen ist er Torheit und Ärgernis (vgl. 1 Kor 1,23).

Dadurch sollen die Gedanken vieler Menschen offenbar werden. Dir selbst aber wird ein Schwert durch die Seele dringen. [V. 35]

In der Handschrift vom Sinai heißt es: „Die bösen Gedanken vieler werden offenbar.“ Denken wir einmal an die verräterischen

Gedanken des Judas, das böse Selbstvertrauen des Petrus, das heuchlerische Herz der Pharisäer und das haltlose Herz des Pilatus, die große Schwachheit der anderen Jünger, oder auch an den ganzen Wankelmut des Volkes. Jesus deckt alle diese Schwächen auf. Er wird die Gedanken vieler ans Licht bringen.

Wie sieht es bei uns aus, gerade im Blick auf das Wort, das Jesus ist? Erkennen wir die bösen Gedanken unseres Herzens? Wenn wir das Wort Gottes lesen und auf Jesus schauen, wird uns der Geist Gottes alles, was in uns ist, alle unsere bösen Gedanken, offenbaren. Wir werden sie plötzlich erkennen. Wir können unmöglich beten oder das Wort Gottes lesen, ohne dass wir daran erinnert werden, wo wir überall nicht dem Willen Gottes entsprechend leben.

Damals lebte auch eine Prophetin namens Hanna, eine Tochter Penuels, aus dem Stamm Ascher. Sie war schon hochbetagt. Als junges Mädchen hatte sie geheiratet und sieben Jahre mit ihrem Mann gelebt; nun war sie eine Witwe von vierundachtzig Jahren. Sie hielt sich ständig im Tempel auf und diente Gott Tag und Nacht mit Fasten und Beten. In diesem Augenblick nun trat sie hinzu, pries Gott und sprach über das Kind zu allen, die auf die Erlösung Jerusalems warteten. [Vv. 36-38]

Von Simeon haben wir nicht erfahren, wo und wie er gelebt hat. Von ihm ist uns nur sein Lobgesang überliefert: *„Nun lässt du, Herr, deinen Knecht, wie du gesagt hast, in Frieden scheiden."* (V. 29) Über das Leben der Prophetin Hanna hingegen erhalten wir genaue Angaben, dafür aber bleibt uns ihr Lobpreis verborgen. Sie stammt aus dem Stamm Ascher, der am weitesten vom Tempel entfernt ist, und dient Gott Tag und Nacht betend und fastend.

Bei beiden wird das genannt, was wesentlich ist, damit Heiliger Geist in ihnen und durch sie wirken kann: der Lobpreis und das Ja zum Leben. Beides ist eigentlich dasselbe. Es geht um die

Anerkennung der Herrschaft Gottes. Im Lobpreis, den wir Gott schenken, drücken wir aus: Gott, ich habe nichts an dir auszusetzen. Du bist absolute Liebe. Du machst keine Fehler. Deshalb können wir Gott nur für alles loben oder für nichts. Der Lobpreis und das Ja zu den alltäglichen Widerwärtigkeiten unseres Lebens sind eine vollkommene Bejahung der Führung Gottes, eine absolute Anerkennung der Gottesherrschaft. Wie bereits erwähnt, nennt Simeon Christus ja „despota" – „Herrscher" – und sich selbst „dulos" – „Sklave". Er drückt damit den bedingungslosen Dienst an Gott aus. Simeon und Hanna bringen die gleiche Voraussetzung für das Wirken des Hl. Geistes mit. Deshalb kann der Geist durch sie prophetisch reden.

Auch für die Familien heute ist es wichtig, dass die Kinder bei ihren Eltern das bedingungslose Ja zum Leben erleben, das Ausdruck des Gehorsams zur Führung Gottes in ihrem Leben ist. Das Kind kann Gott nur in der Gotteserfahrung von Vater und Mutter erfahren. Wenn in unserer Familie schlimme Schicksalsschläge passiert sind, sind meine Eltern sofort in den Herrgottswinkel gegangen, haben Jesus gebeten, uns zu führen und ihm für seine Führung gedankt. Einmal wurde meine Mutter von einem Anhänger überfahren. Sie hat sich dabei die Wirbelsäule gebrochen und musste neun Wochen lang ohne Bewegung auf einem Brett liegen, direkt unter dem Dach des Krankenhauses, im heißesten Sommer. Als ich sie besucht habe hat sie nur gesagt: Das wird schon richtig sein. Gott braucht es vielleicht für dich. Ich habe bei meinen Eltern nie erlebt, dass sie mit Gott gehadert hätten. Dieses Ja zum Leben, dieser Gehorsam zur Führung Gottes, dieses Hören, was der Sinn dessen ist, was passiert ist, ist die beste Katechese für Kinder. Daran erfährt ein Kind: Gott ist real. Es gehört eine große Liebe und Kraft dazu, schlimme Schicksalsschläge bejahend durchzustehen. Gott muss man erfahren können.

In Simeon und Hanna drückt sich der Heilige Geist in der Gabe der Prophetie aus. Prophetie ist im Sinn des Neuen Testamentes

Erbauung, Ermahnung und Trost, also Worte, die erbauen, ermahnen, trösten und von Gott her das Herz des Menschen treffen. Die Folge dieser Betroffenheit vom Wort Gottes, von der Gotteserfahrung – hier in der Begegnung mit dem Kind – ist die Evangelisation. Die Erfahrung Gottes ist Voraussetzung für Evangelisation. Hanna *„sprach über das Kind zu allen, die auf die Erlösung Jerusalems warteten."* (V. 38b) Wenn wir nur ein theoretisches Wissen über Gott haben, folgt daraus keine Evangelisation. Das ist auch wichtig für die Familien, in denen die Gotteserfahrung vorbereitet werden muss.

Als seine Eltern alles getan hatten, was das Gesetz des Herrn vorschreibt, kehrten sie nach Galiläa in ihre Stadt Nazaret zurück. Das Kind wuchs heran und wurde kräftig; Gott erfüllte es mit Weisheit, und seine Gnade ruhte auf ihm. [Vv. 39-40]

In diesen zwei Sätzen wird die ganze Kindheit Jesu geschildert. Nazaret war ein unbedeutendes, ganz verborgenes, in den Augen mancher gar verrufenes Dorf. Ausgerechnet dort wuchs Jesus auf. Damit zeigen Jesus und die Hl. Familie den Wert unseres alltäglichen, aber verborgenen Lebens, auch als Familie. Es kommt nicht darauf an, dass wir große Werke vollbringen, sondern darauf, dass wir ganz nach dem Willen Gottes leben. Wenn Gott selbst ganz unauffällig und normal in der Welt gelebt hat, sodass sich die Nazarener darüber wunderten, dann ahnen wir, wie wertvoll das alltägliche Leben nach dem Willen Gottes ist. Nazaret ist der Ort der Familie, der Ort des menschlichen und geistlichen Wachstums. Jesus nahm dort zu an Weisheit und Gnade vor Gott und den Menschen. Davon profitiert das ganze Volk.

Die Menschwerdung Jesu war kein Schein oder Spiel, sondern voller Ernst. Auch der zwölfjährige Jesus bringt noch einmal ganz deutlich den Gehorsam dem Vater im Himmel, aber auch den Menschen gegenüber zum Ausdruck, den er sicher schon vorher genauso gelebt hat, wenn er sagt: *„Warum habt ihr mich gesucht?*

Wusstet ihr nicht, dass ich in dem sein muss, was meinem Vater gehört?" (Lk 2,49) – und dann aber doch mit seinen Eltern nach Nazaret zurückgeht und ihnen gehorsam ist.

In unserem Leben wird der Gehorsam sehr konkret: den Eltern gegenüber, der Autorität der Kirche, dem Papst, der Glaubenslehre gegenüber. Wo kein Gehorsam gelebt wird, gibt es kein Wirken des Heiligen Geistes. Das gilt auch für die Familie. Wenn die Familie gegenüber der Führung Gottes und der Lehre der Kirche nicht gehorsam ist, wird Heiliger Geist in ihr kaum wirken.

Jesu Gehorsam prägte nicht nur seine Kindheit, sondern sein ganzes Leben bis zum Tod am Kreuz. Im Gehorsam verzichtet der Mensch in Freiheit auf seinen Eigenwillen, der so vieles zerstört, gerade auch in der Familie. So kann sich der Wille Gottes verwirklichen, der sich in unserem Leben auf vielfältige Weise ausdrückt. Darum sollten wir in unseren Familien immer wieder auf Gott hören und seine Gegenwart und Führung in unserem Leben erwarten, so wie Simeon. Dann werden wir das Eingreifen und Wirken Gottes auch wirklich erfahren dürfen.

Im Anfang war das Wort, und das Wort war bei Gott, und das Wort war Gott. Im Anfang war es bei Gott. Alles ist durch das Wort geworden, und ohne das Wort wurde nichts, was geworden ist. In ihm war das Leben, und das Leben war das Licht der Menschen. Und das Licht leuchtet in der Finsternis, und die Finsternis hat es nicht erfasst. Das wahre Licht, das jeden Menschen erleuchtet, kam in die Welt. Er war in der Welt, und die Welt ist durch ihn geworden, aber die Welt erkannte ihn nicht. Er kam in sein Eigentum, aber die Seinen nahmen ihn nicht auf. Allen aber, die ihn aufnahmen, gab er Macht, Kinder Gottes zu werden, allen, die an seinen Namen glauben, die nicht aus dem Blut, nicht aus dem Willen des Fleisches, nicht aus dem Willen des Mannes, sondern aus Gott geboren sind. Und das Wort ist Fleisch geworden und hat unter uns gewohnt, und wir haben seine Herrlichkeit gesehen, die Herrlichkeit des einzigen Sohnes vom Vater, voll Gnade und Wahrheit.

Im Anfang war das Wort, und das Wort war bei Gott, und das Wort war Gott. [V. 1]

Der Prolog des Johannes-Evangeliums ist etwas ganz Mächtiges und enthält eine tiefe Theologie. Deshalb lohnt es sich, ihn genauer zu betrachten – auch wenn es vielleicht nicht immer leichte Kost ist.

Die ersten drei Aussagen des Prologs beschreiben das ewig-göttliche Sein des Logos. Die Wendung „*Im Anfang war das Wort*" ist als Anlehnung an den Beginn des Alten Testaments in Gen 1,1 zu verstehen: „*Im Anfang schuf Gott Himmel und Erde.*" Der Logos, von dem Johannes hier schreibt, ist Christus. Er ist das Wort, durch das Gott alles geschaffen hat, wie es ja dann in V. 3 heißt: „*Alles ist durch das Wort geworden, und ohne das Wort wurde nichts, was geworden ist.*" Allerdings übersteigt dieser Logos das Sprechen Gottes am Schöpfungsmorgen, denn das Wort wurde in geschichtlicher Stunde Fleisch: Jesus Christus selber ist dieses Wort, dessen Existenz in der Vorzeit der Welt, also in der göttlichen Ewigkeit, bereits gegenwärtig war. Wenn also in beiden Fällen das Wort „Anfang" steht, so besteht doch ein entscheidender Unterschied: Hier im Evangelium geht es nicht um einen Existenzbeginn der geschaffenen Welt in der Schöpfung, sondern um das Vor-der-Welt-Sein des Logos vor aller Schöpfung. Was schon im Anfang existierte, hat einen Vorrang vor aller Schöpfung, wie es auch Paulus ausdrückt.

Der Logos wurde nicht geschaffen, sondern „er war", d.h. er existierte bereits bei der Schöpfung absolut, zeitlos und ewig. Darum kann Jesus in Joh 8,58 auch sagen: *„Noch ehe Abraham wurde, bin ich."* Dieses „bin ich" drückt die zeitlose Gegenwart Jesu aus. Er ist immer schon gewesen, von Ewigkeit her, und nicht geschaffen. *„Im Anfang war das Wort"* bezeichnet hier also nichts anderes als das ewige, unendliche Sein. Johannes betont zum Lobpreis des menschgewordenen Christus, dass er ohne den Fleischesleib schon im Anfang, also noch vor der Schöpfung, existierte. Er ist nicht geworden, sondern er war von Ewigkeit her bei Gott, so wie eine Person bei einer anderen Person ist. Und er war Gott.

Indem Johannes auf den Schöpfungsanfang (*„Im Anfang schuf Gott Himmel und Erde"*, Gen 1,1) zurückblickt, zeigt er den ewig-göttlichen Ursprung des Retters und Offenbarers, der beim Vater war und von dort kommt: *„Vater, verherrliche du mich jetzt bei dir mit der Herrlichkeit, die ich bei dir hatte, bevor die Welt war."* (Joh 17,5) Und nur aus diesem seinem Ewigkeitswissen, aus der unmittelbaren Kenntnis heraus kann er uns ein vollgültiges Offenbarungszeugnis bringen. Wäre Jesus, das Wort, nicht von Ewigkeit beim Vater gewesen, könnte er das nicht, da er den Vater nicht vollständig kennen würde. Deshalb sind diese kurzen und prägnanten Sätze des Johannesevangeliums ganz wichtig. Diese Vorgeschichte enthüllt im Ursprung auch das Wesen Jesu Christi. In seinem Wesen erkennen wir zugleich die Vollmacht dieses irdischen Christus.

Darum spricht die zweite Aussage *„das Wort war bei Gott"* auch gleich von der persönlichen Gemeinschaft des Logos mit dem Vater, denn es heißt: „und der Logos war bei Gott." Damit ist die enge Verbundenheit mit dem Vater gemeint – sowohl im Denken, als auch im Wollen und im Handeln. Dieses völlige Eins-sein mit dem Vater offenbart Jesus, der Gottessohn, in seinem Leben dann immer wieder: *„Meine Speise ist es, den Willen dessen zu tun, der mich gesandt hat."* (Joh 4,34) Im Hohepriesterlichen Gebet spricht Jesus von der Herrlichkeit, die er beim Vater hatte, ehe die Welt war. Diese Herrlichkeit liegt eben in der Nähe zu Gott, also in der Lebensgemeinschaft mit ihm, die ihm aus der Liebe des Vaters geschenkt wurde, begründet. Im Prolog des Johannesevangeliums wird also das ewige Sein des Logos ausgedrückt. Hier kommt die Gottheit Jesu, die ja bis heute immer wieder angezweifelt und angegriffen wird, klar zum Ausdruck. Der Logos, der teilhat an der Herrlichkeit des Vaters, am Leben Gottes, ist aber die Grundvoraussetzung für die ganze Frohe Botschaft.

Die Formulierung *„das Wort war bei Gott"* besagt viel mehr als vergleichbare Wendungen, wie z.B. im Buch der Sprüche: *„Als er den Himmel baute, war ich* [die Weisheit] *dabei, als er den Erdkreis abmaß über den Wassern."* (Spr 8,27) Das ist etwas anderes als der Logos, der wirklich schon vor der Schöpfung da war, und zwar in persönlicher Gemeinschaft mit Gott, der also in Gott und aus Gott lebt. Es ist nicht nur eine tätige Partnerschaft – mit diesem Gott wird etwas getan – sondern es ist eine personale Verbundenheit, so dass man dieses „Beieinander" – er war bei Gott – auch ausdrücken kann mit „Ineinander". Das „bei Gott" ist aus unserer Perspektive, aus der Perspektive der Welt her, zu verstehen. Dass *„ich im Vater bin und dass der Vater in mir ist …"* (Joh 14,10f.), drückt die enge Gemeinschaft des Logos mit dem Vater aus, der in der vorweltlichen Existenz gründet und wirklich ganz und gar von Ewigkeit her mit dem Vater existiert. In Joh 1,18 bringt der hl. Johannes beides zusammen mit dem Wort: „der am Herzen des Vaters ruht."

Den Höhepunkt stellt nun der dritte Teil des ersten Verses dar: *„und das Wort war Gott."* Ganz wörtlich übersetzt heißt es: „Und Gott war der Logos." Hier spricht Johannes dem Logos das Gottsein selbst zu. „Und Gott war der Logos." Dieses „theos" (Gott), das diesem Satz im Griechischen voransteht, ersetzt nicht den Logos, den vorher genannten „ho theos". Damit ist der Vater gemeint. Es wird also nicht einfach der Vater durch den Sohn ersetzt, sondern jetzt geht es um das Wesen Gottes. Gott war der Logos. Der Logos ist vielmehr genauso Gott wie der Vater, mit dem er in Lebensgemeinschaft steht. Sie sind zwei Personen, aber ein Wesen. Damit bezeichnet das Wort „theos" die Tatsache, dass der Logos und der Vater ein gemeinsames Wesen haben. Diese Fülle des göttlichen Wesens ist überhaupt erst die Grundvoraussetzung und Gewähr dafür, dass Jesus genauso Gott ist wie der Vater und daher die volle Offenbarungs- und Heilsmacht hat. Diese Aussage ist hingeordnet auf die Tätigkeit des Logos in der Welt, nämlich auf seine Lebens- und auch Lichtfunktion für die Menschen – er ist *„das Licht der Menschen"* (Joh 1,4b) –, aber auch auf seine Gnadenmitteilung nach der Menschwerdung.

Im Anfang war es bei Gott. [V. 2]

Nach der vorausgehenden Wesensaussage über den Logos nimmt Johannes noch einmal den vorhergehenden Satz auf: Der Logos war im Anfang bei Gott. Damit drückt er den Ausgangspunkt des Erlösungsweges Jesu aus. Er war beim Vater und ist vom Vater ausgegangen, um zum Vater zurückzukehren, wie es an anderer Stelle heißt. Sein Ursprung liegt vor aller Zeit bei Gott. Das bestimmt sein Wesen, seine Würde und seine Vollmacht.

Alles ist durch das Wort geworden, und ohne das Wort wurde nichts, was geworden ist. [V. 3]

Johannes macht jetzt den nächsten Schritt. Der Logos, Christus, ist an der Schöpfung beteiligt. Wie er daran beteiligt ist, wird nicht beschrieben, sondern es wird nur die Tatsache an sich berichtet. Alles ist durch ihn geworden und ohne ihn ist auch nicht Eines geworden, was geworden ist. Damit wird deutlich, dass in der gesamten Schöpfung, der geistigen wie der materiellen Welt, absolut nichts am Wort vorbei, ohne das Wort, also ohne Christus entstanden ist.

Die ersten beiden Worte „ist geworden", bei denen es um die Schöpfung geht, stehen im Aorist, womit ausgedrückt wird, dass es sich um ein einmaliges Werden handelt. Die Schöpfung und das Werden des Menschen waren jeweils ein Schöpfungsakt. Etwas Einmaliges kann man genau von seinem Ursprung her bestimmen. Beim dritten Mal aber (*„und ohne das Wort wurde nichts, was geworden ist"*, also was schon geschaffen ist), steht jetzt der Perfekt, d.h. es gilt für immer. Durch das Wort wird also zunächst etwas Einmaliges geschaffen, aber alles, was auf Dauer geschaffen ist, ist durch das Wort geworden. Alle Bereiche der geistigen wie der materiellen Schöpfung verdanken dem Logos ihr Werden. Bei den ersten drei Versen geht es noch nicht um den Menschen, sondern um die gesamte Schöpfung. So betont die Aussage „ohne ihn ist auch nicht Eines geworden" eine umfassende Bedeutung des Logos bei der Schöpfung. Wie der Logos für die Erlösung die einzigartige Rolle des Offenbarers und Lebensspenders übernimmt, so gelangt auch bei der Schöpfung nichts ohne ihn ins Dasein. Durch Christus geschieht sowohl die ganze Erlösung als auch die gesamte Schöpfung. Johannes macht deutlich, dass der Logos kein bloßer Ausdruck für die schöpferische Kraft Gottes ist, also nur ein Aspekt seiner schöpferischen Kraft, sondern eine Person. Diese Aussagen über den Logos wollen die einmalige Größe des fleischgewordenen Wortes Gottes aufzeigen und preisen. Das alles geht der Aussage in V. 14: *„Und das Wort ist Fleisch geworden"* voraus, damit wir wissen, wer da überhaupt Fleisch geworden ist: der Christus, ohne den es kein Heil gibt und durch den alles, jedes Einzelne, geworden ist.

In ihm war das Leben, und das Leben war das Licht der Menschen. [V. 4]

Nun geht es um das Verhältnis des Logos zur Menschenwelt. In Vers 9 heißt es dann: *„Das wahre Licht, das jeden Menschen erleuchtet, kam in die Welt“*. Dadurch wird die Bedeutsamkeit des Logos noch stärker betont. Jesus ist dieses wirkliche Licht, das jeden Menschen erleuchtet. In Joh 8,12 sagt Jesus ja: *„Wer mir nachfolgt, wird das Licht des Lebens haben.“* Es geht also um Leben, das zum Licht wird, und um Licht, das eine Lebensmacht ist. Die Worte „Leben“ und „Licht“ symbolisieren somit die Fülle eines sinnvollen, durchschaubaren und lichtvollen Lebens.

Um dieses Wirken des Logos an den Menschen als Licht zu verstehen, können wir auch auf die Psalmen oder auf den geduldigen Hiob schauen. Dort bedeutet „Licht des Lebens“, dass der Mensch sich des Lichtes der Sonne erfreut. Da dieses Leben aber von Gott geschenkt und im Angesicht Gottes gelebt wird, bekommt es eine noch viel tiefere Bedeutung als z.B. in Ps 27,1: *„Der Herr ist mein Licht und mein Heil: Vor wem sollte ich mich fürchten? Der Herr ist die Kraft meines Lebens: Vor wem sollte mir bangen?“*, in Ps 36,10: *„Bei dir ist die Quelle des Lebens. In deinem Licht schauen wir das Licht.“* oder in Weish 7,26: *„Die Weisheit ist der Widerschein des ewigen Lichts, der ungetrübte Spiegel von Gottes Kraft, das Bild seiner Vollkommenheit.“* Während hier die Weisheit als Abglanz ewigen Lichtes bezeichnet wird, wird in Weish 7,10 das Licht der Weisheit sogar dem geschaffenen Licht vorgezogen: *„Ich zog ihren Besitz dem Lichte vor; denn niemals erlischt ihr Glanz, der von ihr ausstrahlt.“*

Zwei Gedanken sind hier wichtig: einmal die neu schaffende und Leben spendende Macht der Weisheit und zum anderen ihr Wirken in den Seelen von Geschlecht zu Geschlecht. Man könnte sagen: Das ist der Sinn des Lebens. Ein Mensch, der Christus nicht annimmt und egoistisch oder atheistisch lebt, verfehlt den Sinn seines Lebens. Er weiß nicht, woher er kommt und wohin er geht. Für ihn ist alles Zufall. Was hat all sein Tun für einen Sinn außer kurz zu genießen und dann zu sterben. Da ist kein Licht und kein Sinn, nichts, was die innerste Sehnsucht des Menschen nach Unendlichem und nach Ewigkeit beglückt. Die Erfüllung dieser innersten Sehnsucht des Menschen aber ist das Leben, das der Logos gibt. Er selbst ist das Leben und das Licht der Menschen. Er soll die Menschen mit seinem wesensgemäßen geistig-göttlichen Leben erfüllen. Das zeichnet die Menschen vor der übrigen Schöpfung, vor den Tieren und der anorganischen Schöpfung aus.

Dieses Leben besteht *erstens* in der Erkenntnis der gottverwandten Natur, der Gottebenbildlichkeit. Der Logos ist für uns das Leben. Er gibt uns das wahre Leben, das jeden Menschen erleuchtet. Und dieses Leben besteht *zweitens* in der Seligkeit der Gottverbundenheit, die in uns ist, wenn wir ganz mit Christus und damit mit Gott in Verbindung sind. Dann können wir selbst im Leid noch glücklich sein und selbst im Sterben tiefstes Glück erfahren, wie z.B. die Märtyrer. Ihnen ist diese Seligkeit der Gottverbundenheit geschenkt. *Drittens* ist mit diesem Leben die Heiligkeit des Wandels gemeint. Im Logos war jene göttliche Lebensmacht in ihrer ganzen Fülle. In Christus ist diese ganze Fülle des Lebens und Lichtes so wie in einem unerschöpflichen Brunnen, der aus den Tiefen des göttlichen Lebensstromes gespeist wird. In Joh 5,26 wird Ähnliches ausgedrückt: *„Wie der Vater das Leben in sich hat, so hat er auch dem Sohn gegeben, das Leben in sich zu haben.“* Dem Logos fällt die Aufgabe zu, den Menschen dieses Leben mitzuteilen. Er hat die ganze Lebensfülle. Er ist der unerschöpfliche Brunnen dieses göttlichen Lebensstromes und er soll uns diesen Lebensstrom mitteilen. Er wird für die Menschen zur Quelle des Lebens und zum Spender des göttlichen Lichtes, durch die Gemeinschaft mit Christus, durch das Gebet, durch die Sakramente usw. Christus hat die Heil bringende Funktion für die Menschen seit der Schöpfung übernommen und wollte sie für alle Geschlechter ausführen. Er ist Mensch geworden, um uns zu erlösen und uns diese Heilsfülle mitzuteilen.

Der V. 4 schaut gleichsam auf den Schöpfungsmorgen und beschreibt die Schöpfungsordnung, in der dem Logos, Christus, diese Aufgabe zufällt. Das kommt in V. 9 dann noch einmal durch das Präsens zum Ausdruck: *„das wahre Licht, das jeden Menschen erleuchtet."* Dieser Satz steht in der Gegenwart. Er ist das wahre Licht, das erleuchtet. So wie in ihm göttliches, ewiges Leben ohne zeitliche Einschränkung war, so ist er auch im Plane Gottes schon immer und für immer das Licht der Menschen. Dieser Logos ist eine göttliche Person, die in Jesus Christus Mensch wurde, um seine Aufgabe an den Menschen zu erfüllen, die in Sünde und Dunkel gefallen sind.

Wenn wir diese Zusammenhänge in ihrer Tiefe ahnen, wenn wir ahnen, wer dieser Christus wirklich ist, dann geht uns auf, *wer* da Mensch und für uns sichtbar geworden ist, *wer* sich für uns total erniedrigt hat: Was der Logos nach dem Schöpfungsplan für die Menschen sein sollte, wurde er tatsächlich in seiner geschichtlichen Sendung für die Glaubenden, also bei seiner Menschwerdung. Vers 4 bekommt eine noch größere Klarheit durch die Selbstoffenbarung Jesu bei Johannes. Jesus nennt sich im Johannesevangelium „das Licht der Welt" und gibt die Möglichkeit, dieses Licht des Lebens zu gewinnen. So ist in diesem Wort vom Licht auch das endgültige Heil mitzuhören, das er schenkt. Diese Lichtwirksamkeit des Logos reicht von der Schöpfung über die Menschwerdung bis zur letzten Vollendung. Sie zielt eigentlich von Anfang an auf die Heimholung des Menschen in das Licht Gottes. Er ist das Licht, das jeden Menschen erleuchtet. Gemeint ist die Gnade der Erlösung, des Heiles, des göttlichen Lebens. Alles, was dazu nötig ist: Offenbarung, Lebensspendung, aber auch Vertreibung der Finsternis von Sünde und Schuld, sittliche Überwindung der bösen Werke und Begierden – all das gehört zum Licht, das der Logos verbreitet.

Und das Licht leuchtet in der Finsternis, und die Finsternis hat es nicht erfasst. [V. 5]

In diesem Vers benutzt Johannes plötzlich die Gegenwartsform, das Präsens. Das Licht leuchtet. Es scheint in der Finsternis – auch heute noch. Und dann kommt die Vergangenheitsform, der Aorist: Die Finsternis hat es nicht ergriffen, d.h. dass beim geschichtlichen Kommen des Logos, bei seiner Menschwerdung, die Finsternis das Licht nicht ergriff. Sie hat die einmalige Gelegenheit nicht wahrgenommen.

Finsternis ist für Johannes zunächst einmal die gottferne Welt. Sie ist aber auch ein Bild für die unheimliche Macht, die die Menschen selbst zu Verfinsterten, zu Verblendeten werden lässt, wie es in Joh 9,39 angedeutet ist: *„Da sprach Jesus: Um zu richten, bin ich in diese Welt gekommen: damit die Blinden sehend und die Sehenden blind werden."* Es geht in diesem V. 5 also um diese verblendete und dem Bösen verfallene Menschenwelt. Sie ist gleichbedeutend mit den Kindern der Finsternis. In 1 Joh 3,10 spricht Jesus sogar von den Kindern des Teufels: *„Daran kann man die Kinder Gottes und die Kinder des Teufels erkennen: Jeder, der die Gerechtigkeit nicht tut und seinen Bruder nicht liebt, ist nicht aus Gott."* Diese Feststellung bedeutet auch, dass vom Menschen eine eigene aktive Entscheidung verlangt wird, nämlich der Glaube. Aber diese Entscheidung ist damals nicht gefallen. Denken wir an die ganze Umgebung Jesu. Sie haben nicht zugegriffen, als das Licht für sie zum Greifen nahe war.

Johannes hat also hier die Gegenwartsform und die Vergangenheitsform sehr bewusst gewählt und gegenübergestellt. Er weiß um die nie nachlassende Leuchtkraft des Logos. Das Licht leuchtet in der Finsternis, bis heute. Seine Leuchtkraft dauert an. Aber er weiß auch um das Unverständnis und die Ablehnung der Menschen, die sich diesem heilschaffenden Wirken verschlossen haben. Er hat das Auftreten Christi vor Augen, also das, was er selbst mit Jesus erlebt hat: die Ablehnung Jesu durch die Menschen und durch die Welt.

Das damalige Geschehen war ein einmaliges Geschehen zu

einem bestimmten Zeitpunkt. Das drückt der Aorist im Griechischen aus. Aber es ist auch das Einmalige und der Zeitpunkt eines jeden Menschen durch die Zeit hindurch. Jesus wurde nicht nur damals abgelehnt, sondern er wird immer wieder von den Menschen abgelehnt. Das damalige Verhalten der Menschen wird so zu einer Warnung für uns heute, damit wir uns nicht gegen die heilbringende Offenbarung Christi versperren. Es ist also ein Wort der Ermahnung. Das weiterstrahlende Licht des Logos will ergriffen werden von uns, und zwar durch den Glauben, der uns zu Kindern Gottes macht, wie es dann in V. 12 heißt, und durch die tätige Liebe, die das Licht weiter in die finstere Welt vordringen lässt: *„Und doch schreibe ich euch ein neues Gebot, etwas, das in ihm und in euch verwirklicht ist; denn die Finsternis geht vorüber, und schon leuchtet das wahre Licht.“* (1 Joh 2,8)

Das wahre Licht, das jeden Menschen erleuchtet, kam in die Welt. [V. 9]

Nach dem Blick auf Johannes den Täufer in den V. 6-8, die das heutige Evangelium überspringt, kommt Johannes wieder zurück auf den Logos. Er war das wirkliche Licht, das jeden Menschen erleuchtet, der in diese Welt kommt. Hier wird also noch einmal die Aussage vom Licht der Menschen betont. Die erleuchtende Fähigkeit des Logos ist universal und für die Menschen aller Zeiten notwendig, nicht nur für damals. Im Logos allein war göttliche Lebensmacht für das wahre, das wirkliche voll-menschliche Sein des Menschen. Er allein war das echte göttliche Licht für jeden Menschen. Er *war* es. Was er aber war, das ist und *bleibt* er auch.

In V. 4 bezog sich dieses „er war“ noch auf die Schöpfungsordnung, also auf den Logos vor seiner Menschwerdung: *„In ihm war das Leben.“* Jetzt aber bezieht sich das Erleuchten des Logos auf das Erkennen und die Erwählung des Guten, auf das wahre Licht, das jeden Menschen erleuchtet, damit er das Gute erkennt und wählt. Weiter bezieht es sich auf die Bestimmung des Menschen und auf sein Handeln nach dem Willen Gottes, auf seinen Wandel im Licht, der dann am Ende zum vollen Licht und zum vollen Heil Gottes führt. In diesem Sinne war der Logos „das wirkliche Licht" im Unterschied zu einem falschen Licht.

Dieses „wirkliche Licht" will darüber hinaus die Wirklichkeit und Seinsfülle Gottes ausdrücken. Der Logos besitzt eine unvergleichliche, aus seiner Göttlichkeit stammende Leuchtkraft, die sich in jedem Menschen erweisen kann und erweisen muss, der sein Ziel finden will. Er steht damit auch im Gegensatz zu allen anderen vermeintlichen Lichtbringern.

Er war in der Welt, und die Welt ist durch ihn geworden, aber die Welt erkannte ihn nicht. [V. 10]

Im Blick auf diesen V. 10 müsste sich der Ausdruck „kam in die Welt" aus V. 9 eigentlich nicht auf den Menschen, sondern auf das Licht beziehen. Das Licht kam in die Welt. Der Evangelist weist hier also auf das Ereignis der Menschwerdung hin. *Wie* das Licht auf die Welt kommt, sagt er dann in V. 14: *„Und das Wort ist Fleisch geworden und hat unter uns gewohnt, und wir haben seine Herrlichkeit gesehen, die Herrlichkeit des einzigen Sohnes vom Vater, voll Gnade und Wahrheit."* Der Logos wurde Fleisch.

Er war in der Welt, d.h. im Lebensraum der Menschen, den Menschen nahe und erreichbar, sodass sie sich an ihn zu ihrem Heil halten konnten. Aber die Welt – gemeint ist jetzt dieser irdisch-geschichtliche Raum, in dem sich die ganze Menschheit bewegt, – hat ihn nicht erkannt. Das ist die erschütternde Feststellung dieses Verses.

Er kam in sein Eigentum, aber die Seinen nahmen ihn nicht auf. [V. 11]

Hier wird noch einmal das Verhältnis des Logos zu den Menschen beschrieben, der traurige Bruch, den dieses Verhältnis des Logos zu den Menschen in dieser Welt erlebt. Sie nehmen ihn nicht auf. Die Verwendung des Wortes „Welt“ weist darauf hin, dass der Übergang von der Schöpfungsordnung zur Geschichte geschildert wird. Die Geschichte ist ein natürlicher Werdeprozess. Wir sind im Lauf der Geschichte. Wir machen Geschichte. Es ist wesentlich Menschheitsgeschichte und es geht um das Tun und Verhalten der Menschen zu ihrem Heil oder Unheil in der Geschichte. Hier wird Nachdruck auf die dunkle Tatsache gelegt, dass die Welt ihn nicht erkannte und später sogar, dass die Seinen ihn nicht aufnahmen. Die Welt hat sich also *willentlich* dem Logos gegenüber, der sie erleuchten und zum Heil führen wollte, verschlossen und mit ihm Gott selbst abgelehnt. Dieses Nicht-Erkennen ist ein unseliges Verhalten, durch das sich die Menschen von Gott trennen und von seinem Lebensbereich ausschließen. Man könnte auch sagen: Die Welt *an*erkannte ihn nicht.

Die schmerzliche Tatsache, dass der Logos in der Welt auf Ablehnung stieß, wird in diesem V. 11 noch schärfer, ja fast paradox ausgedrückt: Er kam in sein Eigentum, aber die Seinen, die ihm Zugehörigen nahmen ihn nicht auf. Es geht um das geistige Kommen des Logos in diese verfinsterte Menschenwelt, die gleichsam ihr Haus vor dem Logos, der sich naht, verschloss. Hier drückt wiederum die Vergangenheitsform des Aorist „er kam in sein Eigentum“ aus, dass sich die Begegnung zwischen Logos und Welt in der geschichtlichen Wirklichkeit vollzogen hat und sich immer wieder erneuert, d.h. er kam zu einem ganz bestimmten geschichtlichen Augenblick in die Welt und ist in diesem einen geschichtlichen Augenblick abgelehnt worden. Aber dieser geschichtliche Augenblick vollzieht sich im Leben jedes Menschen immer wieder neu. Er kommt in sein Eigentum – auch zu mir! – und ich nehme ihn nicht auf. Das geschieht immer wieder.

In diesem Vers wird die Welt „Eigentum des Logos“ genannt, weil sie ihm durch die Schöpfung zugehört, denn alles ist durch ihn geworden. Umso bedrückender ist es, dass die Seinen, die ja durch ihn erst geworden sind, ihn nicht aufnahmen. Wenn hier von den Seinen die Rede ist, so sind damit die engsten Verwandten gemeint, diejenigen, die mit Christus am engsten verbunden sind, weil sie durch ihn geworden sind und nur in ihm bestehen können. Selbst sie nehmen ihn nicht auf. Sie lehnen somit praktisch ihre eigene Existenzgrundlage ab. Sie lehnen alles ab, was uns Christus schenken will: das Licht, den Sinn, die Fülle und die Freude, d.h. letztlich das Erfülltsein ihres Lebens.

Daher müssen wir uns nicht wundern, wenn wir in unsere Welt heute so hineinschauen, wie viele unzufriedene und unglückliche Menschen es gibt, die alle nur noch hasten und rennen, um irgendetwas zu ergattern, das ihnen ein bisschen Licht und Glück bringt. Christus ist die Fülle. Er hat all die Seinen, die ihn aufgenommen haben, beglückt. Das ist belegt durch die Zeugnisse der Menschen bis hinein in das Paradox des Martyriums: Freude mitten im Leid. Das geht nur, wenn Jesus Christus wirklich die Fülle unseres Lebens ist.

Allen aber, die ihn aufnahmen, gab er Macht, Kinder Gottes zu werden, allen, die an seinen Namen glauben, die nicht aus dem Blut, nicht aus dem Willen des Fleisches, nicht aus dem Willen des Mannes, sondern aus Gott geboren sind. [Vv. 12-13]

Der niederdrückenden Tatsache, dass der Logos bei seinem Kommen in die Welt auf Unverständnis und Ablehnung der Menschen stieß, stellt Johannes nun Menschen gegenüber, die ihn angenommen haben. Ihnen gab er Macht, Kinder Gottes zu werden. Die Gotteskindschaft ist für Johannes eine göttliche Gabe, die den Getauften ungeschuldet aus göttlicher Liebe geschenkt wird. Daraus entspringt freilich die sittliche Aufgabe, sich dann auch als Gotteskinder zu bewähren, wie Johannes in seinen Briefen schreibt.

In der Formulierung *„gab er Macht, Kinder Gottes zu werden“* ist eigentlich nicht an eine sittliche Entfaltung gedacht, sondern an den übernatürlichen Werdeprozess in der Taufe. Durch und in der Taufe bin ich zum Kind Gottes geworden. In V. 13 drückt sich dann klar aus, dass wir eben nicht aus dem Willen des Fleisches oder des Mannes, sondern aus Gott geboren sind. Bei Johannes heißt es eigentlich nicht: Werde, was du bist!, sondern: Sei und zeige, wer du durch die Taufe geworden bist! Das Zeugnis-Geben von dieser Gotteskindschaft steht im Vordergrund.

Johannes spricht von der Annahme des Logos im Glauben. Der Glaube ist die Grundhaltung, die notwendig ist für den Empfang des Heils. Glauben an den Namen Jesu soll besagen, dass man an die Person Jesu im vollen Umfang seiner Offenbarungen glaubt und diese auch bejahen muss. Mit Name ist die ganze Person gemeint, sein ganzer Auftrag, seine ganze Verkündigung, seine ganze Offenbarung.

Johannes macht in diesen beiden Versen sehr deutlich, dass man Kind Gottes nicht durch natürliche Geburt wird, auch nicht durch einen natürlichen Werdeprozess, sondern durch ein übernatürliches Geschehen, das allein von Gott bewirkt wird. Die dreimalige Verneinung *„die nicht aus dem Blut, nicht aus dem Willen des Fleisches, nicht aus dem Willen des Mannes, sondern aus Gott geboren sind.“* drückt das ganz deutlich aus. Der Evangelist weist also auf ein unverfügbares und letztlich unbegreifliches Werk des göttlichen Geistes hin, durch das diese Gotteszeugung geschehen ist. In der Taufe ist Gott in uns gezeugt worden. Durch den Geist sind wir zu Kindern Gottes geworden. Johannes hebt die übernatürliche Herkunft der Gotteskinder hervor, um ihre Geschiedenheit von der Welt und ihre Verbundenheit mit dem Logos, dem Vermittler göttlicher Gnade und Wahrheit, zu verdeutlichen. Die Zeugung aus Gott in der Taufe bleibt dabei ein Geheimnis und ist ein einmaliger Akt göttlich-himmlischer Herkunft. Deshalb steht auch hier wieder die Vergangenheitsform des Aorists: Die *„aus Gott geboren sind.“*

Und das Wort ist Fleisch geworden und hat unter uns gewohnt, und wir haben seine Herrlichkeit gesehen, die Herrlichkeit des einzigen Sohnes vom Vater, voll Gnade und Wahrheit. [V. 14]

Mit diesem letzten Vers kommen wir zum Höhepunkt des heutigen Evangeliums. Wenn der Logos auch auf Ablehnung bei den Menschen stieß, so war er doch schon in einer geistigen Weise in der Welt anwesend und wirksam, denn alles ist durch ihn geschaffen und alles hat in ihm Bestand. Nun aber geschieht das Unfassbare: Er kommt sogar im Fleisch. Er wird Mensch und schlägt sein Zelt unter den Menschen auf. Erst durch diese Menschwerdung machte uns der Logos fähig, der Gotteskindschaft teilhaftig zu werden. *„Aus seiner Fülle haben wir alle empfangen, Gnade über Gnade.“* (Joh 1,16)

Mit dem Wort „egeneto“ („er wurde“, „das Wort ist Fleisch geworden“) wird eine Veränderung in der Seinsweise des Logos angezeigt. Er wurde etwas, das er vorher nicht war. Vorher war er in der Herrlichkeit des Vaters. Jetzt übernimmt er die Niedrigkeit der menschlichen Existenz. Vorher war er bei Gott. Jetzt schlägt er sein Zelt unter den Menschen auf, und zwar in menschlicher Gestalt, d.h. in der vollen Realität des Fleisches, um dann nach der Rückkehr zu seinem Vater die Herrlichkeit der himmlischen Seinsweise wieder zu erlangen, wie es dann in Joh 17,5 heißt: *„Vater, verherrliche du mich jetzt bei dir mit der Herrlichkeit, die ich bei dir hatte, bevor die Welt war.“* Gott gibt ihm die Herrlichkeit wieder, die er beim Vater hatte, bevor die Welt war. Das Fleisch-Werden des Logos bezeichnet einen Wendepunkt in der Heilsgeschichte. Er eröffnet die letzten Heilsmöglichkeiten für die Menschen. Der Weg des Erlösers hinab ins Fleisch und durch das Fleisch empor zur himmlischen Herrlichkeit wird auch zu einem Weg für alle, die sich ihm im Glauben anschließen.

Warum aber benutzt Johannes hier das Wort „Fleisch“ und nicht z.B. das Wort „Mensch“? Das griechische Wort „sarkos“ drückt die volle Menschlichkeit Jesu aus. Er war ganz Mensch. Es könnte sein, dass Johannes schon an die Brotrede in Kafarnaum dachte, wo Jesus seinen Zuhörern verkündet: *„Wer mein Fleisch isst und mein Blut trinkt, hat das ewige Leben, und ich werde ihn auferwecken am Letzten Tag“* (Joh 6,54). Evtl. könnte es auch ein Ausdruck dafür sein, dass der Logos nicht einen Scheinleib, sondern wirklich Fleisch und Blut angenommen hat. „Er schlug ein Zelt unter uns auf“, wie es dann wörtlich übersetzt heißt, drückt also die Realität der Menschwerdung aus, es weist aber auch darauf hin, dass es sich nur um ein vorübergehendes Wohnen handelt, denn ein Zelt bricht man wieder ab.

Dann spricht Johannes von der *„Herrlichkeit des einzigen Sohnes vom Vater, voll Gnade und Wahrheit“*. Gemeint ist die einzigartige Herrlichkeit, wie sie dem Sohn Gottes zukommt, die Herrlichkeit des Einziggeborenen vom Vater. Man könnte auch übersetzen: Die Herrlichkeit des einzig erzeugten Sohnes Gottes. Der Logos trägt die Fülle der Gnadengaben für alle Glaubenden in sich. So bezieht sich sicher auch dieses „charitos kai aletheias“ („voll Gnade und Wahrheit“) auf den Logos. Das dürfte vom Hebräischen her kommen. Dort ist diese Aufzählung seit dem Erscheinen Gottes im brennenden Dornbusch sehr gängig: „heset va ehmet“ – „Gnade und Wahrheit“, „Huld und Erbarmen“. So begegnen uns in Christus, dem Logos, Gnade und Wahrheit. Huld, Gnade, Wahrheit, Treue – das alles sind Ausdrücke für dieses Licht, das unsere Existenz erleuchtet. Vielleicht denkt Johannes bei der *„Herrlichkeit des einzigen Sohnes vom Vater, voll Gnade und Wahrheit“* auch an die Verklärung auf dem Berg Tabor.

Es ist deutlich geworden, dass dieser Prolog des Johannesevangeliums theologisch unheimlich wuchtig ist. Wenn wir uns jedoch damit auseinandersetzen und erahnen, wer dieses Wort in Wahrheit ist, das da Fleisch geworden ist und unter uns gezeltet hat, das wirklich Mensch geworden ist und in dieser neuen Seinsweise in die totale Erniedrigung hineingegangen ist, um uns herauszuholen in diese Herrlichkeit des Vaters – dann können wir wieder beginnen zu staunen. Und dann kann uns dieses Geheimnis der Menschwerdung immer tiefer aufgehen und wir stehen wie der hl. Franziskus staunend vor dem Kind in der Krippe.

In jener Zeit trat Johannes in der Wüste auf und verkündete: Nach mir kommt einer, der ist stärker als ich; ich bin es nicht wert, mich zu bücken, um ihm die Schuhe aufzuschnüren. Ich habe euch nur mit Wasser getauft, er aber wird euch mit dem Heiligen Geist taufen. In jenen Tagen kam Jesus aus Nazaret in Galiläa und ließ sich von Johannes im Jordan taufen. Und als er aus dem Wasser stieg, sah er, dass der Himmel sich öffnete und der Geist wie eine Taube auf ihn herabkam. Und eine Stimme aus dem Himmel sprach: Du bist mein geliebter Sohn, an dir habe ich Gefallen gefunden.

In jener Zeit trat Johannes in der Wüste auf und verkündete: Nach mir kommt einer, der ist stärker als ich; ich bin es nicht wert, mich zu bücken, um ihm die Schuhe aufzuschnüren. Ich habe euch nur mit Wasser getauft, er aber wird euch mit dem Heiligen Geist taufen. [Vv. 7-8]

Johannes ist nach 500 Jahren wieder der erste Prophet in Israel – etwas Einmaliges. Die strenge Art des Johannes wirkt auf die Menschen seiner Zeit wohl faszinierend, von seiner Strenge her fast faszinierender als Jesus. Demgegenüber war Jesus eigentlich zu viel „gewöhnlicher Mensch". Er aß und trank so wie die anderen. Deshalb muss Johannes Klarheit schaffen. Und er bezieht gegen die Verehrer seiner Person eine vernichtende Stellung. Man muss bedenken, die Leute kamen von überall her, von allen Städten und ließen sich von Johannes taufen. Aber nun bricht in den Zuhörern, in seinen Verehrern ganz jäh sein mächtiges Ansehen in sich zusammen, als er nämlich erklärt: Der Mächtigere, der Stärkere kommt erst noch. Und er, Johannes, ist nicht einmal gut genug, dem, der kommen wird, die Schuhriemen aufzuschnüren. Dazu muss man bedenken: Johannes hat sich vor niemandem gebeugt, weder vor den Behörden, noch vor Herodes. Er hat jedem die Wahrheit gesagt.

Aber noch entscheidender ist das Wort von der Taufe: Sobald

Johannes von der Taufe des anderen, der nach ihm kommt, redet, ist er mit seiner Taufe am Ende. Diese beiden stehen sich gegenüber wie Wasser und Heiliger Geist. Sein Waschen, sein Taufen bleibt waschen mit Wasser, wie es jeder kann. Aber jener, der nach ihm kommt – wenn er an die Wasser rührt, werden sie voll von Heiligem Geist.

Darum also muss Johannes sich und sein Wirken lassen, um Christus zu dienen. So klein ist Johannes vor dem andern, der da kommt. Dieser Absolutheit des Herrn steht Johannes gleichsam beziehungslos gegenüber. Es ist kein Vergleich zwischen beiden. Johannes: vollkommene Niedrigkeit – Jesus: vollkommene Macht. Und doch steht er vor Christus und ist gewissermaßen der Anfang des Evangeliums. Aber so fängt überall das Evangelium Gottes an, dass nämlich alle Menschengröße hinweggefegt wird. So ist weder der Pflanzende noch der Gießende etwas, sondern der, der das Gedeihen gibt (vgl. 1 Kor 3,7).

In jenen Tagen kam Jesus aus Nazaret in Galiläa und ließ sich von Johannes im Jordan taufen. Und als er aus dem Wasser stieg, sah er, dass der Himmel sich öffnete und der Geist wie eine Taube auf ihn herabkam. Und eine Stimme aus dem Himmel sprach: Du bist mein geliebter Sohn, an dir habe ich Gefallen gefunden.

[Vv. 9-11]

Bei Markus wird eigentlich alles ganz kurz und knapp beschrieben. Die Einleitung der folgenden Ereignisse ist für seine Verhältnisse allerdings geradezu feierlich: „Und es geschah in jenen Tagen...“. Das Kommen Jesu wird staunend wahrgenommen. Die Bezeichnung „Jesus von Nazaret“ drückt aus: Hier ist ein Mensch unter Menschen und zugleich doch Gott von Gott.

Auch Jesus wird wie die andern von Johannes in den Jordan getaucht – obwohl er doch ohne Sünde ist. Aber das ist das Entscheidende: Christus hat sich den Sündern gleichgestellt, indem er auch meine Sünde zur seinen machte. Im Alten Testament bedeutete „Wasser“: Trübsal und Leiden. Und Jesus nennt ja dann auch sein Leiden eine Taufe. In seiner Taufe nimmt er die Sünde aller auf sich. So ist seine Wassertaufe eigentlich die Ankündigung seiner Bluttaufe.

Im griechischen Text heißt es: „Aber sofort war es anders“. Im „sofort“ liegt die göttliche Gewalt, die das Angefangene vorwärts treibt. Rascher als bei den anderen Evangelisten steigt Jesus aus dem Wasser. „Und sogleich spalteten sich die Himmel“ heißt es wörtlich. Auch das klingt viel heftiger als bei den andern Evangelisten.

Dann ertönt eine Stimme vom Himmel und der Vater spricht zum Sohn: *„Du bist mein geliebter Sohn ...“* (V. 11) „Geliebter“ meint: der einzig Geliebte. Das ist der Sinn. Jesus ist der einzige, wahre und eigentliche Sohn Gottes, neben dem es keinen anderen gibt. Auf ihm ruht das Auge Gottes in ungetrübtem Wohlgefallen.

In dieser denkwürdigen Stunde wird also offenbar, dass der eine Gott den einen göttlichen Sohn anerkennt. Mit dem Wort „Jesus von Nazaret“ wird zugleich bestätigt, dass Gottes Sohn als Mensch auf Erden unter den Menschen erschienen ist. Es wird das Ungeheuerliche, die Frohe Botschaft verkündet: Das Wort ist Fleisch geworden. Es geschieht der Einbruch des Himmlischen auf diese Erde. Deshalb beginnt Markus auch sein Evangelium „Anfang der Frohbotschaft von Jesus Christus“.

In dieser Situation offenbart sich der dreipersönliche Gott: Der Vater spricht ausschließlich zum Sohn. Und darum kann auch der Dritte, der Heilige Geist, wiederum nur göttliche Person sein. Etwas anderes hat keinen Platz. Das Kommen Gottes im Kommen des Sohnes führt also notwendig zur vollen Offenbarung des Dreifaltigen Gottes. Im „Sich-spalten“ des Himmels offenbart Gott sein ureigenstes, inneres Geheimnis: sein dreieiniges Wesen. Damit verbirgt Gott nichts mehr vor den Menschen. Und er offenbart sich sinnenhaft, wahrnehmbar in der „Stimme“ des Vaters, im Heiligen Geist sichtbar in Gestalt der Taube und in Jesus in „Menschengestalt“. So wird Gott auf allen sinnenfältigen Wegen zum Menschen kommen.

So finden wir in diesem kurzen Text des Markus eigentlich die ganze göttliche Offenbarung in wenigen Sätzen komprimiert. Darum lohnt es sich, dieses Evangelium einmal Satz für Satz für sich wirklich zu betrachten.

Die Fastenzeit

In jener Zeit trieb der Geist Jesus in die Wüste. Dort blieb Jesus vierzig Tage lang und wurde vom Satan in Versuchung geführt. Er lebte bei den wilden Tieren, und die Engel dienten ihm. Nachdem man Johannes ins Gefängnis geworfen hatte, ging Jesus wieder nach Galiläa; er verkündete das Evangelium Gottes und sprach: Die Zeit ist erfüllt, das Reich Gottes ist nahe. Kehrt um und glaubt an das Evangelium!

Dem heutigen Evangelium unmittelbar voraus geht die Taufe Jesu im Jordan durch Johannes, also ein ganz entscheidender Punkt im Leben Jesu. Jesus tritt plötzlich öffentlich auf, nachdem er dreißig Jahre lang völlig unauffällig im Verborgenen ein ganz „normales" Leben gelebt hat. Er zeigt uns damit, wie wertvoll auch unser ganz normales Leben ist, in das Gott uns gestellt hat.

Nach dreißig Jahren tritt Jesus jetzt also ein in die Reihe der Sünder, die sich von Johannes taufen lassen. Die Taufe des Johannes war ja eine Bußtaufe, d.h., die Menschen, die sich von Johannes taufen ließen, waren Menschen, die bekannt haben: Wir sind Sünder, wir brauchen Erlösung. Durch die Taufe bereitet Johannes sie auf den Erlöser vor. Er hat sie gewissermaßen zum Sündenbewusstsein hingeführt, damit sie Sehnsucht bekommen nach der Erlösung und nach dem Erlöser. Und nun stellt sich auch Jesus in die Reihe der Sünder. Wir können nur erahnen, was das wirklich bedeutet. In diesem Moment macht er sich ganz und gar zum Lamm Gottes, das die Sünde der Welt wegträgt, oder wie es die Heilige Schrift sagt: Der Vater hat ihn für uns zur Sünde gemacht. Das ist geradezu unfassbar: Der Vater macht den Sohn nicht etwa zum *Sünder*, der zwar die Sünde aller Welt getragen hat, aber dennoch von Gott geliebt ist. Er macht ihn vielmehr zur *Sünde selbst.* Das ist das, was am stärksten gegen Gott steht und was ihm daher das Widerlichste ist. Und dennoch hat er Jesus für uns zur Sünde gemacht. Was muss das für ein Schmerz für den

Vater sein, und auch für Jesus. Das ist für uns letztlich unvorstellbar, wie zwischen diesen beiden, die sich unendlich lieben, plötzlich die Sünde steht, wie der Sohn gleichsam für den Vater zum Abschaum entstellt wird.

Erst von da her wird das Wort verständlich, das der Vater spricht, als Johannes Jesus im Jordan tauft: *„Das ist mein geliebter Sohn, an dem ich Gefallen gefunden habe. Auf ihn sollt ihr hören.“* (vgl. Mt 17,5; Mt 3,17) Welcher Schmerz steckt in diesen Worten des Vaters: Es ist sein geliebter Sohn, den er jetzt für uns zur Sünde macht, zu dem, was ihm am Entgegengesetzten ist, am Widerlichsten, was er total ablehnen muss. Und er tut es für uns! Um unseretwegen, weil er uns so unendlich liebt, nimmt Gott dieses Leiden auf sich und auch der Sohn nimmt aus Liebe zu uns dieses Leiden auf sich, von der unendlichen Liebe des Vaters getrennt zu sein. Es ist für uns unvorstellbar und doch geschieht das alles in der Taufe Jesu.

Direkt im Anschluss an die Taufe im Jordan wird Jesus dann mit Heiligem Geist gesalbt. Jesus hat ja bei seiner Menschwerdung die Gottheit gewissermaßen abgestreift, wie es im Philipperbrief heißt (vgl. Phil 2,6-8). Er hat in seinem irdischen Leben die göttlichen Fähigkeiten nicht in Anspruch genommen. Wenn er also Tote erweckt und Kranke heilt, so ist dies letztlich der Heilige Geist, der durch ihn wirkt, so wie wir es bis heute auch bei den Heiligen finden, die Tote erweckt oder Kranke geheilt haben. Jesus selbst sagt den Jüngern – und damit auch uns – ja zu: Ihr werdet noch Größeres tun als ich selbst getan habe, eben in der Kraft desselben Heiligen Geistes. Und er ist es dann wiederum, der in uns handelt als der Auferstandene. Durch die Salbung mit Heiligem Geist wird die Menschennatur Jesu gleichsam zum Werkzeug des Heiligen Geistes. Von nun an wird Jesus ganz und gar vom Heiligen Geist erfüllt und geführt. Selbst das Leiden nimmt er kraft dieses Geistes auf sich. Und auch bei der Auferstehung ist es der Heilige Geist, der ihn wieder zum Leben erweckt.

In jener Zeit trieb der Geist Jesus in die Wüste. Dort blieb Jesus vierzig Tage lang und wurde vom Satan in Versuchung geführt. Er lebte bei den wilden Tieren, und die Engel dienten ihm. [Vv. 12-13]

Das unaufhörliche Wirken des Heiligen Geistes ist es auch, das Jesus nach der Taufe in die Wüste treibt, damit er dort vom Teufel versucht werde. Worin besteht nun diese Versuchung? Der Teufel versucht Jesus auf dreifache Weise. Wie genau das geschieht ist hier im Markus-Evangelium eigentlich gar nicht ausgeführt, sondern nur allgemein angedeutet: Er *„wurde vom Satan in Versuchung geführt.“* Wir wissen allerdings von den anderen Evangelisten, worin er versucht wurde.

Zunächst einmal sollte Jesus in diesen vierzig Tagen des Fastens die Steine in der Wüste in Brot verwandeln. Er hat später bei der Brotvermehrung erleben können, wie ihm die Leute nachlaufen, wenn sie billig Brot bekommen. Worin aber besteht nun die Versuchung? Der Satan will ihn so weit bringen, dass er seine Gottheit in Anspruch nimmt und abgeht vom Weg der Erniedrigung. Denn Jesus geht ja durch seine Menschwerdung in die Erniedrigung, geht ganz in das Menschsein hinein. Er wird zur Sünde für uns, damit wir erlöst werden. Aber genau davon will ihn der Teufel abhalten. Er will ihn auf einen Weg der Erhöhung bringen. Denn wenn Jesus die Steine in Brot verwandelt, dann werden die Menschen zu ihm kommen. Dann wird er sich viel leichter tun und alle im Handumdrehen auf seine Seite ziehen. Das Fasten aber sieht ja niemand und es nützt auch niemandem. Jesus schleudert diese Einflüsterungen des Satans mit einem Wort Gottes zurück: „Es steht geschrieben: …“. Das Wort Gottes ist ja das Schwert des Geistes und darum muss der Satan auf dieses Wort Gottes hin zunächst weichen.

Aber er kommt wieder und versucht Jesus erneut. Er führt ihn oben auf den Tempel in Jerusalem und sagt: *„Wenn du Gottes Sohn bist, so stürz dich hinab; denn es heißt in der Schrift: Seinen*

Engeln befiehlt er, dich auf ihren Händen zu tragen, damit dein Fuß nicht an einen Stein stößt.“ (Mt 4,6) Wenn die Menschen das sehen, werden sie Jesus zujubeln, und er hat sie für sich gewonnen. Er muss dann keine Angst haben und schon gar nicht fasten. Er muss die Schwere des Kreuzes gar nicht auf sich nehmen. Auch hier also will der Satan ihn wieder vom Weg der tiefen Erniedrigung abbringen, wie es bereits im Gottesknechtslied bei Jesaja bezeugt wird (vgl. Jes 52,13 – 53,12). Das ist der Weg der Erlösung. Satan aber will, dass Jesus seine Gottheit annimmt und sich göttlich offenbart. Dann wäre die Erlösung der Welt gescheitert. Darum weist Jesus ihn erneut zurück.

Die dritte Versuchung besteht darin, dass der Fürst der Welt Jesus auffordert, ihn anzubeten. Für diesen nur kurzen Moment der Anbetung, den ja auch niemand sehen würde, erhielte Jesus als Gegenleistung die ganze Welt und bräuchte sich nicht mehr anzustrengen, v.a. nicht durch Leiden und Tod zu gehen. Der Geist Gottes führt Jesus also in die Wüste, damit er vom Teufel versucht werde. Damit wird gleich zu Beginn seiner Sendung die Ausrichtung ganz klar: Jesus geht den Weg der Erniedrigung. Er geht den Weg nach Jerusalem, wo ihn Tod und Auferstehung erwarten, durch die ganze Erniedrigung und Verachtung, wie es der Prophet Jesaja sagt. *Dadurch* erlöst er die Welt. Und genau davon will ihn der Teufel abbringen.

Das ist auch für uns wichtig – gerade zu Beginn der Fastenzeit. Auch wir werden immer wieder in Versuchung geführt und wie oft bestehen auch bei uns die Versuchungen darin, dass wir den Willen Gottes *nicht* tun, dass wir immer wieder *nicht* den Weg der Christusnachfolge und der Erniedrigung, sondern vielmehr den Weg der Erhöhung gehen wollen. Wir wollen vor der Welt etwas gelten. Auch als Christen wollen wir von der Welt anerkannt sein, z.B. in unseren sozialen Werken. Wir verstehen nicht, warum die Welt uns hasst, uns verfolgt und uns verachtet, auch heute, auch in unseren Breiten, und selbst die Mitchristen. Wenn wir wirklich versuchen mit Christus zu leben, werden wir für „dumm verkauft“. Und dann spüren wir sehr wohl diese große Versuchung, die Sehnsucht nach Anerkennung. Aber wir müssen den Weg der Erniedrigung gehen, den Weg der Loslösung von dieser Welt, um ganz für Gott zu leben. Denn nur das ist der Weg der Erlösung, auch für die Kirche von heute.

Gerade in der Fastenzeit, wo ja alles zuläuft auf Tod und Auferstehung Jesu, sollten wir uns das wieder bewusst machen. Die ganzen Lesungen der Fastenzeit sind wie ein Glaubensseminar, das hinführt auf die neue Vertiefung des (Tauf-)Bundes mit Gott in der Osternacht. Die Versuchung Jesu lässt auch uns fragen: Gehe ich den Weg der Erniedrigung mit Christus, den Weg der Verachtung und des Nicht-verstanden-Seins? Kann auch ich die Einsamkeit und die Verlassenheit auf mich nehmen? Kann ich das mit Christus tragen? Ist das für mich eine Quelle der Freude, ein Ausdruck der Liebe zum Herrn? Das sind wirklich ganz entscheidende Fragen, denn wir wollen ja alles Mögliche von Jesus haben, nur nicht sein Kreuz. Alles, was Jesus das tägliche Kreuz nennt, alle die täglichen Widerwärtigkeiten – sind das Widerwärtigkeiten, die mich stören und mich aufregen, die ich von mir stoße oder zu denen ich einfach „Ja“ sage?

Die heilige Gertrud fragte einmal den Herrn, was ihm am Wohlgefälligsten sei. Und er antwortete ganz schlicht: Wenn du zu all den Widerwärtigkeiten des alltäglichen Lebens dein „Ja“ sprichst, aus Liebe zu Gott. Das ist doch eigentlich wunderbar, aber es bedeutet eben auch, den Weg der Erniedrigung zu gehen. Jeder „normale“ Mensch wird sagen, dass eine solche Haltung Unsinn ist. Denn die Welt sucht ja gerade Anerkennung und nicht Demut und Erniedrigung. Wir aber sollen mit Christus den Weg in die Erniedrigung gehen, um die Welt von heute mit zu erlösen. Das ist der Auftrag der Kirche und damit auch unser Auftrag. Aber dazu ist die Versuchung notwendig, die uns zur Entscheidung führen soll, in dieser Welt ganz und gar den Willen Gottes zu erfüllen und ganz und gar den Weg der Erniedrigung zu gehen. Dann kann Heiliger Geist durch uns wirken, so wie er durch Jesus gewirkt hat und wie Jesus es uns zugesagt hat: *„Wer an mich glaubt, wird die Werke, die ich vollbringe, auch vollbringen und er wird noch größere vollbringen …"* (Joh 14,12)

> **Nachdem man Johannes ins Gefängnis geworfen hatte, ging Jesus wieder nach Galiläa; er verkündete das Evangelium Gottes und sprach: Die Zeit ist erfüllt, das Reich Gottes ist nahe. Kehrt um und glaubt an das Evangelium!** [Vv. 14-15]

Wir haben diesen Teil schon einmal gehört nach der Taufe Jesu. Aber jetzt ist es sein Programm. Jetzt ist er gesalbt mit Heiligem Geist. Er ist in die Wüste hineingeführt und dort versucht worden – und hat sich entschieden, den Weg zu gehen, den bereits die Propheten vorausgeschaut haben: den Weg des Gottesknechtes vom Tod zur Auferstehung, um die Welt zu erlösen. In der Wüste hat er sich entschieden und lässt sich von diesem Weg der Erniedrigung nicht mehr abbringen. So, wie er in der Wüste den Satan zurückweist, wird er später auch einmal Petrus zurückweisen, als dieser ihn davon abbringen will, nach Jerusalem zu gehen und dort zu sterben: *„Weg mit dir, Satan, geh mir aus den Augen! Du willst mich zu Fall bringen; denn du hast nicht das im Sinn, was Gott will, sondern was die Menschen wollen."* (Mt 16,23) Wie Petrus wollen auch wir oft viel lieber den Weg der Erhöhung gehen, und nicht den der Hingabe und des Dienens. Aber nur das ist der Weg der Erlösung.

Jesus beginnt also die Verkündigung seiner Frohbotschaft mit dieser Entscheidung. Sie steht über seinem ganzen Leben. Jetzt ist die Zeit, die die Propheten vorausgesagt haben, die Zeit, auf die hin das ganze Alte Testament eigentlich gedrängt hat, die Zeit des Heiles und der Erlösung. Kurz zuvor, in der Wüste, hat Satan ja noch gesagt: Ich werde dir die Erde geben, die *mir* gehört. Sie ist mein Reich. Ich bin der Fürst der Welt. Jetzt aber verkündet Jesus: Das Reich Gottes naht und es wird das Reich der Finsternis verdrängen.

Das ist auch an uns zu Beginn der Fastenzeit der Aufruf zur Umkehr: Metanoeite! – Denkt um!, wie es im Griechischen heißt. Denkt um! Denkt nicht von euch her! Denkt von Gott her! Alles, was ihr erlebt, was ihr seht in eurem Leben, im Staat, in der Welt, in der Kirche, alles das ist von Gott her zu verstehen und wir sollen uns fragen: Herr, was heißt das? Was bedeutet das? Was willst du uns durch diese Situationen sagen? Ob wir verstehen oder nicht verstehen: Herr, deine Liebe und deine Barmherzigkeit stehen hinter allem. Du willst uns etwas sagen. Du führst uns in und durch diese Situationen und Ereignisse hindurch und kein Mensch oder System kann diese Pläne Gottes verhindern. Letztlich müssen ihm alle dienen. In dieser Haltung können wir dann auch der Aufforderung Jesu folgen: *„Glaubt an das Evangelium!“* Glauben meint hier das Eingewurzeltsein in Gott, die Ganzhingabe meines Herzens und meines Innersten. Nicht mehr ich lebe, sondern Christus lebt in mir.

So wie dieser Text werden uns auch die Lesungen der weiteren Fastensonntage, aber auch der einzelnen Fastentage während der Woche dauernd vorbereiten auf die Vertiefung und Erneuerung des Taufbundes in der Osternacht. Es ist wie eine Art Glaubensseminar. Stück für Stück werden wir immer mehr hineingeführt, immer wieder decken diese Lesungen und Evangelien etwas auf, das gegen den Bund mit Gott steht und ihn sogar zerstören kann. Und letztlich sind alle Sünden immer gegen den Bund mit Gott gerichtet, denn wenn dieser Bund gebrochen ist, dann ist das Verhältnis zwischen Mensch und Gott gebrochen. Deshalb sollten wir versuchen dieses Evangelium und auch die nächsten Lesungen wirklich betrachtend auf uns wirken zu lassen und unser Leben daran zu orientieren. Das ist eine wichtige Vorbereitung auf die Osternacht, den Höhepunkt des Kirchenjahres.

In jener Zeit nahm Jesus Petrus, Jakobus und Johannes beiseite und führte sie auf einen hohen Berg, aber nur sie allein. Und er wurde vor ihren Augen verwandelt; seine Kleider wurden strahlend weiß, so weiß, wie sie auf Erden kein Bleicher machen kann. Da erschien vor ihren Augen Elija und mit ihm Mose, und sie redeten mit Jesus. Petrus sagte zu Jesus: Rabbi, es ist gut, dass wir hier sind. Wir wollen drei Hütten bauen, eine für dich, eine für Mose und eine für Elija. Er wusste nämlich nicht, was er sagen sollte; denn sie waren vor Furcht ganz benommen. Da kam eine Wolke und warf ihren Schatten auf sie, und aus der Wolke rief eine Stimme: Das ist mein geliebter Sohn; auf ihn sollt ihr hören. Als sie dann um sich blickten, sahen sie auf einmal niemand mehr bei sich außer Jesus. Während sie den Berg hinabstiegen, verbot er ihnen, irgendjemand zu erzählen, was sie gesehen hatten, bis der Menschensohn von den Toten auferstanden sei. Dieses Wort beschäftigte sie, und sie fragten einander, was das sei: von den Toten auferstehen.

In jener Zeit nahm Jesus Petrus, Jakobus und Johannes beiseite und führte sie auf einen hohen Berg, aber nur sie allein. Und er wurde vor ihren Augen verwandelt; seine Kleider wurden strahlend weiß, so weiß, wie sie auf Erden kein Bleicher machen kann. [Vv. 2-3]

Bereits sechs Tage zuvor hat Jesus den Jüngern sein Leiden und seine Auferstehung angekündigt: *„Dann begann er, sie darüber zu belehren, der Menschensohn müsse vieles erleiden und von den Ältesten, den Hohenpriestern und den Schriftgelehrten verworfen werden; er werde getötet, aber nach drei Tagen werde er auferstehen.“* (Mk 8,31) Danach lässt er die Jünger mit dieser für sie sicherlich nur schwer verdaulichen Botschaft gewissermaßen sechs Tage lang allein. Und nun, am siebten Tag, nimmt er Petrus, Johannes und Jakobus – und nur diese drei – mit auf einen hohen Berg. Dazu gibt es im Alten Testament interessante Parallelen: Sowohl bei Ezechiel wie auch bei Mose erscheint am siebten Tag die Herrlichkeit Gottes. Schon bei diesen Stellen ist der siebte Tag also gewissermaßen der Tag der Auferstehung. Und so ist es auch hier: Sechs Tage lang lässt Jesus die Jünger mit dieser Botschaft allein, am siebten Tag aber gibt er sich ihnen in der Verklärung auf dem Berg Tabor als der Auferstandene zu erkennen.

Ein hoher Berg ist in der Heiligen Schrift immer wieder der Ort der Gottesbegegnung und somit Ausdruck der Offenbarung Gottes. Auf diesem hohen Berg geschieht nun die Verwandlung Jesu. Mit dem griechischen „metamorphon" ist eigentlich gemeint: verwandelt in die himmlische Auferstehungsherrlichkeit. Jesus wird also vor den Augen der drei Jünger in die himmlische Herrlichkeit Gottes hineingenommen, der Zustand des Auferstandenen ist hier gewissermaßen bereits vorweggenommen.

Diese Verwandlung war für Jesus selbst sicher eine Stärkung, aber noch entscheidender war diese Erfahrung für seine Jünger: Sie haben ja später dann die Einsamkeit und Schwachheit Jesu am Ölberg erlebt, seine Verzweiflung bis hin zur Todesangst, die ihn schließlich geradezu flehen lässt: *„Mein Vater, wenn es möglich ist, gehe dieser Kelch an mir vorüber."* (Mt 26,39) In der Verklärung Jesu auf dem Tabor wird ihnen – gleichsam zu ihrer geistigen Stärkung – ein Blick in die Zukunft, in die Herrlichkeit des Auferstandenen gewährt. Aber sie verstehen noch nicht vollkommen. Sie begreifen nicht, was sie da geschaut haben und „fragen einander, was das sei: von den Toten auferstehen." (V. 10)

Jesus wird also auf dem Berg der Verklärung in die himmlische Auferstehungsherrlichkeit verwandelt. Das griechische „leukos" –*„seine Kleider wurden strahlend weiß, so weiß, wie sie auf Erden kein Bleicher machen kann."* (V. 3) – ist ebenfalls Ausdruck für die Schilderung einer Epiphanie, also einer Gottesoffenbarung. Das Leuchten ist weißer, als es je ein Mensch (Bleicher) auf Erden machen könnte; es gibt keinen menschlichen Vergleich dafür, weil es auf etwas Überirdisches, d.h. Göttliches verweist. Die Jünger erleben also eine echte Gotteserscheinung.

Das griechische „stilbonta“ – „er glänzte“ – ist ein Ausdruck für den Glanz der Sonne und verweist so auf den Glanz des Auferstandenen. Allein die verwendeten griechischen Ausdrücke machen also deutlich: Jesus ist nicht einfach so erhöht, sondern verherrlicht in die Auferstehungsherrlichkeit. Es ist eine wirkliche Gotteserscheinung, eine Gottesoffenbarung, die die drei Jünger hier zu ihrer Stärkung erleben. Ihnen wird also auf dem Berg Tabor gewissermaßen das Ziel des Leidensweges Jesu gezeigt: nämlich seine Verherrlichung durch die Auferstehung.

Da erschien vor ihren Augen Elija und mit ihm Mose, und sie redeten mit Jesus. [V. 4]

Auch das Erscheinen – „ophte“ - von Mose und Elija meint im Griechischen wiederum ein himmlisches Erscheinen. Dieses Wort wird später, bei den Erscheinungen des auferstandenen Herrn, immer wieder benutzt. Und so jetzt auch hier bei Mose und Elija. Sie sind ebenfalls himmlische Erscheinungen, eine Offenbarung von Gott her. Warum aber nun ausgerechnet Elija und Mose?

Elija wird ja im Alten Testament als Vorläufer des Messias benannt. Vor dem Erscheinen des Messias muss zuerst Elija kommen, und Jesus bezeichnet nicht umsonst Johannes den Täufer als den wiedergekehrten Elija. Er ist dieser Vorläufer, der den Auftrag des Elija übernommen hat, den Weg zu bereiten für den Messias. Alle Propheten haben ja auf den kommenden Messias verwiesen und das Leben Jesu vorausverkündet. Deshalb spricht Elija hier gleichsam stellvertretend für die Propheten als Vorläufer des Messias über dessen Auftrag.

Während Elija also für die Propheten steht, vertritt Mose das Gesetz. Das Gesetz und die Propheten finden so ihre Erfüllung in Christus, auf den sie ja durch ihr Erscheinen verweisen. Mose vor allem auch deshalb, weil er voraussagt: *„Einen Propheten wie* *mich wird dir der Herr, dein Gott, aus deiner Mitte, unter deinen Brüdern, erstehen lassen.*" (Dtn 18,15) Darum verneint Johannes der Täufer auch die Frage der Abgesandten aus Jerusalem, ob er der Messias sei oder der Prophet, den Mose verkündet habe (vgl. Joh 1,19-21). Denn dieser „Prophet wie mich", also wie Mose ist Jesus selbst. Er ist der neue Mose. Darum erscheint der erste Mose mit Elija, dem Vorläufer, um auf den neuen Mose zu verweisen. Das Gesetz und die Propheten finden so ihre Erfüllung in Jesus. Und sie sprechen mit ihm über sein Ende in Jerusalem, das durch die Geschichte des Alten Testamentes hindurch bereits vorausverkündet wurde.

Petrus sagte zu Jesus: Rabbi, es ist gut, dass wir hier sind. Wir wollen drei Hütten bauen, eine für dich, eine für Mose und eine für Elija. Er wusste nämlich nicht, was er sagen sollte; denn sie waren vor Furcht ganz benommen. Da kam eine Wolke und warf ihren Schatten auf sie, und aus der Wolke rief eine Stimme: Das ist mein geliebter Sohn; auf ihn sollt ihr hören.

[Vv. 5-7]

Petrus reagiert auf die Erscheinung total verständnislos. Er ist ganz verwirrt und versteht gar nicht, was da geschieht. Er will drei Hütten bauen für die, die keine Hütten brauchen, da sie sich doch in der Verklärung befinden: Mose, Elija, Jesus. Der Schrecken des Petrus ist gewissermaßen ein Gottesschrecken, so, wie wir ihn später am Auferstehungsmorgen dann auch bei den Wächtern am Grab erleben, die ebenfalls ganz verwirrt sind und nichts mehr verstehen können.

Und dann kommt diese Wolke. Die Wolke ist immer das Zeichen der Gegenwart Gottes. So ist es eine Wolke, die vor Israel herzieht auf dem Weg durch die Wüste. Und es ist wiederum eine Wolke, die über den Tempel kommt und ihn erfüllt. Und auch bei der Himmelfahrt Jesu ist es eine Wolke, die ihn verdeckt und sein Wiederkommen auf den Wolken des Himmels ankündigt. Die

Wolke ist also das Zeichen der Gegenwart Gottes und des Bundes. In dieser Wolke auf dem Berg Tabor erscheint jetzt Gott selbst und spricht zu den Jüngern: *„Das ist mein geliebter Sohn; auf ihn sollt ihr hören."* (V. 7; vgl. auch Mt 17,5: *„Das ist mein geliebter Sohn, an dem ich Gefallen gefunden habe; auf ihn sollt ihr hören."*), denn in ihm sind Mose, Elija und alle Propheten erfüllt. Er ist die Erfüllung des ganzen Alten Testamentes. Wenn wir also die Propheten lesen, Mose, Elija oder andere Propheten, können wir darin das Schicksal Jesu hören und werden so immer tiefer in sein Geheimnis geführt. Das ist die eigentliche Botschaft auch an uns: *„Das ist mein geliebter Sohn; auf ihn sollt ihr hören."* Er, Jesus, ist die entscheidende Heilsgestalt.

Als sie dann um sich blickten, sahen sie auf einmal niemand mehr bei sich außer Jesus. Während sie den Berg hinabstiegen, verbot er ihnen, irgendjemand zu erzählen, was sie gesehen hatten, bis der Menschensohn von den Toten auferstanden sei. Dieses Wort beschäftigte sie, und sie fragten einander, was das sei: von den Toten auferstehen. [Vv. 8-10]

Plötzlich ist es zu Ende. Auf einmal ist niemand mehr da. Und als sie den Berg hinabsteigen ermahnt Jesus die Jünger, dass sie das, was sie erlebt haben und schon vorausschauen durften, erst nach dem Ereignis der Auferstehung weitererzählen dürfen. Denn erst dann werden sie es verstehen. Das Leiden Jesu wird erst nach der Auferstehung begriffen. Nur von dieser Verklärung des Herrn und von seiner Auferstehung her werden auch wir verstehen, dass Christus das alles erleiden musste, um so in seine Herrlichkeit einzugehen.

Bis zur Auferstehung Jesu werden die Menschen ihn nur in seiner Erniedrigung sehen. Erst dann werden auch sie verstehen, was die drei Jünger schon auf dem Berg Tabor gesehen und erkannt haben. Deshalb sollen sie solange schweigen. Das ist eine Aufforderung auch an uns: Auch wir müssen manchmal schweigen, wo wir spüren, dass die Menschen es noch nicht verstehen. Dann sollen wir warten, bis sie es verstehen können.

Aber noch etwas wird in diesem Evangelium deutlich. Wir werden ja vorbereitet für die Bundeserneuerung, nämlich die Erneuerung unseres Taufbundes mit Christus in der Osternacht. Er, der Bräutigam und wir, die Kirche, die Braut. Die Vermählung, die in der Taufe geschehen ist, muss von uns aber auch ganz angenommen werden, denn ein Bund muss immer von zwei Seiten geschlossen werden. Gott hat sich in Jesus Christus ganz für uns hingegeben in seinem Sterben und so müssen auch wir uns Jesus ganz hingeben. Das ist gemeint mit der Aufforderung vom Evangelium des letzten Sonntags: *„Glaubt an das Evangelium!“* (vgl. Mk 1,15). Letztlich bedeutet das: Gebt euer Herz! Gebt euch ganz Jesus hin – bis hin zum Sterben für Jesus. Das ist die Bedeutung des Bundes zwischen Gott und den Menschen, der von uns in der Osternacht immer wieder erneuert werden muss.

Das ist das Wunderbare des heutigen Evangeliums: Diese Herrlichkeit, diese Verklärung, die wir in Jesus schauen auf dem Berg Tabor und später dann nach seiner Auferstehung, dieses Leuchten, wie es hier ausgedrückt wird, das ja die drei Jünger gar nicht ausgehalten haben – bei Matthäus werfen sie sich sogar voller Angst mit dem Gesicht zu Boden (vgl. Mt 17,6) – ist dieselbe Herrlichkeit, die in der Taufe auch an uns geschehen ist. Es ist die Herrlichkeit der Gegenwart des Dreifaltigen Gottes. Wenn dieses göttliche Leben und dieses Leuchten, diese Gotteserscheinung, wie es seit der Taufe auch in uns ist, sichtbar wäre, dann würden wir es mit uns nicht aushalten und die andern Menschen auch nicht. So gewaltig ist diese Herrlichkeit. Deshalb bleibt alles im Christusgeheimnis verborgen. Wir können es nur im Glauben schauen. Aber das Evangelium von der Verklärung Jesu lässt uns etwas ahnen von dieser Herrlichkeit, die jetzt schon in uns ist.

Um es mit den wunderbaren Worten des Paulus zu sagen: *„Wenn Christus, unser Leben, offenbar wird, dann werdet auch ihr mit* *ihm offenbar werden in Herrlichkeit.*“ (Kol 3,4) Wenn Christus in seiner Herrlichkeit kommt, am Ende der Zeiten, dann wird auch die Herrlichkeit, die in uns ist, sichtbar. Erst dann können wir sie verkraften und aushalten. Aber das ist die Wirklichkeit. Und mit dieser Wirklichkeit sollen wir auf die Osternacht zugehen und in ihr um die Erneuerung der Taufgnade bitten, damit diese Herrlichkeit wieder neu in uns sein darf. Das ist das, was wir eigentlich ausstrahlen sollten; was man nicht sehen kann, was aber die unsichtbare Welt sehr wohl sieht. Die Engel werden sich erfreuen. Die Mächte der Finsternis werden weichen. Dann können wir erleben, wie auch die Menschen, die uns begegnen, etwas von dieser Begegnung erspüren. Das ist die Ausstrahlung, die manchmal ein Mensch hat, dem wir begegnen. Das ist die Herrlichkeit, die jetzt schon in uns ist. Freuen wir uns daran. Machen wir sie uns bewusst, indem wir bewusst auf die Erneuerung der Taufgnade in der Osternacht hingehen.

Das Paschafest der Juden war nahe, und Jesus zog nach Jerusalem hinauf. Im Tempel fand er die Verkäufer von Rindern, Schafen und Tauben und die Geldwechsler, die dort saßen. Er machte eine Geißel aus Stricken und trieb sie alle aus dem Tempel hinaus, dazu die Schafe und Rinder; das Geld der Wechsler schüttete er aus und ihre Tische stieß er um. Zu den Taubenhändlern sagte er: Schafft das hier weg, macht das Haus meines Vaters nicht zu einer Markthalle! Seine Jünger erinnerten sich an das Wort der Schrift: Der Eifer für dein Haus verzehrt mich. Da stellten ihn die Juden zur Rede: Welches Zeichen lässt du uns sehen als Beweis, dass du dies tun darfst? Jesus antwortete ihnen: Reißt diesen Tempel nieder, in drei Tagen werde ich ihn wieder aufrichten. Da sagten die Juden: Sechsundvierzig Jahre wurde an diesem Tempel gebaut, und du willst ihn in drei Tagen wieder aufrichten? Er aber meinte den Tempel seines Leibes. Als er von den Toten auferstanden war, erinnerten sich seine Jünger, dass er dies gesagt hatte, und sie glaubten der Schrift und dem Wort, das Jesus gesprochen hatte. Während er zum Paschafest in Jerusalem war, kamen viele zum Glauben an seinen Namen, als sie die Zeichen sahen, die er tat. Jesus aber vertraute sich ihnen nicht an, denn er kannte sie alle und brauchte von keinem ein Zeugnis über den Menschen; denn er wusste, was im Menschen ist.

Das Paschafest der Juden war nahe, und Jesus zog nach Jerusalem hinauf. Im Tempel fand er die Verkäufer von Rindern, Schafen und Tauben und die Geldwechsler, die dort saßen. Er machte eine Geißel aus Stricken und trieb sie alle aus dem Tempel hinaus, dazu die Schafe und Rinder; das Geld der Wechsler schüttete er aus, und ihre Tische stieß er um. Zu den Taubenhändlern sagte er: Schafft das hier weg, macht das Haus meines Vaters nicht zu einer Markthalle!

[Vv. 13-16]

Das erste Zeichen, das Jesus im Johannesevangelium gewirkt hat, war die Hochzeit zu Kanaa, die Verwandlung von Wasser in Wein. Dort trat Jesus gewissermaßen als der königlich Schenkende, der Bräutigam, auf. Beim Zeichen der Tempelreinigung im heutigen Evangelium geht es nun um den unerbittlichen Ernst Jesu, um seinen Eifer für das Haus seines Vaters. Was ist geschehen?

Natürlich mussten die Menschen irgendwo ihre Opfertiere kaufen können, die nach dem Gesetz geopfert werden sollten. Denken wir z.B. an die zwei Tauben, die Josef und Maria bei der Darstellung im Tempel dargebracht haben. Normal wäre es wohl gewesen, diese notwendigen Geschäfte und alles Treiben um sie herum außerhalb des Tempels stattfinden zu lassen. Zur Zeit Jesu aber befanden sich Tiere, Tische und Wechselstuben innerhalb des Tempelbereichs – ein Zeichen dafür, dass einigen Juden das Geschäft mehr wert war als Gott, dass ihnen ihr Geld wichtiger war als die Ehrfurcht vor der Gegenwart Gottes. Das ist die Situation, in die hinein Jesus nun handelt. Und er handelt hier radikal: Mit einer Geißel aus Stricken treibt er sowohl Tiere als auch Menschen hinaus und stößt die Tische der Geldwechsler um. Für Jesus ist es unerträglich, im Tempel dieses Geld-Denken, dieses Mammon-Denken und diesen Lärm zu erleben statt der Stille, die der Gegenwart des Heiligen Gottes, die dem Ort, an dem Gott selber sich niedergelassen hat, eigentlich gebührt. Er erträgt nicht, dass man diese Gegenwart des Allerheiligsten so verunehrt, dass vor lauter Lärm und Krach keine Sammlung, keine Anbetung und kein Lob mehr möglich sind. Es ist diese totale Ehrfurchtslosigkeit vor Gott, die die Menschen schon unendlich weit weg von Gott gebracht hat, und die Gott nur noch zum Geschäftemachen benutzt – und das alles mitten im Heiligen Bezirk des Tempels. Dieser Tempel ist der Ort, an dem die Juden zusammenkommen und wo Gott gegenwärtig ist. Durch seine Aktion enthüllt Jesus also die Sünde ausgerechnet im Zentrum der Frömmigkeit.

Das ist ein wichtiges Wort auch an uns heute. Wir dürfen unsere Frömmigkeit nicht benutzen um Geschäfte zu machen oder um einen Vorteil zu bekommen – sei es materiell oder auch geistlich. Das sollten wir immer vor Augen haben und darum ist gerade zu Beginn der Fastenzeit das Umdenken für uns so notwendig: Von Gott her denken! Ich tue etwas nicht, um etwas von Gott zu gewinnen, sondern aus Liebe zu ihm. Das ist ganz entscheidend!

Im Tempelbezirk zur Zeit Jesu jedenfalls geht es nicht oder kaum mehr um Gott, allenfalls vordergründig. Eigentlich jedoch geht es ums Geschäft. Damit ihnen ja kein Geschäft entgeht und sie nichts verpassen, schlagen die Händler ihre Stände mitten im Tempelbezirk auf. Jesus greift ein und benennt diesen Missbrauch mehr als deutlich. Die Juden antworten später mit seiner Kreuzigung. Er greift ein, weil das Volk Gottes Gott scheinbar nicht mehr kennt! Wie sonst könnten sie den Tempel derart entweihen und die Tempelgeschäfte innerhalb des Heiligen Bezirks erlauben? Es geht nur noch ums Geld und nicht mehr um die Anbetung und den Lobpreis Gottes. Und auch die Opferungen dienen nicht mehr der Verherrlichung Gottes, sondern sind nur eine weitere Möglichkeit Geschäfte zu machen. Im Handeln Jesu wird so gleichsam die ganze Lüge offenbar.

Die Menschen kennen Gott nicht mehr. Sie haben keine Ehrfurcht mehr. Das ist leider ein sehr aktuelles Phänomen. Wie sieht das bei mir aus? Wie verhalte ich mich im Heiligen Bezirk der Frömmigkeit, z.B. in einem Gotteshaus, wo Christus in der Eucharistie gegenwärtig ist? Oder bei der Eucharistie selber: Wie verhalte ich mich dem Dreifaltigen Gott gegenüber, der in mir Wohnung genommen hat? Ich bin der Tempel des Dreifaltigen Gottes. Wie gehe ich mit mir selber um? Habe ich noch die nötige Ehrfurcht? Erkenne ich diesen Gott noch in mir?

Und wie sieht es mit unserem Handeln vor Gott aus? Auch wir werden in unserem Herzen manchmal entdecken, wie wir irgendetwas nur aus Berechnung tun, einfach nur um ein Gesetz zu erfüllen und uns dadurch etwas zu erkaufen, um „in den Himmel zu kommen". Aber es fehlt dann die Liebe zum Herrn. Dann wird auch bei uns die Lüge offenbar: Wir tun äußerlich etwas, das nicht mit unserer inneren Haltung übereinstimmt. Wir praktizieren äußerlich eine Art Gottesverehrung und haben innerlich überhaupt keine Beziehung zu Gott. Wir gehen vielleicht sogar regelmäßig in die hl. Messe und feiern Tod und Auferstehung Christi mit, im alltäglichen Leben aber sündigen wir wie alle anderen Menschen und kümmern uns überhaupt nicht um Gott. Das ist die Lüge in uns, im heiligsten Bezirk des Tempels, die Jesus an dieser Stelle offenbart.

Scheinbar geschieht dieser ganze Rummel im Tempelbezirk um die Geldwechsler und Händler herum für Gott. Die Opfertiere, die gekauft werden müssen, werden doch angeblich alle zur Verherrlichung Gottes geopfert. Aber in Wirklichkeit spielt Gott überhaupt keine Rolle mehr. Und so machen auch wir oft viel Rummel um etwas und tun so, als ob es für Gott wäre. In Wirklichkeit aber geht es uns um uns selbst, um unser eigenes Ansehen. Wir suchen uns, aber nicht das Heil der Menschen. Wir organisieren und feiern Feste, bei denen es um uns geht, und nicht darum, ob die Menschen dadurch näher zu Gott kommen, ob sie Gott finden. Das ist die Lüge im heiligsten Bezirk. In Wirklichkeit wird Gott praktisch beiseite geschoben und zum Mittel der Ichsucht herabgewürdigt. Wie oft benutzen wir Gott, meinen ihn aber gar nicht? Wie oft gebrauchen wir ihn für uns selbst, zu unserer eigenen Verherrlichung und zu unserem eigenen Vorteil?

Seine Jünger erinnerten sich an das Wort der Schrift: Der Eifer für dein Haus verzehrt mich. [V. 17]

Die Jünger erinnern sich an das Wort in Ps 69,10: „Denn der Eifer für dein Haus hat mich verzehrt..." Die Kreuzigung Jesu erwächst ja eigentlich aus dieser Tempelreinigung. Von nun an wird er verfolgt. Von nun an wollen die Führer der Juden ihn ausschalten, weil er durch die Tempelreinigung die Sünde im Zentrum der Frömmigkeit, das der Tempel ja eigentlich sein soll, enthüllt hat.

Da stellten ihn die Juden zur Rede: Welches Zeichen lässt du uns sehen als Beweis, dass du dies tun darfst? Jesus antwortete ihnen: Reißt diesen Tempel nieder, in drei Tagen werde ich ihn wieder aufrichten. Da sagten die Juden: Sechsundvierzig Jahre wurde an diesem Tempel gebaut, und du willst ihn in drei Tagen wieder aufrichten? Er aber meinte den Tempel seines Leibes.

[Vv. 18-21]

Das Verhalten Jesu stößt bei den Verantwortlichen natürlich auf Widerstand. Sie wollen wissen, mit welchem Recht er die Tempelreinigung vornimmt. Dabei sprechen sie ihm grundsätzlich das Recht auf Kritik an den Zuständen innerhalb des Tempelbezirks nicht ab. Aber sie wollen einen Beweis dafür haben, dass er das Recht hat so radikal zu handeln wie er es tut. Und dieser Beweis muss aus der Schrift heraus erfolgen.

Die Antwort Jesu aber ist für sie eine Provokation – und letztlich verstehen sie sie auch nicht wirklich: *„Reißt diesen Tempel nieder, in drei Tagen werde ich ihn wieder aufrichten"* (V. 19). Das Zeichen, das die Juden von ihm verlangen, werden also der Tod und die Auferstehung Jesu sein. Das ist das Zeichen überhaupt, auf das Jesus immer wieder hinweist. Es ist das einzige überzeugende Zeichen für sein Recht, den Tempel zu reinigen, denn durch Tod und Auferstehung erweist er sich als der Messias.

Jesus selbst ist dieser wirkliche Tempel, in dem Gott wohnt und aus dessen rechter Seite das Wasser hervorquillt, wie es bei den Propheten (vgl. Ez 47,1-12; Sach 14,8) heißt, und dann hinabströmt in die Araba und alles rechts und links des Stromes zum Aufblühen bringt. Ein Strom, der je weiter er fließt, nicht abnimmt, sondern im Gegenteil immer mehr zunimmt. Das ist genau das Bild für Jesus. Er ist diese Quelle des Lebens: *„Wer Durst hat, komme zu mir, und es trinke, wer an mich glaubt. Wie die Schrift sagt: Aus seinem Inneren werden Ströme von lebendigem Wasser fließen."* (Joh 7,37f.) Jesus meint damit den Heiligen

Geist, den diejenigen empfangen werden, die an ihn glauben. Weil also der Tempel ein Vorbild für Jesus ist und der Vater in ihm wohnt, kann Jesus hier sagen: *„Reißt diesen Tempel nieder, in drei Tagen werde ich ihn wieder aufrichten.“* (V. 19) Er ist in Wahrheit und Herrlichkeit diese Quelle des Tempels, die alles übersteigt. Und ausgerechnet Israel, das Volk Gottes, wird diesen Tempel niederreißen, indem sie Jesus kreuzigen. Das was sich später physisch ereignen wird, geschieht im Tempel aber schon geistig, indem die Juden ihn verunehren und Gott nicht mehr ernst nehmen an seinem ureigensten Ort. Sie werden diesen wahren Tempel, der Jesus ist, abbrechen, wenn sie schreien: „Kreuzige ihn!“ Dies alles ist an dieser Stelle in den Worten Jesu bereits enthalten.

Im Griechischen heißt es nun genauer nicht „wieder aufrichten“, sondern „erstehen lassen“. Das kann zugleich auch mit „auferstehen“ übersetzt werden. Jesus kündigt also an, dass er in drei Tagen wieder auferstehen und den Tempel seines Leibes wieder herstellen wird. Er spricht hier wieder die Einheit von Vater und Sohn an. Jesus schreibt sich hier die Auferstehung selbst zu. In der Osterbotschaft heißt es: Der Vater hat ihn auferweckt. Aber der Sohn tut selbst, was er den Vater tun sieht. Deshalb kann man sagen: Der Sohn steht wieder auf, oder: Der Vater erweckt ihn. Beide tun dasselbe. Das ist diese Einheit von Vater und Sohn.

Das Zeichen, das die Juden von ihm verlangen und das er ihnen gibt, sind also sein Tod und seine Auferstehung. Doch dieses Zeichen verstehen nur die Glaubenden. Die Ungläubigen verstehen es nicht. Das sehen wir z.B. auch bei der Auferweckung des Lazarus. Durch die Auferweckung des Lazarus kommen die Menschen nicht etwa zum Glauben an Jesus, sondern sie entschließen sich vielmehr, ihn – und auch Lazarus – zu töten. Dieses Zeichen von Tod und Auferstehung verstehen also nur die Glaubenden. Deshalb dürfen wir uns nicht zu sehr wundern, wenn heute viele Menschen um uns herum nicht glauben können und diese Zeichen nicht verstehen. Nur dem Glaubenden, der umdenkt und sein Herz Gott ganz übergibt, offenbart sich Gott. Vor dem Glauben steht also der Entschluss zur Umkehr. Da wird deutlich: Das ist nicht unser Können oder unser Verdienst. Es ist uns geschenkt. Der Glaube ist uns geschenkt und dafür sollten wir auch wirklich dankbar sein.

Als er von den Toten auferstanden war, erinnerten sich seine Jünger, dass er dies gesagt hatte, und sie glaubten der Schrift und dem Wort, das Jesus gesprochen hatte. [V. 22]

Nach der Auferstehung Jesu erinnern sich die Jünger an das Geschehene und an seine Worte – und jetzt verstehen sie! Nach der Auferstehung, nachdem ihnen der Heilige Geist geschenkt wurde, verstehen sie dieses Bild vom Tempel seines Leibes: *„Reißt diesen Tempel nieder, in drei Tagen werde ich ihn wieder aufrichten"* (V. 19). Sicherlich werden die Jünger sich nicht nur an dieses Wort Jesu erinnert haben. Denn sie glauben ja *„der Schrift und dem Wort, das Jesus gesprochen hatte."*

Den Jüngern stehen somit also insgesamt drei Zeugen für ihren Glauben zur Verfügung, auf die sie sich berufen: 1. Die Schrift – das Alte Testament, v.a. die Propheten; 2. Das Wort Jesu – die ganze Botschaft Jesu und 3. ihr eigenes Zeugnis, das heißt, ihre eigene Erfahrung mit dem auferstandenen Herrn.

Während er zum Paschafest in Jerusalem war, kamen viele zum Glauben an seinen Namen, als sie die Zeichen sahen, die er tat. Jesus aber vertraute sich ihnen nicht an, denn er kannte sie alle und brauchte von keinem ein Zeugnis über den Menschen; denn er wusste, was im Menschen ist. [Vv. 23-25]

Obwohl sich viele Menschen zu Jesus bekennen, weiß er, wie leicht sie sich wieder von ihm abwenden können. Denn noch sind sie nicht erlöst. Noch ist der Heilige Geist nicht auf sie herabgekommen. Und wirklich werden viele von denen, die sich jetzt zu ihm bekennen, ein paar Tage später von ihm abfallen: Aus lauter Angst vor den Hohenpriestern schreien sie mit dem großen Pöbel „Kreuzige ihn!“ Es fehlt ihnen noch die Kraft des Heiligen Geistes, die Frucht der Erlösung. Jesus muss sie zuerst noch erlösen. Darum vertraut er sich ihnen noch nicht an. Sie sind noch nicht verlässlich. Er kennt ihr Herz.

Wie sieht das aber mit uns heute aus, die wir ja den Heiligen Geist bereits empfangen haben? Kann er sich uns bedenkenlos anvertrauen? Das sollten wir uns in dieser Vorbereitungszeit auf die Osternacht hin immer wieder fragen. Im Blick auf die Osternacht zeigt uns dieses Evangelium, was in uns ist, und lässt uns erkennen, mit welcher Ehrfurcht wir diesen in uns wohnenden Gott anbeten sollen. Wir müssen uns immer wieder bewusst werden, dass wir wahrhaftig sind und nicht in diese Lüge kommen, wie es hier geschildert wird. Wir sollten sehr aufpassen, dass wir nicht etwas nur rein äußerlich vor Gott tun, aber unser Herz weit weg von ihm ist, dass wir also äußerlich zwar noch Gott dienen, innerlich aber nichts mehr mit ihm zu tun haben. Denn dann tun wir, was wir wollen, und nicht den Willen Jesu.

Vielleicht gehen einigen unter uns anhand dieses Evangeliums so manche Sünden auf, manche Egoismen, Bereiche, in denen wir gegen das Gebot Gottes leben, ohne es überhaupt zu bereuen. Und dann geben wir Gott gelegentlich wieder die Opfer, ohne die es ja scheinbar nicht geht, d.h. wir beten hin und wieder und tun etwas Religiöses, machen z.B. eine Wallfahrt. Aber das alles ist eigentlich eine äußere Farce, wenn es nicht übereinstimmt mit meiner Beziehung zu Gott, mit meiner Hingabe an Jesus, mit meiner Liebe zu ihm. Ich lebe dann egoistisch und mache nur, was mir passt. Das ist die Lüge in uns, die im heutigen Evangelium aufgedeckt wird. Und wie den Tempel will Jesus auch unsere innere „Räuberhöhle“ ausräumen und reinigen. Dazu ist es wichtig, dass wir uns selbst erkennen, um alles zu beseitigen, was uns von Gott trennt, alles, was nur äußerer Schein ist. Dann können wir den Taufbund in der Osternacht wirklich erneuern und wieder aus der ganzen Fülle des göttlichen Lebens in uns leben. Und erst dann können wir wahrhaft Apostel sein und Zeugen, Zeugen für die suchende und ungläubige Welt. Das ist unsere Sendung.

In jener Zeit sprach Jesus zu Nikodemus: Wie Mose die Schlange in der Wüste erhöht hat, so muss der Menschensohn erhöht werden, damit jeder, der an ihn glaubt, in ihm das ewige Leben hat. Denn Gott hat die Welt so sehr geliebt, dass er seinen einzigen Sohn hingab, damit jeder, der an ihn glaubt, nicht zugrunde geht, sondern das ewige Leben hat. Denn Gott hat seinen Sohn nicht in die Welt gesandt, damit er die Welt richtet, sondern damit die Welt durch ihn gerettet wird. Wer an ihn glaubt, wird nicht gerichtet; wer nicht glaubt, ist schon gerichtet, weil er an den Namen des einzigen Sohnes Gottes nicht geglaubt hat. Denn mit dem Gericht verhält es sich so: Das Licht kam in die Welt, und die Menschen liebten die Finsternis mehr als das Licht; denn ihre Taten waren böse. Jeder, der Böses tut, hasst das Licht und kommt nicht zum Licht, damit seine Taten nicht aufgedeckt werden. Wer aber die Wahrheit tut, kommt zum Licht, damit offenbar wird, dass seine Taten in Gott vollbracht sind.

In jener Zeit sprach Jesus zu Nikodemus: Wie Mose die Schlange in der Wüste erhöht hat, so muss der Menschensohn erhöht werden, damit jeder, der an ihn glaubt, in ihm das ewige Leben hat. [Vv. 14-15]

Das Thema des heutigen Evangeliums ist der Glaube an den Sohn Gottes als Bedingung für das ewige Leben. Denn das ist ja die Antwort Jesu auf die Frage des Nikodemus: Wie kann ich wiedergeboren werden? (vgl. Joh 3,4): „*Wenn jemand nicht aus Wasser und Geist geboren wird, kann er nicht in das Reich Gottes kommen.*" (Joh 3,5) Auf die weiterführende Frage des Nikodemus, wie so etwas überhaupt möglich sein soll, gibt Jesus dann die entscheidende Antwort, mit der das heutige Evangelium einsetzt: „*Denn Gott hat die Welt so sehr geliebt, dass er seinen einzigen Sohn hingab, damit jeder, der an ihn glaubt, nicht zugrunde geht, sondern das ewige Leben hat.*" (V. 16). Die Geburt aus dem Heiligen Geist vollzieht sich also im Glauben an den Sohn Gottes. Glauben meint hier sich ganz in der Person Jesu zu verankern, ihm mein Leben und mein Herz ganz zu geben, weil er sich mir ganz gegeben hat. Es geht also auch hier wieder um das Ganze – auch im Blick auf die Erneuerung des Taufbundes in der Osternacht.

Vorbedingung für den Glauben des Menschen aber ist die Erhöhung des Menschensohnes. Jesus weist auf das Vorbild hin: die eherne Schlange des Moses in der Wüste (vgl. Num 21,4-9): Diejenigen der Israeliten, die von einer giftigen Schlange gebissen wurden, wurden heil und mussten nicht sterben, wenn sie zur ehernen Schlange aufschauten, die Moses auf Geheiß Gottes errichtet hatte. Das ist das wunderbare Bild des Alten Bundes, das verwirklicht ist im Kreuz Christi. Die Erhöhung des Menschensohnes ist die Vorbedingung für unsere Rettung. Die Erhöhung des Menschensohnes meint dabei zum einen diejenige am Kreuz – das ist das Bild der ehernen Schlange – aber auch zugleich die Erhöhung bei der Himmelfahrt, wenn Jesus zur Rechten Gottes sitzt, wo ihm alle Macht gegeben ist im Himmel und auf Erden. Und die Frucht dieser Erhöhung am Kreuz in der Verherrlichung geschieht dann an Pfingsten: Das ist die Geburt aus dem Heiligen Geist.

Durch den Glauben entsteht also eine so tiefe Verbundenheit mit Christus, dass der Glaubende Anteil hat am Leben des erhöhten Herrn am Kreuz und ebenso an seiner Himmelfahrt zum Vater. Darum setzt Paulus immer wieder Glaube und Taufe gleich. Glaube heißt eben nicht bloß etwas vermuten oder meinen, sondern mich mit ganzem Herzen Gott schenken, mich mit meiner ganzen Existenz auf Gott einlassen. Und das geschieht eigentlich in der Taufe, wo ich den Bund, den Gott mir anbietet, annehme. Er gibt sich mir ganz hin und ich gebe mich ihm ganz hin im Glauben.

Gott gab seinen Sohn dahin. Wer im Glauben aufblickt zum Sohn, der wird am Leben teilhaben und überhaupt am Leben bleiben, so wie es das Vorbild bei der ehernen Schlange zeigt. Glaube ist also Rettung vor dem Gericht: *„Wer an ihn glaubt, wird nicht gerichtet; wer nicht glaubt, ist schon gerichtet."* (V. 18) Wenn wir mit Christus verbunden sind, haben wir schon das ewige Leben und kommen nicht mehr ins Gericht. Umgekehrt ist die Verweigerung des Glaubens gleichbedeutend mit der Auslieferung an das Gericht. Und Gericht meint hier eine Art Selbstgericht, denn diejenigen, die die Worte Jesu im Glauben annehmen, kommen nicht mehr ins Gericht, die es aber nicht annehmen, sind durch dieses Wort, gegen das sie sich stellen, bereits gerichtet. Sie richten sich selbst.

Denn Gott hat die Welt so sehr geliebt, dass er seinen einzigen Sohn hingab, damit jeder, der an ihn glaubt, nicht zugrunde geht, sondern das ewige Leben hat. Denn Gott hat seinen Sohn nicht in die Welt gesandt, damit er die Welt richtet, sondern damit die Welt durch ihn gerettet wird. Wer an ihn glaubt, wird nicht gerichtet; wer nicht glaubt, ist schon gerichtet, weil er an den Namen des einzigen Sohnes Gottes nicht geglaubt hat.

[Vv. 16-18]

Das griechische „houtos gar" – „so" – drückt wieder den Vergleich mit der ehernen Schlange aus: Wenn du wissen willst, wie Gott die Welt von Anfang an, seit der Ursünde schon immer geliebt hat, dann musst du auf das Kreuz schauen. Wenn du wissen willst, wie Gott liebt, wie der Vater schon immer geliebt hat, dann musst du auf das Kreuz schauen, den erhöhten Herrn. Im erhöhten Herrn wird gleichsam die erbarmende, hingebende Liebe, die schon immer im Vater war, offenbar und für alle sichtbar. *So sehr* hat Gott die Welt geliebt, dass er seinen Sohn hingab, damit alle, die an ihn glauben und sich ihm im Sinn des Taufbundes ausliefern, ewiges Leben haben. Diese Stelle ist gewissermaßen das Evangelium im Evangelium: So – schau auf das Kreuz! – hat Gott die Welt geliebt. So wie die Liebe Gottes zu den Menschen in der ehernen Schlange noch verborgen zum

Ausdruck kommt, wird sie nun am Kreuz für alle offenbar. Die Welt ist bei Johannes nicht einfach die Schöpfung, sondern die widergöttliche Welt, also alles, was gottfern ist. Aber genau diese Welt liebt Gott und für sie ist er gestorben, auch wenn er keine Antwort auf sein Sterben bekommt. Das ist dieses Faszinierende an der Liebe Gottes. Sie kann nur im Kreuz Christi erkannt werden. Natürlich können wir auch in der Natur oder in der Kunst oder in anderen Dingen einiges von Gott erkennen. Aber wie Gott *wirklich* ist, seine wahre Liebe, sein wahres Wesen, können wir nur am Kreuz Christi erkennen. Darum mutet es schon recht seltsam an, wenn eine bestimmte theologische Richtung heute meint, dass das Kreuz gar nicht unbedingt notwendig gewesen sei. Es sei lediglich aus der damaligen historischen Situation heraus entstanden, aber Christus hätte die Welt auch anders erlösen können. Nein: So sehr hat Gott die Welt geliebt und so hat er es bereits in der ehernen Schlange voraus gekündigt. Das ist das Evangelium im Evangelium.

Wir müssen uns gleichsam auf Gott hin öffnen, um zu erfahren, was Liebe im Eigentlichen ist. Nicht wir wissen, was Liebe ist und wenden unsere Vorstellung davon auf Gott an – dann würden wir Gott so lieben, wie wir es meinen. Es ist aber umgekehrt: Erst in dieser Liebe Gottes zur Welt, wie wir sie am Kreuz erleben, erkennen wir, was wirklich Liebe ist. Die Liebe Gottes ist grundlos. Sie fließt vollkommen frei aus sich selbst und macht sogar den Feind zum Geliebten. Das ist die Botschaft des Kreuzes: *„Vater, vergib ihnen, denn sie wissen nicht, was sie tun.“* (Lk 23,34) Wenn wir wissen wollen, was Liebe ist, müssen wir also auf Gott schauen und auf das Kreuz, an dem diese ganze Liebe des Vaters sichtbar und offenbar wird.

Vor einer solchen Liebe kann man nur staunen. Man muss sie „betrachten“. Darum sollten wir auch nie achtlos an einem Kreuz – sei es in unserem Zimmer, am Wegesrand, in der Kirche oder wo auch immer – vorbeigehen. Vielmehr sollten wir es uns sehr genau anschauen, um zu erfahren, was Liebe ist. Ohne die rettende Liebe Jesu wären wir verloren. Die Botschaft von Jesus ist die wunderbarste Botschaft, weil sie den Verlorenen wirkliche Rettung bringt. Nicht denen, die sich selbst zu retten versuchen, was letztlich doch scheitern muss, sondern den Verlorenen! Denn wer an Jesus glaubt, gibt sich selbst verloren und sieht nur im Kreuz des Sohnes seine Rettung. Deshalb sagt Jesus: *„Wer das Leben gewinnen will, wird es verlieren; wer aber das Leben um meinetwillen verliert, wird es gewinnen."* (Mt 10,39) Das Leben verlieren, heißt: es im Glauben Gott ganz hingeben.

Wer an den Sohn glaubt, wer also gleichsam sein Leben verliert im Glauben an Gott, der hat das ewige Leben. Umgekehrt verliert, wer das Leben gewinnen und ganz egoistisch für sich „etwas daraus machen" will, das ewige Leben. Wer glaubt, wird nicht gerichtet, sagt dieses Evangelium. Wer nicht glaubt, oder besser gesagt: nicht glauben will – denn das ist ja unsere eigene Entscheidung –, der ist schon gerichtet. Unglaube kommt aus dem Stolz des Menschen, der meint, die Liebe Gottes nicht nötig zu haben, weil er seine Verlorenheit nicht zugeben will. Wer aber seine Verlorenheit nicht zugeben will, kann vom Kreuz Christi auch keine Rettung aus dieser Verlorenheit erwarten. Denn er hat ja Rettung scheinbar nicht nötig.

Denn mit dem Gericht verhält es sich so: Das Licht kam in die Welt, und die Menschen liebten die Finsternis mehr als das Licht; denn ihre Taten waren böse. Jeder, der Böses tut, hasst das Licht und kommt nicht zum Licht, damit seine Taten nicht aufgedeckt werden. Wer aber die Wahrheit tut, kommt zum Licht, damit offenbar wird, dass seine Taten in Gott vollbracht sind. [Vv. 19-21]

Die Wahrheit zu tun ist das Entscheidende, wie uns das heutige Evangelium sagt. Denn wer die Wahrheit tut, kommt aus der Dunkelheit der Sünde in das Licht des Glaubens. Wenn ich der Wahrheit die Ehre gebe und mir eingestehe, dass ich verloren bin, dass ich mich nicht selbst erlösen kann und dass meine Rettung von Gott kommen muss, dann gehe ich den Weg aus der Dunkelheit der Sünde heraus ins Licht des Glaubens.

Also auch dieses Evangelium der Fastenzeit will uns wieder auf die Osternacht vorbereiten, indem es uns zur Selbsterkenntnis führt. Wie sieht es mit meinem Glauben an Jesus Christus aus, mit meiner Hingabe an ihn, mit meinem Eingeständnis, dass ich ein Verlorener bin, der die Rettung durch das Wort, das Blut und den Tod Christi braucht? Ist mein Glaube wirklich schon so groß und gefestigt, dass er mir ewiges Leben ermöglicht? Ist er wirklich schon Ganzhingabe an Christus? Steht Christus an erster Stelle? Ist er das Wichtigste in meinem Leben? Frage ich bei allen Entscheidungen als Erstes nach ihm, damit ich das ewige Leben erlange und teilhabe an seiner Erhöhung und an seiner Herrlichkeit?

In jener Zeit traten einige Griechen, die beim Osterfest in Jerusalem Gott anbeten wollten, an Philippus heran, der aus Betsaida in Galiläa stammte, und sagten zu ihm: Herr, wir möchten Jesus sehen. Philippus ging und sagte es Andreas; Andreas und Philippus gingen und sagten es Jesus. Jesus aber antwortete ihnen: Die Stunde ist gekommen, dass der Menschensohn verherrlicht wird. Amen, amen, ich sage euch: Wenn das Weizenkorn nicht in die Erde fällt und stirbt, bleibt es allein; wenn es aber stirbt, bringt es reiche Frucht. Wer an seinem Leben hängt, verliert es; wer aber sein Leben in dieser Welt gering achtet, wird es bewahren bis ins ewige Leben. Wenn einer mir dienen will, folge er mir nach; und wo ich bin, dort wird auch mein Diener sein. Wenn einer mir dient, wird der Vater ihn ehren. Jetzt ist meine Seele erschüttert. Was soll ich sagen: Vater, rette mich aus dieser Stunde? Aber deshalb bin ich in diese Stunde gekommen. Vater, verherrliche deinen Namen! Da kam eine Stimme vom Himmel: Ich habe ihn schon verherrlicht und werde ihn wieder verherrlichen. Die Menge, die dabeistand und das hörte, sagte: Es hat gedonnert. Andere sagten: Ein Engel hat zu ihm geredet. Jesus antwortete und sagte: Nicht mir galt diese Stimme, sondern euch. Jetzt wird Gericht gehalten über diese Welt; jetzt wird der Herrscher dieser Welt hinausgeworfen werden. Und ich, wenn ich über die Erde erhöht bin, werde alle zu mir ziehen. Das sagte er, um anzudeuten, auf welche Weise er sterben werde.

In jener Zeit traten einige Griechen, die beim Osterfest in Jerusalem Gott anbeten wollten, an Philippus heran, der aus Betsaida in Galiläa stammte, und sagten zu ihm: Herr, wir möchten Jesus sehen. Philippus ging und sagte es Andreas; Andreas und Philippus gingen und sagten es Jesus. [Vv. 20-22]

Die Griechen, die zu Beginn des heutigen Evangeliums an Philippus herantreten, sind keine Juden, sondern Heiden. Aber es sind fromme Heiden, die nach Jerusalem gekommen sind, um Gott anzubeten. Sie durften zwar anbeten, aber nicht das Paschalamm essen und es gab für sie einen eigenen Bereich im Tempelbezirk. Diese frommen Heiden wollen nun also Jesus kennenlernen. Sie haben eine echte religiöse Sehnsucht, wie sie Jesus bei den Juden selbst oft vermisst hat, aber sie trauen sich nicht, Jesus direkt anzusprechen. Dass sie sich über Mittelsmänner an Jesus wenden, verdeutlicht die Ehrfurcht dieser gläubigen Heiden.

Jesus aber antwortete ihnen: Die Stunde ist gekommen, dass der Menschensohn verherrlicht wird. [V. 23]

Die Antwort Jesu ist gewissermaßen eine Deutung der Gegenwart dieser Heiden. Jetzt ist die Stunde der Verherrlichung des Menschensohnes gekommen. Bis jetzt hat Jesus ja immer nur davon gesprochen, dass seine Stunde noch nicht gekommen sei. Jetzt aber ist diese Stunde da. Es ist die Stunde seines Todes und seiner Auferstehung. Das, was Jesus mit seiner Verherrlichung erstrebt, ist die Mitteilung des Lebens an alle Gläubigen. Es ist das Fruchtbarwerden seines Todes und seiner Auferstehung für viele Menschen, also nicht nur für die Juden, sondern auch für die Heiden. Die Ankunft der griechischen Heiden kündet also die Stunde der Erlösung für alle Menschen, die sie im Glauben annehmen, an. Das ist hier in einer wunderbaren Weise ausgedrückt.

Amen, amen, ich sage euch: Wenn das Weizenkorn nicht in die Erde fällt und stirbt, bleibt es allein; wenn es aber stirbt, bringt es reiche Frucht. [V. 24]

Das hebräische „ehmet“ – „Amen, amen“ – bekräftigt an dieser Stelle die absolute Treue Gottes. Das, was Jesus jetzt sagt, gilt felsenfest, ist gewissermaßen „todsicher“, wie wir heute sagen würden.

Jesus spricht nun von der Fruchtbarkeit seines Sterbens, das zu seiner Verherrlichung führt. Nur wenn jemand sein Leben hingibt, wird Leben daraus wachsen. Man könnte aus dem Griechischen genauer übersetzen: Wenn das Weizenkorn nicht *bewusst und freiwillig* in die Erde fällt und *bewusst und freiwillig* stirbt, also notwendig, bleibt es allein. Jesus spricht hier von seinem Tod. Er geht also freiwillig und bewusst in diesen Tod. Er gibt sich als Weizenkorn in die Erde. Das ist seine Stunde.

Indem er dies aber tut, bleibt er nicht allein – sonst ist er ja eigentlich fast immer allein und unverstandenen, wie z.B. am Ölberg, wo alle davonlaufen –, sondern er wird große Frucht bringen. Diese Frucht, die aus seinem Tod und seiner Auferstehung erwächst, ist die Kirche, sein Leib. Tod und Auferstehung sind das Grundprinzip des Lebens, die Grundlage des ganzen christlichen Lebens. Alles ist Sterben und Auferstehen. Das gilt bis ins Kleinste des Alltags hinein, wo wir immer wieder zu den Widerwärtigkeiten des alltäglichen Lebens „Ja“ sagen sollen, wie es Jesus einmal der hl. Gertrud gegenüber gesagt hat. Das ist Sterben. Daraus kommt Leben. Wenn ich Unangenehmes einfach aus der Liebe zum Herrn ertrage, erwächst daraus Leben. Das sind die Früchte des Geistes, die jeder erfahren kann.

Wer an seinem Leben hängt, verliert es; wer aber sein Leben in dieser Welt gering achtet, wird es bewahren bis ins ewige Leben. [V. 25]

Jesus erklärt diesen Zusammenhang dann etwas genauer. „*Wer an seinem Leben hängt…*“ – gemeint ist das ganze Leben, Leib und Seele (griech. psychie) –, wer dieses Leben also liebt, wie es im Griechischen genauer heißt, der verliert es – das steht im Präsens – der wird es also immer verlieren. Umgangssprachlich ausgedrückt: Wer nur das tut, was ihm Spaß macht, wird das Leben verlieren. Wer aber sein Leben „hasst“ und es damit nach menschlichen Maßstäben verliert, der wird es für das ewige Leben bewahren.

Es gibt so viele Dinge, zu denen wir eigentlich keine Lust haben. Vielleicht ist heute Abend z.B. eine Abendmesse und ich spüre, ich könnte dort eigentlich hingehen; ich hätte Zeit um Gott die Ehre zu geben und ihn zu verherrlichen – aber: ich habe keine Lust. Ich gehe nach dem, was mein Ego will. Ich möchte das tun, was *mir* Spaß macht, und ich habe jetzt keinen Spaß an diesem Gottesdienst. Wenn ich nun diesem Gefühl nachgebe und das tue, was ich will, werde ich hinterher vielleicht spüren, dass ich unzufrieden bin. Das sind die Früchte des Fleisches. Ich verliere das Leben. Wenn ich mich aber überwunden habe und in den Gottesdienst gegangen bin, werde ich hinterher einen ganz tiefen Frieden spüren. Das ist die Frucht des Geistes. Sie ist viel tiefer und nicht oberflächlich.

Oder wenn wir ein Unrecht annehmen und sagen: Herr, ich leide mit dir. Du hast Unrecht erlitten und ich versuche dieses Unrecht jetzt mit dir anzunehmen um dir ähnlich zu werden, dann werden wir das Paradox erleben dass wir dann eben nicht die Freude – also unser Leben – verlieren, sondern wirklich eine ganz tiefe und befreiende Freude haben, die uns innerlich trägt. Das ist das göttliche Leben. Das sind die Früchte des Geistes: Friede, Freude, Liebe, Geduld, Demut, Sanftmut usw.

Wer an seinem Leben hängt und immer nur das tut, wozu er Lust hat, wird nie glücklich oder zufrieden sein, denn er wird dennoch in seinem Leben vieles tun müssen, das er eigentlich nicht will. Ein solches Leben ist zerstörerisch. Wer aber auch das Ungeliebte und Unbequeme aus Liebe zum Herrn freiwillig tut, kommt in eine große Freiheit – und somit in das eigentliche Leben. Das ist gemeint.

Wer sein Leben nur menschlich liebt und nur das tut, was ihm Spaß macht, der verliert es. Wer aber sein Leben „hasst", wer also nicht nur das sucht, was ihm Spaß macht, sondern auch tut, was er als den Willen Gottes erkennt – Herr, es ist dein Wille und aus

Liebe zu dir tue ich das –, der wird wirkliches Leben erfahren. Das ist die innere Freude, dieses Paradox in uns, eine beglückende, bleibende Freude, ein bleibendes Leben.

Sterben und Auferstehen sind also das Grundprinzip des Reiches Gottes. Wenn wir Christus nachfolgen, wenn wir das Hauptgebot der Liebe leben wollen, bedeutet das immer ein Sterben, denn es wird uns selten Spaß machen, alle Menschen um uns herum zu lieben. Wie oft gehen uns Menschen auf die Nerven, so dass es eigentlich immer ein Sterben ist, trotzdem gut und barmherzig zu ihnen zu sein. Aber gerade dieses innere Sterben bringt in uns unheimliches Leben hervor, eine ganz tiefe Zufriedenheit, eine tiefe Freude, etwas, das man nicht machen kann – eben die Früchte des Geistes. Wer also sein Leben in diesem Sinne hasst, wird es für das ewige Leben bewahren.

Wenn einer mir dienen will, folge er mir nach; und wo ich bin, dort wird auch mein Diener sein. Wenn einer mir dient, wird der Vater ihn ehren. [V. 26]

Jesus spricht jetzt über die Lebenshingabe in seiner Nachfolge, d.h. über die Kreuzesnachfolge. Der Weg Jesu führt dort hin, wo Jesus selbst ist. Und wer ihm dient, wird vom Vater geehrt. Das Ihm-Nachfolgen, das Hinter-Jesus-Hergehen wird zum Dienen. Die Aufforderung zur Nachfolge bedeutet darum Bereitschaft, ihm bis in den Tod zu folgen.

Das „Hassen" des eigenen Lebens verwirklicht sich in der Hingabe an Jesus. Ich gebe mein Leben ganz hin. Ich halte es nicht fest. Das ist gemeint. Die Jünger sollen den Tod Jesus nicht nur *verkünden*, sondern ihn mit ihrem eigenen Tod bezeugen. Gemeint ist nicht an erster Stelle der Märtyrertod – der natürlich auch von uns gefordert werden kann –, sondern das tägliche Sterben.

Das Wort *„wo ich bin"* meint das Ziel nach dem Tod, nämlich die himmlische Welt. Für Jesus ist dieses „wo ich bin“ so nahe, dass er es im Präsens formuliert, obwohl er ja noch auf Erden ist. Die himmlische Welt ist seine Heimat und der höchste Lohn für den Jünger, der ihm durch den Tod gefolgt ist. „Er *wird ...*“, – heißt es im Futur – dort sein, wo auch Jesus dann sein wird, nämlich beim Vater. Wie der Vater die Ehre Jesu sucht und ihn verherrlicht, so lässt er auch den Jünger Jesu teilhaben an der himmlischen Herrlichkeit und an der Volloffenbarung der Liebe Gottes: *„Wenn einer mir dient, wird der Vater ihn ehren.“*

Jetzt ist meine Seele erschüttert. Was soll ich sagen: Vater, rette mich aus dieser Stunde? Aber deshalb bin ich in diese Stunde gekommen. Vater, verherrliche deinen Namen! Da kam eine Stimme vom Himmel: Ich habe ihn schon verherrlicht und werde ihn wieder verherrlichen. [Vv. 27-28]

Johannes bringt in seinem Evangelium nicht die Ölbergszene, wie sie bei den andern Evangelisten berichtet ist. Aber diese Stelle ist gewissermaßen das Äquivalent dazu: *„Jetzt ist meine Seele erschüttert.“* Hier wird die Stunde seines Todes, von der er sagt, dass sie gekommen sei, erklärt. Hier ist gleichsam die Todesangst Jesu am Ölberg ausgedrückt und vorweggenommen – sein Ringen mit sich selbst und mit dem Vater. Es ist die Ölbergstunde: *„Vater, wenn du willst, nimm diesen Kelch von mir! Aber nicht mein, sondern dein Wille soll geschehen.“* (Lk 22,42)

„Vater, verherrliche deinen Namen!“ – der Name steht ja für das Wesen und das Wesen des Vaters ist Liebe und Barmherzigkeit. Jesus unterwirft sich also dem Willen des Vaters. Er unterstellt sich ganz dem Willen des Vaters und verherrlicht ihn dadurch. Der Vater wiederum verherrlicht Jesus, indem er ihn in die Herrlichkeit des Himmels aufnimmt. Er sagt ja: *„Ich habe ihn schon verherrlicht und werde ihn wieder verherrlichen.“*, nämlich durch den Sieg Jesu am Kreuz. Durch die Verherrlichung Jesu im Himmel verherrlicht der Vater auch zugleich sich selbst,

sein Wesen, seine Liebe und Barmherzigkeit, die zum Ausdruck kommen in der Hingabe des Sohnes, aber auch im Ja des Sohnes zu dieser Hingabe.

Die Menge, die dabeistand und das hörte, sagte: Es hat gedonnert. Andere sagten: Ein Engel hat zu ihm geredet. [V. 29]

Vielleicht ist diese Stimme vom Himmel die Antwort auf das Verlangen der griechischen Heiden: *„Herr, wir möchten Jesus sehen."* (V. 21) Auf jeden Fall wird sie unterschiedlich wahrgenommen.

Diejenigen, die wohl keine Gottesoffenbarung kennen oder dafür zumindest nicht offen sind, halten es für gewöhnliches Donnergrollen. Andere aber, die offen sind für eine Gottesoffenbarung, meinen, ein Engel hätte zu Jesus gesprochen, Das ist der entscheidende Unterschied: Der Glaubende erkennt in vielen Zeichen und Dingen, selbst im Donner, die Stimme Gottes. Der Nicht-Glaubende sieht nur ein Naturphänomen. Er versteht die Sprache Gottes nicht.

Jesus antwortete und sagte: Nicht mir galt diese Stimme, sondern euch. Jetzt wird Gericht gehalten über diese Welt; jetzt wird der Herrscher dieser Welt hinausgeworfen werden. Und ich, wenn ich über die Erde erhöht bin, werde alle zu mir ziehen. Das sagte er, um anzudeuten, auf welche Weise er sterben werde. [Vv. 30-33]

Gegen alle möglichen Zweifel der Umstehenden bestätigt Jesus nun, dass der Vater den Sohn bezeugt hat – und zwar für diese gläubigen Heiden, die ja nach ihm gefragt haben. Jetzt ist die Stunde der Erlösung aller Menschen, nicht bloß der Juden, gekommen. Jetzt geschieht die Offenbarung des Sohnes auch an die Heiden.

Das Gericht, von dem hier die Rede ist, ist die Entmachtung des Herrschers dieser Welt. Er ist hinausgeworfen. Jesus wird nach seiner Erhöhung am Kreuz und nach der Himmelfahrt zum Vater alle an sich ziehen, die sich an ihn ziehen lassen – alle: die gläubigen Juden und auch die gläubigen Heiden. Voraussetzung ist also nicht die Zugehörigkeit zum Stamm der Juden, sondern der Glaube. Der Glaube Abrahams ist entscheidend.

Wir sind Kinder des Glaubens und Jesus wird alle an sich ziehen, die sich die Liebe Gottes am Kreuz offenbaren lassen und sich ihr gegenüber öffnen. Deshalb ist es so wichtig, dass wir uns in dieser Zeit auf Ostern hin wieder neu der Liebe Gottes öffnen, damit wir den Bund mit Gott in der Osternacht wieder vertieft schließen und aus diesem Bund als neue Menschen hervorgehen können. Nur dann können wir auch Jünger Jesu in der Welt sein.

Es war einige Tage vor dem Osterfest. Als sie in die Nähe von Jerusalem kamen, nach Betfage und Betanien am Ölberg, schickte er zwei seiner Jünger voraus. Er sagte zu ihnen: Geht in das Dorf, das vor euch liegt; gleich wenn ihr hineinkommt, werdet ihr einen jungen Esel angebunden finden, auf dem noch nie ein Mensch gesessen hat. Bindet ihn los, und bringt ihn her! Und wenn jemand zu euch sagt: Was tut ihr da?, dann antwortet: Der Herr braucht ihn; er lässt ihn bald wieder zurückbringen. Da machten sie sich auf den Weg und fanden außen an einer Tür an der Straße einen jungen Esel angebunden, und sie banden ihn los. Einige, die dabeistanden, sagten zu ihnen: Wie kommt ihr dazu, den Esel loszubinden? Sie gaben ihnen zur Antwort, was Jesus gesagt hatte, und man ließ sie gewähren. Sie brachten den jungen Esel zu Jesus, legten ihre Kleider auf das Tier, und er setzte sich darauf. Und viele breiteten ihre Kleider auf der Straße aus; andere rissen auf den Feldern Zweige von den Büschen ab und streuten sie auf den Weg. Die Leute, die vor ihm hergingen und die ihm folgten, riefen: Hosanna! Gesegnet sei er, der kommt im Namen des Herrn! Gesegnet sei das Reich unseres Vaters David, das nun kommt. Hosanna in der Höhe!

Es war einige Tage vor dem Osterfest. Als sie in die Nähe von Jerusalem kamen, nach Betfage und Betanien am Ölberg, schickte er zwei seiner Jünger voraus. Er sagte zu ihnen: Geht in das Dorf, das vor euch liegt; gleich wenn ihr hineinkommt, werdet ihr einen jungen Esel angebunden finden, auf dem noch nie ein Mensch gesessen hat. Bindet ihn los, und bringt ihn her! Und wenn jemand zu euch sagt: Was tut ihr da?, dann antwortet: Der Herr braucht ihn; er lässt ihn bald wieder zurückbringen. Da machten sie sich auf den Weg und fanden außen an einer Tür an der Straße einen jungen Esel angebunden, und sie banden ihn los. Einige, die dabeistanden, sagten zu ihnen: Wie kommt ihr dazu, den Esel loszubinden? Sie gaben ihnen zur Antwort, was Jesus gesagt hatte, und man ließ sie gewähren.

[Vv. 1-6]

Der heilige Markus verfolgt mit den Worten des heutigen Evangeliums eine ganz tiefe Aussage: Der Hinaufzug Jesu nach Jerusalem kommt jetzt ans Ziel. Im ganzen Evangelium wird ja sein Weg von Galiläa über Jericho nach Jerusalem hinauf geschildert. Das ist der Weg der Nachfolge, der in Jerusalem mit Tod und Auferstehung endet. Das ist eigentlich auch der Weg unserer Nachfolge.

Jetzt kommt dieser Hinaufzug nach Jerusalem ans Ziel. Jesus geht dabei auch in den Tempel und reinigt ihn. Das Ganze zeigt: Der Sohn Gottes ergreift Besitz von der Gottesstadt, von der Stätte der Gottesverehrung. Das ist eigentlich ein hoheitliches Handeln. Jesus ergreift jetzt Besitz von dem, was Gott gehört: die Stadt Gottes, das Haus Gottes, der Tempel.

Er sendet zwei Jünger voraus mit dem ganz klaren Auftrag, einen Esel loszubinden und zu bringen, auf dem noch nie ein Mensch gesessen hat. Der *Herr* braucht diesen Esel, sollen sie sagen, eben der „Kyrios". Das ist der erhöhte, der göttliche Herr. Jesus bezeichnet sich hier das einzige Mal im ganzen Markus-Evangelium als „Kyrios". Das bestätigt noch einmal: Es geht jetzt um einen Hoheitsakt. Er, der göttliche Herr, nimmt Besitz von dem, was sein ist, was des Vaters ist, von der Stadt und dem Haus Gottes. Und er erwartet, dass man seinem Wunsch entspricht, denn er sagt ja: Sie werden euch gewähren lassen, wenn ihr das sagt, was ich euch aufgetragen habe. Es scheint also etwas geradezu Hoheitliches durch in der Formulierung: *„Der Herr braucht ihn…"* – etwas, dem die Menschen gehorchen müssen.

Jesus hält sich mit seiner Anordnung und in seinem Handeln an die Voraussage des Alten Testaments, wo es heißt: *„Juble laut, Tochter Zion! Jauchze, Tochter Jerusalem! Siehe, dein König kommt zu dir. Er ist gerecht und hilft; er ist demütig und reitet auf einem Esel, auf einem Fohlen, dem Jungen einer Eselin."* (Sach 9,9) Das ist das prophetische Wort: Demütig, auf einem Esel reitend, ist der König. Und so will auch Jesus kein politischer Befreier sein, der etwa auf einem Streitross einreitet oder mit Kriegswagen einfährt. Das ist der entscheidende Unterschied. Er kommt demütig, auf einem Esel, dem Lasttier der Armen, reitend – ein Diener, der zur Sünde geworden ist, der uns erlösen will, der uns die Füße wäscht. Und gerade diese lange Vorbereitung, die hier so ausführlich und auch etwas umständlich beschrieben ist – Geht! Bindet ihn los! Wenn jemand was sagt, dann antwortet! … – zeigt das ganz bewusste Handeln Jesu.

Sie brachten den jungen Esel zu Jesus, legten ihre Kleider auf das Tier, und er setzte sich darauf. Und viele breiteten ihre Kleider auf der Straße aus; andere rissen auf den Feldern Zweige von den Büschen ab und streuten sie auf den Weg. Die Leute, die vor ihm hergingen und die ihm folgten, riefen: Hosanna! Gesegnet sei er, der kommt im Namen des Herrn! Gesegnet sei das Reich unseres Vaters David, das nun kommt. Hosanna in der Höhe! [Vv. 7-10]

Der Ruf „Hosanna!“, mit dem die Menschen Jesus bei seinem Einzug zujubeln, heißt übersetzt eigentlich: Hilf doch! Es geht um den König, der uns retten kann, um den Erlöser. Der Ruf der Menschen damals steht stellvertretend für die ganze Menschheit. Dieses „Hosanna“ ist eigentlich ein Psalm, der auch bei der Schlachtung der Osterlämmer gesungen wurde.

„Hosanna … der da kommt im Namen des Herrn!“ – dieser Teil des Psalms wurde eigentlich jedem Pilger, der nach Jerusalem zum Tempel kam, zugesungen. Denn jeder Pilger war ein Mensch, der im Namen des Herrn zum Heiligtum des Herrn kommt. Aber jetzt ist dieses Wort – auf Jesus bezogen – zu seiner vollen Erfüllung gekommen. Das, was jedem Pilger zugerufen wurde: „Hochgelobt sei, der da kommt im Namen des Herrn!“, erfüllt sich jetzt total in Jesus Christus. Jetzt ist dieses Wort in Christus in seiner ganzen Fülle zur Vollendung gekommen. Das abschließende „Hosanna in der Höhe“ richtet sich dann gleich-

sam direkt auf Gott. Der Blick richtet sich auf in die Höhe des Himmels, wo dieser Gott thront. Damit wird Gott die Ehre gegeben, ihm allein. Das kommende Reich soll von ihm heraufgeführt werden. Er allein vermag dieses Reich des Sohnes Davids herbeizuführen, das ein Reich des Friedens sein soll, wie es vorausgesagt ist.

Dieses Evangelium bringt im Angesicht des folgenden Leidens Jesu und seiner tiefen Erniedrigung noch einmal seine ganze Hoheitlichkeit zum Ausdruck. Dieser Jesus kommt in der Vollmacht Gottes, in der Vollmacht des Vaters und nimmt Besitz von seiner Heiligen Stadt. Das ist ein Bild für die Erlösung. Die wahre Heilige Stadt, das Neue Jerusalem wird vom neuen Volk Gottes, den in Christus Erlösten, in Besitz genommen. Dann wird Gott gegenwärtig sein – überall, in jedem Glied seines mystischen Leibes. Das ist dieser hoheitliche Akt, den Jesus vor seinem Leiden setzt, ein Bild für das, was durch sein Leiden kommen wird: das Neue Jerusalem, die Braut, d.h. die Kirche, in der der Kyrios gegenwärtig ist.

Die Osterzeit

Am ersten Tag der Woche kam Maria von Magdala frühmorgens, als es noch dunkel war, zum Grab und sah, dass der Stein vom Grab weggenommen war. Da lief sie schnell zu Simon Petrus und dem Jünger, den Jesus liebte, und sagte zu ihnen: Man hat den Herrn aus dem Grab weggenommen, und wir wissen nicht, wohin man ihn gelegt hat. Da gingen Petrus und der andere Jünger hinaus und kamen zum Grab; sie liefen beide zusammen dorthin, aber weil der andere Jünger schneller war als Petrus, kam er als erster ans Grab. Er beugte sich vor und sah die Leinenbinden liegen, ging aber nicht hinein. Da kam auch Simon Petrus, der ihm gefolgt war, und ging in das Grab hinein. Er sah die Leinenbinden liegen und das Schweißtuch, das auf dem Kopf Jesu gelegen hatte; es lag aber nicht bei den Leinenbinden, sondern zusammengebunden daneben an einer besonderen Stelle. Da ging auch der andere Jünger, der zuerst an das Grab gekommen war, hinein; er sah und glaubte. Denn sie wussten noch nicht aus der Schrift, dass er von den Toten auferstehen musste. Dann kehrten die Jünger wieder nach Hause zurück. Maria aber stand draußen vor dem Grab und weinte. Während sie weinte, beugte sie sich in die Grabkammer hinein. Da sah sie zwei Engel in weißen Gewändern sitzen, den einen dort, wo der Kopf, den anderen dort, wo die Füße des Leichnams Jesu gelegen hatten. Die Engel sagten zu ihr: Frau, warum weinst du? Sie antwortete ihnen: Man hat meinen Herrn weggenommen, und ich weiß nicht, wohin man ihn gelegt hat. Als sie das gesagt hatte, wandte sie sich um und sah Jesus dastehen, wusste aber nicht, dass es Jesus war. Jesus sagte zu ihr: Frau, warum weinst du? Wen suchst du? Sie meinte, es sei der Gärtner und sagte zu ihm: Herr, wenn du ihn weggebracht hast, sag mir, wohin du ihn gelegt hast. Dann will ich ihn holen. Jesus sagte zu ihr: Maria! Da wandte sie sich ihm zu und sagte auf hebräisch zu ihm: Rabbuni!, das heißt: Meister. Jesus sagte zu ihr: Halte mich nicht fest; denn ich bin noch nicht zum Vater hinaufgegangen. Geh aber zu meinen Brüdern und sag ihnen: Ich gehe hinauf zu meinem Vater und zu eurem Vater, zu meinem Gott und zu eurem Gott. Maria von Magdala ging zu den Jüngern und verkündete ihnen: Ich habe den Herrn gesehen. Und sie richtete aus, was er ihr gesagt hatte.

Am ersten Tag der Woche kam Maria von Magdala frühmorgens, als es noch dunkel war, zum Grab und sah, dass der Stein vom Grab weggenommen war. Da lief sie schnell zu Simon Petrus und dem Jünger, den Jesus liebte, und sagte zu ihnen: Man hat den Herrn aus dem Grab weggenommen, und wir wissen nicht, wohin man ihn gelegt hat. [Vv. 1-2]

Am ersten Tag, frühmorgens, als es noch dunkel ist, geht Maria von Magdala zum Grab Jesu. Diese relativ genaue Schilderung der äußeren Situation verweist auf etwas darüber Hinausgehendes, denn es handelt sich hier um das Wort Gottes, und Johannes nimmt immer wieder äußere Situationen, um uns etwas Grundsätzliches zu offenbaren. In diesem Fall ist das Dunkel Zeichen der Trauer, der Hoffnungslosigkeit und des Schreckens. Jesus ist tot und niemand glaubt mehr an das Leben, auch nicht Maria von Magdala. Sie geht nur hinauf, um den toten Jesus noch einmal zu sehen.

Als sie aber sieht, dass das Grab offen und der Stein weggewälzt ist, geht sie nicht etwa hinein und schaut nach, sondern läuft sofort zu Simon Petrus und zu Johannes („dem Jünger, den Jesus liebte“) und berichtet ganz aufgeregt, dass jemand den Leichnam Jesu aus dem Grab genommen habe. Denn da sie das Grab offen vorfand, war für sie ganz klar, dass der Leichnam gestohlen worden sein muss.

Da gingen Petrus und der andere Jünger hinaus und kamen zum Grab; sie liefen beide zusammen dorthin, aber weil der andere Jünger schneller war als Petrus,

kam er als erster ans Grab. Er beugte sich vor und sah die Leinenbinden liegen, ging aber nicht hinein. [Vv. 3-5]

Petrus und der andere Jünger erfüllen trotz ihrer Angst die Bitte der Maria und schauen nach, was da wohl los ist. Man muss dabei bedenken, dass die Jünger noch immer große Angst haben, dass ihnen das Gleiche passieren könnte wie Jesus, dass man auch sie festnehmen und kreuzigen würde. Deshalb rennen sie in großer Eile zum Grab, um nicht entdeckt zu werden. Man spürt geradezu etwas von dieser Angst in ihnen.

Dennoch gehen sie hinaus und kommen zum Grab. Obwohl beide zusammen laufen, ist Johannes schneller als Petrus und kommt als Erster zum Grab. Johannes ist der Jünger der Liebe. Das wird immer wieder betont. Und diese Liebe erkennt. Wir erkennen Gott nicht mit dem Verstand, sondern nur durch die Liebe. Wenn ich ein Du liebe, kann es sich mir offenbaren. Und den Liebenden drängt es nun, deshalb läuft er schneller als Petrus. Aber obwohl er als Erster zum Grab kommt, wartet er. Er geht nicht hinein. Johannes anerkennt in seinem Evangelium immer ganz bewusst Petrus als den Ersten der Apostel, als den Fels. Darum lässt Johannes auch in dieser Situation Petrus den Vortritt: Obwohl ihn in seiner Liebe sicher alles danach drängt, nach „seinem" Jesus zu schauen, hat er doch Achtung vor dem Amt, das dieser Jesus dem Petrus gegeben hat.

Da kam auch Simon Petrus, der ihm gefolgt war, und ging in das Grab hinein. Er sah die Leinenbinden liegen und das Schweißtuch, das auf dem Kopf Jesu gelegen hatte; es lag aber nicht bei den Leinenbinden, sondern zusammengebunden daneben an einer besonderen Stelle. Da ging auch der andere Jünger, der zuerst an das Grab gekommen war, hinein; er sah und glaubte. Denn sie wussten noch nicht aus der Schrift, dass er von den Toten auferstehen musste. Dann kehrten die Jünger wieder nach Hause zurück. [Vv. 6-10]

Johannes hat also bereits in das Grab geschaut und die Leinenbinden entdeckt. Petrus aber geht jetzt ins Grab hinein und sieht nicht nur die Leinenbinden, sondern auch das Schweißtuch, das auf dem Kopf Jesu gelegen hatte. Sie entdecken also schrittweise eines nach dem anderen. Aber nur von Johannes heißt es: *„er sah und glaubte.“* (V. 8) Johannes hat also in seiner Liebe schon etwas geahnt, das Petrus noch verborgen war. Auch hier wieder: Der Liebende erkennt. Petrus sieht nur die Leinenbinden und das Grabtuch, und weiß noch nicht so recht, was er davon halten soll. Auf alle Fälle ist klar, dass der Leichnam Jesu nicht gestohlen worden sein kann, dafür ist das Grab viel zu ordentlich zurückgelassen worden. Es muss also irgendetwas Besonderes passiert sein, aber vor allem Petrus weiß nicht, was, denn *„sie wussten noch nicht aus der Schrift, dass er von den Toten auferstehen musste.“* (V. 9)

Die beiden Jünger gehen dann einfach wieder nach Hause zurück. Sie haben – vielleicht immer noch aus Angst – nicht weitergeforscht, was mit dem Leichnam Jesu passiert ist. Auch schreibt Johannes nichts davon, dass Petrus nun zu Hause überall davon erzählt hätte. Er denkt anscheinend gar nicht an so etwas wie Auferstehung.

Maria aber stand draußen vor dem Grab und weinte. Während sie weinte, beugte sie sich in die Grabkammer hinein. Da sah sie zwei Engel in weißen Gewändern sitzen, den einen dort, wo der Kopf, den anderen dort, wo die Füße des Leichnams Jesu gelegen hatten. Die Engel sagten zu ihr: Frau, warum weinst du? Sie antwortete ihnen: Man hat meinen Herrn weggenommen, und ich weiß nicht, wohin man ihn gelegt hat. Als sie das gesagt hatte, wandte sie sich um und sah Jesus dastehen, wusste aber nicht, dass es Jesus war. Jesus sagte zu ihr: Frau, warum weinst du? Wen suchst du? Sie meinte, es sei der Gärtner und sagte zu ihm: Herr, wenn du ihn weggebracht hast, sag mir, wohin du ihn gelegt hast. Dann will ich ihn holen. [Vv. 11-15]

Maria aber geht nicht weg. Sie bleibt beim Grab und weint. Es ist wieder die Liebe, die weitersucht. Und während sie weint, beugt sie sich in das Grab hinein und sieht diese beiden Engel. Interessanterweise scheint sie diese Engelserscheinung gar nicht zu berühren. Sie hat ja Jesus gesucht und ist so auf ihn konzentriert, dass selbst die Engel sie nicht davon abbringen, erschrekken oder unsicher machen können. Dabei sind doch diese Engelserscheinungen neben den Leinenbinden und dem Schweißtuch wichtige „Beweise" für das leere Grab.

Auf die Frage der Engel: Warum weinst du? nennt sie den Grund ihrer Trauer: *„Man hat meinen Herrn weggenommen, und ich weiß nicht, wohin man ihn gelegt hat."* (V. 13) Doch nicht die Engel antworten ihr, sondern Jesus, der hinter ihr steht und sie so wunderbar fragt: *„Frau, warum weinst du? Wen suchst du?"* (V. 15) Hier steht also nicht mehr wie zu Beginn des Johannesevangeliums die erste Frage Jesu „*Was* sucht ihr?", sondern: „*Wen* suchst du?", denn bei dieser Liebenden ist klar, wen sie sucht. Und Maria fragt sogleich nach ihrem Herrn, wobei klar ist, dass sie als Frau den Leichnam wohl kaum alleine würde zurückholen können, aber auch hier finden wir wieder den Ausdruck der Liebenden. Maria von Magdala ist nicht mehr abzubringen von ihrem Vorhaben, sie hat keine Angst mehr vor den Feinden. Sie hat sich total vergessen. Das ist der liebende Mensch, der so auf Jesus ausgerichtet ist, dass er alles riskiert, auch sein Leben.

Jesus sagte zu ihr: Maria! Da wandte sie sich ihm zu und sagte auf Hebräisch zu ihm: Rabbuni!, das heißt: Meister. Jesus sagte zu ihr: Halte mich nicht fest; denn ich bin noch nicht zum Vater hinaufgegangen.

[Vv. 16-17a]

Jesus nennt Maria einfach nur bei ihrem Namen und sie fühlt sich mit diesem Namen sofort vollkommen erkannt. Das kann nur Jesus sein, den sie geliebt und begleitet hat, und der sie von ihrer Schuld befreit hat. Durch die Nennung ihres Namens fühlt sich

Maria angesprochen: Ich bin gemeint. Gott meint mich. Jesus meint mich. Ich bin erkannt. Er kennt mich.

Und sie reagiert ihrerseits mit dem Ausruf: „Rabbuni" – mein Meister. Es ist verständlich, dass sie jetzt, wo er vor ihr steht, ihn umarmen und für sich haben will. Sie möchte ihn festhalten, so dass ihn ihr niemand mehr wegnehmen kann.

Jesus aber entgegnet ihr: *„Halte mich nicht fest; denn ich bin noch nicht zum Vater hinaufgegangen."* (V. 17a) Bisher war er ja an die Erde gebunden und auf ihr wie ein Mensch von Ort zu Ort gegangen. Wenn man bei ihm sein wollte, musste man entweder mitgehen oder eben versuchen, ihn festzuhalten. Jetzt aber macht Jesus Maria deutlich: Das brauchst du nicht mehr. Jetzt bin ich auferstanden. Wenn ich zum Vater gegangen bin, werde ich den Heiligen Geist senden und durch diesen Heiligen Geist werde ich in dir gegenwärtig sein. Ich werde unter euch gegenwärtig sein. Ich werde immer da sein. Ihr braucht mich nicht mehr festhalten. Ihr braucht nicht nach Kafarnaum zu laufen, um mir zu begegnen. Ihr braucht auch nicht mehr in den Tempel nach Jerusalem zu gehen, um Gott anzubeten, weil er dort gegenwärtig ist. Diese Zeit ist vorbei. Ich bin jetzt immer bei dir. Das ist eine wunderbare Zusage.

Geh aber zu meinen Brüdern und sag ihnen: Ich gehe hinauf zu meinem Vater und zu eurem Vater, zu meinem Gott und zu eurem Gott. Maria von Magdala ging zu den Jüngern und verkündete ihnen: Ich habe den Herrn gesehen. Und sie richtete aus, was er ihr gesagt hatte. [Vv. 17b-18]

Durch die Verwendung des Wortes „Brüder" drückt Jesus aus, dass die Apostel jetzt durch die Erlösung in ein vollkommen neues Verhältnis zum Vater gekommen sind: Mein Vater ist euer Vater und mein Gott ist euer Gott.

Interessant ist auch, dass Jesus Maria sofort wieder wegschickt. Sie hat ihn ja mit einer unendlichen Sehnsucht gesucht. Und jetzt, wo sie ihn gefunden hat, soll sie sofort wieder gehen. Und sie gehorcht! Der Liebende tut das, was der Geliebte will. Sie geht zu diesen zweifelnden, ungläubigen Jüngern, die sich noch immer voller Angst verstecken und noch immer nicht glauben können, und richtet ihnen alles aus, was er ihr gesagt hat. Aber wir erfahren nichts darüber, wie die Jünger auf die Botschaft Marias reagiert haben. Später heißt es einmal bei den Emmaus-Jüngern: *„Auch einige Frauen aus unserem Kreis haben uns in große Aufregung versetzt. Sie waren in der Frühe beim Grab, fanden aber seinen Leichnam nicht. Als sie zurückkamen, erzählten sie, es seien ihnen Engel erschienen und hätten gesagt, er lebe. Einige von uns gingen dann zum Grab und fanden alles so, wie die Frauen gesagt hatten; ihn selbst aber sahen sie nicht.“* (Lk 24,22-24)

Die Jünger haben nicht geglaubt. Aber sie, die Liebende, reagiert. Die Liebende erkennt, aber sie lässt sich auch wieder wegschikken. Das ist etwas Wunderbares. Der Liebende hält nicht fest, denn festhalten wollen ist Eigenliebe. Der Liebende gibt frei und tut, was der Wille des Herrn ist. Das ist der Ausdruck seiner Liebe und so sollte es auch bei uns sein. Je mehr wir Gott lieben, umso mehr werden wir ihn erkennen, umso mehr werden wir eine Sehnsucht haben wie Jesus selbst: *„Meine Speise ist es, den Willen dessen zu tun, der mich gesandt hat.“* (Joh 4,34) Und dann werden wir uns senden lassen.

Am Abend des ersten Tages der Woche, als die Jünger aus Furcht vor den Juden die Türen verschlossen hatten, kam Jesus, trat in ihre Mitte und sagte zu ihnen: Friede sei mit euch! Nach diesen Worten zeigte er ihnen seine Hände und seine Seite. Da freuten sich die Jünger, dass sie den Herrn sahen. Jesus sagte noch einmal zu ihnen: Friede sei mit euch! Wie mich der Vater gesandt hat, so sende ich euch. Nachdem er das gesagt hatte, hauchte er sie an und sprach zu ihnen: Empfangt den Heiligen Geist! Wem ihr die Sünden vergebt, dem sind sie vergeben; wem ihr die Vergebung verweigert, dem ist sie verweigert. Thomas, genannt Didymus (Zwilling), einer der Zwölf, war nicht bei ihnen, als Jesus kam. Die anderen Jünger sagten zu ihm: Wir haben den Herrn gesehen. Er entgegnete ihnen: Wenn ich nicht die Male der Nägel an seinen Händen sehe und wenn ich meinen Finger nicht in die Male der Nägel und meine Hand nicht in seine Seite lege, glaube ich nicht. Acht Tage darauf waren seine Jünger wieder versammelt, und Thomas war dabei. Die Türen waren verschlossen. Da kam Jesus, trat in ihre Mitte und sagte: Friede sei mit euch! Dann sagte er zu Thomas: Streck deinen Finger aus - hier sind meine Hände! Streck deine Hand aus und leg sie in meine Seite, und sei nicht ungläubig, sondern gläubig! Thomas antwortete ihm: Mein Herr und mein Gott! Jesus sagte zu ihm: Weil du mich gesehen hast, glaubst du. Selig sind, die nicht sehen und doch glauben. Noch viele andere Zeichen, die in diesem Buch nicht aufgeschrieben sind, hat Jesus vor den Augen seiner Jünger getan. Diese aber sind aufgeschrieben, damit ihr glaubt, dass Jesus der Messias ist, der Sohn Gottes, und damit ihr durch den Glauben das Leben habt in seinem Namen.

Am Abend des ersten Tages der Woche, als die Jünger aus Furcht vor den Juden die Türen verschlossen hatten, kam Jesus, trat in ihre Mitte und sagte zu ihnen: Friede sei mit euch! Nach diesen Worten zeigte er ihnen seine Hände und seine Seite. Da freuten sich die Jünger, dass sie den Herrn sahen. [Vv. 19-20]

Die genaue Zeitangabe, die im Evangelium eigentlich ungewöhnlich ist, will das Geschehen vom Abend mit dem Geschehen des Morgens verbinden. Morgens – das war der Tag der Auferstehung Jesu. Und dieses Geschehen des Morgens findet jetzt am Abend seinen Höhepunkt. Trotz verschlossener Türen – und zwar: „aus Furcht“, wie es ausdrücklich heißt – tritt Jesus in ihre Mitte. Sein Erscheinen befreit die Jünger von Furcht und Trauer. Von nun an hören wir nicht mehr, dass sie sich aus Furcht einschließen.

Der Friedensgruß Jesu und damit auch die Gewissheit, dass Er es wirklich ist, lassen die Furcht in den Herzen der Jünger der Freude weichen. Sie freuen sich, als sie den Herrn sehen. So ist der Friedensgruß zum österlichen Gruß geworden – bis heute.

Jesus zeigt ihnen seine Wundmale an den Händen und an der Seite um zu beweisen: Er ist derselbe Jesus wie vor dem Leiden. Das Wort „dass sie ihn sahen“ ist eigentlich die Einlösung des Versprechens, das Jesu vor seinem Leiden gab: *„So seid auch ihr jetzt bekümmert, aber ich werde euch wiedersehen; dann wird euer Herz sich freuen, und niemand nimmt euch eure Freude.“* (Joh 16,22) Hier nun finden wir die Bestätigung dieser Worte.

Wir feiern ja heute zugleich den Barmherzigkeitssonntag. Und genau hier, in den Wunden, die Jesus seinen Jüngern zeigt, liegt die Wurzel dieser Barmherzigkeit: So teilt uns die hl. Schwester Faustine mit, dass Blut und Wasser als Quellen der Barmherzigkeit aus dem Herzen und aus der Seite Jesu fließen. Seine Wundmale sind also eigentlich die Quelle, der bildhafte Ausdruck des unendlichen Erbarmens Gottes. Hier zeigt sich, was Gott alles aus Barmherzigkeit für uns riskiert hat. Diese Wunden stehen für sein ganzes, auch inneres Verwundetsein und gerade die Herzwunde weist auf seine Verwundung in der Tiefe des Herzens, in der innersten Mitte der Person hin. Denn das Herz ist ja die innerste Mitte der Person. Hier liegt die Quelle der Barmherzigkeit. Gerade die Seite ist also der Blick in die innerste Mitte der Person Jesu, sein innerstes Leiden, der Ausdruck seines Erbarmens mit uns. Das Wort Jesu an Schwester Faustine: „Nie in alle Ewigkeit wird je ein Mensch die Tiefe meiner Barmherzigkeit ergründen können.“ klingt hier in diesem Bericht mit.

Jesus sagte noch einmal zu ihnen: Friede sei mit euch! Wie mich der Vater gesandt hat, so sende ich euch.
[V. 21]

Jesus spricht seinen Jüngern noch einmal den Frieden zu und will damit ausdrücken, dass der Friede in Zukunft mehr ist als bloß ein Gruß oder ein Segenswunsch. „Schalom“ war damals und ist bis heute ja der normale Gruß für den Juden. Jetzt aber, als österlicher Gruß Jesu, wird er mehr sein als nur Gruß und Segenswunsch. Der Friede wird ein inneres Geschenk sein, das sich gleichsam nach außen auswirken soll. Er ist, wie Paulus schreibt, einer der Früchte des Geistes geworden: Friede, Freude, Liebe, Geduld usw. … (vgl. Gal 5,22f.) Dieser Friede wird, selbst wenn ich mitten in einem äußeren Unfrieden bin, in meiner Tiefe ruhen. Darum sagt Jesus auch zu den Aposteln: *„Wenn ihr in ein Haus kommt, so sagt als erstes: Friede diesem Haus!“* (Lk 10,5), also den Ostergruß. Und wenn dort Kinder des Friedens wohnen und ihn annehmen, wird er auf ihnen ruhen; wenn nicht, kehrt er zu euch zurück.

Der Friedensgruß ist also nicht mehr nur ein gewöhnlicher Gruß oder ein Segenswunsch, sondern ein inneres Geschenk, das sich nach außen auswirken soll. Das merken wir, wenn wir Menschen begegnen, die in diesem inneren Frieden mit Gott und sich selbst leben. Da wird deutlich: Das ist nichts Gemachtes oder Antrainiertes, sondern die Gabe des auferstandenen Herrn. Und genau das sollten wir in der Eucharistie ernst nehmen, wenn der Priester sagt: „Der Friede des Herrn sei alle Zeit mit euch.“ Hier wird uns dieses Geschenk des Friedens vom auferstandenen und gegenwärtigen Herrn übermittelt. Darum sollen wir diesen Zuspruch des Priesters nicht einfach bloß als Gruß hören, sondern ganz bewusst darauf warten und antworten: Ich nehme diesen Frieden des auf erstandenen Herrn ganz bewusst an. Dann werden wir die Erfahrung machen, dass wir bei so manchen Turbulenzen des Alltags diesen inneren Frieden behalten dürfen. Das ist eine große Gnade, denn wenn der Mensch in einem inneren Unfrieden leben muss, wirkt sich das auch negativ nach außen aus.

Mit seinem Gruß leitet Jesus die Sendung der Jünger ein. Die Gegenwartsform zeigt, dass *jetzt* die Stunde der Sendung ist. Es ist nicht etwas, das erst noch kommt oder schon vorbei ist, sondern etwas, das jetzt ist und immer sein wird. Es ist immer Gegenwart. Es ist immer die Sendung Jesu, die er vom Vater bekommen hat. Und es ist auch die Sendung der Kirche, d.h. unsere Sendung.

Die Jünger übernehmen also nun die Sendung, die Jesus vom Vater her hatte. Jesus geht es hier um die Weitergabe von Vollmacht und um die Weitergabe seines Auftrages, den er vom Vater hatte: das Heil und die Erlösung der Welt weiterzuvermitteln. Das sind Auftrag und Vollmacht Jesu. Und den Herrn in der Welt gegenwärtig zu machen und sein Heilswirken fortsetzen ist nun die Sendung der Jünger. Aber voraus geht der Friede. Sie brauchen keine Angst zu haben. Jesus spricht ihnen zu: Ihr dürft diesen österlichen Frieden, diesen Ostersieg in euch tragen.

Nachdem er das gesagt hatte, hauchte er sie an und sprach zu ihnen: Empfangt den Heiligen Geist! Wem ihr die Sünden vergebt, dem sind sie vergeben; wem ihr die Vergebung verweigert, dem ist sie verweigert.

[Vv. 22-23]

Nach der Sendung folgt die Geistmitteilung, denn die Salbung mit dem Heiligen Geist ist überhaupt erst die Voraussetzung dafür, diese Sendung auch wirklich ausüben zu können. So wie Jesus im Jordan gesalbt wurde und die Stimme des Vaters erscholl: *„Das ist mein geliebter Sohn"*(Mt 3,17), so sollen jetzt auch die Jünger den Heiligen Geist empfangen. Es heißt im

Griechischen wörtlich „er blies ein". Einblasen bedeutet schon im Alten Testament: Übertragen von Leben. Das ist der Atem, der Lebenshauch, *ruach*, der Heilige Geist. Die Jünger bekommen so Anteil am Leben des auferstandenen Herrn. Er hat ja den Heiligen Geist in Fülle besessen und überträgt ihn nun seinen Jüngern und damit auch uns. Es ist derselbe Heilige Geist, der Jesus geführt hat.

Das Wort vom Vergeben der Sünden bzw. der Verweigerung dieser Vergebung ist ein großartiges Vollmachtwort des auferstandenen Herrn, denn dazu ist er gekommen: die Sünde zu vergeben. Er hat uns von der Sünde erlöst. Darum ist gerade das Bußsakrament das Sakrament des auferstandenen Herrn. Leider ist diese große Gnade der Auferstehung heute fast vergessen! Wir sollten aber schauen, dass wir wieder zu diesem gewaltigen Sakrament des Ostertages zurückfinden und diese große Gnade nicht mehr vernachlässigen, denn dafür ist Christus Mensch geworden. Um uns diese Erlösung von unseren Sünden zu schenken, hat er sein bitteres Leiden auf sich genommen.

Thomas, genannt Didymus (Zwilling), einer der Zwölf, war nicht bei ihnen, als Jesus kam. Die anderen Jünger sagten zu ihm: Wir haben den Herrn gesehen. Er entgegnete ihnen: Wenn ich nicht die Male der Nägel an seinen Händen sehe und wenn ich meinen Finger nicht in die Male der Nägel und meine Hand nicht in seine Seite lege, glaube ich nicht. [Vv. 24-25]

Johannes will mit seinem Evangelium unseren Glauben stärken. Das ist das Ziel. Und deshalb bringt er am Ende des gesamten Berichtes etwas, das ihm sehr wichtig erscheinen muss, nämlich diesen Abschnitt über den zweifelnden Thomas. Schon in Joh 14,5 sagt Thomas zum Herrn: *„Herr, wir wissen nicht, wohin du gehst. Wie sollen wir dann den Weg kennen?"* Bereits an dieser Stelle spüren wir bei Thomas also ein ernstes Ringen. Er will mit dem Herrn gehen, aber er weiß nicht wie.

Und jetzt bezeugen ihm die anderen Jünger: *„Wir haben den Herrn gesehen."* (V. 25) Das griechische Wort „horao", meint nicht einfach nur ein Sehen, sondern drückt immer auch eine Gotteserscheinung aus. Es ist eine Offenbarung, eine Wahrnehmung und ein Erkennen, das mehr ist als nur „jemanden oder etwas sehen". Sie haben den Herrn gesehen heißt also: Sie haben ihn erkannt als den Auferstandenen. Und das Wort steht im Perfekt, einer Vergangenheitsform, die besagen will: Sie haben ihn gesehen und erkannt und das, was sie gesehen haben, ist jetzt noch immer real in ihnen da, es ist Gegenwart und Zukunft, etwas Bleibendes.

Thomas aber geht einen Schritt weiter, denn er sagt sich: Augen können täuschen. Wenn Jesus wirklich auferstanden ist, dann muss er ja berührbar sein. Das ist eigentlich eine logische Überlegung. Thomas ist also kein Zweifler aus Kritiksucht. Es gibt Kritiker, die an allem zweifeln, weil sie immer alles besser zu wissen glauben. Thomas aber ist ein Zweifler aus Not. Das ist ein Unterschied. Weder die Jünger noch der Herr sind über ihn entrüstet, denn er ist ein wirklich um die Wahrheit Ringender.

Acht Tage darauf waren seine Jünger wieder versammelt, und Thomas war dabei. Die Türen waren verschlossen. Da kam Jesus, trat in ihre Mitte und sagte: Friede sei mit euch! Dann sagte er zu Thomas: Streck deinen Finger aus - hier sind meine Hände! Streck deine Hand aus und leg sie in meine Seite, und sei nicht ungläubig, sondern gläubig! Thomas antwortete ihm: Mein Herr und mein Gott! [Vv. 26-28]

An dieser Stelle schält sich bereits der Sonntag gegenüber dem Sabbat heraus. So wie die erste findet auch die zweite Begegnung Jesu mit den Jüngern acht Tage später an einem Sonntag, dem ersten Tag der Woche, statt. Der siebte Tag ist im Schöpfungsbericht der Tag der ewigen Ruhe, der Sabbat. Der erste Tag des Schöpfungsberichtes ist die Neuschöpfung. Und so ist der Tag der

Auferstehung, der Sonntag, der Tag der Neuschöpfung, des neuen Lebens. Deshalb feiern wir den Sonntag und deshalb ist der Herr am Sonntag auferstanden und den Jüngern am Abend desselben Tages erschienen.

Interessant ist nun bei diesem zweiten Erscheinen, dass zwar auch hier wieder die Türen verschlossen sind, wir aber diesmal nichts mehr von Furcht der Jünger lesen. Denn sie haben Jesus ja bereits gesehen. Die Furcht und die Angst waren ihnen genommen, d.h. der Auferstandene hat bereits etwas in ihnen bewirkt.

Es ist für Thomas wichtig, dass Jesus wieder in ihrer Mitte steht. Und Jesus – das ist wunderbar geschildert – wendet sich dem Thomas zu. Es geht ihm um den Einzelnen in seiner besonderen Lage. Das galt damals, das gilt aber auch für uns heute. Jesus weist Thomas nicht zurück. Er kritisiert ihn nicht: Wieso glaubst du nicht? Nein. Er nimmt ihn ernst in seiner Not. Das ist eine wunderbare Offenbarung Gottes. Er nimmt ihn ernst in seinem Fragen. Er wendet sich ihm als Einzelnen zu, obwohl alle anderen auch da sind. Jesus kennt seine Not und Thomas darf erfahren: Der Herr kennt mich ganz. Er erfährt: Jesus geht auf meine Not ein, ohne mich zu kritisieren, ohne mich in irgendeiner Weise in Frage zu stellen. Das ist diese wunderbare Offenbarung, die uns genauso gilt wie Thomas.

Thomas erfährt damit Ähnliches wie Nathanaël. Als Philippus dem Nathanaël – der ja auch gezweifelt hat – verkündet: „Wir haben Jesus von Nazaret gefunden“, entgegnet dieser aus seinem Zweifel heraus: *„Aus Nazaret? Kann von dort etwas Gutes kommen?“* (Joh 1,46) Nazaret steht nicht in der Schrift, also kann doch der Messias nicht aus Nazaret kommen. In dieser Situation bleibt Philippus nichts anderes übrig als zu sagen: *„Komm und sieh!“* Und tatsächlich geht Nathanaël trotz seiner Zweifel mit. Jesus sieht ihn auf sich zukommen und sagt: *„Da kommt ein echter Israelit, ein Mann ohne Falschheit“* (Joh 1,47), d.h. ein ehrlich fragender Israelit, der in der Schrift forscht, wirklich die

Wahrheit und damit den Messias sucht. Und auf die überraschte Frage des Nathanaël: „Woher kennst du mich?“ antwortet Jesus: *„Schon bevor dich Philippus rief, habe ich dich unter dem Feigenbaum gesehen.“* (Joh 1,48) Ähnlich wie Thomas im heutigen Evangelium erfährt auch Nathanaël: Dieser Jesus kennt meine innere Not, mein Suchen nach der Wahrheit, meine Suche nach dem Messias. Er hat mich sogar unter dem Feigenbaum erkannt. Vielleicht hatte Nathanaël unter dem Feigenbaum etwas ganz Persönliches erlebt, von dem nur er selbst wusste und von dem darum auch nur Gott wissen konnte. Jedenfalls war er überzeugt: Dieser Jesus kennt meine Not. Er geht auf mich zu. Nur er, Gott, kann mein Inneres erkennen. Und Thomas macht die gleiche Erfahrung: Jesus weiß um meine innerste Not und er geht auf mich zu. Auch wenn wir Jesus bzw. Gott fern meinen, ist er doch immer da.

Jesus erlaubt dem Thomas, was sein Glaube jetzt braucht, nämlich Berührung. Im Griechischen heißt es wieder wörtlich genauer nicht „sei“, sondern „werde“: genuo: „*Werde* nicht ungläubig, sondern gläubig.“ Dieses „werde“ ist hier ganz entscheidend, es zeigt nämlich, dass Thomas kein ungläubiger Thomas ist, sondern er will schlau werden. Er steht gleichsam dazwischen. Er kann jetzt beides werden, entweder ungläubig oder gläubig. Unglaube ist im Neuen Testament kein Fehlen des Glaubens, sondern bewusste Ablehnung des Glaubens. Thomas also, der Jesus jetzt berühren darf, ihn sieht und hört, kann jetzt ungläubig werden – also den Glauben bewusst ablehnen – oder gläubig. Er muss eine Entscheidung treffen. Und das, was Jesus ihm alles aufgedeckt hat – nämlich: Ich kenne deine Not, auch wenn du mich nicht gesehen hast, und ich gehe auf sie ein –, genügt Thomas zu seinem wunderbaren Bekenntnis *„Mein Herr und mein Gott!“* (V. 28) Diese Antwort des Thomas ist das Bekenntnis des Christen schlechthin.

Jesus sagte zu ihm: Weil du mich gesehen hast, glaubst du. Selig sind, die nicht sehen und doch glauben. Noch

viele andere Zeichen, die in diesem Buch nicht aufgeschrieben sind, hat Jesus vor den Augen seiner Jünger getan. Diese aber sind aufgeschrieben, damit ihr glaubt, dass Jesus der Messias ist, der Sohn Gottes, und damit ihr durch den Glauben das Leben habt in seinem Namen. [Vv. 29-31]

„Weil du mich gesehen hast, *bist* du gläubig *geworden*", heißt es im Griechischen wörtlich. Auch hier steht wieder der Perfekt, um deutlich zu machen: Thomas ist nicht für diesen einen Augenblick gläubig geworden, sondern auf Dauer.

Die Seligpreisung derjenigen, die nicht gesehen haben und dennoch glauben, gilt uns: Selig sind diejenigen, die vor 2000 Jahren nicht dabei waren, die Jesus nicht mit irdischen Augen gesehen oder mit ihren Händen berührt haben und doch glauben werden. Das ist ein Blick Jesu von Thomas weg gleichsam auf alle nachkommenden Generationen.

Im Prolog des Johannesevangeliums heißt es: *„Im Anfang war das Wort."* (Joh 1,1) Und dieses Wort geht jetzt durch die Zeugen in die Welt: *„Diese [Zeichen] aber sind aufgeschrieben, damit ihr glaubt, dass Jesus der Messias ist, der Sohn Gottes, und damit ihr durch den Glauben das Leben habt in seinem Namen."* (Joh 20,31) Das Wort geht also durch die Zeugen – durch Thomas und die anderen Apostel und schließlich auch durch uns – in die Welt und bewirkt Glauben. Das *Wort* bewirkt Glauben, nicht die Wunder! So verbindet sich im Johannesevangelium der Anfang mit dem Schluss. Betrachten wir noch einmal dieses Evangelium. Es hat uns sehr viel zu sagen für unser Leben.

Da erzählten auch sie, was sie unterwegs erlebt und wie sie ihn erkannt hatten, als er das Brot brach. Während sie noch darüber redeten, trat er selbst in ihre Mitte und sagte zu ihnen: Friede sei mit euch! Sie erschraken und hatten große Angst, denn sie meinten, einen Geist zu sehen. Da sagte er zu ihnen: Was seid ihr so bestürzt? Warum lasst ihr in eurem Herzen solche Zweifel aufkommen? Seht meine Hände und meine Füße an: Ich bin es selbst. Fasst mich doch an und begreift: Kein Geist hat Fleisch und Knochen, wie ihr es bei mir seht. Bei diesen Worten zeigte er ihnen seine Hände und Füße. Sie staunten, konnten es aber vor Freude immer noch nicht glauben. Da sagte er zu ihnen: Habt ihr etwas zu essen hier? Sie gaben ihm ein Stück gebratenen Fisch; er nahm es und aß es vor ihren Augen. Dann sprach er zu ihnen: Das sind die Worte, die ich zu euch gesagt habe, als ich noch bei euch war: Alles muss in Erfüllung gehen, was im Gesetz des Mose, bei den Propheten und in den Psalmen über mich gesagt ist. Darauf öffnete er ihnen die Augen für das Verständnis der Schrift. Er sagte zu ihnen: So steht es in der Schrift: Der Messias wird leiden und am dritten Tag von den Toten auferstehen, und in seinem Namen wird man allen Völkern, angefangen in Jerusalem, verkünden, sie sollen umkehren, damit ihre Sünden vergeben werden. Ihr seid Zeugen dafür.

Da erzählten auch sie, was sie unterwegs erlebt und wie sie ihn erkannt hatten, als er das Brot brach. Während sie noch darüber redeten, trat er selbst in ihre Mitte und sagte zu ihnen: Friede sei mit euch! Sie erschraken und hatten große Angst, denn sie meinten, einen Geist zu sehen. [Vv. 35-37]

Hören wir auch heute wieder in das Wort Gottes hinein, damit wir erkennen, was uns der Herr sagen möchte. Noch während die Emmausjünger reden und begeistert von ihrer Begegnung mit Jesus berichten, steht dieser plötzlich in ihrer Mitte. Im Griechischen steht hier der Aorist, d.h., es drückt einen einmaligen, konkreten Augenblick aus, in dem Jesus zu ihnen kommt.

Die Jünger erschrecken und haben Angst, aber es ist nicht etwa die Angst vor den Juden oder anderen Verfolgern, sondern vielmehr dieses Erschrecken bei einer Gottesbegegnung, wie wir es z.B. auch bei Zacharias oder im Alten Testament finden. Immer wenn Gott in irgendeiner Weise dem Menschen nahe kommt, gibt es ein solches ehrfürchtiges Erschrecken. Gleichzeitig sind die Jünger aber auch verwirrt: Wer ist das? Wir müssen uns bewusst machen, dass das Pfingstereignis ja noch nicht stattgefunden hat, d.h. die Jünger sind bei den ersten Begegnungen mit dem auferstandenen Jesus noch nicht mit dem Heiligen Geist erleuchtet, wie es Jesus ihnen vor seinem Leiden angekündigt hat: *„Wenn aber jener kommt, der Geist der Wahrheit, wird er euch in die ganze Wahrheit führen.“* (Joh 16, 13) Nach Pfingsten heißt es dann immer wieder: Die Apostel erkannten plötzlich, was Jesus damals gesagt hat. Dann verstehen sie – jetzt aber sind sie verwirrt und glauben, einen Geist zu sehen.

Da sagte er zu ihnen: Was seid ihr so bestürzt? Warum lasst ihr in eurem Herzen solche Zweifel aufkommen? Seht meine Hände und meine Füße an: Ich bin es selbst. Fasst mich doch an und begreift: Kein Geist hat Fleisch und Knochen, wie ihr es bei mir seht. Bei diesen Worten zeigte er ihnen seine Hände und Füße. Sie staunten, konnten es aber vor Freude immer noch nicht glauben. Da sagte er zu ihnen: Habt ihr etwas zu essen hier? Sie gaben ihm ein Stück gebratenen Fisch; er nahm es und aß es vor ihren Augen. [Vv. 38-43]

Im Griechischen heißt es jetzt „idete“ - was sich mit „ passt auf, schaut, lasst euch doch überzeugen“ übersetzen lässt. Die Jünger erleben hier etwas Wunderbares: Jesus macht ihnen nicht etwa einen Vorwurf, weil sie es noch immer nicht verstanden und ihn noch immer nicht erkannt haben, sondern er geht auf ihre Zweifel, ihre Verwirrung und ihre Unsicherheit ein. So ist Gott. Ohne Vorwürfe.

Jesus muss nun also die Jünger aus ihrer (inneren) Verwirrung wieder herausholen und zur Besinnung zurückführen. Sie sollen ihre Sinne wieder lösen von ihrem Schrecken, denn der Schrecken war plötzlich so stark, dass sie gar nicht mehr richtig sehen konnten. Das haben wir vielleicht auch schon einmal erlebt. Man hat plötzlich eine solche Verwirrung und einen solchen Schrecken in sich, dass man das, was man tatsächlich wahrnimmt, gar nicht mehr richtig wahrnehmen kann. Man ist, wie man so sagt, ganz durcheinander. Wenn Menschen aber auf solche Weise verwirrt sind, dann bleiben sie oft selbst beim hellsten Licht verblendet, d.h. sie verstehen die Wahrheit selbst dann nicht, wenn man sie ihnen eindeutig darlegt. Das ist das Schlimme an der Verwirrung. Nicht umsonst heißt „verwirren" im Griechischen „diabolein", und entsprechend der „Verwirrer" – „Diabolos". Eine solche Verwirrung ist viel schlimmer als der Zweifel etwa eines Thomas. Thomas ist immerhin dazu in der Lage, sich in der Begegnung mit Jesus wieder Klarheit zu verschaffen. Die Verwirrung aber ist total. In ihr gerät alles durcheinander.

Darum zeigt Jesus den Jüngern, nachdem er sie ein bisschen zur Ruhe gebracht hat, seine Hände und seine Füße. Die Jünger aber können es *„vor Freude immer noch nicht glauben"*. Das kennen wir ja auch an uns, dass wir etwas „vor Freude nicht glauben können", wenn z.B. völlig überraschend ein ganz lieber Besuch vor der Tür steht. Das ist diese wunderbare Aussage hier: Die Jünger können es vor lauter Freude noch gar nicht glauben. Ihr Herz ist eigentlich zu klein, um eine so große Freude, die alle Erwartungen übertrifft, überhaupt aufzunehmen. Zuerst verhinderte also die (Gottes-)Furcht den Glauben, jetzt ist es die übergroße Freude, die sie daran hindert zu glauben: Er ist es. Aber Jesus kommt auch dieser Schwachheit seinen Jüngern wieder ganz freundlich entgegen. Er lässt sich ein Stück Fisch geben und isst es, damit sie sehen, dass er wirklich auferstanden ist. Er geht also wirklich auf ihre Not ein, Schritt für Schritt, ohne zu (über-)fordern. Aber er verlangt ein Zeichen ihres Glaubens, nämlich, dass sie ihm etwas zu essen geben. Denn wenn sie das tun, setzen sie ja voraus, dass er essen *kann* und somit wirklich auferstanden ist. Wie die Jünger werden auch wir immer wieder aufgefordert zu einem *Tun* des Glaubens, nicht zu *Worten* des Glaubens. Selbst da, wo wir noch Zweifel haben und ganz durcheinander sind, oder es vor Freude noch gar nicht glauben können, sollen wir diesen Schritt des Glaubens *tun*.

Die Jünger geben also dem Auferstandenen einen Fisch zu essen und bekunden damit ihren Glauben, dass er eben kein Geist ist, der nicht essen kann. Sie drücken damit aus, dass sie trotz ihrer inneren Zweifel an Jesus glauben. Das ist diese entscheidende Tat des Glaubens mit der bei den Jüngern der Osterglaube durchbricht. Aber noch einmal ist zu betonen mit welcher wunderbaren Geduld Jesus ihnen bei ihrem Schritt des Glaubens begegnet: Da sie noch immer nicht glauben können, obwohl er ihnen seine Wunden gezeigt hat, bittet er um etwas zu essen, um sie so, Schritt für Schritt, ohne Vorwürfe zum Glauben zu führen. Das ist Gott. So geht Gott auf unsere inneren Nöte ein. Das ist wunderbar.

Dann sprach er zu ihnen: Das sind die Worte, die ich zu euch gesagt habe, als ich noch bei euch war: Alles muss in Erfüllung gehen, was im Gesetz des Mose, bei den Propheten und in den Psalmen über mich gesagt ist. Darauf öffnete er ihnen die Augen für das Verständnis der Schrift. [Vv. 44-45]

Jetzt belehrt Jesus die Jünger: Alle alttestamentlichen Verheißungen sind erfüllt. Er führt sie damit auf das eigentliche Fundament ihres Glaubens, auf die Worte Gottes. Nicht nur, dass sie jetzt sehen können, dass er auch wirklich auferstanden ist, ist wichtig, sondern auch das Zeugnis durch das Wort Gottes. Seine Auferstehung, seine Jetzt-Gegenwart und das Wort Gottes im Alten Testament stimmen überein. Das ist das entscheidende Zeugnis für Christus. Darum zeigt er ihnen auf, dass alle alttestamentlichen Verheißungen jetzt in ihm erfüllt sind. Bereits Mose und die Propheten, aber auch die Psalmen haben sein Leiden, seinen Tod und seine Auferstehung vorausgesagt – auch seine „Völkerpredigt“, dass nämlich das Wort Gottes in alle Welt geht. Im griechischen Urtext steht an dieser Stelle das Perfekt, d.h. was die Propheten vorausgesagt haben, *ist* Wirklichkeit. Es ist nicht mehr nur Voraussage, sondern jetzt in Christus Wirklichkeit geworden. Und in dieser Wirklichkeit bleibt das Wort Gottes bestehen.

Zu dieser Erklärung an den Verstand der Jünger muss aber noch die innere Erleuchtung kommen. Denn es ist ein Unterschied zwischen dem Erkennen der Wahrheit und dem wirklichen Betroffensein von ihr. Diese Erleuchtung geschieht dann an Pfingsten. Damit aber an Pfingsten dieses Betroffensein und dieses Erkennen der Wahrheit *überhaupt* erst möglich werden, müssen diese Lehre und diese Erkenntnis vorausgegangen sein.

Er sagte zu ihnen: So steht es in der Schrift: Der Messias wird leiden und am dritten Tag von den Toten auferstehen, und in seinem Namen wird man allen Völkern, angefangen in Jerusalem, verkünden, sie sollen umkehren, damit ihre Sünden vergeben werden.

[Vv. 46-47]

Jesus eröffnet den Jüngern nun also die Schrift. Er erläutert ihnen das Ostergeheimnis von Tod und Auferstehung. Interessanterweise wird betont, dass der Messias „am dritten Tag“ auferstehen wird, obwohl im Alten Testament bei den Propheten, Mose oder den Psalmen kein Zeittermin steht – nur bei Jona. Und das Beispiel des Jona ist auch gemeint: So wie Jona drei Tage und drei Nächte im Bauch des Fisches war, so wird der Menschensohn drei Tage und drei Nächte im Schoß der Erde sein und dann am dritten Tag auferstehen.

Jesus spricht dann gewissermaßen ein göttliches „Muss“ aus. Das ist im Deutschen gar nicht richtig übersetzt. Der Messias *muss* leiden und am dritten Tag von den Toten auferstehen und in seinem Namen *muss* man allen Völkern, angefangen in Jerusalem, die Botschaft verkünden. Die Völkerpredigt ist also eine Notwendigkeit, die sich zwingend aus dem Leiden und Sterben Jesu ergibt. Darum sagt ja auch Paulus: *„Weh mir, wenn ich das Evangelium nicht verkünde.“* (1 Kor 9,16) Jesus öffnet damit den Jüngern den Blick ins Weite. Sie sollen allen Völkern Bekehrung und Vergebung der Sünden verkünden. Ein wichtiges Wort, das wir Verkünder uns sehr, sehr genau anschauen sollten: Sind Bekehrung und Vergebung der Sünden wirklich noch Inhalt unserer Predigten und unseres Handelns heute? Hören wir so etwas in unseren Predigten – Bekehrung, Vergebung der Sünden? Und verkünden wir es nicht bloß, sondern bieten es auch wirklich an? Diese Völkerpredigt ist der Kern des Evangeliums, denn das sagt uns Jesus, der auferstandene Herr.

Die Jünger sollen „epi to onomati autu“ verkünden, heißt es im Griechischen. In der Einheitsübersetzung steht hier „in seinem Namen“, genauer aber heißt es eigentlich: *„auf Grund* seines Namens“. Das heißt, die Apostel brauchen nur diesen Namen: Jesus – Heiland, Erlöser, Retter. Sie sollen seine Bedeutung, seinen Inhalt, sein Wesen, sein Werk entfalten. Sie sollen Jesus verkünden mit seinem ganzen Lebensinhalt, nämlich seine Bedeutung als Retter und Erlöser für jeden Menschen. Das Wesen Jesu teilt sich ihnen mit in den Sakramenten, sein Werk aber ist die Kirche. Das also ist das, was sie verkünden sollen. So heißt es ja auch schon bei Jesaja: *„Viele Nationen machen sich auf den Weg. Sie sagen: Kommt, wir ziehen hinauf zum Berg des Herrn und zum Haus des Gottes Jakobs. Er zeige uns seine Wege, auf seinen Pfaden wollen wir gehen. Denn von Zion kommt die Weisung des Herrn, aus Jerusalem sein Wort.“* (Jes 2,3) Allerdings geht das Wort Gottes nicht von Jerusalem aus, wie es Jesaja hier sagt, sondern man wird es allen Völkern, angefangen in Jerusalem, verkünden.

Die Achtung vor der Schrift, die Jesus hier zeigt, dieses ganz konkrete Ernstnehmen dessen, was die Schrift über ihn sagt, ist eigentlich staunenswert. Das sollte auch uns berühren und Gewissenserforschung halten lassen, gerade in dieser Osterzeit: Nehme ich das Wort Gottes noch so ernst wie es Jesus selbst, der Sohn Gottes, ernst genommen hat? Wenn das so ist, dann muss ich nichts „wegexegetisieren", dann darf auch ich glauben wie Jesus geglaubt hat.

Ihr seid Zeugen dafür. [V. 48]

Nachdem Jesus die Haupttexte der Schrift aufgezeigt hat, beruft er die Jünger zu Zeugen. Ihr Zeugnis bezieht sich eben auf sein Leiden, sein Sterben, seine Auferstehung und die Predigt in aller Welt. Dieses Zeugnis aber – insbesondere vom Leiden und Sterben Jesu – wird bei den Menschen immer Anstoß erregen, wie Paulus feststellt: *„Wir dagegen verkündigen Christus als den Gekreuzigten: für Juden ein empörendes Ärgernis, für Heiden eine Torheit, für die Berufenen aber, Juden wie Griechen, Christus, Gottes Kraft und Gottes Weisheit."* (1 Kor 1,23f.; vgl. auch 1 Kor 2,2) Nicht umsonst heißt Zeuge im Griechischen ja „martyr". Märtyrer ist derjenige, der mit dem Blut bezeugt. Das Anstößige der Botschaft Jesu kann also zur Folge haben, dass ich mit meinem Blut und Leben diese Botschaft bezeugen muss.

Das ist hier die entscheidende Frage an uns: Bin ich dazu bereit, diese Botschaft nicht nur zu verkünden – sei es im Kleinen: indem ich sie z.B. in der Familie an die Kinder weitergebe, oder auch im Gespräch mit anderen, in der Verkündigung, in der Predigt oder wie auch immer –, sondern sie, wenn nötig, auch mit meinem Blut und Leben zu bezeugen? Bin ich bereit, Zeuge – Märtyrer – zu sein?

In jener Zeit sprach Jesus: Ich bin der gute Hirt. Der gute Hirt gibt sein Leben hin für die Schafe. Der bezahlte Knecht aber, der nicht Hirt ist und dem die Schafe nicht gehören, lässt die Schafe im Stich und flieht, wenn er den Wolf kommen sieht; und der Wolf reißt sie und jagt sie auseinander. Er flieht, weil er nur ein bezahlter Knecht ist und ihm an den Schafen nichts liegt. Ich bin der gute Hirt; ich kenne die Meinen, und die Meinen kennen mich, wie mich der Vater kennt und ich den Vater kenne; und ich gebe mein Leben hin für die Schafe. Ich habe noch andere Schafe, die nicht aus diesem Stall sind; auch sie muss ich führen, und sie werden auf meine Stimme hören; dann wird es nur eine Herde geben und einen Hirten. Deshalb liebt mich der Vater, weil ich mein Leben hingebe, um es wieder zu nehmen. Niemand entreißt es mir, sondern ich gebe es aus freiem Willen hin. Ich habe Macht, es hinzugeben, und ich habe Macht, es wieder zu nehmen. Diesen Auftrag habe ich von meinem Vater empfangen.

Ich bin der gute Hirt. Der gute Hirt gibt sein Leben hin für die Schafe. [V. 11]

Zu Beginn des heutigen Evangeliums spricht Jesus wieder dieses göttliche „ego eimi" – „Ich bin" – im Hebräischen: „jahwe". Das ist der Gottesname. Er nimmt den Gottesnamen für sich in Anspruch. Der gute Hirte ist also etwas, das zum göttlichen Wesen gehört. Schon beim Propheten Ezechiel vergleicht sich Jahwe selbst mit einem Hirten: *„Jetzt will ich meine Schafe selber suchen und mich selber um sie kümmern. Wie ein Hirt sich um die Tiere seiner Herde kümmert an dem Tag, an dem er mitten unter den Schafen ist, die sich verirrt haben, so kümmere ich mich um meine Schafe und hole sie zurück von all den Orten, wohin sie sich am dunklen, düsteren Tag zerstreut haben."* (Ez 34,11-12)

Das Kennzeichen des guten Hirten ist, dass er sein Leben für die Schafe hingibt. Im Griechischen steht hier für Leben das Wort

„psychen“, und nicht etwa das Wort „bios“ oder „zoe“. Das macht deutlich, dass es hier um die ganze personenhafte Existenz geht. Gemeint ist nicht einfach nur das irdische Leben (im Sinne von sterben), sondern das gesamte Leben, also auch das, was ich jeden Tag lebe. Jesus hat sich ja nicht nur im Tod hingegeben, sondern er hat sein ganzes Leben für uns gegeben, eben seine ganze personenhafte Existenz. In Jesus Christus lebt Gott also sein gesamtes Leben für die Schafe. Es geht nicht nur um sein Sterben, sondern um seinen ganzen Lebenseinsatz. Alles gibt er hin für seine Schafe. Sogar seine Gottheit hat er abgestreift, wie es im Philipper-Brief heißt (vgl. Phil 2,6-7). Er hat sie nicht in Anspruch genommen, sondern ganz als Mensch gelebt, obwohl er Gott war und blieb.

Aber warum wurde Gott Fleisch? Warum hat er die Menschheit angenommen? Warum ist der ewige unerschaffene Gott Geschöpf geworden? Warum gab er dann sogar blutend und leidend sein Leben hin? Es gibt nur die eine Antwort: Für die Schafe. Nur für sie gibt er die ganze Lebendigkeit seines Wesens und seines Seins hin. Und auch darin sollen wir ihm nachfolgen: *„Daran haben wir die Liebe erkannt, dass Er sein Leben für uns hingegeben hat. So müssen auch wir für die Brüder das Leben hingeben.“* (1 Joh 3,16) Auch wir sollen unser Leben für die Brüder hingeben, ganz für sie da sein. Der ganze Lebenseinsatz vom Anfang bis zum Ende des Lebens ist also gemeint. Sterben ist dann nur noch die Vollendung dieses Lebenseinsatzes.

Der bezahlte Knecht aber, der nicht Hirt ist und dem die Schafe nicht gehören, lässt die Schafe im Stich und flieht, wenn er den Wolf kommen sieht; und der Wolf reißt sie und jagt sie auseinander. Er flieht, weil er nur ein bezahlter Knecht ist und ihm an den Schafen nichts liegt. [Vv. 12-13]

Hier haben wir das Gegenbild zum guten Hirten, nämlich den Lohnarbeiter. Dieser stirbt nicht für die Tiere, sondern rettet sein eigenes Leben. Das ist der Gegensatz von Mensch und Tier. Es ist doch einsichtig, dass ich als Mensch nicht für ein Tier sterbe. Aber wir haben ja beim guten Hirten zugleich auch den Gegensatz von Gott und Mensch. Und der Unterschied zwischen Mensch und Tier ist – vom Wesentlichen her – nicht so groß wie der Lebenssprung von Gott zum Geschöpf Mensch. Dennoch stirbt Gott für das Geschöpf: Ich bin der gute Hirt, der sein Leben hingibt für die Schafe. Gott stirbt für das Geschöpf! Das ist doch fast nicht möglich, ja, eigentlich unvorstellbar. Da ist es ja eigentlich doch wahrscheinlicher, dass der Mensch sich für ein Tier einsetzt und dabei das Leben verliert. Aber Gott für das Geschöpf? Was muss das für eine Liebe sein!

Darum ist es für die Schafe schlecht, wenn diejenigen, die zum Hirten berufen sind, denen Jesus also seine Sendung übertragen hat – die Apostel und ihre Nachfolger: Papst, Bischöfe, Priester und Diakone –, wie Lohnarbeiter handeln. Wenn sie nicht bereit sind, ihr ganzes Leben für die Schafe einzusetzen. Jesus hat für diese Wahrheit, dass er der gute Hirte ist, Leben und Ruf riskiert. Und darum ist jeder, der ihm nachfolgt und seine Sendung übernimmt, dazu berufen, ebenfalls alles für die ihm anvertrauten Schafe zu riskieren – bis hin zum eigenen Leben.

Ich bin der gute Hirt; ich kenne die Meinen, und die Meinen kennen mich, wie mich der Vater kennt und ich den Vater kenne; und ich gebe mein Leben hin für die Schafe. [Vv. 14-15]

Dieses „kennen der Seinen“ ist so tief, dass Jesus es mit seinem eigenen Verhältnis zum Vater vergleicht: So wie der Vater ihn und er den Vater kennt – so kennt Jesus jeden von uns und wir erkennen ihn. Eine unbegreifliche Aussage. Denn dieses „mich kennen“ heißt doch, dass Jesus mein ganzes verdorbenes Wesen kennt, und dass dennoch dieses mein inneres verdorbenes Wesen nicht den Zorn und den Abscheu Jesu auslöst. *„Alles, was der*

Vater mir gibt, wird zu mir kommen, und wer zu mir kommt, den werde ich nicht abweisen.“ (Joh 6,37) Er wird also keinen zurückstoßen, den der Vater ihm gibt, keinen, auch wenn ich noch so erbärmlich bin.

„Kennen“ ist gleich „Lieben“. Und Jesus liebt uns so, wie ihn der Vater geliebt hat. Darum kann ich zu Recht sagen, dass Jesus mich kennt. Allerdings könnten wir ihn nicht kennen, wenn er uns nicht zuerst erkannt und geliebt hätte. Durch diese seine Liebe zu uns, die ja schöpferisch ist, befähigt er uns, ihn durch die Gnade der Erlösung immer tiefer zu erkennen. Dieses Erkennen aber ist eher ein tiefes Ahnen Gottes. Viele Menschen können nicht verstehen, warum Gott so viel Unheil zulässt – persönliches oder allgemeines. In dem Menschen aber, der sich mit Gott ganz tief verbunden hat und sich ihm im Glauben ganz ausliefert, so wie auch Jesus sein Leben für ihn hingegeben hat, bewirkt Gott eine Erkenntnis, die andere nicht haben. Es ist ein tiefes Erahnen, dass selbst im größten Unheil die Liebe Gottes am Werk ist und ich nicht hadern muss, sondern sogar danken kann für das, was Gott jetzt in seiner Liebe vorhat – auch wenn es uns menschlich nicht verständlich ist. Viele verschiedene Gestalten der Kirchengeschichte hatten diese ganz tiefen Einsichten und Erkenntnisse in das Geheimnis der Heiligsten Dreifaltigkeit. So tief, dass sie es nicht beschreiben konnten.

Wenn Jesus in diesem Kontext von uns als von den „Seinen“ spricht, so ist dies nicht unbedingt besitzergreifend gemeint. Natürlich hat Jesus uns mit seinem Blut in diesem Sinne erkauft, aber er lässt uns die volle Freiheit, ob wir dieses Erkaufen aus der Verlorenheit annehmen oder nicht. Er ist in gewisser Weise angewiesen auf unsere Liebe, d.h. auf unsere totale Hingabe an ihn. Hingabe an ihn aber heißt, dass ich ihm gehöre. Ich bin dann wirklich „sein“. Umgekehrt gilt: Wer sich Christus nicht hingegeben und in einem tiefen Glaubensakt ausgeliefert hat, dem wird er sich nicht zu erkennen geben und der wird darum auch Christus nicht erkennen. Denn wie er selbst einmal sagt: „Ich offenbare mich dem, dem ich mich offenbaren will". Und das ist derjenige, der zu den Seinen gehört – freiwillig.

> **Ich habe noch andere Schafe, die nicht aus diesem Stall sind; auch sie muss ich führen, und sie werden auf meine Stimme hören; dann wird es nur eine Herde geben und einen Hirten.** [V. 16]

Jesus spricht jetzt von Schafen außerhalb des Schafstalles, also von seiner weltweiten Sendung. Auch alle, die ihn noch nicht kennen und noch nicht um ihn wissen, muss er herbeiführen. Auch um sie wirbt er. Und er gibt die Verheißung, *dass* sie auf seine Stimme hören werden, vielleicht in ihrem Gewissen. Sie werden ihrem Gewissen folgen und das Gute wählen und so teilhaben am Heil des guten Hirten. Das Ziel aber ist eine Herde und ein Hirte.

> **Deshalb liebt mich der Vater, weil ich mein Leben hingebe, um es wieder zu nehmen. Niemand entreißt es mir, sondern ich gebe es aus freiem Willen hin. Ich habe Macht, es hinzugeben, und ich habe Macht, es wieder zu nehmen. Diesen Auftrag habe ich von meinem Vater empfangen.** [Vv. 17-18]

Der Vater liebt den Sohn, weil dieser den Auftrag des Vaters erfüllt. Jesus vollzieht das, was der Vater tun will. Der Vater aber will sich für uns hingeben, weil er uns in einer so unbegreiflichen Weise liebt. Darum ist es etwas vom Schlimmsten dem Vater gegenüber, wenn wir vor ihm Angst haben.

So offenbart sich also diese unbegreifliche Liebe des Vaters zu uns, den Schafen, durch den Sohn. Jesus aber tut es nicht in irgendeiner Weise des Zwanges, sondern gibt sich freiwillig hin. Der Wille des Vaters ist auch sein Wille. Und so, wie der Vater in Jesus Christus sich uns hingegeben hat, sollen auch wir unser Leben hingeben für Gott, aber auch für unsere Brüder.

Das ist diese tiefe Aussage und geradezu unvorstellbare Botschaft des heutigen Evangeliums: Er, der ewige Gott, ist der gute Hirte. Gott, der unendlich Heilige, der Ewige, gibt sein Leben für ein begrenztes Geschöpf. Als ob das Geschöpf es wert wäre, dass ein Gott sich – und in Jesus kann man sagen: sein Leben – hingibt. Dieses Evangelium muss uns zum Staunen bringen – aber auch beschämen, weil wir oft so wenig und unangemessen auf diese Tat des guten Hirten antworten.

In jener Zeit sprach Jesus zu seinen Jüngern: Ich bin der wahre Weinstock, und mein Vater ist der Winzer. Jede Rebe an mir, die keine Frucht bringt, schneidet er ab, und jede Rebe, die Frucht bringt, reinigt er, damit sie mehr Frucht bringt. Ihr seid schon rein durch das Wort, das ich zu euch gesagt habe. Bleibt in mir, dann bleibe ich in euch. Wie die Rebe aus sich keine Frucht bringen kann, sondern nur, wenn sie am Weinstock bleibt, so könnt auch ihr keine Frucht bringen, wenn ihr nicht in mir bleibt. Ich bin der Weinstock, ihr seid die Reben. Wer in mir bleibt und in wem ich bleibe, der bringt reiche Frucht; denn getrennt von mir könnt ihr nichts vollbringen. Wer nicht in mir bleibt, wird wie die Rebe weggeworfen, und er verdorrt. Man sammelt die Reben, wirft sie ins Feuer, und sie verbrennen. Wenn ihr in mir bleibt und wenn meine Worte in euch bleiben, dann bittet um alles, was ihr wollt: Ihr werdet es erhalten. Mein Vater wird dadurch verherrlicht, dass ihr reiche Frucht bringt und meine Jünger werdet.

In jener Zeit sprach Jesus zu seinen Jüngern: Ich bin der wahre Weinstock, und mein Vater ist der Winzer.

[V. 1]

Gott hat schon einmal einen Weinstock eingepflanzt, und zwar Israel, das alte Gottesvolk. Aber dieser Weinstock wurde für ihn zur großen Enttäuschung. In langer Geschichte hat dieser Weinstock unter der Geduld Gottes bewiesen, dass die Menschen trotz Erwählung und trotz aller Liebe und Fürsorge Gottes nicht das werden, was Gott will. Und so beginnt, wie das Evangelium zeigt, Gott etwas Neues: Er pflanzt Jesus als den wahren Weinstock in die Welt ein und setzt damit auch die Kirche als Weinstock ein, denn sie ist der fortlebende Christus. Und sie darf das werden, was Israel werden sollte: ein Weinstock, der viel Frucht bringt und dadurch Gott verherrlicht. Gott, der Vater, steht am Anfang und auch am Ende des Gleichnisses als der Weingärtner. Er ist es, der pflanzt und der reinigt und er soll auch verherrlicht werden.

Was aber ist die Frucht dieses Weinstocks? Es ist die Vermehrung des Lebens, das im Weinstock – also in Christus – ist. Es sind die neuen Menschen, die durch den Dienst der Jünger mit göttlichem Leben erfüllt werden. Darum spricht ja Jesus zu seinen Jüngern. Durch ihren Dienst sollen die Menschen das Leben des Weinstocks Christus vermittelt bekommen.

Jede Rebe an mir, die keine Frucht bringt, schneidet er ab, und jede Rebe, die Frucht bringt, reinigt er, damit sie mehr Frucht bringt. [V. 2]

Der Weinstock wird deshalb „wahrer Weinstock" genannt, weil er Frucht bringt. Der alte Weinstock Israel hat die Frucht nicht gebracht. Der wahre Weinstock ist Christus selbst, der in seiner Kirche weiterlebt und Frucht bringt. Allerdings bringt er diese Frucht nicht unmittelbar, sondern durch die Reben, d.h. durch die Jünger und damit auch durch uns. Deshalb achtet der Gärtner, das ist der Vater, auf jede Rebe – nicht einfach auf die Reben allgemein, sondern auf jede einzelne Rebe.

Das ist ein ganz ernstes Wort auch an uns: Jede einzelne Rebe, die keine Frucht bringt, nimmt er weg. Der Weinstock als ganzer kann nicht mehr versagen, wie es das alte Israel getan hat, denn es ist ja Christus selbst. Und selbst die Mächte der Unterwelt werden seine Frucht, die Kirche, nicht überwältigen, wie Jesus seinen Jüngern zusagt (vgl. Mt 16,18). Aber die einzelne Rebe kann sehr wohl versagen und dem tödlichen Gericht verfallen.

An dieser Stelle: „Jede Rebe, die *keine* Frucht bringt", steht im Griechischen nicht das Wörtchen „ou", sondern „me". Beides lässt sich mit „nicht" übersetzen. Aber während „ou" ein selbstverständliches „nicht" meint – wie z.B.: es regnet nicht – beinhaltet „me" eine bewusste Willensentscheidung: Ich *will* das und das nicht tun. Und eben darum geht es: Jede Rebe, die nicht Frucht bringen *will*, schneidet der Vater ab und jede Rebe, die

Frucht trägt, fördert er. Er reinigt sie, damit sie noch mehr Frucht bringt. Wozu ist eine Rebe, die keine Frucht tragen will, eigentlich noch am Weinstock? Nur, um für sich selbst zu leben, ihr eigenes Heil zu genießen und die Kraft des Weinstocks für sich zu verbrauchen, ohne Frucht zu bringen. Da müssen auch wir uns immer wieder neu besinnen und entscheiden: Gebrauche ich das Leben, das ich von Jesus erhalten habe, einfach nur so, indem ich gleichsam meine Frömmigkeit ganz egoistisch nur für mich genieße? Oder will ich wirklich eine Rebe sein, die den Saft vom Weinstock Christus aufnimmt und diese Kraft in dauernder Verbindung mit ihm – z.B. durch die Sakramente und das Gebet – zu den Menschen weiterleitet, sei es durch meinen Dienst, durch mein Wort, durch mein bloßes Dasein, durch meine Begegnung mit den Menschen in Liebe – ganz gleich, in welcher Art ich apostolisch tätig bin. Das alles sind Möglichkeiten, wo der Rebstock Christus, durch uns Rebzweige seine Kraft und sein Leben an andere Menschen vermitteln kann. Und darum schneidet er diejenige Rebe, die eben keine Frucht bringen will, sondern die Kraft des Weinstocks nur für sich verbraucht, ab. Ein solcher Mensch verliert das Leben: *„Wer das Leben gewinnen will, wird es verlieren."* (Mt 10,39) Aber „Frucht tragen", das ist Seligkeit, das ist beglückend.

Wie aber reinigt der Vater nun die Reben, also uns? Oder anders gefragt: Was bedeuten all die Situationen meines Alltags? All die Formen der Widerwärtigkeiten des alltäglichen Lebens? Alles das, was Jesus die täglichen Kreuze nennt? Das alles sind die Formen, wie der Vater, der Weingärtner, die einzelne Rebe reinigt. Alle Ereignisse meines Lebens, alles, was mein Leben ausmacht, sind Möglichkeiten und Werkzeuge des Vaters, durch die ich von meinen Egoismen gereinigt werde.

Egoismus heißt: alles für sich behalten – selbst von Christus geschenkte Kraft – und Glauben, religiöses Leben für sich genießen. Ich habe dann nicht die Absicht, dass die anderen gerettet werden und dass die Kraft Christi durch mich zu den Menschen strömt. Der Vater reinigt mich von meinen Egoismen, damit die Kraft Christi noch mehr durch mich durchströmen kann und nicht irgendwo in meinen Egoismen hängen bleibt. Frucht bringen ist nur möglich, wenn alles Leben-Hemmende abgetragen ist, jede Form von Sünde und Unvollkommenheit.

Die Rebe *wird* also gereinigt. Das heißt, sie reinigt sich nicht selbst. Ich kann mich nicht selbst heiligen. Heiligkeit und Heiligung ist Sache des Vaters, des Weingärtners. Es geht darum auszuhalten, wie Gott mich durch alltägliche Dinge reinigt oder wie er auch mein Gebet und all das, was ich tue, benutzt, um mich zu reinigen. Der Weingärtner sieht die Dinge unbestechlich; er sieht, was weg muss bei mir, bei der einzelnen Rebe, um eben mehr Frucht zu bringen, denn er ist ja zugleich auch der Vater. Er wird mir nicht unnötig wehtun, sondern nur dort, wo es wichtig ist, um mehr Frucht zu bringen. Wir müssen deshalb keine Angst haben. Es ist nur wichtig, dass wir die Dinge, die um uns herum geschehen und die unser Leben ausmachen, eben auch von da her betrachten und überdenken.

> **Ihr seid schon rein durch das Wort, das ich zu euch gesagt habe. Bleibt in mir, dann bleibe ich in euch. Wie die Rebe aus sich keine Frucht bringen kann, sondern nur, wenn sie am Weinstock bleibt, so könnt auch ihr keine Frucht bringen, wenn ihr nicht in mir bleibt. Ich bin der Weinstock, ihr seid die Reben. Wer in mir bleibt und in wem ich bleibe, der bringt reiche Frucht; denn getrennt von mir könnt ihr nichts vollbringen.**
>
> [Vv. 3-5]

„Ihr seid schon rein durch das Wort" – das Wort ist es, das Glauben zeugt. Es ist das Wort, das mich richtet. Wie stelle ich mich zu dem Wort, das der Herr zu mir gesprochen hat? Sage ich ja oder nein? Nehme ich es an oder lehne ich es ab? Sein göttliches Wort bewirkt die Frucht – bei den Jüngern, bei allen Menschen – und dieses göttliche Wort deckt auch auf. Durch das

Wort Gottes bemerke ich manche Fehler bei mir. Das Wort Gottes deckt mich auf in meinen falschen Motivationen. Und damit reinigt es auch zugleich.

Entscheidend für das Fruchtbringen ist, dass der Rebzweig im Rebstock bleibt, dass also wir in Jesus bleiben. Das ist eine natürliche Gesetzmäßigkeit, auch im geistlichen Leben. Wenn ich nicht in Christus bleibe, nicht mit ihm verbunden bleibe, kann ich keine Frucht bringen. Mit ihm verbunden aber bin ich durch die Gnade, so dass ich mich nicht durch die Sünde von ihm trenne, sondern alles, was ich rede, denke und tue, immer in der Verbindung mit Jesus tue, nach seinem Willen, und mich so von ihm her orientiere. Paulus drückt das immer wieder mit dem schlichten Wort „in Christus sein“ aus.

Für den Dienst des Jüngers ist also wichtig: Die Rebe bringt zwar Frucht, aber nicht aus sich selbst. Und hier steht nun im Griechischen das Wort „ou“, das eine Selbstverständlichkeit ausdrückt: Die Rebe bringt *selbstverständlich* keine Frucht aus sich. Nur im Bleiben am Weinstock bringt sie Frucht. Das ist die Grundvoraussetzung: im Bleiben am Weinstock, in Christus. Leider vergessen wir diese einfache Tatsache oft und quälen uns selber ab, *wir*, ohne Frucht zu bringen, durch umtriebige Aktivitäten im Reich Gottes. Das alles ist gut und in Ordnung, solange es in der Verbindung mit Christus geschieht. Dann kann er es gebrauchen. Die eigentliche Frucht kommt durch meine Verbindung mit Christus. Das ist eine Wahrheit, die wir uns heute immer wieder neu ins Bewusstsein rufen, gewissermaßen „ganz dick hinter die Ohren schreiben“ müssen. Wie oft sind wir nur noch Aktivisten und wollen alles selber machen mit allen möglichen eigenen Plänen. Nein! Das heutige Evangelium spricht es ganz klar aus: Die Frucht kommt aus der Verbindung der Rebe mit dem Weinstock. Alle Pastoral muss daher darauf abzielen, die Menschen in Verbindung mit dem Weinstock, mit Christus zu bringen. Dann kommt Frucht, und zwar durch alle Glieder der Gemeinde, die in dieser Verbindung mit dem Weinstock sind.

Umgekehrt gilt: Wer nicht in ihm bleibt, bringt auch keine Frucht. Hier steht nun wieder dieses „me“, das eben dieses *bewusst* nicht in ihm bleiben ausdrückt. Dass ich mich *bewusst* nicht um die Verbindung zu Christus kümmere, das ist die Sünde, die hier angesprochen wird. Letztlich ist das Bleiben in Christus Sache meiner Freiheit und meiner Verantwortung. Es ist meine Entscheidung: Bleibe ich in Christus?

Darum ist es so wichtig, dass wir uns immer wieder ganz hineingeben und uns ganz in Christus verankern und verwurzeln. Ohne das wird alles Tun im Reich Gottes im Sand verlaufen, keine oder nur sehr wenig Frucht bringen. Und „in ihm bleiben“ meint einen ununterbrochenen Lebenszusammenhang mit Jesus, also nicht nur zeitweise, indem ich ein paar Gebetszeiten absolviere und dann den ganzen restlichen Tag nicht mehr an Jesus denke. Vielmehr soll ich auch in meiner Arbeit und überall dort, wo ich nicht bewusst an ihn denken kann, trotzdem immer aus dieser Verbindung mit Christus handeln. Mein Denken, mein Reden und mein Tun sollen immer auch geprägt sein von meiner Beziehung zu Christus. Es soll so verinnerlicht sein, dass ich letztlich nichts denken, reden oder tun kann, das gegen den Willen Jesu und damit gegen das Gebot Gottes ist, ohne dass es mir geradezu schmerzhaft bewusst wird. Diese Grundhaltung Gott gegenüber soll unser Ziel sein.

Wenn wir einen Menschen sehr gern haben, werden wir es kaum fertigbringen, über ihn etwas Negatives zu reden oder zu denken. Das widerstrebt uns. So ist es auch, wenn ich mit Gott verbunden und in Christus verwurzelt bin. Ich kann dann nicht gegen ihn denken, reden oder handeln. Wer aber nicht in ihm bleibt, kann vielleicht trotzdem äußerlich ganz aktiv sein im Reich Gottes, aber ohne Wirkung für die Ewigkeit. Es ist dann eben keine Frucht, die bleibt.

Wer nicht in mir bleibt, wird wie die Rebe weggeworfen, und er verdorrt. Man sammelt die Reben, wirft sie ins Feuer, und sie verbrennen. [V. 6]

Das *„Wer nicht in mir bleibt…“* steht im griechischen Text eigentlich in der Vergangenheitsform (Aorist): „Wer nicht in mir bleibt, wurde hinausgeworfen und verdorrte.“ Das macht die sichere Einmaligkeit und Unentrinnbarkeit des Beschriebenen viel deutlicher: Es wird gewissermaßen mit einer solchen Sicherheit in der Zukunft sein, dass man es schon als vergangen bezeichnen kann. Es kommt nicht vielleicht oder vielleicht auch nicht, sondern es ist eine feste Tatsache: Wer nicht in mir bleibt, der wurde schon hinausgeworfen, der ist schon verdorrt.

Das ist eine ganz klare Aussage, die auch uns wieder zu denken geben sollte: Wer nicht in Christus bleibt, bringt absolut keine Frucht. Wie oft vergessen wir das heute. Wir überbügeln das so ein bisschen fromm mit unseren vielen Aktivitäten. Aber dieses Wegwerfen des Verdorrten ist keine bloße Vermutung oder Eventualität, sondern unentrinnbar. Es *gibt* ein „Zu spät“! Dessen muss sich jeder klar sein, der willentlich nicht in Jesus bleibt und sich immer wieder von ihm trennt: Er verdorrt und wird verbrannt. Damit ist ganz eindeutig das Feuer der Hölle gemeint. Es ist das Symbol für die Verdammung. So ernst hat Jesus mit seinen Jüngern gesprochen – so ernst.

Und so ernst spricht er jetzt auch mit uns. Da kann man nicht daran „vorbeiinterpretieren“. Der heilige Dominikus weinte oft ganze Nächte. Seine Mitbrüder haben ihn in seinem Zimmer gleichsam schreien gehört: „Herr, was wird mit den Sündern?“ Er hat darunter gelitten, dass Menschen sich nicht mehr mit Christus verbinden, dass sie sich von ihm trennen und in dieses Chaos hineinkommen: verbrennen, verderben. Aus Sehnsucht, sie zu retten, hat er in der Nacht geschrien: „Herr, was wird mit den Sündern?“ Und wie sieht das bei uns aus? Haben auch wir diesen Durst in uns wie ein Dominikus? Diese Sehnsucht, die Menschen (wieder) in die Gemeinschaft mit Christus zu bringen und sie dadurch zu retten?

Da der Herr die Jünger liebte, musste er ihnen die volle Wahrheit sagen. Und weil er auch uns liebt, muss er auch uns die volle Wahrheit sagen: Wer nicht in ihm bleibt, wird abgeschnitten, hinausgeworfen und verdorrt; er verbrennt. So sollen es auch wir verkünden. Denn wer die Menschen liebt, wird ihnen die volle Wahrheit verkünden und ihnen nicht irgendeinen „warmen Brei um den Mund schmieren", um sie ja nicht zu beunruhigen.

Wenn ihr in mir bleibt und wenn meine Worte in euch bleiben, dann bittet um alles, was ihr wollt: Ihr werdet es erhalten. [V. 7]

Das Bleiben in Christus zeigt sich als beten ohne Unterlass, wie es auch Paulus und Jesus selbst ausdrücken. Gemeint ist, dass ich mich in meinem Denken, Reden und Tun immer vom Wort Gottes, von Jesus, von dieser persönlichen Gemeinschaft und Freundschaft mit Jesus Christus bestimmen lasse.

Für das deutsche „Worte" steht im Griechischen „remata" und nicht etwa „logoi", wie man es eigentlich erwarten würde. Dieses „remata" meint alle Worte Jesu, seine ganze Botschaft. Wenn seine Botschaft also unser Denken, Reden und Tun erfüllt, dann beten wir ganz sicher im Namen Jesu, und dann werden wir auch erhört. Wenn seine „remata", seine Worte, seine ganze Botschaft mich ganz prägen und mein ganzes Sein bestimmen, werde ich nicht mehr eigenwillig beten und meinen eigenen Dickkopf durchsetzen wollen, sondern mein innerstes Bitten wird sein: „Nicht mein Wille geschehe, sondern der deine." – selbst wenn ich wie Jesus bete: „Vater, lass den Kelch vorübergehen." Und dann werde ich erhört, weil ich um das bitte, was Gott mir geben möchte.

Mein Vater wird dadurch verherrlicht, dass ihr reiche Frucht bringt und meine Jünger werdet. [V. 8]

Die tiefste Befriedigung, der tiefste Sinn des Weinstocks Christus, und somit auch der Kirche, ist die Verherrlichung des Vaters. Gottes Herrlichkeit wird sichtbar, wenn *„ihr reiche Frucht bringt und meine Jünger werdet."* Werdet, das heißt: Jünger sein ist nicht etwas Abgeschlossenes, Jünger sein ist ein stetes Wachstum und deshalb eine immer wachsende Fruchtbarkeit. Je mehr ich in Christus hineinwachse, umso mehr werde ich Jünger, umso fruchtbarer werde ich, umso mehr darf ich alles zur Verherrlichung Gottes tun, umso mehr wird der Vater verherrlicht; der Weingärtner, der dafür gesorgt hat, dass ich, die Rebe, gereinigt werde, um viel Frucht zu bringen. Es geschieht alles zu seiner Verherrlichung.

In jener Zeit sprach Jesus zu seinen Jüngern: Wie mich der Vater geliebt hat, so habe auch ich euch geliebt. Bleibt in meiner Liebe! Wenn ihr meine Gebote haltet, werdet ihr in meiner Liebe bleiben, so wie ich die Gebote meines Vaters gehalten habe und in seiner Liebe bleibe. Dies habe ich euch gesagt, damit meine Freude in euch ist und damit eure Freude vollkommen wird. Das ist mein Gebot: Liebt einander, so wie ich euch geliebt habe. Es gibt keine größere Liebe, als wenn einer sein Leben für seine Freunde hingibt. Ihr seid meine Freunde, wenn ihr tut, was ich euch auftrage. Ich nenne euch nicht mehr Knechte; denn der Knecht weiß nicht, was sein Herr tut. Vielmehr habe ich euch Freunde genannt; denn ich habe euch alles mitgeteilt, was ich von meinem Vater gehört habe. Nicht ihr habt mich erwählt, sondern ich habe euch erwählt und dazu bestimmt, dass ihr euch aufmacht und Frucht bringt und dass eure Frucht bleibt. Dann wird euch der Vater alles geben, um was ihr ihn in meinem Namen bittet. Dies trage ich euch auf: Liebt einander!

In jener Zeit sprach Jesus zu seinen Jüngern: Wie mich der Vater geliebt hat, so habe auch ich euch geliebt.

[V. 9a]

Das „wie“ zu Beginn des heutigen Evangeliums („*Wie mich der Vater geliebt hat …*“), dieses griechische „katos“, ist ein begründendes „wie“, nicht ein vergleichendes. Das heißt: Gottes Liebe zur verlorenen Welt hat uns den Sohn gegeben. Und diese Liebe Gottes ist die Quelle auch der Liebe des Sohnes zu uns. Im Griechischen steht hier „agapein“. „Agape“ meint nicht die bloße Freundesliebe oder die menschenmögliche Liebe – „philein“ –, sondern es ist die göttliche Tugend der Liebe. Es ist Heiliger Geist. So begründet die Liebe des Vaters zum Sohn die Liebe des Sohnes zu uns.

Der Sohn ist der vom Vater Geliebte, weil er dessen Auftrag aus führt und durch sein Sterben für die Sünder und Gottlosen, die Liebe Gottes, des Vaters offenbart. Diese Liebe Gottes ist bedingungslos und verlangt keinen Vorschuss von uns Sündern. Sie gibt sich uns im Tod Jesu bedingungslos hin. Und vom Vater her liebt Jesus dann uns. Es ist also die Liebe des Vaters, die auch in Jesus zu uns hin wirksam ist. Die Liebe Jesu zu uns ist die gleiche Liebe wie die des Vaters. Er liebt uns mit derselben Kraft wie auch der Vater ihn geliebt hat. Es ist der Heilige Geist, den der Vater in seiner Liebe dem Sohn schenkt und der Sohn dann uns.

Bleibt in meiner Liebe! [V. 9b]

„Bleibt in meiner Liebe!“ – das ist doch eigentlich eine sehr beglückende Aufforderung, der wir gerne Folge leisten. Und doch ist uns – wenn wir einmal ganz ehrlich sind – von Natur aus nichts so fremd wie diese wirkliche Liebe. Die Liebe Jesu trägt nämlich das absolute Nein gegen alles Sündhafte und Böse in sich und will die Geliebten reinigen. Bei uns aber ist dieses Nein bei Weitem nicht so absolut. In seiner Liebe bleiben, das verlangt ständige Selbstverleugnung in der Hingabe an den, der uns liebt. Und das ist uns ein großes Stück fremd. Wir suchen ja immer uns selbst, in der Eigenliebe. Wenn ich mich aber hingebe an den, der mich liebt, muss ich mich selbst verleugnen und zurücknehmen. Ich kann mich dann nicht mehr selbst zum Maß aller Dinge und zum Mittelpunkt machen, denn der Geliebte ist ja dann der Mittelpunkt. Und wir merken vielleicht an unseren Empfindungen: das ist uns fremd. Die wahre Liebe ist also etwas Wunderbares, aber uns von Natur aus, von der Erbsünde her, fremd. Wir wollen sein wie Gott.

Wenn ihr meine Gebote haltet, werdet ihr in meiner Liebe bleiben, so wie ich die Gebote meines Vaters gehalten habe und in seiner Liebe bleibe. Dies habe ich euch gesagt, damit meine Freude in euch ist und damit eure Freude vollkommen wird. [Vv. 10-11]

Die Liebe des Vaters zum Sohn lässt sich gut ausdrücken mit dem Bild der Armut: Der Vater verschenkt sich ganz in der Liebe an den Sohn und er, der die ganze Fülle des Seins und des Lebens ist, wird ganz arm in dieser Liebe. Das Stichwort für die Liebe des Sohnes zum Vater wiederum ist der Gehorsam. Er gehört dem Vater und anerkennt ihn ganz und gar im Gehorsam: *„Der Sohn kann nichts von sich aus tun, sondern nur, wenn er den Vater etwas tun sieht. Was nämlich der Vater tut, das tut in gleicher Weise der Sohn. Ich kann nur tun, was ich den Vater tun sehe."* (Joh 5,19) Da uns nun der Herr ebenso liebt, soll sich auch unsere Hingabe im Gehorsam, d.h. im Bewahren seiner Gebote, ausdrücken.

Gebote erfüllen – wenn wir so etwas hören, dann verbinden wir das innerlich oft mit Zwang, aber kaum mit Liebe. Die Liebe Jesu zum Vater äußert sich aber eben im Gehorsam. Derjenige, der liebt, will ganz und gar das tun, was der andere möchte. Er möchte sogar den Willen des anderen entdecken, um ihn erfüllen zu können. Weil wir nun aber Gebote eigentlich eher mit Zwang verbinden als mit Liebe, lenkt Jesus an dieser Stelle unseren Blick auf sein eigenes Leben: *„…so wie ich die Gebote meines Vaters gehalten habe und in seiner Liebe bleibe..."* „Schaut auf mich", ruft er uns gewissermaßen zu: „Ich stehe nicht unter Zwang oder unter irgendeiner Gewalt, sondern meine Liebe zum Vater ist eine vollkommen freie Liebe. Und wie ich die Gebote meines Vaters gehalten habe und in seiner Liebe bleibe, sollt auch ihr meine Gebote halten."

Die Frage ist nur: Wie? Jesus spricht ja hier keineswegs nur von beglückenden Gefühlen, die uns ständig gewissermaßen auf „Wolke 7" schweben lassen. Das merken wir spätestens in der Situation am Ölberg, wo er betet, dass der Vater den Kelch an ihm vorübergehen lassen solle. Aber „nicht mein Wille geschehe, sondern deiner." Es ist der innerste Wille Jesu, den Willen des Vaters zu erfüllen. Dennoch fällt es ihm in dieser Situation schwer. „Die Gebote des Vaters zu erfüllen und in seiner Liebe zu bleiben" hat darum also nichts mit beglückenden Gefühlen zu tun, sondern meint ein Leben im Gehorsam. Im Gehorsam dem Vater gegenüber gibt Jesus sein Leben hin. Das ist der Ausdruck seiner Liebe. Nichts anderes hat er gewollt. Er hat es vollkommen freiwillig getan. In seiner Liebe zum Vater ist es für ihn keine Last, den Willen des Vaters zu tun, sondern sogar seine Speise. Er hätte gar nicht leben können, ohne den Willen des Vaters zu erfüllen. Das ist ein wunderbares Bild dafür, was Jesus unter Gehorsam versteht, nämlich Gehorsam als Ausdruck der Liebe. Er kann nicht anders als den Willen des Vaters erfüllen – aus Liebe. In dieser Sichtweise und Einstellung verliert dieses Wort vom Gebot seinen Zwangscharakter, den wir gemeinhin mit ihm verbinden. Es verbindet sich mit der Liebe.

So wie mit Jesus und dem Willen des Vaters ist es dann auch für seine Jünger. Der Wille und das Gebot Jesu sind nicht harte Zumutung, sondern Speise. Das können wir bei allen Menschen merken, die Christus wirklich gefolgt sind: Sie sind ihm mit Freuden gefolgt. Es war ihr Leben. Sie konnten gar nicht mehr anders. Wie könnte ein Jünger in der Liebe Jesu, der für ihn am Kreuz starb, bleiben, wenn er statt den Geboten Gottes seinem Eigenwillen gehorchte? Das passt nicht zusammen.

Dass es sich beim Festhalten an den Geboten Jesu und des Vaters trotz aller Härten wirklich nicht um eine Last handelt, macht Jesus direkt im nächsten Halbsatz deutlich: *„... damit meine Freude in euch ist und damit eure Freude vollkommen wird."* (V. 11) Die Freude ist die Frucht dieses Gehorsams. Liebe, Freude, Friede – das alles sind Früchte des Geistes, die uns geschenkt werden.

Auf dem Weg zum bitteren Kreuzestod spricht Jesus also von der Freude. Ähnlich drückt das ja auch Paulus aus, als er – im Gefängnis sitzend und den Tod vor Augen – schreibt: *„Freut euch im Herrn zu jeder Zeit! Noch einmal sage ich: Freut euch!"* (Phil 4,4) Nun könnte man natürlich fragen, warum die Frucht des

Gehorsams ausgerechnet die Freude ist. Eben weil Jesus durch seinen Gehorsam bis zum Tod am Kreuz dem Vater seine Liebe zeigen kann und ihn so verherrlicht. Darum kann er, der auf dem Weg zum Kreuz ist, von der Freude sprechen. Und genau so werden auch die Jünger seine Freude in sich haben, wenn sie für Jesus leben und seine Aufträge erfüllen. Das sind die Früchte des Geistes. Und das ist zugleich auch seine Verheißung.

Das ist mein Gebot: Liebt einander, so wie ich euch geliebt habe. [Vv. 12]

Jesus fasst jetzt seine Gebote in diesem einen Gebot zusammen: *„Liebt einander, so wie ich euch geliebt habe.“* Auch an dieser Stelle steht wieder dieses griechische Wort „katos“, das auch hier wiederum nicht vergleichend - liebt wie ich – sondern begründend gemeint ist: „Wie mich der Vater geliebt hat, so liebe ich euch. Die Liebe des Vaters zu mir ist die Liebe in mir, die ich zu euch habe. Und die Liebe in mir vom Vater her ist auch die Liebe in euch zueinander.“ Es ist immer dieselbe Liebe, nämlich die „agape“ – die göttliche Tugend der Liebe. Das ist Heiliger Geist. Nur die Agape befähigt uns letztlich einander so zu lieben wie Jesus uns geliebt hat. Und nur weil wir durch den Heiligen Geist diese Agape haben, kann Jesus dieses Gebot aufstellen. Denn er wird von uns nicht etwas verlangen, das wir nicht leisten können. Diese Liebe, die Jesus vorlebt und hier auch von uns verlangt, drückt sich in den Worten des Johannes so wunderbar aus: *„Denn Gott hat die Welt so sehr geliebt, dass er seinen einzigen Sohn hingab.“* (Joh 3,16) Es ist dieser „Zeigefinger“ auf das Kreuz: „Wenn ihr wissen wollt, wie der Vater euch von Ewigkeit her geliebt hat, dann müsst ihr auf das Kreuz schauen. Wenn ihr wissen wollt, wie diese Liebe des Vaters gelitten hat seit die Menschen sich in der Sünde von ihm getrennt haben, dann müsst ihr auf das Kreuz schauen.“ Jesus hat diese leidende Liebe des Vaters in seinem Kreuzestod gewissermaßen nach außen gekehrt und für uns sichtbar gemacht. Es ist diese begründende Liebe – des Vaters wie des Sohnes –, die sich im Kreuz ausdrückt.

Es gibt keine größere Liebe, als wenn einer sein Leben für seine Freunde hingibt. [V. 13]

Im Griechischen steht hier für Leben das Wort „psychen", und nicht etwa das Wort „bios" oder „zoe". Das macht deutlich, dass es hier um die ganze personenhafte Existenz geht. Jesus hat sich ja nicht nur im Tod hingegeben, sondern er hat sein ganzes Leben für uns gegeben, eben seine ganze personenhafte Existenz. Es geht nicht nur um die Hingabe seines Lebens im Martyrium, sondern auch um das jahrelange Durchhalten in Nöten und unter schwersten Bedingungen.

Wer sein Leben für seine Freunde hingibt, der hat also die größte Liebe, und zwar nicht bloß im Märtyrer-Tod, sondern die ganze Lebensexistenz hindurch. Papst Gregor der Große hat das einmal folgendermaßen ausgedrückt: „Alle sind sie Märtyrer, die einen durch das Schwert und die anderen durch die Geduld", nämlich durch das jahrelange Durchhalten von Nöten und schwersten Bedingungen des Lebens für Gott.

Ihr seid meine Freunde, wenn ihr tut, was ich euch auftrage. Ich nenne euch nicht mehr Knechte; denn der Knecht weiß nicht, was sein Herr tut. Vielmehr habe ich euch Freunde genannt; denn ich habe euch alles mitgeteilt, was ich von meinem Vater gehört habe.
[Vv. 14-15]

In dieser Liebe, von der Jesus spricht, werden Feinde zu Freunden. Wir waren die Feinde Gottes durch die Sünde und sind durch die Liebe Gottes, die sich in der Liebe Jesu zu uns zeigt, zu Freunden geworden. Und seine Freunde bleiben wir, wenn wir tun, was er uns gebietet. Wenn wir also sein Gebot halten und im Gehorsam zu ihm leben, dann sind wir seine Freunde, dann sind wir in seiner Liebe. So werden aus Feinden Freunde.

Es gibt also kein bloßes Genießen der Freundschaft. Wir können nicht Jesu Freunde sein, einander gegenüber aber Feinde. Sein

Gebot der Liebe ist kein willkürliches, sondern fließt aus dem eigenen Wesen Jesu – und das ist der Heilige Geist in mir. Durch den Heiligen Geist fließt die Liebe Jesu zu uns, damit wir so lieben können wie er. Deshalb dieses begründende „*Wie* ich euch geliebt habe …“ Die Liebe Jesu zu den Jüngern begründet ihre Liebe zueinander. Sie muss ihnen geschenkt werden. Sie können es nicht aus sich selber. Und so ist es auch bei uns.

Jesus nennt sich auch an dieser Stelle „Herr“ und bringt damit klar zum Ausdruck, dass er unser Gebieter ist. Aber er behandelt uns nicht als Sklaven, sondern er führt uns in alles, was er vom Vater gehört hat, als Mitarbeiter ein. Hier liegt jetzt der Wert nicht auf den Gefühlen, sondern auf dem ganz sachlichen Inhalt seines Wortes. Er führt uns in die ganze Wahrheit ein. So vertrauensvoll aber geht kein Herr mit seinen Sklaven um. Wir sind darum nicht mehr Sklaven, sondern Freunde. So wie Jesus alles vom Vater gehört hat, teilt er es auch uns mit. Und so sollen wir es einander wieder verkünden.

Nicht ihr habt mich erwählt, sondern ich habe euch erwählt und dazu bestimmt, dass ihr euch aufmacht und Frucht bringt und dass eure Frucht bleibt. Dann wird euch der Vater alles geben, um was ihr ihn in meinem Namen bittet. Dies trage ich euch auf: Liebt einander!
[Vv. 16-17]

Dieses bisher beschriebene Verhältnis zu Jesus kann ich mir nicht selbst aussuchen, sondern es geschieht durch Erwählung, durch den Loskauf mit seinem Blut. Dessen sollten wir uns immer wieder bewusst sein.

Das Ziel dieser Erwählung aber ist das Fruchtbringen. Wir sind nicht erwählt für uns selbst, sondern immer nur für die anderen. Jesus setzt seine Jünger jetzt in Bewegung: *„dass ihr euch aufmacht und Frucht bringt und dass eure Frucht bleibt.“* Das ist der Auftrag der Jünger: Sie sollen zu den Menschen gehen und ihre

Liebe weitergeben und so diese Menschen mit Christus in Verbindung bringen, sodass wirklich Frucht in ihr Leben kommt.

Das Aktivwerden im Reich Gottes: „Liebt einander!" ist die Bedingung für Gebetserhörung. Wer so liebt, sucht im Gebet nur den Willen Gottes, nicht den seinen. Darum betont Jesus am Ende des heutigen Evangeliums noch einmal: *„Dann wird euch der Vater alles geben, um was ihr ihn in meinem Namen bittet."* Denn, wenn wir vollkommen mit Christus verbunden und damit seine Freunde sind, dann befolgen wir seine Gebote und erfüllen seinen Willen. Jesu Wille aber ist der Wille des Vaters und darum werden wir immer erhört, wenn wir in dieser Weise beten und bitten, denn dann gehen unser Wille und der Wille des Vaters in eins.

Voraussetzung und Bedingung der Gebetserhörung aber ist dieses: „Liebet einander!" Wenn ich mit jemanden in Feindschaft lebe, wenn ich also nicht mit dem ganzen Leib Christi in Frieden lebe, kann ich nicht damit rechnen, dass Gott mein Gebet erhört. Das ist die Voraussetzung. Nur wer so liebt wie Jesus, sucht im Gebet den Willen Gottes und nicht seinen eigenen Willen.

In jener Zeit erhob Jesus seine Augen zum Himmel und betete: Vater, ich habe deinen Namen den Menschen offenbart, die du mir aus der Welt gegeben hast. Heiliger Vater, bewahre sie in deinem Namen, den du mir gegeben hast, damit sie eins sind wie wir. Solange ich bei ihnen war, bewahrte ich sie in deinem Namen, den du mir gegeben hast. Und ich habe sie behütet, und keiner von ihnen ging verloren, außer dem Sohn des Verderbens, damit sich die Schrift erfüllt. Aber jetzt gehe ich zu dir. Doch dies rede ich noch in der Welt, damit sie meine Freude in Fülle in sich haben. Ich habe ihnen dein Wort gegeben, und die Welt hat sie gehasst, weil sie nicht von der Welt sind, wie auch ich nicht von der Welt bin. Ich bitte nicht, dass du sie aus der Welt nimmst, sondern dass du sie vor dem Bösen bewahrst. Sie sind nicht von der Welt, wie auch ich nicht von der Welt bin. Heilige sie in der Wahrheit; dein Wort ist Wahrheit. Wie du mich in die Welt gesandt hast, so habe auch ich sie in die Welt gesandt. Und ich heilige mich für sie, damit auch sie in der Wahrheit geheiligt sind.“

In jener Zeit erhob Jesus seine Augen zum Himmel und betete: Vater, ich habe deinen Namen den Menschen offenbart, die du mir aus der Welt gegeben hast. [V. 6a]

Der Vater hat die kleine Herde aus der Welt ausgesondert und sie Jesus gleichsam zum Geschenk gemacht. Jesus sagt ja gewissermaßen: Dir gehörten sie, Vater. Jesu Erwählen beruht also auf der Erwählung des Vaters.

Heiliger Vater, bewahre sie in deinem Namen, den du mir gegeben hast, damit sie eins sind wie wir. [V. 11b]

Jesus bittet, dass der Vater die ihm Anvertrauten in seinem Namen bewahren – wörtlich heißt es eigentlich: halten – möge. Damit ist gemeint: Halte sie in der Wahrheit. Halte sie in der Macht und Gnade, die ihnen ja enthüllt wurde im Namen Gottes. Der Name Gottes aber ist Jahwe: „Ich bin für dich da." „Ich bin der Gnädige und Barmherzige." „Ich bin der Wahrhaftige." Der Name hat Kraft und ist Schutz. Und der Name steht auch für das Wesen Gottes, also für Wahrheit, Gerechtigkeit, Heiligkeit usw. An diesem Namen sollen die Menschen festhalten, eben weil Gott seinerseits an ihnen festhält.

Der Vater hat Jesus seinen Namen gegeben: Jahwe, Joschua, Jesus – sie alle haben denselben Inhalt: Retter, Heiland, „Ich bin für euch da.", „Ich bin für dich da." Der Vater hat also dem Sohn als Erstem von Ewigkeit her in seinem Namen sein innerstes Wesen erschlossen, denn der Name steht ja für das Wesen des Vaters. Jesus wiederum hat uns in seinem Wesen den Vater(namen) erschlossen. Der Vater hat seinen Namen dem Sohn offenbart, indem er ihm sein ganzes Wesen der Liebe mitgeteilt hat. Und so kann Jesus nun uns in seinem Wesen – er ist ja gleichsam der verschenkte Vater – das Wesen des Vaters erschließen: *„Denn Gott hat die Welt so sehr geliebt, dass er seinen einzigen Sohn hingab."* (vgl. Joh 3,16) Im Sohn am Kreuz erkennen wir das Wesen des Vaters, und zwar mit dem Ziel: *„damit sie eins sind wie wir."*

Wenn wir das Wesen des Sohnes und damit auch des Vaters erkannt haben, dann haben wir auch ihre Ordnung zueinander erkannt: *„Alle sollen eins sein: Wie du, Vater, in mir bist und ich in dir bin, sollen auch sie in uns sein, damit die Welt glaubt, dass du mich gesandt hast. Und ich habe ihnen die Herrlichkeit gegeben, die du mir gegeben hast; denn sie sollen eins sein, wie wir eins sind, ich in ihnen und du in mir. So sollen sie vollendet sein in der Einheit, damit die Welt erkennt, dass du mich gesandt hast und die Meinen ebenso geliebt hast wie mich."* (Joh 17,21-23) Diese Einheit zwischen Vater und Sohn besteht darin, dass jeder den anderen nicht beneidet. So ist z.B. der Vater der ewige Seinsgrund und der Sohn geht aus dem Vater hervor. Der Sohn sagt ja: Ich habe nichts aus mir selber; ich habe alles aus dem Vater. Und trotzdem wird der Sohn nicht neidisch auf den Vater, von dem er alles hat. Er hegt auch keinen falschen Stolz in dem Sinne, dass er vom Vater nichts haben und alles aus sich selbst heraus machen will. Die Einheit zwischen Vater, Sohn und Heiliger Geist besteht eben darin, dass jeder das, was ihm gewissermaßen zusteht, ganz erfüllt im dreifaltigen Gott: Der Vater, der ewige Ursprung, der Sohn, der aus dem Vater hervorgeht, der Heilige Geist, der aus beiden hervorgeht und gleichsam eine Dienstfunktion in der Heiligsten Dreifaltigkeit hat. Denn er bewirkt das Schenken und Empfangen.

Solange ich bei ihnen war, bewahrte ich sie in deinem Namen, den du mir gegeben hast. Und ich habe sie behütet, und keiner von ihnen ging verloren, außer dem Sohn des Verderbens, damit sich die Schrift erfüllt. [V. 12]

Dass die zwölf Apostel überhaupt beieinander geblieben sind – im Gegensatz zu vielen andern, die davongelaufen sind, z.B. bei der eucharistischen Rede Jesu in Kafarnaum – ist nicht selbstverständlich. Aber Jesus hat sie im Namen des Vaters bewahrt und behütet. Allerdings findet sein Bewahren die Grenze in der Freiheit des Menschen. Das sehen wir bei Judas, der am Ende dann doch davongelaufen ist. Hier ist die Grenze. Gott kann uns nicht zwingen. Nur wenn wir mittun, kann er uns bewahren und festhalten, so dass wir nicht verloren gehen.

Aber jetzt gehe ich zu dir. Doch dies rede ich noch in der Welt, damit sie meine Freude in Fülle in sich haben. [V. 13]

Die Jesus Anvertrauten werden noch in dieser Welt seine Freude in Fülle in sich haben. So wie Jesus von der Freude durch das Leid und das Kreuz durchgetragen wurde – Er *„hat angesichts der vor ihm liegenden Freude das Kreuz auf sich genommen“* (Heb 12,2b) –, so werden auch die Jünger durch Kreuz und Leid von der Freude getragen werden, wenn sie mit ihm in Gemeinschaft bleiben.

Ich habe ihnen dein Wort gegeben, und die Welt hat sie gehasst, weil sie nicht von der Welt sind, wie auch ich nicht von der Welt bin. Ich bitte nicht, dass du sie aus der Welt nimmst, sondern dass du sie vor dem Bösen bewahrst. Sie sind nicht von der Welt, wie auch ich nicht von der Welt bin. [Vv. 14-16]

Das Wort Jesu hat die Jünger gleichsam aus der Welt herausgenommen. Sie sind nicht mehr von dieser Welt und darum ruht der Hass der Welt auf ihnen. Das Wort Gottes führt uns einen anderen Weg als den der Welt. Wenn ich mich an das Wort Gottes halte, bin ich nicht mehr von dieser Welt, sondern setze mich in Gegensatz zu ihr.

Und dennoch bittet Jesus nicht darum, dass der Vater die Jünger aus der Welt nimmt, sondern lediglich darum, dass er sie vor dem Bösen bewahre. *„Ich bitte nicht...“* heißt eigentlich: Er würde gerne bitten und sie aus den Gefahren der Welt herausnehmen, aber er weiß: es geht nicht. Denn die Jünger müssen ja das Wort, das er ihnen gegeben hat, weitergeben, und so auch andere Menschen der Welt entfremden und zu Jesus führen. Das ist ja das Ziel: das Wort nicht nur zu empfangen, sondern es auch weiterzugeben. Immerhin aber kann der Vater sie vor dem Umkreis des Bösen in der Welt bewahren. Es geht auch um positive Erfüllung des Lebens. Sie werden erfüllt sein.

Heilige sie in der Wahrheit; dein Wort ist Wahrheit. [V. 17]

„Heilige sie in der Wahrheit“ – ein ganz tiefes Wort. Die Menschen in der Nachfolge Jesu können sich also nicht selbst heiligen, sondern der Vater soll sie heiligen. Was aber bedeutet das: „heiligen“?

„Heilig“ ist eine Art „Urwort“, das man mit anderen Worten nicht oder nur schwer erklären kann. Wer nie – gleichsam erschrockken – vor dem Heiligen gestanden hat, der kann dieses Wort auch nicht verstehen. Für den wird es nichts bedeuten. Wenn wir geheiligt werden sollen, dann sollen wir etwas von der Heiligkeit und Klarheit Gottes in uns tragen. Das können wir nicht selbst machen, das kann nur Gott uns geben. Heiligung geschieht in Wahrheit, denn die göttliche Wirklichkeit *ist* Wahrheit. Darum soll die Heiligkeit in Wahrheit unser ganzes Wesen durchdringen und uns nicht bloß einen Schimmer von Heiligkeit geben.

Gottes Wort ist nicht nur ein Wort so wie unsere Wörter, sondern hat das göttliche Wesen in sich, nämlich seine ganze Kraft, denn er ist die Wahrheit in Person. Und nur weil es die ganze Fülle in sich trägt, können wir auch vom Wort Gottes leben. *„Der Mensch lebt nicht nur von Brot, sondern von jedem Wort, das aus Gottes Mund kommt“* (Mt 4,4), sagt Jesus dem Satan während der Versuchung in der Wüste.

Die Heiligung des Jüngers geschieht also durch das Wort. Das sehen wir sehr deutlich beim Jesusgebet des Ostens, wo die Menschen einfach nur noch dieses Wort „Jesus“ beten, Tag und Nacht, unaufhörlich, bei jedem Ein- und Ausatmen. In diesem Wort „Jesus“ steckt das Wesen Gottes. Und wenn ich es esse und wiederhole wie ein Gebet, dann verändert mich das. Es führt mich in die Heiligkeit, die in diesem Namen steckt. In Wahrheit werde ich geheiligt, und zwar in meinem ganzen Wesen. Das Wort Gottes macht unser Wesen wahr. Es sondert uns aus der Welt aus und heiligt uns.

Wie du mich in die Welt gesandt hast, so habe auch ich sie in die Welt gesandt. Und ich heilige mich für sie, damit auch sie in der Wahrheit geheiligt sind. [Vv. 18-19]

Die Sendung der Jünger durch Jesus entspricht der Sendung Jesu vom Vater: *„Wie mich der Vater gesandt hat, so sende ich euch.“*

(Joh 20,21) Darum können sie auch erst jetzt, da sie in der Wahrheit geheiligt sind, in die Welt gesandt werden. Denn was nützt der Welt ein Bote, der nur Worte macht, ohne dass er zugleich in seinem ganzen Wesen auch Zeuge ist? Zeugen können wir aber nur sein, wenn wir in Wahrheit von der Heiligkeit Gottes durchdrungen sind. „Contemplata est aliis tradere" – ich kann nur das verkünden, was ich in mich selbst aufgenommen habe und was meine Überzeugung geworden ist. So sagt man z.B. von Vinzenz Pallotti, er sei Apostel gewesen, weil er Mystiker gewesen sei. Auch da wird wieder deutlich: Erst wenn ich durch die Heiligkeit Gottes von Wahrheit durchdrungen bin, kann ich mit meinem ganzen Wesen verkünden, und zwar wahrhaftig. Das Verhältnis von Heiligung und Sendung entspricht gewissermaßen dem Verhältnis von Mystik und Apostolat.

Die Sendung Jesu, der wahrhaft Gottes Sohn ist, ist die Sendung des Vaters. Hier wird wieder die Einheit zwischen Vater und Sohn offenbar. *„Und ich heilige mich für sie, damit auch sie in der Wahrheit geheiligt sind."* Zuerst die Bitte: „Vater, heilige sie" und dann: „für sie heilige ich mich.", fast eine Verdopplung, die aber die Einheit von Vater und Sohn verdeutlicht. Beides stimmt: Der Vater heiligt sie und Jesus heiligt sich für sie. Und er tut es wirklich und konsequent: Auf seinem Leidensweg heiligt sich Jesus für uns. Aus dem Leiden des Sohnes entspringen die Quellen der Heiligung für uns. Wir können uns nicht selbst heiligen. Wir sollen nicht wie die Schriftgelehrten handeln, die sich durch Gesetzestreue selber heiligen wollen und dabei der Heuchelei verfallen und bloß (schein-)heilig tun. In Wahrheit geheiligt sein, das ist das Werk des Vaters durch den Sohn im Heiligen Geist.

Am Abend des ersten Tages der Woche, als die Jünger aus Furcht vor den Juden die Türen verschlossen hatten, kam Jesus, trat in ihre Mitte und sagte zu ihnen: Friede sei mit euch! Nach diesen Worten zeigte er ihnen seine Hände und seine Seite. Da freuten sich die Jünger, dass sie den Herrn sahen. Jesus sagte noch einmal zu ihnen: Friede sei mit euch! Wie mich der Vater gesandt hat, so sende ich euch. Nachdem er das gesagt hatte, hauchte er sie an und sprach zu ihnen: Empfangt den Heiligen Geist! Wem ihr die Sünden vergebt, dem sind sie vergeben; wem ihr die Vergebung verweigert, dem ist sie verweigert.

Am Abend des ersten Tages der Woche, als die Jünger aus Furcht vor den Juden die Türen verschlossen hatten, kam Jesus, trat in ihre Mitte und sagte zu ihnen: Friede sei mit euch! [V. 19]

In diesem kurzen Evangelium steckt eine unwahrscheinliche Tiefe, gewissermaßen das Geheimnis von Pfingsten. Die genaue Zeitangabe *„Am Abend des ersten Tages"* ist eigentlich ungewöhnlich und will hier das Geschehen vom Abend des ersten Tages gleichsam mit dem Geschehen vom Morgen verbinden, nämlich mit der Auferstehung. Das Geschehen des Morgens findet jetzt seinen Höhepunkt.

Trotz verschlossener Türen tritt Jesus in ihre Mitte. Dieses Erscheinen Jesu befreit die elf Jünger – Judas ist ja bereits geflohen und hat sich umgebracht – von ihrer Furcht und Trauer. Denn *„aus Furcht vor den Juden"* hatten sie ja die Türen verschlossen. Der Friedensgruß Jesu aber und die Gewissheit, dass er es wirklich ist, lassen diese Furcht der Freude weichen. So ist der Friedensgruß zum österlichen Gruß geworden. Es ist das Erste, was der Auferstandene ihnen zuspricht. Hier sind Freude und Friede wirklich die Kennzeichen der Erlösung und des Reiches Gottes.

Darum ist es wichtig, dass wir diesen Gruß des Friedens sehr ernst nehmen. Das kann sich auch im alltäglichen Leben äußern, indem wir z.B. die Menschen einfach grüßen. Wir sagen heute allerdings nicht mehr: „Friede sei mit dir“, sondern: „Guten Tag!“, „Grüß Gott!“, „Behüt‘ dich Gott!“ usw. … Das alles sind Friedenswünsche, die aus dieser Beziehung zum auferstandenen Herrn kommen oder wenigstens kommen sollten. Und es handelt sich nicht bloß um einen frommen Wunsch, sondern wir empfangen diesen Frieden ja vom Altar her – „Friede sei mit euch!“ – und sollen ihn weitergeben als Form der Erstevangelisation.

Dieser österliche Friedensgruß ist das Erste, was Jesus nach seiner Auferstehung sagt. Das muss uns zu denken geben. Es ist dieser österliche Gruß, der aus der Kraft des Auferstandenen in die Welt strömen kann: Friede, ein großes Gut. Deshalb sprechen wir vom Himmel als „Ewigen Frieden“. Das ist ein Ausdruck für Vollendung und Erfüllung. Dieses Leben in Fülle kommt aus der Auferstehung. Es ist uns vom Auferstandenen gegeben worden und wir sollen es – auf unsere Weise –weitergeben, indem wir den Menschen durch unseren Gruß etwas Gutes zusprechen. Das ist etwas anderes als dieses unpersönliche „Hallo“, das ich zu jemandem sage, den ich nicht kenne. Wenn ich aber jemanden kenne, dann sollte ich ihn auch persönlich grüßen. Sonst geht etwas verloren. Wir müssen uns daher fragen, woher das kommt, dass wir unseren segensreichen christlichen Gruß zugunsten dieses unpersönlichen „Hallo“ gleichsam abserviert haben.

Nach diesen Worten zeigte er ihnen seine Hände und seine Seite. Da freuten sich die Jünger, dass sie den Herrn sahen. [V. 20]

Indem Jesus den Jüngern seine Wundmale an Händen und Seite zeigt, „beweist“ er ihnen, dass er derselbe ist wie vor seinem Leiden. Er überzeugt sie, dass er kein anderer ist.

Das Wort: *„dass sie den Herrn sahen“* ist dann eigentlich das

Einlösen des Versprechens, das Jesus ihnen vor seinem Leiden gegeben hat: *„Ich werde euch wiedersehen; dann wird euer Herz sich freuen."* (Joh 16,22) Diese Verheißung Jesu geht genau hier in Erfüllung.

Jesus sagte noch einmal zu ihnen: Friede sei mit euch! Wie mich der Vater gesandt hat, so sende ich euch.
[V. 21]

Jesus richtet den Friedensgruß ein zweites Mal an die Jünger. Er will damit ausdrücken, dass der Friede im Reich Gottes mehr ist als ein bloßer Gruß oder Segenswunsch. Er wird Mitteilung. Dieser Friede ist ein inneres Geschenk, das sich nach außen auf die Umgebung auswirken soll. Die Menschen sollen wahrnehmen, dass diejenigen, die in Christus verankert sind, selbst dort in einem inneren Frieden leben, wo alles um sie herum gleichsam im Unfrieden oder im Durcheinander und in der Verwirrung lebt.

Mit diesem Gruß leitet Jesus nun die Sendung der Jünger ein. Die Gegenwartsform – Jesus sagt: ich *sende* euch, nicht: ich *sandte* euch oder: ich werde euch senden – zeigt, dass jetzt die Stunde der Sendung gekommen ist, und zwar auf Dauer. Die Jünger übernehmen die Sendung, die Jesus vom Vater hatte, und so wie im Abendmahlsaal, als er ihnen nach dem Abendmahl sagte: *„Tut dies zu meinem Gedächtnis!"* (Lk 22,19) sind auch jetzt nur die Apostel da, sonst niemand. Jetzt, durch seinen Tod und seine Auferstehung, hat sich erfüllt, was er damals gesagt hat. *„Das ist mein Leib, der für euch hingegeben wird."* (Lk 22,19) Jetzt ist gleichsam das Abendmahl zur Eucharistie geworden. Jetzt ist es nicht nur Mahl, jetzt empfangen sie nicht nur Leib und Blut Christi, sondern jetzt ist das Opfer Christi, sein Hingegeben-Sein reale Gegenwart. Darum ist Eucharistie Opfer und Mahl. Ohne Opfer gibt es kein Mahl. Deshalb gehört das Priestertum zum Opfer. Es gibt kein Opfer ohne Priestertum und ein Priestertum ohne Opfer ist sinnlos.

Jesus gibt den Aposteln die Sendung, die er selber hatte. Das ist eigentlich unglaublich: „*Wie mich der Vater gesandt hat*“, genau so „*sende ich euch,*“, und zwar in der Gegenwart, d.h. es gilt auch für alle Nachfolger der Apostel, denen sie dann durch Handauflegung dieselbe Sendung weitergegeben haben. Da wird das Sakramentale des Auftrages Jesu deutlich: Er kommt zu ihnen. Er spricht sie an. Das ist äußeres Wort, das bewirkt, was es sagt. Er überträgt ihnen seine Sendung, die Erlösung nun in die Welt weiterzutragen. So wie er als der Erlöser vom Vater gesandt war, so sollen sie diese Erlösung den Menschen weitervermitteln. Das geschieht v.a. in den Sakramenten. Sie sind die eigentlichen Quellen des Heils.

Wir müssen uns einmal bewusst machen, was das für ein Auftrag ist und was das für uns Menschen bedeutet: Die Nachfolger der Apostel sind der Papst und die Bischöfe. Die Priester sind ihre Helfer, die ebenfalls an dieser Sendung teilhaben. Wenn sich nur jeder Bischof immer dieser Sendung und dieses Auftrages bewusst wäre! Dieselbe Sendung, die der Vater Jesus gegeben hat, haben die Jünger und damit auch wir heute als ihre Nachfolger. Das Ziel dieser Sendung ist, sein Leben hinzugeben, damit die Menschen das Leben haben, und in dieser inneren Grundhaltung für den Leib zu leben. Das Haupt lebt für den Leib. Das ist genau diese Stunde der Sendung. Die Jünger übernehmen die Sendung, die Jesus vom Vater hatte. Jesus geht es wirklich um die Weitergabe von Vollmacht und Auftrag. Er gibt ihnen seine Vollmacht und seinen Auftrag weiter, genau so, wie der Vater ihn gesandt hat.

Im Evangelium des letzten Sonntags haben wir von der Einheit gehört, in der wir einander anerkennen sollen. Es geht nämlich nicht um herrschen, sondern darum, dass wir mit unserem Auftrag einander dienen. Durch das Sakrament der Priesterweihe ist der Priester der Nachfolger der Apostel. Darum ist dieses Sakrament eine wirkliche, objektive Mitteilung von Vollmacht. Und deshalb ist es so wichtig, dass wir mit dieser Sendung dem ganzen Volk Gottes dienen, denn dafür ist sie uns gegeben. Auch dort, wo wir leiten und führen müssen, damit die Schafe sich nicht verirren, wie es Jesus zu Petrus sagt (vgl. Joh 21,15-17), soll es ein Dienst sein und kein Herrschen. Wenn wir so die Gaben des ganzen Volkes Gottes, des ganzen Leibes und jedes Einzelnen gegenseitig anerkennen, dann ist die Einheit, von der Jesus spricht, gekommen. Diese Einheit ist Voraussetzung dafür, dass die Welt ihn erkennt.

Jesus gibt den Jüngern also seine Vollmacht und seinen Auftrag weiter. Sie sollen den Herrn in der Welt gegenwärtig machen, wie Jesus den Vater in der Welt gegenwärtig gemacht hat, und sein Heilswirken fortsetzen. Das ist ein großartiger Auftrag. Und noch einmal: Er geht nur an die elf Apostel. Nur sie waren im Abendmahlsaal anwesend. Man sollte diese Tatsache auch nicht nivellieren: Die Abschaffung des Priestertums (und damit der Sendung durch Jesus) durch die Reformatoren ist eine Katastrophe gewesen, denn die Quellen sind damit ausgelöscht oder zugeschüttet worden. Wer gibt diese Erlösung weiter, wenn kein Priester mehr da ist, keiner, der an dieser wirklichen Sendung Jesu Christi teilhat? Wir können uns diese Erlösung nicht selber geben! Aber Jesus hat eben nicht allen Auftrag und Vollmacht gegeben – etwa im Pfingstsaal, wo auch alle anderen Jünger anwesend waren –, sondern nur den elf. Nur ihnen hat er sowohl die Eucharistie beim letzten Abendmahl als auch, wie wir jetzt hören, die Sendung und vor allem die Vergebung der Sünden im Bußsakrament gegeben. Das sollten wir uns immer wieder bewusst machen. Und wir sollten diesen Auftrag, die Heilsquellen zu öffnen, anerkennen und in Anspruch nehmen, damit all die anderen Glieder des Leibes Christi wirklich die Kraft haben, Zeugnis zu geben für Christus und ihre Aufgabe im Leib Christi zu erfüllen.

Nachdem er das gesagt hatte, hauchte er sie an und sprach zu ihnen: Empfangt den Heiligen Geist! Wem ihr die Sünden vergebt, dem sind sie vergeben; wem ihr die Vergebung verweigert, dem ist sie verweigert.

[Vv. 22-23]

Nach der Sendung folgt nun die Geistmitteilung. Jesus gibt den Aposteln nicht einfach nur seinen Auftrag, sondern er gibt ihnen die ganze Kraft des Geistes, die auch er im Jordan empfangen hat. Wörtlich heißt es: „Er blies ein und sprach: Empfangt den Hl. Geist!" Einblasen aber bedeutet schon im Alten Testament „übertragen von Leben". Am Anfang der Schöpfung blies Gott dem Menschen den Lebensodem ein. Hier steht jetzt genau dasselbe Wort. Die Übertragung des Geistes Gottes beinhaltet hier die Teilnahme am Leben des auferstandenen Herrn, der ja den Hl. Geist besitzt und ihn nun seinen Jüngern überträgt.

Jesus macht an dieser Stelle die Sündenvergebung ganz deutlich abhängig von den Aposteln, die dazu gesandt sind. Wenn es nicht die Absicht Jesu gewesen wäre, dass diese Sendung der Apostel weitergegeben wird, so, wie es die Apostel später dann ja auch getan haben, dann würden wir wieder in unseren Sünden leben und niemand könnte uns von der Sünde freisprechen. Das kann kein Mensch, denn das Sakrament und der Auftrag, Sünden zu vergeben, sind Handeln Gottes. Dieses Sakrament ist die Sendung, die Jesus den Aposteln gegeben hat.

Fast alle Religionen sind entstanden aus dieser Erkenntnis der Sünde und aus der Sehnsucht, von der Sünde befreit zu werden. Darum finden wir in den verschiedenen Religionen so viele Formen der Selbsterlösung, die leider häufig selbst von Christen, die ja eigentlich wissen müssten, woher allein ihre Erlösung kommt, praktiziert werden. Aber noch einmal: Wir können uns nicht selbst erlösen.

Die Frucht der Erlösung Jesu Christi aber ist die Vergebung der Sünden. Das ist der erste Auftrag Jesu am Ostermorgen an die Jünger: die Sünden zu vergeben. Und er macht diese Sündenvergebung abhängig von den Aposteln, von den Gesandten. *Wem „ihr die Vergebung verweigert, dem ist sie verweigert"* (V. 23) – das sind schon sehr ernste Worte, die wir nicht einfach so abtun können.

Dieses Wort vom Nachlassen der Sünden und vom Zurückhalten ist wirklich ein Vollmachtwort des auferstandenen Herrn, das niemand leugnen kann. Wir sollten im Gegenteil eigentlich gerade für dieses Sakrament der Barmherzigkeit sehr dankbar sein. Wie viele leidende Menschen bräuchten nur dieses Sakrament, um heil zu werden. Es gibt Psychologen und Psychiater, die sehr deutlich sagen, dass sie nur noch halb so viel zu tun hätten, wenn die Menschen zur Beichte gehen würden, weil viel Not, seelische wie körperliche, aus der Sünde kommt.

Der Mensch ist als religiöses Wesen an Gott zurückgebunden. Seine Natur verleugnet das nicht. Sie reagiert. Jede Sünde rächt sich am Leib des Menschen und darum suchen sie überall verzweifelt nach Erlösung. Würden die Menschen ihre Schuld wirklich vor Gott eingestehen und die Erlösung Jesu in diesem Bußsakrament annehmen; und würden sie sich selbst und den andern vergeben, so könnte mancher von ihnen seelisch und körperlich gesund werden. Das ist eine große Wirklichkeit. Dass die Inanspruchnahme des Bußsakraments immer weiter zurückgeht, ist letztlich auch ein Zeichen der Bosheit der Hölle, die die Menschen vom Quell des Lebens, von der Vergebung, derer wir täglich bedürfen, abzuschneiden sucht. Dann kommen wir leichter zu Fall.

Bitten wir darum jeden Tag um den Hl. Geist, dass er uns Tieferes erkennen lässt und uns zu einer echten Umkehr führt, gerade auch im Blick auf die Möglichkeit der Vergebung der Sünden, die Jesus hier uns in einer so großzügigen Weise schenkt.

In jener Zeit gingen die elf Jünger nach Galiläa auf den Berg, den Jesus ihnen genannt hatte. Und als sie Jesus sahen, fielen sie vor ihm nieder. Einige aber hatten Zweifel. Da trat Jesus auf sie zu und sagte zu ihnen: Mir ist alle Macht gegeben im Himmel und auf der Erde. Darum geht zu allen Völkern, und macht alle Menschen zu meinen Jüngern; tauft sie auf den Namen des Vaters und des Sohnes und des Heiligen Geistes, und lehrt sie, alles zu befolgen, was ich euch geboten habe. Seid gewiss: Ich bin bei euch alle Tage bis zum Ende der Welt.

In jener Zeit gingen die elf Jünger nach Galiläa auf den Berg, den Jesus ihnen genannt hatte. Und als sie Jesus sahen, fielen sie vor ihm nieder. Einige aber hatten Zweifel. [Vv. 16-17]

Die elf Jünger gehen nach Galiläa, wie Jesus es ihnen durch Maria Magdalena aufgetragen hatte: *„Da sagte Jesus zu ihnen: Fürchtet euch nicht! Geht und sagt meinen Brüdern, sie sollen nach Galiläa gehen und dort werden sie mich sehen.“* (Mt 28,10) Daher machen sich die Jünger also auf zu dem Berg, *„den Jesus ihnen genannt hatte.“* Berg ist in der Bibel immer das Zeichen der Gottesoffenbarung. Die Jünger gehen also an einen Ort, an dem Jesus sich ihnen neu offenbaren wird.

Als die Jünger dann Jesus auf dem Berg sehen, werfen sie sich vor ihm nieder und huldigen ihm, d.h. sie anerkennen ihn. Einige aber – „Hoi de“ heißt: aber einige, die einen – haben Zweifel. Wer genau diese Zweifel hat, ist vom Text her nicht klar. Entweder waren es andere Leute, die evtl. mit den elf Jüngern gekommen sind oder es waren tatsächlich einige von den Jüngern.

Beim Apostel Johannes erfahren wir zum Beispiel vom Zweifel des Thomas (vgl. Joh 20,24-29). Aber auch andere Jünger hatten Zweifel, wie wir an anderen Stellen immer wieder hören. So könnte es also durchaus sein, dass auch einige von den elf Jüngern trotz ihrer Huldigung – sie fielen ja vor ihm nieder usw. – noch Zweifel in ihrem Herzen hatten. Sie waren sich noch nicht sicher. Das ist eine auch für uns heute ganz wichtige Erkenntnis: Die Jünger sind nicht einfach vorschnell auf irgendetwas hereingefallen und haben es unüberlegt angenommen. Das kann man wirklich nicht sagen. Jesus muss sich geradezu anstrengen, um sie zu überzeugen, bis sie endlich an seine Auferstehung glauben. Pfingsten hat ja noch nicht stattgefunden. Von daher ist dieser Zweifel nachvollziehbar.

Da trat Jesus auf sie zu und sagte zu ihnen: Mir ist alle Macht gegeben im Himmel und auf der Erde. [V. 18]

Jesus ist es nun, der auf die Jünger zugeht, auch auf die Zweifler, auf alle ohne Ausnahme. Jesus lässt sich von unserem Zweifel nicht behindern. Das haben wir ja schon beim Apostel Thomas gesehen. Er geht auf uns zu und spricht zu den Jüngern – und damit auch zu uns – ein letztes Wort. Es ist gewissermaßen ein Vollmachtswort.

Im Griechischen steht das Verb interessanterweise wieder in der Vergangenheit. Es steht im Aorist passiv: „edote", das heißt: „Mir ist alle Macht gegeben *worden*." Diese Vollmachtsübertragung ist also schon geschehen, nämlich bei der Auferstehung Jesu. Das war ein einmaliges Geschehen. Und diese Vollmacht, die Jesus vom Vater gegeben wurde, ist nun der Ausgangspunkt für den Auftrag, den Jesus seinen Aposteln gibt: *„geht zu allen Völkern"*. Diese Vollmacht Jesus besteht gewissermaßen aus drei Teilen: Da ist zum einen die Vollmacht des irdischen Jesu zu lehren: *„Denn er lehrte sie wie einer, der (göttliche) Vollmacht hat."* (Joh 7,29) Jesus trägt den Jüngern also auf mit Vollmacht zu lehren. Als Zweites liegt in der Vollmacht Jesu das Vergeben. In Mt 9,6 heißt es: *„Ihr sollt aber erkennen, dass der Menschensohn die Vollmacht hat, hier auf der Erde Sünden zu vergeben."* Er hatte die Macht, Sünden zu vergeben. Das sagt Jesus von sich selbst.

Und in dieser Vollmacht liegt dann – drittens – auch die Macht des Heilens. (vgl. Mt 9,6-8 und 10,1)

Das also ist die Vollmacht, die Jesus bei der Auferstehung gegeben wurde und die er jetzt seinen Aposteln überträgt. Die neue Dimension der Vollmacht ist nun die Teilhabe an der göttlichen Schöpfermacht: Vergebung, Lehren, Heilen. Eine solche Macht übergibt Jesus hier seinen Jüngern.

Darum geht zu allen Völkern, und macht alle Menschen zu meinen Jüngern; tauft sie auf den Namen des Vaters und des Sohnes und des Heiligen Geistes, und lehrt sie, alles zu befolgen, was ich euch geboten habe. [Vv. 19-20a]

Der Auftrag an die elf Apostel beinhaltet also vier Vollmachten: „gehen", „zu Jüngern machen", „taufen" und „lehren". Das sind die Inhalte seines Auftrages. Im Griechischen ist interessanterweise nur der Auftrag „machet zu Jüngern" ausgeschrieben. Die andern Worte – taufen, gehen, lehren – stehen alle im Partizip, also: lehrend, taufend, gehend. Im Deutschen kann man das gar nicht so richtig übersetzen. Was heißt das? Dieses ausgesprochene, ausgesagte Wort „Machet zu Jüngern" ist das eigentliche Ziel. Gehen ist Voraussetzung für die Jüngerwerdung und im Taufen und Lehren vollzieht sich die Jüngerwerdung. Eigentlich erwartet man eher „Verkündet das Evangelium" als Mittelpunkt. Aber der Auftrag ist genau auf den Aufbau des Leibes Christi, nämlich der Kirche, gerichtet. Deshalb sagt Jesus zuerst „Geht, taufet" und dann: „lehret die Jünger". Das ist gewissermaßen eine Weiterführung. Dieses Wort „geht" war das erste Wort, das Gott Abraham, dem Stammvater Israels, gesagt hat. (vgl. Gen 12,1-3) Er schickt ihn auf einen Weg, ohne zu sagen, wohin es geht. Der Mensch muss aufbrechen. Der Mensch muss sich riskieren für Gott. Gehen ist das Erste, die Voraussetzung, um Menschen zu Jüngern zu machen. Stehenbleiben ist immer ein Rückschritt.

Der zweite Auftrag lautet: taufen. Das lateinische „baptizare", wovon taufen kommt, heißt wörtlich „eintauchen" – eintauchen in den Namen des Vaters, des Sohnes und des Heiligen Geistes. Eintauchen in den Namen Gottes aber bedeutet eintauchen in sein Wesen: in das Wesen des Vaters, in das Wesen des Sohnes, und in das Wesen des Heiligen Geistes, denn der Name steht ja für das Wesen. Genau das geschieht in der Taufe. Ich werde ganz eins mit Gott. Ich nehme teil am Wesen des Vaters und des Sohnes und des Heiligen Geistes. Ich werde wirklich eingetaucht in dieses Wesen, in diesen Namen. Es geht um eine Übereignung an den Dreifaltigen Gott. Der Jünger ist der, der sein Amen spricht, der also zustimmt zu dieser Übereignung an den Dreifaltigen Gott in der Taufe. So wie Gott sich ihm total ausgeliefert hat, liefert sich der Mensch ihm, Gott, total aus. Die beiden sterben gewissermaßen füreinander. Das ist die wahre Bedeutung von Bund. Und deshalb haben wir heute das große Problem, dass wir zwar noch viele (formal) Getaufte haben, aber nur noch wenige wahre Jünger.

Jesu Forderung „Machet zu Jüngern!" ist etwas anderes als die Forderung zu taufen. Ersteres ist das Entscheidende seines Auftrags. Das haben wir aus dem Auge verloren. Das muss uns wieder ganz neu aufgehen: „Zu Jüngern machen" ist das Entscheidende des Auftrags Jesu an die Zwölf, an die Apostel, an die Bischöfe heute und damit auch an die Priester und alle, die in diesem Auftrag stehen.

Der vierte Auftrag lautet dann: zu lehren. Lehrt sie, *„alles zu befolgen, was ich euch geboten habe."* (V. 20a) Der Jünger braucht also eine dauernde begleitende Lehre. Darum kommt dieser Auftrag am Schluss. Diese Lehre geschieht durch Wort und Lebenspraxis, so, wie Jesus selbst es uns vorgelebt hat.

Auffallend an diesen Versen ist das ständig wiederholte griechische „pas" – „alle": „*alle* Vollmacht", „*alle* Völker", „alles, was ich euch geboten habe", „*alle* Tage bin ich bei euch". Dadurch wird deutlich: Es geht hier um das Endgültige. Es geht nicht nur um irgendetwas, sondern um alles oder nichts. Das ist das, was auch Vinzenz Pallotti fasziniert hat. Deshalb ging es ihm nur noch darum, alle Menschen zu retten, zu allen Zeiten, mit allen Mitteln. Das scheint mir eine unwahrscheinliche Triebfeder zu sein. Das lesen wir hier, in der Heiligen Schrift. Das ist der Inhalt des Auftrags Jesu an die elf Apostel.

Seid gewiss: Ich bin bei euch alle Tage bis zum Ende der Welt. [V. 20b]

Im Griechischen steht an dieser Stelle wieder dieses „idou" - „Passt auf!". *„Ich bin bei euch alle Tage bis zum Ende der Welt."* In diesem letzten Satz übernimmt Jesus also die Stellung Jahwes aus dem Alten Testament für das Neue Testament: „ego eimi met hymon" - „Ich bin mit euch". Er ist der Gott der Geschichte, der mit uns geht.

Schon im Alten Testament zog Jahwe, der „Ich bin mit cuch", im Zeichen – z.B. der Wolkensäule oder der Feuersäule – mit Israel. Jetzt im Neuen Testament wird das Mitgehen Gottes mit den Menschen ganz konkret. Er ist der Gott der Geschichte, der mit uns geht. Im Geheimnis der Kirche, seines mystischen Leibes, ist er noch viel tiefer der, der mit uns geht, als im Alten Testament. Im Alten Testament geschah es durch Zeichen, im Neuen Testament geschieht es durch die Sakramente.

Die Kirche ist das Wurzelsakrament. Sie ist der mystische Leib Christi. In ihr geht Christus im Pilgergewand durch diese Zeit und Welt, und zwar sichtbar, hörbar, greifbar. Im Geheimnis der Kirche ist dieser Name „Jahwe" – „ego eimi", „ich bin mit euch" – viel konkreter und viel tiefer als im Alten Testament. Entscheidung für Christus ist Jüngerschaft. Durch Taufe und Jüngerschaft sind wir sein Leib, und er ist so real mit uns und in uns (und in seiner Kirche) gegenwärtig, dass wir gleichsam in ihm, dem Haupt, schon im Himmel sind. Gleichzeitig kann er mit

Recht sagen, dass er noch leidet, und zwar in uns, auf der Erde, denn wir sind sein Leib. Deshalb ist jetzt Karfreitag und Ostern gleichzeitig.

Bei Jesu Tod und Auferstehung war das noch nicht so. Der Karfreitag war reiner Karfreitag, reines Dunkel, und dann erst kam Ostern. Wenn nun aber wir einen Karfreitag erleben und unser Ja dazu sagen, unsere Zustimmung geben, unser Amen dazu sprechen, wird sofort Ostern daraus, das heißt wir erfahren mitten im Leiden gnadenhaft sofort Ostern, Friede, Freude, ganz tiefe Gnade, die uns plötzlich erhellt und trägt. Und Christus lebt sein Leben in uns weiter, in seiner Kirche, zur Erlösung der Welt. Das bedeutet dieses „ego eimi" – „ich bin mit euch". Jesus sagt uns zu: *„Ich bin bei euch alle Tage bis zum Ende der Welt"* – sichtbar, hörbar, im Pilgergewand seiner Kirche.

Die Sonntage im Jahreskreis

In jener Zeit stand Johannes am Jordan, wo er taufte, und zwei seiner Jünger standen bei ihm. Als Jesus vorüberging, richtete Johannes seinen Blick auf ihn und sagte: Seht das Lamm Gottes! Die beiden Jünger hörten, was er sagte, und folgten Jesus. Jesus aber wandte sich um, und als er sah, dass sie ihm folgten, fragte er sie: Was wollt ihr? Sie sagten zu ihm: Rabbi – das heißt übersetzt: Meister –, wo wohnst du? Er antwortete: Kommt und seht! Da gingen sie mit und sahen, wo er wohnte, und blieben jenen Tag bei ihm; es war um die zehnte Stunde. Andreas, der Bruder des Simon Petrus, war einer der beiden, die das Wort des Johannes gehört hatten und Jesus gefolgt waren. Dieser traf zuerst seinen Bruder Simon und sagte zu ihm: Wir haben den Messias gefunden. Messias heißt übersetzt: der Gesalbte – Christus. Er führte ihn zu Jesus. Jesus blickte ihn an und sagte: Du bist Simon, der Sohn des Johannes, du sollst Kephas heißen. Kephas bedeutet: Fels – Petrus.

Johannes steht mit zwei seiner Jünger am Jordan, dort, wo er auch tauft. Jesus kommt vorüber. Da heftet Johannes seinen Blick auf Jesus. Wir haben im griechischen Urtext verschiedene Worte für „sehen“, „anschauen“ usw. Jedes Wort hat einen anderen Inhalt. Im Deutschen wird es immer mit „schauen“, „sehen“, also immer mit dem gleichen Wort übersetzt. Doch hier ist es ein Wort, das heißt eigentlich: „staunend auf Jesus schauen, ihn wirklich bewusst anschauen“. Das soll uns sagen: Johannes entdeckt plötzlich etwas in dieser Person. Jesus geht vorüber und Johannes wird etwas offenbart. Und er drückt es auch aus, was ihm da plötzlich bewusst wird. Dieser Satz ist im griechischen Urtext in einer grammatischen Vergangenheitsform geschrieben, die für Einmaliges angewendet wird.

Es war ein einmaliger Augenblick, also ein festlegbarer Augenblick. Es war nicht irgendwann irgendwie, sondern ganz konkret.

Johannes schaute staunend auf Jesus. Er sieht ihn also nicht nur – so, wie man sagt: „Ich habe da einen vorbeigehen sehen“ –, sondern er erkennt ihn. Es ist ein ganz tiefes Sehen, ein staunendes Anschauen. Staunend steht er da über seine eigene Entdeckung, sein ihm geschenktes Erkennen: Der Messias ist das Lamm Gottes. Genau auf diese Weise, ganz plötzlich, entdeckte Paulus, der Christenverfolger, vor Damaskus den Gekreuzigten als den Messias. Das war auch so ein plötzliches Erkennen, ein In-ihm-diese-Wahrheit-Schauen. Dann sagt Johannes, als er dies erkennt, zu den beiden Jüngern:

Seht, das Lamm Gottes! [V. 36]

Hier steht im Urtext wieder ein anderes Wort für „sehen“, und diesmal hat es etwas Staunendes, Aufmöbelndes, Erschreckendes in sich. Etwa „Schaut doch! Schaut doch! Das Lamm Gottes.“ Aber sie können mit dem Wort noch nichts anfangen, so scheint es, und sie folgen einfach diesem Lamm Gottes, diesem Jesus. Auch das ist wieder in der gleichen Zeitform, die besagt: Es ist etwas Einmaliges in einem einmaligen Augenblick gewesen, den es nicht zu verpassen gilt.

Jesus aber wandte sich um, und als er sah, dass sie ihm folgten, fragte er sie: Was wollt ihr? Sie sagten zu ihm: Rabbi – das heißt übersetzt: Meister –, wo wohnst du? Er antwortete: Kommt und seht! [Vv. 38-39]

Als Jesus merkt, dass die beiden ihm folgen, wendet er sich um und sieht sie. Jesus schaut sie an. Dieses Angeschaut-Werden hat sich ihnen so einmalig eingeprägt, dass sie später noch die Stunde wussten, die zehnte Stunde, mittags um vier. Dieses Schauen ist nicht bloß: „Aha, da kommen zwei!“ – sondern Jesus erkennt: „Die wollen etwas. Sie laufen nicht einfach bloß gerade hinter mir. Er fragt sie: „Was sucht ihr?“ Jesus hat ihnen damit schon gleichsam in den Mund gelegt, dass sie etwas suchen. Er hat nicht gesagt: „Wen sucht ihr?“ – diese Antwort will er von ihnen haben – sondern: „Was sucht ihr?“

Bedenken Sie: Das ist das erste Wort Jesu im Johannesevangelium: „Was sucht ihr?“ Dieses Wort muss ich mir auch einmal gefallen lassen: „Was suchst du, wenn du Jesus nachfolgst? Was suchst du? Suchst du irgendetwas, wie die Leute bei der Brotvermehrung?“ Sie haben Brot gesucht, haben Irdisches gesucht, oder gar irdische Macht gesucht. Suche ich Jesus? Dies ist eine ganz wichtige Frage, die ich ganz persönlich auffassen muss, denn das Wort Gottes ergeht jetzt an mich.

Man kann auch in dieses „Was sucht ihr?“ schon hineinlegen: „Was sucht ihr bei mir? Was sucht ihr bei mir zu finden? Sucht ihr den, der hauslos wandert, der keinen Ort hat, sein Haupt hinzulegen? Sucht ihr den, der verachtet wird, der misshandelt und wie ein Verbrecher umgebracht wird? Was sucht ihr bei mir?“ So könnte man es auch verstehen. Was sucht ihr bei mir? Wisst ihr das schon, wenn ihr mir nachlauft? Was taugt ihr? Nein. Das war alles nicht die Frage, sondern: „Was sucht ihr?“

Und sie antworteten ganz verlegen: *„Wo wohnst du?“*, also: „Wo ist deine Bleibe?“ Merken Sie, das ist eine wunderbare Antwort auf die Frage Jesu: *„Was sucht ihr?“* Sie sagen also gleichsam: „Wir suchen nicht etwas, wir suchen dich!“ Und das ist das, was Jesus auch von mir hören will. Nicht: „Was suchst du?“ – „Ja, lieber Jesus, ich suche bei dir Frieden und Ruhe. Ich suche dies und jenes.“ Nein: „Wo wohnst du? Ich will bei dir sein. Dich suche ich!“ Das ist die wichtige Antwort meines Lebens auf Jesu Frage: „Ich will dich besuchen. Ich will dir begegnen.“

In diesem Zusammenhang denke ich immer gleich an die Eucharistie, an diese wunderbare, verborgene Gegenwart des Herrn. Suchen wir ihn? Dann kann ich nicht an einer Kirche vorbeigehen ohne einen liebenden Gedanken an ihn zu schicken oder einen kurzen Besuch zu machen – denn ich suche ihn. Sie können kein Evangelium lesen oder hören, ohne sich zu entscheiden. Denn Jesus sagte: *„Wer mich verachtet und meine Worte nicht annimmt, der hat schon seinen Richter: Das Wort, das ich gesprochen habe, wird ihn richten am Letzten Tag.“* (Joh 12,48)

Das Gericht findet nicht nur am Schluss statt, sondern während meines Lebens. Was ist meine Haltung dem Evangelium gegenüber. Höre ich es mir bloß an und denke: „Na ja, schön, war nett, kenne ich schon“ – oder entscheide ich mich? Jedes Evangelium fordert von mir eine Entscheidung und ist zugleich Gericht. Das muss uns ganz klar sein.

Jesus sagt den beiden ganz schlicht: „Kommt und ihr werdet sehen!“, nicht bloß: *„Kommt und seht!“*, sondern ausdrücklich: „Kommt und ihr werdet sehen!“ Das ist ein fortlaufendes Geschehen: „Ihr werdet sehen.“ Dieses „sehen“ ist wieder ein ganz anderes Wort im Griechischen. Das ist jenes Wort, das beim Auferstandenen benutzt wird, wenn es heißt: „Der Auferstandene erschien …“. Dieses Wort „sehen“ benutzt die Schrift immer, wenn es um eine Gottesoffenbarung geht.

Wenn Jesus also sagt: *„Kommt und seht!“*, dann steckt in dem „seht“ bereits drin: „Seht! Ihr werdet eine Gottesoffenbarung wahrnehmen in mir. In mir offenbart sich euch Gott. – Ihr werdet sehen!“

Da gingen sie mit und sahen, wo er wohnte, und blieben jenen Tag bei ihm; es war um die zehnte Stunde.
[V. 39b]

Dieser Satz steht im Griechischen in einer Vergangenheitsform, die sagt: „Das ist einmalig gewesen“. Darum konnten sie es auch ganz genau beschreiben. „Sie sahen, wo er bleibt“, heißt es. Das Wort „bleibt“ steht im Präsens, drückt also etwas Dauerhaftes aus.

Andreas, der Bruder des Simon Petrus, war einer der beiden, die das Wort des Johannes gehört hatten und Jesus gefolgt waren. Dieser traf zuerst seinen Bruder Simon und sagte zu ihm: Wir haben den Messias gefunden. Messias heißt übersetzt: der Gesalbte (Christus). [Vv. 40-41]

Andreas findet seinen Bruder Simon. Er findet ihn. Das heißt, er hat ihn gesucht. Er wollte ihm diese Botschaft bringen. Und er sagt dem Simon: *„Wir haben den Messias gefunden.“*, den Gesalbten.

Überlegen Sie mal: Zu Jesus sagen sie: „Rabbi, Meister, wo wohnst du?“ Und jetzt sagen sie: *„Wir haben den Messias gefunden.“* Hier erfahren wir, was sie gesehen haben. Es war eine Gottesoffenbarung. Sie erkennen nicht nur den Meister, sondern den Messias, den Gesalbten. Sie haben ihn gefunden. Und Andreas sagt zu Petrus: Komm und sieh! Wiederum das gleiche Wort. Komm und sieh! Andreas kann ihm das nicht erklären. Gott selber muss sich ihm offenbaren. Auch wir wollen manchmal anderen den Glauben beibringen. Doch das ist Sache Christi. Er muss sich uns Menschen selbst offenbaren.

Er führte ihn zu Jesus. Jesus blickte ihn an und sagte: Du bist Simon, der Sohn des Johannes, du sollst Kephas heißen. Kephas bedeutet: Fels – Petrus. [V. 42]

Als dann Andreas den Petrus zu Jesus bringt, ist es wieder das gleiche Wort wie bei Johannes vorhin, als dieser staunend Jesus vorbeigehen sieht und staunend etwas Tieferes erkennt: „Lamm Gottes!“ So wird jetzt wieder das gleiche Wort benutzt. Jetzt richtet Jesus seine Augen auf Petrus, den Andreas mitbringt. Er schaut ihn an. Er durchschaut ihn. Er kennt seine Schwächen und alles in ihm. Er erkennt auch seine Berufung, die er nun haben wird. Deshalb sagt er zu ihm: *„Du bist Simon, der Sohn des Johannes, du sollst Kephas heißen. Kephas bedeutet: Fels –*

Petrus." Hier ist „Kephas" als Wort sehr wichtig. Markus übersetzt es nicht ins Griechische, sondern lässt das aramäische Wort – „Kephas" – stehen, „Kephas „ – „der Fels", obwohl Petrus noch so oft umfallen und versagen wird. Jesus sieht im Menschen schon, wozu er ihn befähigt und was er eigentlich in ihn hineingelegt hat. Und nichts, selbst die größte Verleugnung Jesu, wie es Petrus ja getan hat, wird Jesus bewegen, die Berufung zurückzunehmen.

Wenn er jemanden beruft, steht er zu dieser Berufung, die der betreffende Mensch vom Vater hat und hält daran fest bis zum Schluss, trotz allen Versagens. Auch für uns selbst ist es wichtig, dass Gott an unserer Berufung festhält, auch, wenn wir versagen. Wenn wir umkehren und zu Gott zurückkehren, dürfen wir wissen: Gott hat mir meine Berufung nicht genommen. Er bleibt bei den Plänen, die er mit mir im Reich Gottes hat.

Nachdem man Johannes den Täufer ins Gefängnis geworfen hatte, ging Jesus wieder nach Galiläa; er verkündete das Evangelium Gottes und sprach: Die Zeit ist erfüllt, das Reich Gottes ist nahe. Kehrt um, und glaubt an das Evangelium! Als Jesus am See von Galiläa entlangging, sah er Simon und Andreas, den Bruder des Simon, die auf dem See ihr Netz auswarfen; sie waren nämlich Fischer. Da sagte er zu ihnen: Kommt her, folgt mir nach! Ich werde euch zu Menschenfischern machen. Sogleich ließen sie ihre Netze liegen und folgten ihm. Als er ein Stück weiterging, sah er Jakobus, den Sohn des Zebedäus und seinen Bruder Johannes; sie waren im Boot und richteten ihre Netze her. Sofort rief er sie, und sie ließen ihren Vater Zebedäus mit seinen Tagelöhnern im Boot zurück und folgten Jesus nach.

Hören wir in dieses Evangelium hinein. Was will Jesus uns heute sagen? Johannes der Täufer wurde ins Gefängnis geworfen und Jesus geht wieder nach Galiläa an den See von Tiberias. Er verkündet das Evangelium Gottes, die Frohe Botschaft – und die besteht in der Aussage: *„Die Zeit ist erfüllt“*. Kohelet sagt: *„Alles hat seine Zeit“* (Koh 3,1). Das gilt auch jetzt für das Kommen des Herrn, das Kommen des Messias.

Die Zeit ist erfüllt, das Reich Gottes ist nahe. Kehrt um, und glaubt an das Evangelium. [V. 15]

Das ist der Inhalt seiner Frohbotschaft, eigentlich des ganzen Evangeliums. Die Zeit ist erfüllt. Jetzt geht alle Erwartung der Propheten des Alten Testamentes in Erfüllung, auch unsere Erwartung! All unsere Sehnsucht wird in Jesus Christus erfüllt, in seiner Botschaft, wenn wir sie annehmen.

Um in dieses Reich zu kommen, um dieses Reich anzunehmen, ist es notwendig umzukehren. Es heißt wörtlich „umdenken“, anders denken. Was bedeutet das? Wir sind von der Ursünde her auf uns selbst geworfen. Der heilige Augustinus drückt es so aus: „Unser Herz ist zurückgekrümmt auf uns selbst.“ Wir denken immer von uns aus: Was nützt es mir? Was bringt´s mir? Was habe ich davon?

Wir sollen umdenken – nicht mehr von uns aus, sondern von Gott aus. Weil wir nicht umdenken, haben wir auf so viele Zeitfragen keine Antwort – weil wir nicht vom Reich Gottes her denken, von Jesus Christus her, sondern von uns her. Wir haben Angst vor allem Möglichen: Krieg, Nöte, Überschwemmung, Sturm, Feuer… Alle Elemente wehren sich gleichsam gegen uns. Überall begegnen wir der Angst. Auch hier müssen wir umdenken. Wenn ich von mir ausgehe, fühle ich mich ausgeliefert, aber wenn ich von Gott her denke, erkenne ich – ich bin in seiner Hand. Wenn wir ihm gehören, wenn wir mit ihm in Gemeinschaft sind, kann kommen, was da will – es wird uns immer zum Heil sein. Auch wenn es unangenehme Dinge sind. Und selbst, wenn es mich das Leben kostet.

Das ist Umdenken, von Gott her denken, von Gott her versuchen zu verstehen, also gleichsam zu fragen: „Herr, was willst du mir mit dieser Situation sagen? Was bedeutet das?“ Es gibt sehr leidvolle Erlebnisse, wenn ich sie von mir her sehe. Frage ich aber mit Blick auf Gott: „Herr, was hast du in deiner Barmherzigkeit, in deiner Liebe, jetzt vor?“ Dann ist das ein vollkommen anderer Denkansatz.

Also: Denkt um und glaubt an das Evangelium! An das Evangelium glauben heißt nämlich, an ihn glauben, der der Inhalt des Evangeliums ist – Jesus Christus, der uns zum Vater führt. Glauben heißt im Althochdeutschen „geloben, anvertrauen“, also sich ganz diesem Jesus anvertrauen, mit seinem ganzen Leben, seinem ganzen Lebensschicksal. Das ist „glauben“.

Im Lateinischen heißt „glauben“ „credere“. Das kommt von „cor dare“ = „das Herz geben“. Das Herz ist die innerste Mitte meiner Person. Das bin ich ganz und gar. Das heißt „glauben“.

Jesus predigt: „Denkt um!“ und meint damit: „Denkt von Gott her und gebt Gott euer Leben! Gebt es ihm ganz in die Hand und versucht, alles von ihm her zu verstehen und dankend anzunehmen. Dann wird die Kraft des Reiches Gottes in euch Veränderung schaffen. Ihr werdet vieles, was ihr nicht verstanden habt, tiefer sehen, ahnen, und es werden die Früchte des Geistes, die Kennzeichen des Reiches Gottes, in euch wachsen – Friede, Freude, Liebe – wo andere Angst und Verzweiflung erleben“.

Dies ist also ein ganz wichtiger Satz, eine wichtige Inhaltsangabe der Frohen Botschaft Gottes: Das Reich Gottes ist jetzt nahe gekommen, aber es zwingt sich euch nicht auf. Ihr werdet nur Teil daran bekommen, wenn ihr umdenkt, von Gott her denkt. Wenn nicht mehr der Mensch das Maß der Dinge ist, sondern Gott. Und wenn ihr euch glaubend ganz diesem Gott hingebt und euch verankert in der Person Jesu.

Als Jesus am See von Galiläa entlangging, sah er Simon und Andreas, den Bruder des Simon, die auf dem See ihr Netz auswarfen; sie waren nämlich Fischer. [V. 16]

Jesus ruft sie und ebenso die beiden anderen Brüder, die Zebedäussöhne Johannes und Jakobus. Er ruft und sie folgen ihm sofort. Nach dem Johannes-Evangelium haben diese Jünger Jesus bereits früher kennengelernt, nämlich in der Nähe der Taufstelle, wo Johannes, der Täufer, taufte (Joh 1,35). Der Täufer wurde inzwischen ins Gefängnis geworfen, und diese Jünger sind dann wohl wieder nach Galiläa zurückgekehrt. Sie haben Jesus schon innerlich gekannt, sie sind ihm innerlich schon ein Stück nachgefolgt. Und jetzt geht Jesus an ihnen vorbei und ruft sie auch in die äußere Nachfolge, also in die ganz konkrete Nachfolge, nicht nur gedanklich, sondern mit ihrer ganzen Existenz. Und es heißt wörtlich:

Da sagte er zu ihnen: Kommt her, folgt mir nach!
[V. 17a]

Wörtlich heißt das: „Hierher! Hinter mich! Nicht ihr gebt den Schritt an. Ich gebe den Schritt an. Nicht ihr gebt den Weg und das Ziel an, sondern ich“. Ein ganz gebieterisches Wort. So versteht Jesus Nachfolge. Und man staunt, was dieses Wort bewirkt.

Ich werde euch zu Menschenfischern machen. [V. 17b]

Das heißt erstens: Er selber bewirkt, dass sie ihm nachfolgen können. Er ruft sie: „Hierher! Hinter mich!“ Und es heißt im Griechischen: „Sofort, augenblicklich“ verlassen die ersten beiden das Boot, verlassen die anderen beiden, die Zebedäus-Söhne, den Vater und seine Mitarbeiter und folgen ihm nach. Da spüren wir, dass der Ruf Gottes mehr Kraft ist als Befehl. Kraft, die der Ruf mir verleiht, sodass ich Christus folgen kann.

Manche Leute haben mir schon ängstlich gesagt: „Ich habe Jesus kennengelernt und ich liebe ihn, aber ich habe Angst, dass er mich im Kloster haben will. Und ich möchte halt gerne eine Familie gründen.“ Da habe ich ihnen geantwortet: „Solange Sie Angst haben, werden Sie auch keine Berufung haben. Wenn es eine echte Berufung ist, dann wird es für Sie nichts anderes mehr geben, dann ist es für Sie eine Freude.“ Daran erkenne ich den Ruf Gottes.

Die Jünger hier folgen ihm augenblicklich. Jesus fordert das Ganze. Das gehört zur Nachfolge. Viele Menschen wollen Jesus auf zwei verschiedenen Wegen nachfolgen – ein bisschen Welt und ein bisschen Gott. Doch irgendwann kommen sie zu Fall, denn ich kann Christus nur ganz nachfolgen. Wer ein doppeltes Leben führt in der Nachfolge, wird bald scheitern.

Nur das Ganze macht glücklich. Alle Halbheiten machen unzufrieden und lassen mich unausgefüllt. Und was bisher das Leben dieser Apostel erfüllte, nämlich ihre Arbeit, ihre Familie, das muss hergegeben werden. Sofort folgen sie ihm nach und verlassen alles. Ein Wort des Herrn zerreißt sozusagen alle Bindungen an das Irdische. So machtvoll ist das Wort des Herrn.

Der Blick und der Ruf Jesu gehören zusammen. Man könnte es so verstehen: Jesus sieht mich. Er ruft nicht unbekannte Leute in seine Nachfolge. Nein, wenn er mich ruft, ist das etwas so Persönliches, dass er nicht „uns“ anschaut, sondern „mich“ anschaut und sagt: „Du, geh hinter mich! Folge mir nach! Ich gehe voraus.“ So persönlich ist seine Berufung. Blick und Ruf Jesu sind eins, sie gehören zusammen. Dann ein Zweites:

Das ist Zukunft, Futur. Es zeigt, dass Berufung und Sendung nicht zeitlich zusammenfallen müssen. Sendung ergibt sich aus dem Zusammenleben mit Jesus. Zuerst kommt der Ruf, die Berufung: *„Folge mir nach!“* Zuerst muss ich mit Jesus leben – im geistlichen Leben nennt man das „contemplatio“, das heißt Jesus im Gebet betrachten und kennenlernen – und aus der contemplatio kommt dann die „actio“, die dienende Tat am Nächsten. Manche Leute haben Jesus kennengelernt, krempeln gleich die Arme hoch und sagen: „So, Jesus, jetzt komme ich! Jetzt läuft was im Reich Gottes!“ Nach kurzer Zeit schauen diese Leute zurück, obwohl sie die Hand an den Pflug gelegt haben. Und sie sehen hinter sich, dass sie keinen Erfolg haben, dass vieles schief gegangen ist, dass sie ausgesät haben und nichts wächst. Dann resignieren sie.

Doch man muss zuerst mit Jesus gelebt haben. Zuerst kommt die Berufung, zuerst die Nachfolge, zuerst die Vertiefung im Glauben, so wie es Vinzenz Pallotti sagt – Vertiefung in der Liebe zu Gott und den Menschen – und dann, aus der Spiritualität, aus dieser Beziehung zu Jesus, riskiere ich mein Leben für Jesus in der Verkündigung, auch in der Weise, wie ich lebe. So sehen die Menschen auch an mir etwas von dem, was Jesus ihnen sagen will.

Die Bezeichnung „Menschenfischer“ bezieht sich sicher auf ihren alten Beruf, wenn Jesus sie auf diese Apostel hin anwendet. Sie sind ja alle Fischer gewesen, alle vier. Hier klingt das Wort des Propheten Jeremia an: *„Seht, ich hole viele Fischer – Spruch des Herrn –, die sollen sie fangen...“, nämlich die versprengten Kinder Israels.* (Jer 16,16) Also hat schon der Prophet Jeremia die *„Menschenfischer“* vorausgesagt.

Sogleich ließen sie ihre Netze liegen und folgten ihm. Als er ein Stück weiterging, sah er Jakobus, den Sohn des Zebedäus und seinen Bruder Johannes; sie waren im Boot und richteten ihre Netze her. Sofort rief er sie, und sie ließen ihren Vater Zebedäus mit seinen Tagelöhnern im Boot zurück und folgten Jesus nach.
[Vv. 18-20]

Dieses Wort „sogleich, augenblicklich, sofort“ scheint mir hier wichtig. Sofort verlassen Petrus und Andreas also ihre Netze, ihr Geschäft. Und Johannes und Jakobus verlassen sogar den Vater. Sie geben selbst diese menschlichen Beziehungen auf.

Das griechische Wort „kaleo“ – „er ruft sie“, heißt eigentlich „er beruft sie“. Und man könnte so folgern: Erstens suchten diese beiden Brüderpaare nicht ihren Meister, wie das damals das Normale war. Jünger suchten sich einen Meister, dem sie dann folgten, von dem sie sich ausbilden ließen. Hier ist es umgekehrt: Die vier Jünger suchten nicht ihren Meister, sondern sie wurden mit Vollmacht von Jesus gerufen. Das ist der Sinn des Rufes. Bei Gott ist es nicht so, dass ich mich ihm anbiete: „Lieber Gott, jetzt komme ich. Ich will dir folgen, wohin du auch gehst“, wie es der eine gesagt hat. Sondern entscheidend ist, dass Jesus mich ruft, dass Jesus mich meint. Der Ruf Jesu ist entscheidend.

Ich muss fragen: „Herr, wozu rufst du mich?“ Denn er ruft jeden. Jeden auf seinen Weg. Und ich muss ein Hörender sein. Ich muss umdenken, muss wegdenken von mir. Solange ich nur an mich denke – was es mir bringt, was ich davon habe – werde ich den Ruf Jesu nicht spüren und nicht erfahren. So kommt der Ruf Gottes nicht bei mir an.

Zweitens: Das Verbindende zwischen Jesus und den Jüngern ist nicht das Gesetz, sondern Jesus selbst und seine Frohe Botschaft vom Reich Gottes. Was mich mit Jesus verbindet, ist nicht irgendetwas, sondern ist er selber. Und das ist wichtig für jeden Jünger Jesu, für jeden Apostel, für jeden von uns.

Drittens: Der Sinn der Berufung zielt auf die Sendung. Berufung geht immer von Gott aus. Die Nachfolge der Jünger diente also der Vertiefung und der Ausbreitung der Verkündigung des Gottesvolkes. Zuerst ist Jesus mit ihnen unterwegs, drei Jahre lang. Er bildet sie aus. Sie folgen ihm nach. Sie machen alles mit bis zu seinem Tod und zu seiner Auferstehung. Zwischenzeitlich sendet er sie aus, und sie kommen zurück und geben ihm Rechenschaft. Aber dann, nachdem sie ihm drei Jahre gefolgt sind, rüstet er sie aus mit dem Heiligen Geist und sendet sie endgültig in die ganze Welt.

Deshalb ist es immer wichtig, dass wir in der Nachfolge uns zuerst von Jesus ausrüsten lassen. Das ist der Sinn der Berufung, dass wir ausgerüstet werden für die Sendung. Eine Berufung, die bei sich stehen bleibt – „Ich bleibe bei Jesus und die Welt ist mir egal!"– wurde nicht verstanden. Ich bin immer berufen für die anderen.

Viertens: Die von Jesus Berufenen und Ausgesandten gehören immer paarweise zusammen. Er beruft immer Jüngerpaare. Und so sendet er auch sie zu zweit aus. Denn er sagte ausdrücklich: *„Wo zwei oder drei in meinem Namen versammelt sind, bin ich mitten unter ihnen."* (Mt 18, 20)

Wo also zwei oder drei, die ganz an Christus hingegeben sind, die wirklich umdenken und von Jesus her denken, die Jesus ihr Leben ganz im Glauben hingegeben haben, wo die sind, zu zweit in Einheit, dort ist Gott gegenwärtig, dort ist Jesus gegenwärtig. So, zu zweit, können wir überall hingehen, vielleicht sogar in Versammlungen von Atheisten, Kommunisten oder Feinden der Kirche, ganz gleich. Wir gehen einfach hin und machen Jesus gegenwärtig, versuchen einfach da zu sein bei diesen Menschen, sie in Liebe anzunehmen in der Sorge und Barmherzigkeit Jesu. Und diese Gegenwart Jesu kann oft in den Menschen etwas bewirken, denn Jesus ist dann nicht nur da, er strahlt auch etwas aus. Vielleicht kommen Atheisten dadurch zum Glauben. Vielleicht geht manches, was sie Böses geplant haben, plötzlich nicht mehr.

Jesus sendet also paarweise aus – auch uns. Bis ins Mark geht dieser Ruf Jesu. Das spüren die, die ihm folgen. Da ändert sich das Leben dieser Apostel. Jesus allein ist der Inhalt ihres Lebens. Er ist auch Inhalt meines Lebens – sonst kann ich nicht Apostel sein. Mit Halbheiten leben, hält keiner auf Dauer aus. Daher fallen viele vom Glauben ab, die mit Halbheiten gelebt haben, die sich nicht ganz für Christus entschieden haben. So wie die Jünger als Fischer mit ihren Netzen Macht hatten über die Fische und sie ausübten, so übten sie jetzt Macht aus über die Menschenherzen – aber nicht von sich aus, sondern es ist die Macht Jesu, die Macht des Heiligen Geistes in ihnen, die ausstrahlt.

Das erfahren wir heute auch, zum Beispiel bei unserem Papst Johannes Paul II. Es wird erzählt, dass selbst Ungläubige, die ihm begegnet sind, von seiner Ausstrahlung betroffen waren und zum Glauben gekommen sind.

Wenn ich ganz Christus gehöre, dann ist Christus in mir und dann strahle ich Christus auf andere aus. Wenn Jesus durch uns über die Herzen der Menschen Macht ausübt, dann ist dies eine Macht ohne Gewalt. Vielmehr bieten wir den Menschen Christus an und die Menschen können lernen, sich auf Gott zu verlassen und schließlich beginnen sie ein neues Leben.

Jesus kam, um den Menschen zu retten. Das ist sein Anliegen. Und dieses Anliegen, seine Sehnsucht nach dem Heil aller Menschen, hat er den Aposteln weitergegeben. Im Kampf für den Menschen ist er sozusagen den Schergen zum Opfer gefallen. Seine Jünger treten hinter ihn und sollen dann nicht zurückschauen, ob noch Reserven da sind. Sondern sie sollen ganz umdenken. Das ist die Überschrift des ganzen Evangeliums – umdenken, von Jesus her denken, ihn zur Lebensmitte machen. Er soll an erster Stelle stehen. Wenn wir als Erstes nach seinem Willen fragen, dann werden wir merken, dass wir selber nicht zu kurz kommen. Daraus erwächst eine unwahrscheinliche Freude in mir, die mich sogar schwere Stunden überstehen lässt.

Sie spüren, wie dieses Evangelium ganz konkret ist für jeden von uns. Jeder muss sich fragen: „Was ist meine Berufung – als Mutter, als Vater, in meinem Betrieb, im Pfarrgemeinderat, in meinem Beruf, in all den anderen Möglichkeiten? Wie will Christus durch mich in die Welt strahlen – durch das Wort, durch mein Leben, durch meine Haltung, meine Grundhaltung ohne Kompromisse mit der Welt?“

Fragen Sie sich das ehrlich und vor allem überlegen Sie: „Habe ich schon ganz umgedacht? Denke ich in allem schon von Jesus her? Oder denke ich noch sehr viel von mir her? Bin ich immer schnell beleidigt, wenn es gegen mich geht?“ Fragen Sie wirklich in jeder Situation ihres Lebens: „Herr, was willst du mir damit sagen? Was bedeutet das?“

In Kafarnaum ging Jesus am Sabbat in die Synagoge und lehrte. Und die Menschen waren sehr betroffen von seiner Lehre; denn er lehrte sie wie einer, der göttliche Vollmacht hat, nicht wie die Schriftgelehrten. In ihrer Synagoge saß ein Mann, der von einem unreinen Geist besessen war. Der begann zu schreien: Was haben wir mit dir zu tun, Jesus von Nazaret? Bist du gekommen, um uns ins Verderben zu stürzen? Ich weiß, wer du bist: der Heilige Gottes. Da befahl ihm Jesus: Schweig und verlass ihn! Der unreine Geist zerrte den Mann hin und her und verließ ihn mit lautem Geschrei. Da erschraken alle, und einer fragte den andern: Was hat das zu bedeuten? Hier wird mit Vollmacht eine ganz neue Lehre verkündet. Sogar die unreinen Geister gehorchen seinem Befehl. Und sein Ruf verbreitete sich rasch im ganzen Gebiet von Galiläa.

Wir haben am letzten Sonntag gehört, wie Jesus die vier Jünger gerufen hat, weggerufen hat – in seine Nachfolge: „Hier her! Hinter mich!" Das muss am Freitagnachmittag gewesen sein, denn das Evangelium heute schließt sich daran an. Es heißt:

In Kafarnaum ging Jesus am Sabbat in die Synagoge und lehrte. [V. 21]

Jesus geht also sofort, am Sabbat, mit den vier Berufenen in die Synagoge von Kafarnaum. Es heißt im Griechischen ausdrücklich: *„Sogleich ging er …"*. Wir haben das „sogleich" am letzten Sonntag ein paar Mal gehört. Es hieß immer: „Sogleich standen sie auf und folgten ihm". Und hier heißt es: *„Sogleich ging er am Sabbat in die Synagoge und lehrte"*. Also ging alles Schlag auf Schlag. Er ruft und geht mit ihnen sofort in die Lehre. Das heißt, das Reich Gottes duldet keinen Aufschub. Es eilt! Denn es geht um das Heil vieler Menschen.

Und die Menschen waren sehr betroffen von seiner Lehre; denn er lehrte sie wie einer, der göttliche Vollmacht hat, nicht wie die Schriftgelehrten. [V. 22]

Die Leute staunen über seine Lehre: „Er redete mit Gewalt, mit Macht!“ Das griechische Wort bedeutet wirkliche Vollmacht, so wie sie es von ihren Schriftgelehrten nicht kannten. Jesus sprach mit Autorität. Er stand mit seinem ganzen Sein hinter seinem Wort.

Er sprach mit der Autorität des Heiligen Geistes, den er kurz vorher durch die Taufe des Johannes im Jordan empfangen hatte. Der Geist Gottes kam auf ihn herab. Die Menschennatur Jesu war gleichsam das Werkzeug des Heiligen Geistes. Der Geist Gottes wirkte durch ihn die Wunder. Jesus hatte ja seine Gottheit abgestreift, heißt es im Philipperbrief (Phil 2,6-8). Er war Gott, ganz klar, Mensch und Gott, aber er hat die göttlichen Eigenschaften nicht in Anspruch genommen. Und der Geist Gottes hat durch seine Menschennatur gehandelt, wie wir es bis heute zuweilen bei den Heiligen erlebten, die auch Wunder wirkten.

Das ist eine ganz wichtige Feststellung: Jesus sprach in der Autorität des Heiligen Geistes, mit dem er ausgerüstet wurde in der Taufe durch das Wort des Vaters, die Bestätigung des Vaters: „*Das ist mein geliebter Sohn; auf ihn sollt ihr hören.*“ (Mk 9,7) Er lehrt den Willen Gottes – und nicht wie die Schriftgelehrten, die nur Menschengebote verkündeten, die nur vom Gesetz redeten. Jesus redet vom Willen Gottes, und zwar mit Vollmacht. Es ist dieselbe Vollmacht, die er dann auch den Aposteln übertragen hat. Und dieselbe Vollmacht, die die Apostel weitergegeben haben an Papst, Bischöfe, Priester, Diakone.

So verstehen wir auch die vatikanische Instruktion „Redemptionis Sacramentum“ aus dem Jahr 2004 über die Feier der heiligen Eucharistie. Sie legt fest, dass innerhalb des Höhepunkts der Liturgie, der Eucharistiefeier, nur der Geweihte, der am Sakrament des Priestertums Anteil hat, das Evangelium auslegen darf. Natürlich gibt es, menschlich gesehen, viele andere gute, gläubige Laien, die viel besser predigen würden und es vielleicht viel schöner sagen würden. Aber das ist jetzt der Unterschied: Jesus war gesalbt mit Heiligem Geist und kraft des Geistes hat er mit Vollmacht gesprochen. Und so hat auch der Geweihte eine Sendung, eine Salbung mit Heiligem Geist, sodass sein Wort in einer besonderen Weise vom Geist Gottes durchdrungen ist, mit Vollmacht.

Sicher liegt es auch am Priester oder Diakon, ob er ganz bewusst diesen Heiligen Geist hereinholt, sodass er nicht predigt oder redet, bevor er nicht den Heiligen Geist gebeten hat, sein Wort zu füllen. Der Geist Gottes zwingt sich nicht auf. Aber genau diese Vollmacht, diese „exousia", diese Salbung mit Heiligem Geist, ist das, was die Menschen gleichsam im Herzen berührt. Das ist gemeint mit *„Er redete mit Vollmacht"*. Er redete nicht einfach von Gesetzen, was sie tun sollten und nicht tun sollten, sondern er sprach von Gottes Liebe, und zwar in der Salbung des Heiligen Geistes, sodass der Heilige Geist im Wort die Menschen in der Tiefe des Herzens ansprechen konnte. Nicht das Wort spricht an, der Geist Gottes im Wort spricht an. Er benutzt nur das Wort. Das ist Reden in Vollmacht.

In ihrer Synagoge saß ein Mann, der von einem unreinen Geist besessen war. Der begann zu schreien. [V. 23]

Jetzt kommt noch etwas Gewaltiges dazu: Es geschieht etwas Unerhörtes. Die Verkündigung in der Macht des Heiligen Geistes fordert den unreinen Geist in diesem Mann heraus. Es ist ganz wichtig zu beachten: Die Verkündigung in der Vollmacht des Heiligen Geistes, wie es im Vers vorher gezeigt wird, fordert den unreinen Geist in diesem Mann heraus. Mit „unrein" ist die ganze Sphäre des Bösen, des Widergöttlichen, gemeint. Der Dämon hält es dort nicht mehr aus, wo mit Vollmacht verkündet wird.

Vielleicht laufen deshalb manche Leute bei manchen Predigten plötzlich aus der Kirche hinaus, nicht, weil sie sich über etwas ärgern – das kann vielleicht auch vorkommen – sondern weil sie es plötzlich nicht mehr aushalten, weil da mit Vollmacht gepredigt wird, weil dem Heiligen Geist Zugang geschenkt ist zum Wort, das ich spreche.

Man darf das sicher auch noch in einem anderen Sinn sehen – dass nämlich dort, wo mit Vollmacht gepredigt wird, alles Unreine im Menschen ins Bewusstsein geholt wird. Wenn der Mensch beginnt, umzudenken, – vgl. die Predigt vom 3. Sonntag im Jahreskreis über den Inhalt der Verkündigung Jesu: *„Denkt um und glaubt an das Evangelium!“* – wenn er von Gott her denkt, sich also öffnet, dann wird eine Predigt mit Vollmacht alles Unreine in ihm ins Bewusstsein bringen. Darum erkennen Menschen, wenn sie jemand hören, der mit Vollmacht spricht, der eben wirklich aus dem Heiligen Geist spricht, plötzlich ihre Sünden. Dieser Heilige Geist deckt alles in ihnen auf, *was Sünde, Gerechtigkeit und Gericht* ist, wie der heilige Johannes schreibt (Joh 16,8-10). Sie erkennen Gott. Sie erkennen den Wert und den Sinn der Erlösung – Gerechtigkeit und Gericht. Sie erkennen aber auch ihre Sünde.

Deshalb ist es so wichtig, dass wir wieder mit Vollmacht verkünden, nicht aus irgendeinem Buch heraus – das kann meinetwegen eine Vorlage sein, aber nicht mehr – sondern aus dem Herzen heraus. Vor allem, dass wir den Heiligen Geist bitten: „Rede du in mir, wenn ich heute verkünde, wenn ich mit Menschen spreche. Berühre du die Menschen im Herzen!“ Dann brauche ich sie nicht mehr zu animieren und zu sagen: Das darfst du nicht, das musst du so und so tun, sondern ich verkünde einfach, wie Jesus, die Liebe des Vaters, den Willen des Vaters, das Reich Gottes. Wenn es mit Vollmacht geschieht durch den Heiligen Geist, dann werden die Menschen durch das Wort aufgeweckt.

Wie oft habe ich das schon erlebt, dass Leute nach irgendeinem

Vortrag oder einer Predigt kommen und sagen: „Mir ist bewusst geworden, das und das stimmt in meinem Leben nicht". Das ist gemeint. Und hier wird es ganz konkret. Wissen Sie, so etwas Unreines in mir kann Lieblosigkeit sein, es kann Lüge sein oder so vieles, was einfach nicht sauber ist, bis hinein in die Unreinheit des Leibes. Alles wird offenbar. Hier nun wird es ungeheuerlich konkretisiert durch einen Dämon, einen bösen Geist, der es nicht mehr aushält. Der Mann war ja vermutlich regelmäßig in der Synagoge. Doch der Geist wurde nie aufgestöbert durch die Verkündigung der Schriftgelehrten.

Aber jetzt, als Jesus mit Vollmacht spricht, hält er es nicht mehr aus. Jetzt wehrt er sich. Jetzt schreit er. Das ist es: Er schreit. Und das ist eine ganz wichtige Erfahrung. Wo die Wahrheit in der Vollmacht des Heiligen Geistes verkündet wird – eben durch das Priestertum – da werden die Geister der Lüge herausgefordert. Alles Unreine im Menschen, alles, was nicht reine Liebe zu Gott und Entscheidung für Gott ist, wird herausgefordert. Wir Priester sollten dieser Verkündigung in Vollmacht mehr zutrauen als unserem eigenen Können und Wissen.

Der begann zu schreien: Was haben wir mit dir zu tun, Jesus von Nazaret? Bist du gekommen, um uns ins Verderben zu stürzen? Ich weiß, wer du bist: der Heilige Gottes. [Vv. 23b-24]

Der Aufschrei dieses Dämons ist ein Zeichen für den Geistträger Jesus, für ihn, den Gesalbten, wie er sich selbst in Nazaret geoffenbart hat. Aber es ist auch ein Zeichen für den unreinen Geist im Besessenen. *„Was haben wir mit dir zu tun?"* heißt wörtlich im Griechischen: „Das ist unser und das ist dein", also: „Das ist unsere Sache und das andere ist deine Sache". Es grenzt zwei Zuständigkeitsbereiche, zwei Machtbereiche voneinander ab.

Das Wort *„Bist du gekommen, uns* – also alle Dämonen – *zu ver-*

nichten?" weist hin auf die Sendung Jesu, aber auch auf diese zwei Machtbereiche, das Reich dieser Welt, der Macht der Finsternis und das Reich Gottes.

Das Reich Gottes ist nahe gekommen. Es heißt in der Schrift: „Das ist das Zeichen des Reiches Gottes, dass die Dämonen besiegt sind" (vgl. Lk 11,20). So liegt es am Menschen, ob er umdenkt und das Reich Gottes zulässt oder ob er im Machtbereich der Finsternis bleibt. Diese Frage: *„Bist du gekommen, uns zu vernichten?"* weist also hin auf die Sendung Jesu, die ganze Dämonenwelt zu vernichten, die Welt zu reinigen von den widergöttlichen, zerstörerischen Kräften und Mächten. Die ganze Angst dieser Dämonen vor der Macht Jesu kann man hier heraushören. Diese Macht Jesu zwingt den Dämon auch, ihn als den Heiligen Gottes zu bekennen. Vielleicht sollten wir dieses Wort immer wieder auch selber bedenken und zu ihm sagen: „Jesus, du bist der Heilige Gottes!" Es muss furchtbar sein für diese Macht der Finsternis, das zuzugeben, ihn als den Heiligen Gottes zu bekennen.

Und denken Sie daran – diese Macht hat Jesus den Aposteln und ihren Nachfolgern weitergegeben. Wenn in dieser Macht verkündet wird, werden die Reiche der Finsternis getrennt vom Reich des Lichtes. Im Menschen wird das Unreine des Reiches der Finsternis vertrieben zu Gunsten des Reiches des Lichtes, der Wahrheit. Was für ein wichtiges Evangelium!

Da befahl ihm Jesus: Schweig und verlass ihn! [V. 25]

Mit einem barschen Schweigegebot und einem Befehl zur Ausfahrt zeigt Jesus seine Macht als der Heilige Gottes, die die Zuhörer bei seiner Verkündigung schon erfahren haben. Aber jetzt sehen sie diese Macht sogar. Jetzt erleben sie diese Macht des Heiligen Gottes durch den Befehl und das Ausfahren dieses Dämons.

Der unreine Geist zerrte den Mann hin und her und verließ ihn mit lautem Geschrei. [V. 26]

Der unreine Geist wehrt sich. Er zeigt noch einmal auch seine Macht. Und sein Aufschrei ist gleichsam sein Todesschrei. Umso mehr wird jetzt die Macht Jesu offenbar. Durch dieses Hin- und Herwerfen, das die Anwesenden jetzt erleben, erkennen sie sichtbar, was für eine Macht dieser Dämon, die Macht der Finsternis hat. Jedoch auch, wie gewaltig diese Vollmacht Jesu ist. Und die hat er uns weitergegeben. Die hat er seiner Kirche weitergegeben, dass wir mit derselben Macht diesen zerstörerischen Mächten in der Welt begegnen, dass wir ihnen entgegentreten können, vor allem durch Verkündigung in Vollmacht.

Deshalb besteht der größte Teil des kirchlichen Exorzismus nur aus Worten Gottes, aus Worten der Schrift, nämlich des Evangeliums oder der Psalmen. Durch die Vollmacht der Botschaft Jesu werden die Mächte der Finsternis aufgestöbert, und die Vollmacht Jesu in seinem Wort besiegt diese Mächte. Darum ist wichtig, dass auch Sie das Wort Gottes lesen, dass Sie das Wort Gottes betrachten, dass Sie das Wort Gottes betend wiederholen, sodass seine Kraft auch Sie erfüllt.

Da erschraken alle, und einer fragte den andern: Was hat das zu bedeuten? Hier wird mit Vollmacht eine ganz neue Lehre verkündet. Sogar die unreinen Geister gehorchen seinem Befehl. [V. 27]

Alle erschraken und staunten. Das sind Worte, die sich bei jeder Gottesoffenbarung wiederholen, wenn die Menschen die Nähe Gottes wahrnehmen: bei der Verkündigung an Maria, sie erschrak und staunte; bei Zacharias, als der Engel ihm begegnete, auch er erschrak und staunte; im Alten Testament, überall wo Gottesoffenbarungen sind, aber auch die Hirten auf den Fluren um Bethlehem, sie erschraken und staunten. Immer, wenn Gott sich offenbart, reagiert der Mensch mit Erschrecken und Staunen.

Es ist kein tödliches Erschrecken aus Angst, sondern ein Erschrecken, das ins Staunen mündet.

Vielleicht haben Sie so etwas auch schon einmal erlebt: Eine Erfahrung mit Gott, als Sie zutiefst erschrocken sind und ins Staunen kamen – vielleicht beim Geheimnis der Eucharistie oder als Sie ein Wort Gottes ganz tief angesprochen hat. Oder vielleicht ein Erschrecken, als Gott Sie aufdeckte.

Der heilige Markus weist mit dem Wort *„eine neue Lehre mit Vollmacht"* zurück auf die Verkündigung Jesu am Anfang: „Das Reich Gottes ist zu euch gekommen." Er verkündet nun die Frohe Botschaft von Gott. Es ist eine Verkündigung, jedoch mit Vollmacht. Diese Befreiung ist eine Tat gewordene, vollmächtige Lehre. Wunderzeichen sind, wie wir in der Apostelgeschichte sehen, immer Begleiterscheinungen einer Verkündigung mit Vollmacht. Wo Petrus gepredigt hat, kam Heiliger Geist auf die Zuhörer. Plötzlich haben sie in andern Sprachen gebetet, das Sprachengebet empfangen usw.

Und sein Ruf verbreitete sich rasch im ganzen Gebiet von Galiläa. [V. 28]

Immer wieder kommt dieses Wort „rasch = sogleich". Das zeigt die Eile, die diese Botschaft verlangt. „Sogleich" folgten sie ihm, die vier Jünger. „Sogleich" ging er in die Synagoge am andern Tag. „Sogleich" war ein Mann in der Synagoge. Und: „Sofort und sogleich" verbreitete sich sein Ruf in ganz Galiläa. Das ist im Deutschen nicht immer so übersetzt, aber im Griechischen ist es immer der gleiche Ausdruck: „sogleich, augenblicklich, Schlag auf Schlag".

So war der Anfang des Evangeliums, der Anfang der Tätigkeit Jesu. Das Reich Gottes duldet keinen Aufschub und es braucht Menschen, die umdenken, die sich für Christus entscheiden, die sich ihm hingeben und die das Reich Gottes unter die Menschen bringen durch ihr Leben. Auch durch ihr Wort, wenn sie dazu berufen sind – weil es eilt. Es geht um die Verherrlichung Gottes und es geht um das Heil aller Menschen zu allen Zeiten, mit allen Mitteln, wie auch Vinzenz Pallotti sagt.

Dieses Evangelium sollte uns nicht zur Ruhe kommen lassen. Es sollte uns bewegen zu fragen: „Wie weit ist meine Umkehr schon geschehen, mein Umdenken, meine Hingabe, mein Glaube an Jesus Christus? Wie weit darf er in mir und in meinem Wort gegenwärtig sein, sodass mein Leben ein Leben in Vollmacht ist, mein Wort ein Wort in Vollmacht, durch das den Menschen die Erkenntnis Gottes, aber auch die Selbsterkenntnis möglich wird und die Befreiung von all dem, was sie bedrängt, damit sie frei werden von dem, was sie noch hineinzieht in das Reich der Finsternis und abhält vom Reich des Lichtes?

Wir sind berufen – wie wir am letzten Sonntag erkannten – dieses Reich Gottes gegenwärtig zu setzen. Wir dürfen dabei mit der Vollmacht des Heiligen Geistes rechnen. Es ist dieselbe Vollmacht, derselbe Heilige Geist, den auch die Apostel empfangen haben, den Geist, dessen Wirken wir heute im Evangelium geschaut haben.

In jener Zeit ging Jesus zusammen mit Jakobus und Johannes in das Haus des Simon und Andreas. Die Schwiegermutter des Simon lag mit Fieber im Bett. Sie sprachen mit Jesus über sie und er ging zu ihr, fasste sie an der Hand und richtete sie auf. Da wich das Fieber von ihr und sie sorgte für sie. Am Abend, als die Sonne untergegangen war, brachte man alle Kranken und Besessenen zu Jesus. Die ganze Stadt war vor der Haustür versammelt, und er heilte viele, die an allen möglichen Krankheiten litten, und trieb viele Dämonen aus. Und er verbot den Dämonen zu reden; denn sie wussten, wer er war. In aller Frühe, als es noch dunkel war, stand er auf und ging an einen einsamen Ort, um zu beten. Simon und seine Begleiter eilten ihm nach, und als sie ihn fanden, sagten sie zu ihm: Alle suchen dich. Er antwortete: Lasst uns anderswohin gehen, in die benachbarten Dörfer, damit ich auch dort predige; denn dazu bin ich gekommen. Und er zog durch ganz Galiläa, predigte in den Synagogen und trieb die Dämonen aus.

Wir haben letzten Sonntag gehört, dass Jesus am Sabbat in die Synagoge ging und dort die unreinen Geister vertrieb. Anschließend – so geht es jetzt weiter – verließ Jesus die Synagoge wieder und ging in das Haus des Simon und Andreas. Auch hier heißt es wieder „eutys“, schnell: Schnell ging er aus der Synagoge. Schnell bricht Jesus wieder auf, verlässt die Synagoge und geht in das Haus des Petrus. Petrus wird einst das Haupt der Kirche sein. Deshalb ist diese Aussage nicht nebensächlich. Wir müssen das Wort Gottes immer viel tiefer hören, nicht nur als äußere Schilderung. Denn mit dem Wort Gottes will immer etwas noch Tieferes ausgesagt werden.

Die Kirche wird von Jesus gegründet durch seine neue Lehre, wie es im letzten Sonntagsevangelium hieß: Eine neue Lehre, die mit Vollmacht verkündet wird. Durch diese neue Lehre baut Christus seine Kirche auf – im Haus des Petrus, auf den Felsen Petri. Von den Juden, aus der Synagoge, geht Jesus weg. Er geht mit dem Evangelium, mit dieser neuen Lehre, in das Haus des Petrus. Dort bleibt das Evangelium. Das Christentum ist bis heute im Haus des Petrus, auf den Felsen Petri gegründet. Wir merken, wie aussagekräftig diese einfache Schilderung ist.

Die Schwiegermutter des Simon lag mit Fieber im Bett. Sie sprachen mit Jesus über sie. [V. 30]

Man hat den Eindruck, Jesus tritt in das Haus des Simon und ist eigentlich dort sehr schnell zu Hause. Sie reden über alles, auch über das Alltägliche in der Familie, auch über die Krankheit der Schwiegermutter. Jesus wird einfach darüber informiert und er heilt sie, obwohl er nicht deshalb gekommen ist. Wenn Jesus sich zu Hause fühlt, wenn er zu Hause sein darf bei mir, dann wird vieles, wird alles heil. Denken Sie an das Johannesevangelium: *„Er kam in sein Eigentum, aber die Seinen nahmen ihn nicht auf.“* (Joh 1,11) Deshalb konnte auch nichts geschehen. Wir erlebten es in Nazaret. Dort konnte er nichts tun. Er fühlte sich nicht zu Hause. Sie haben ihm nicht geglaubt. Ganz anders hier: Er kommt in das Haus und ist dort zu Hause. Und diesem Hause wird Heil zuteil.

Er ging zu ihr, fasste sie an der Hand und richtete sie auf. Da wich das Fieber von ihr und sie sorgte für sie. [V. 31]

In der Synagoge erweist sich Jesus als der Herr über die Dämonen. Hier, im Haus des Petrus, erweist er sich als der Heiland der Menschen. Er fasst die Schwiegermutter an der Hand, und das Fieber verlässt sie. Sie steht auf und dient den anderen. Jesus verkündet nicht nur eine Heilsbotschaft, er spricht nicht nur über Heil, er selbst ist zugleich die Quelle des Heils.

Hören wir wieder tiefer in das Wort Gottes hinein. Wenn Sie jetzt überlegen: Es ist der Anfang des Evangeliums. Es sind die ersten zwei Wunder, die Jesus wirkt – in der Synagoge an dem Mann mit dem unreinen Geist und hier im Haus des Petrus an einer Frau, die mit Fieber daniederliegt. Woran erinnert Sie das? Woran denken Sie? Das ist die Heilung der ganzen Menschheit, von Adam und Eva, Mann und Frau. So beginnt das Evangelium. Jesus ist die Quelle des Heils, die zurückführt bis auf Adam und Eva. Deshalb geschehen die ersten zwei Heilungen an einem Mann und einer Frau. Das ist sehr interessant.

Am Abend, als die Sonne untergegangen war, brachte man alle Kranken und Besessenen zu Jesus. Die ganze Stadt war vor der Haustür versammelt, und er heilte viele, die an allen möglichen Krankheiten litten, und trieb viele Dämonen aus. Und er verbot den Dämonen zu reden; denn sie wussten, wer er war. [Vv. 32-34]

Die doppelte Zeitangabe *„Am Abend, als die Sonne untergegangen war“* soll zeigen, dass der Sabbat jetzt vorbei ist. Nach dem Aufleuchten des ersten Nachtgestirns am Abend, nachdem die Sonne untergegangen war, ist Ende des Sabbats. Jetzt bewegt sich wieder alles in der Stadt. Vorher war Sabbat-Ruhe. Die Menschen bringen jetzt alle Kranken und Besessenen. Die ganze Stadt ist vor der Tür. Dann heißt es aber: *„Er heilte viele“*, also nicht alle. In Nazaret hieß es: Er konnte keine Wunder tun wegen ihres Unglaubens. Auch hier spüren wir einen Unterschied. Er heilte nicht alle. Vermutlich haben nicht alle Glauben an ihn. Sie wollen nur körperlich gesund werden.

Am Anfang des Johannesevangeliums heißt es: Als Johannes und Andreas Jesus nachliefen, er sich umdrehte, sie anschaute und sie fragte: *„Was sucht ihr?“*, da antworteten sie: *„Wo wohnst du, Meister?“* (vgl. Joh 1,38). Das heißt: „Wir suchen nicht etwas. Wir suchen dich! Wo bist du zu finden? Wo ist deine Bleibe?“ Das ist ganz entscheidend. (vgl. Predigt zum 2. Sonntag im Jahreskreis)

Warum kommen alle die Kranken und Besessenen zu Jesus? Was wollen sie? Wollen sie etwas oder jemanden? Wollen sie Jesus, den Heilbringer, den Erlöser, oder nur ihre Heilung, also – etwas? Es ist wichtig, dass wir uns beim Beten immer wieder fragen: Warum bete ich? Suche ich etwas? Suche ich irgendeine Erhörung? Suche ich vielleicht Heilung? Suche ich irgendeinen glücklichen Ausgang eines Unternehmens? Suche ich etwas oder suche ich im Gebet Jesus? Geht es mir zuerst um ihn: „Jesus, dich suche ich, deshalb nehme ich mir Zeit, deshalb bin ich bei dir“? Suche ich jemanden oder suche ich etwas? Diese Frage ist ganz entscheidend. Sie ist die erste Frage Jesu an die zwei Jünger am Anfang des Johannesevangeliums: Was sucht ihr?

Darum ging es immer wieder. Bei der Brotvermehrung haben die Leute nicht Jesus gesucht, sondern Brot. Sie haben ihn später gesucht, um wieder Brot zu bekommen. Da ging es um *etwas*. Sie wollten etwas für sich haben. Sie suchten nicht Jesus. Er interessierte sie weniger. Ähnlich ist es wohl auch hier. Die Leute bringen alle Kranken. Er heilt „viele“, weil ein Teil von ihnen nicht Jesus suchte und sich nicht für seine Heilslehre und das Reich Gottes interessierte, sondern nur für sich selber. Sie wollten lediglich heil werden und frei. Das ist eine wichtige Frage für uns. Wenn ich zu Jesus gehe, auch mit einer Bitte, suche ich zuerst ihn? Überlasse ich es ihm, wie er antwortet? Vertraue ich darauf, dass er weiß, was für mich das Beste und Wichtigste ist?

Jesus verbietet dann den Dämonen, die er austrieb, zu reden. *„… denn sie wussten, wer er war.“* Das Christusgeheimnis zu offenbaren ist nicht Sache des Dämons. Es ist Sache des Vaters im Himmel. Das erkennen Sie sehr deutlich, wenn Petrus sagt: *„Du bist Christus, der Sohn des lebendigen Gottes“* und damit das Christusgeheimnis offenbart (vgl. Mt 16,16). Jesus antwortet ihm: *„Nicht Fleisch und Blut haben dir das offenbart“* – das hast du nicht aus dir selber – *„sondern mein Vater im Himmel“*. Dieser offenbart das Geheimnis Christi und nicht die Dämonen. Die Dämonen können auch lügen. Sie haben zu schweigen.

In aller Frühe, als es noch dunkel war, stand er auf und ging an einen einsamen Ort, um zu beten. [V. 35]

Hier haben wir wieder diese doppelte Zeitangabe. Dahinter steckt auch eine tiefere Aussage; denn diese Nacht ist die Nacht des Unglaubens von vielen. Er hat die, die glauben, geheilt und ihnen die Botschaft verkündet. Die andern wollen ja nichts von ihm wissen. Sie wollen nur heil werden. Es ist dunkel. Er zieht aus dieser Dunkelheit des Unglaubens aus. Früh, als es noch Nacht war, bricht Jesus auf und geht. Und diese Worte: „Er bricht auf und geht" bedeuten in der Schrift jedes Mal ein Weggehen von einem Ort.

Noch im Dunkel der Nacht, als noch alle schlafen, treibt ihn der Heilige Geist zum Gebet in die Einsamkeit. Seit der Taufe im Jordan heißt es immer wieder: „Der Geist treibt ihn in die Wüste", „der Geist treibt ihn nach Galiläa, das Evangelium zu verkünden" usw. Der Geist trägt ihn durch das Leiden. Immer wieder ist es der Geist, der ihn treibt. Hier wird Jesus in die Einsamkeit, in das Gebet mit dem Vater geführt. Das Beten Jesu ist die Zweisamkeit des Sohnes mit dem Vater. Unter den Menschen war Jesus ganz Mensch. Im Gebet aber ist er der ganz Andere, der wesensgleiche Sohn des Vaters. So geht er in die Einsamkeit, allein. Das kann ihm niemand nachtun.

Simon und seine Begleiter eilten ihm nach, und als sie ihn fanden, sagten sie zu ihm: Alle suchen dich.
[Vv. 36-37]

Als Simon und die anderen Jünger merkten, dass Jesus weg war, waren sie sehr betroffen. Das merkt man an dem Ausdruck: „Sie jagten ihm nach" wie es im Griechischen wörtlich heißt. Sie hatten wohl das Empfinden, jemand verloren zu haben. Vielleicht waren sie auch unsicher: „Warum ist er gegangen? Haben wir etwas falsch gemacht?" Auch hier merken wir, es geht immer um die Suche nach Jesus. Gott zwingt sich nicht auf. Wir müssen uns immer wieder neu für ihn entscheiden, ihm immer wieder neu folgen, auch in die Einsamkeit. Sie jagten ihm nach. Sie wollten ihn wieder haben. Jetzt haben sie Jesus aufgespürt und sagen ihm: „Alle suchen dich" – vielleicht deshalb, weil er nicht alle heilte. Vielleicht haben sie ihn nicht deshalb gesucht, weil sie seine Frohe Botschaft vom Reich Gottes hören wollten, sondern, weil sie noch vollends gesund werden wollten. Suchen sie „ihn" oder wieder „etwas"? Auf alle Fälle geht Jesus nicht mehr zurück.

Er antwortete: Lasst uns anderswohin gehen, in die benachbarten Dörfer, damit ich auch dort predige; denn dazu bin ich gekommen. [V. 38]

Jesus erklärt ihnen: „Wir wollen an andere Orte gehen. Dazu bin ich heute Morgen weggezogen von Kafarnaum." Die Leute suchen den Heiler. Er aber ist gekommen, zu verkünden. Er wird sehr deutlich: „Ich bin gekommen, um zu predigen". Die Heilungswunder stehen unter dem Auftrag Jesu zu verkündigen. Das haben wir letzten Sonntag schon gehört. Er predigte mit Vollmacht. In der Kraft und Salbung dieser Vollmacht seines Wortes erkennt der Mensch sich selbst und die Dämonen werden wach. Sie müssen sich stellen. Sie können sich nicht mehr verstecken. Die Verkündigung ist das Erste und das Wichtigste. Dazu ist Jesus gekommen.

Dazu hat er auch seine Apostel ausgesandt. Deshalb sagen die Apostel in Jerusalem, als sie die Diakone für äußere Dienste einsetzen: „... damit wir das Wesentliche tun können, beim Gebet bleiben – und bei der Verkündigung des Wortes."(vgl. Apg 6,4) Auch Jesus geht als Erstes an einen einsamen Ort, um zu beten, dann folgt die Verkündigung. Genau das ist der Auftrag, auch an uns.

Und er zog durch ganz Galiläa, predigte in den Synagogen und trieb die Dämonen aus. [V. 39]

Das Gebet Jesu an diesem frühen Morgen an diesem einsamen Ort diente der Vorbereitung für seine Verkündigung in ganz Galiläa. Das ist ein ganz wichtiger Schritt. Vor der Verkündigung kommt das Sich-Zurückziehen in die Einsamkeit mit Gott. Dort kann ich mich vom Geist Gottes neu salben und erfüllen lassen. Neutestamentlich gesprochen geht es um ein Zurückgehen in den Abendmahlssaal, den Pfingstsaal. Dort soll ich mich ausrüsten lassen mit dem Heiligen Geist, um dann wieder machtvoll, in der Kraft des Geistes, das Wort zu verkünden.

Hören Sie in das heutige Evangelium hinein. Fragen Sie sich, was der Herr Ihnen ganz persönlich sagen will. Wen suchen Sie? Suchen Sie wirklich Jesus oder suchen Sie sich selbst? Suche ich die Wahrheit? Bin ich im Hause des Petrus? Hören Sie, was das für Sie bedeutet, welche Entscheidung jetzt fällig ist! Dann werden Sie merken – auch hier gilt der erste Satz, der über dem Evangelium steht: „Denkt um! Das Reich Gottes ist nahe gekommen. Glaubt an das Evangelium! Gebt euch ganz Christus hin, damit er machtvoll verkünden kann!“

In jener Zeit kam ein Aussätziger zu Jesus und bat ihn um Hilfe; er fiel vor ihm auf die Knie und sagte: Wenn du willst, kannst du machen, dass ich rein werde. Jesus hatte Mitleid mit ihm; er streckte die Hand aus, berührte ihn und sagte: Ich will es – werde rein! Im gleichen Augenblick verschwand der Aussatz, und der Mann war rein. Jesus schickte ihn weg und schärfte ihm ein: Nimm dich in Acht! Erzähl niemand etwas davon, sondern geh, zeig dich dem Priester und bring das Reinigungsopfer dar, das Mose angeordnet hat. Das soll für sie ein Beweis meiner Gesetzestreue sein. Der Mann aber ging weg und erzählte bei jeder Gelegenheit, was geschehen war; er verbreitete die ganze Geschichte, so dass sich Jesus in keiner Stadt mehr zeigen konnte; er hielt sich nur noch außerhalb der Städte an einsamen Orten auf. Dennoch kamen die Leute von überallher zu ihm.

Sie erinnern sich an die vorausgehenden Evangelien, die ja alle zusammenhängen. Eines ist Ihnen dabei hoffentlich klar geworden – es geht bei Jesus um etwas unerhört Neues. In Kafarnaum haben die Leute selber gesagt: „Das ist eine neue Lehre, die mit Vollmacht verkündet wird. So etwas war noch nie da!" Für die Juden stand jetzt die Frage im Raum: „Gott hat durch Mose und die Propheten gesprochen. Gilt nun das Wort des Gottes Israels nicht mehr, wenn dieser Jesus eine neue Lehre mit solcher Vollmacht verkündet? Ist das Gesetz des Gottes Israels, des Gottes des Mose und der Propheten, jetzt hinfällig?" Das war eigentlich für die gläubigen Juden eine nicht nur aufregende, sondern eine existenzielle Frage.

Das Ereignis mit dem Aussätzigen, das wir im heutigen Evangelium hören, reißt diese Frage noch tiefer auf, denn dieser Aussätzige fällt ja unter das alte Gesetz. Im dritten Buch Mose, Levitikus Kap. 13 und 14, stehen genaue Vorschriften, wie sich ein Aussätziger zu verhalten hat, und was passiert, wenn er andere Menschen berührt oder andere ihn berühren. Er hat sich von den Menschen fernzuhalten. Jede Berührung mit ihm war untersagt, weil sie unrein machte vor dem Gesetz.

Was geschieht hier in diesem Evangelium? Der Aussätzige kommt zu Jesus. Er kommt aus der Quarantäne heraus. Er geht auf Gesunde zu, was er, dem Gesetz nach, nicht darf. Er kommt zu Jesus. Er denkt wohl gar nicht mehr an das Gesetz und an die Folgen, die sich daraus ergeben: Dass er dadurch aus der Gemeinde ausgeschlossen wird, andere unrein macht und ungehorsam ist vor dem Gesetz. Er vergisst wohl alles, nur noch in der Hoffnung, dem zu begegnen, der ihm Heil schenken kann.

Er fiel vor ihm auf die Knie und sagte: Wenn du willst, kannst du machen, dass ich rein werde. [V. 40]

Er fällt vor Jesus auf die Knie. Das heißt, er erkennt ihn uneingeschränkt an als seinen Herrn. In diesem Gestus ist etwas ganz Wichtiges ausgedrückt. Das Evangelium ist ja eine Frohbotschaft, ein Wort Gottes an mich und an Sie. Selbst in so einer aussichtslosen Situation wie Aussatz, der normalerweise im Tod endet – es gab damals kaum eine Heilung von Aussatz – kann ich trotzdem Gott über mir anerkennen als den Herrn, der mich heilen kann oder auch nicht, je nachdem, wie er will. Ich brauche ihn nicht anzuklagen. Das drückt der Aussätzige dann auch in dem Wort aus: „*Wenn du willst, kannst du machen, dass ich rein werde*“. Darin hört man einerseits seine Unsicherheit heraus, weil er ja gar nicht auf Jesus zugehen dürfte – er müsste sich ja abgetrennt von den Menschen aufhalten. Andererseits kommt durch dieses Wort „*Wenn du willst, kannst du machen, dass ich rein werde*“, seine Hoffnung zum Ausdruck, dass Jesus sich erbarmt. Der Gott, der barmherzig ist, will sicher, dass er heil wird. Aber der Aussätzige will nicht einfach nur heil werden, sondern überlässt alles ganz Jesus.

Ich erinnere mich auch an die Haltung Mariens in Kana, als sie Jesus um den Hochzeitswein bittet, und er antwortet: „Frau, was geht das mich an, was geht das dich an?" Maria sagt daraufhin zu den Dienern einfach nur: *„Was er euch sagt, das tut."* (Joh 2, 5) Wenn er nichts sagt, dann tut nichts. Wenn er etwas zu tun aufträgt, dann tut es. Sie anerkennt Jesus als absolut souverän, wie dieser Aussätzige auch. Er weiß, dass er zu viel gewagt hat, aber er hat es getan aus einem ganz tiefen Glauben an die Macht dieses Jesus, der mit Vollmacht redet und Macht hat auch über solche Krankheiten, die ja letztlich Folgen der Sünde sind.

Er liefert sich diesem Fremden aus. Jesus war ja für ihn ein Fremder. So, wie Jesus will, mag es geschehen. Das ist die einzig richtige Haltung vor Gott. Das ist die anbetende Haltung, die jeglicher anderen Form des Gebetes vorausgehen muss, wenn wir im Gebet wirklich Gott meinen. In dieser Haltung drücke ich aus: „Ich suche Jesus. Mir geht es um seinen Willen, selbst wenn ich im Aussatz bleibe. Ich anerkenne ihn, werfe mich vor ihm nieder. Sein Wille soll geschehen."

Jesus hatte Mitleid mit ihm; er streckte die Hand aus, berührte ihn und sagte: Ich will es – werde rein! [V. 41]

Dem Aussätzigen muss geradezu der Atem gestockt haben, als Jesus ihn anrührte. Das hätte dieser nicht tun dürfen. Sonst wird er evtl. selber angesteckt, aber vor allem er wird unrein. Er wird aus der Kultgemeinde Israels ausgeschlossen. Dass Jesus ihn anrührte, was er nach dem Gesetz gar nicht hätte tun dürfen, dass da jemand keine Angst hat vor dem Unreinen und vor der Krankheit, war für ihn schon atemberaubend. Er muss der Herr sein, der über allem steht.

Seit dem Beginn des Aussatzes hatte dieser Mann wohl nie mehr die liebende Berührung einer Menschenhand erlebt. Er war ausgestoßen, von der Hand gleichsam weggedrückt in die

Einsamkeit, in die Verlassenheit, in sein eigenes Schicksal, ohne dass sich jemand um ihn kümmerte. Jetzt berührt ihn die barmherzige, mitleidende Liebe Gottes in Jesus. Da merken Sie, wie schon die heilige Hildegard von Bingen sagt, dass die Barmherzigkeit und die Liebe die stärksten Heilmittel sind für Leib und Seele. Hier kommt wunderbar zum Ausdruck, wie der Heilige Geist, der Jesus und auch uns gesalbt hat, durch unsere Berührung aus Mitleiden und echter Barmherzigkeit das Wunder der Heilung bewirken kann.

Jesus bewirkt das Wunder, nicht wir. Und es ist die Kraft des Geistes, die durch Jesus wirkt. Es war etwas Unbegreifliches, was der Mann erlebte, als er endlich wieder von einem Menschen berührt wurde und diese Zuwendung, Barmherzigkeit und Liebe spüren durfte, die ihn heilte. Jesus spricht sein befreiendes Wort: „Ich will – sei rein!“ Er bekennt sich damit als der, den dieser Aussätzige anerkannt hat, als den Herrn, als den Kyrios, als den, der über der Krankheit steht, der über dem Unheil steht.

Im gleichen Augenblick verschwand der Aussatz, und der Mann war rein. [V. 42]

Das Wunder geschieht, und zwar gleich und plötzlich. Das entspricht ganz und gar dem Willen und der Macht Jesu.

Jesus schickte ihn weg und schärfte ihm ein: Nimm dich in Acht! Erzähl niemand etwas davon, sondern geh, zeig dich dem Priester und bring das Reinigungsopfer dar, das Mose angeordnet hat. Das soll für sie ein Beweis meiner Gesetzestreue sein. [Vv. 43-44]

Das klingt ganz seltsam. Jesus hat sich in seiner unendlichen Barmherzigkeit dem Kranken zugewandt, sodass er gleich heil war. Jetzt heißt es plötzlich (im Griechischen): „Jesus fuhr ihn an und trieb ihn weg“. Jesus handelt jetzt nach dem Gesetz. Der

Aussätzige darf doch gar nicht auf Jesus zugehen. Jesus treibt ihn weg. Er lässt ihn also wissen, dass er gegen das Gesetz gehandelt hat. Er treibt ihn weg aus dem Kreis jener, in die er sich hereingedrängt hat, nämlich aus dem Kreis Jesu und seiner Jünger, die mit ihm gegangen sind. Warum fährt er ihn an, warum treibt er ihn weg?

Der zweite Befehl macht dieses Verhalten Jesu eigentlich erst deutlich: Jesus sendet den Geheilten zu den Priestern, so, wie es das Gesetz des Mose vorschreibt. Damit er unterwegs nach Jerusalem nicht aufgehalten wird, soll er niemandem etwas erzählen. Solange der Priester ihn nicht für rein erklärt hat, gelten die Gesetze für den Umgang mit Aussätzigen für ihn. Er soll also mit niemandem in Berührung kommen, bis er sich vom Priester für gesund erklären lassen hat, gemäß dem Gesetz. Indem Jesus verlangt, der Priester solle über seine Gesundheit entscheiden, verlangt er, dass das Gesetz erfüllt wird, allen Juden zum Zeugnis dafür, dass Jesus das Gesetz beachtet, weil es von seinem Vater ist.

Das ist interessant. Denn Jesus hat eine neue Lehre verkündet – wie die Leute sagten – und zwar mit Vollmacht. Daraus ergab sich die ernste Frage der gläubigen Juden: Hat das Gesetz ausgedient? Ist das nicht mehr gültig? Ist das Wort des Gottes Abrahams, Isaaks und Jakobs ungültig geworden? Indem Jesus diesen Mann zu den Priestern schickt, drückt er aus, dass er das Gesetz nicht auflöst, sondern sich daran hält und es erfüllt.

Der Mann aber ging weg und erzählte bei jeder Gelegenheit, was geschehen war; er verbreitete die ganze Geschichte, so dass sich Jesus in keiner Stadt mehr zeigen konnte; er hielt sich nur noch außerhalb der Städte an einsamen Orten auf. Dennoch kamen die Leute von überallher zu ihm. [V. 45]

Trotz des Verbots redet der Mann überall. Er kann das, was er erlebt hatte, nicht mehr für sich behalten. Das zeigt, wie berechtigt die harte Anrede Jesu war, und warum er ihn angefahren und weggetrieben hat. Er hat wohl das Innere dieses Mannes schon gekannt. Er wusste, dass dieser Mann den Mund nicht halten konnte. Jesus kannte schon sein Herz. Jesus hätte zu dem Mann sagen können: „Du brauchst nicht mehr zu den Priestern zu gehen". Nein, obwohl er der Sohn Gottes ist, der über dem Gesetz steht, ist er dem Gesetz gehorsam und verlangt von dem Geheilten, dass er alles tut, was im Gesetz steht. Das ist ein Hinweis darauf, wie wichtig auch für uns heute noch das Wort Jahwes, des Gottes Abrahams, Isaaks und Jakobs ist. Jesus sagt, er ist nicht gekommen, das Gesetz aufzulösen, sondern zu erfüllen. In ihm, in seiner Person, kommt das ganze Gesetz zur Vollendung und Erfüllung. Alle Gesetze, eigentlich das ganze Alte Testament führen hin zu Jesus und erklären ihn.

Man kann das Alte Testament erst vom Neuen Testament her richtig und in seiner ganzen Tiefe verstehen. Die ganze Geschichte des Alten Bundes, des alten Gottesvolkes ist die Geschichte der Kirche, des Volkes Gottes im Neuen Bund. Alles, was wir dort lesen, auch von den Propheten, ist teilweise schon erfüllt in Jesus, aber es wird noch endgültig erfüllt bei der Wiederkunft des Herrn. Das Alte Testament hat uns schon Dinge vorausgesagt, Gott hat uns durch seinen Geist schon Dinge verkündet, die auch jetzt noch nicht ganz erfüllt sind. In Jesus ist schon ein Großteil erfüllt. In Jesus ist uns die Garantie gegeben, dass alle Prophetien des Alten Bundes in Erfüllung gehen, denn viele zielen ja auf das Endgültige hin, auf das Ewige, auf die Hochzeit des Lammes.

Trotz des Redeverbots wurde der Geheilte zum Missionar. Die Leute strömten unaufhörlich zu Jesus. Diese Aussage steht im Imperfekt, das heißt, der Strom hat von diesem Augenblick an nicht mehr nachgelassen. Aber vielleicht drückt das auch etwas davon aus, wie der Gehorsam Jesu zum Gesetz, zum Willen des Vaters im Gesetz, eine geradezu überwältigende Fruchtbarkeit brachte, als die Leute unaufhörlich, in einem ununterbrochenen

Strom, zu ihm in die Einsamkeit kamen. Sie haben den gesucht, von dem sie gehört hatten. Jesus ist ja im Gehorsam zum Vater gekommen und in diesem Gehorsam zum Vater gestorben. Im Gehorsam gab er sein Leben hin für uns, um uns zu retten. Hier drückt sich wiederum der Gehorsam Jesu zum Gesetz aus. Er ist gekommen, es zu erfüllen. Er hat zu dem Geheilten nicht einfach gesagt: „Ich habe dich jetzt befreit. Du bist frei. Du brauchst dich nicht mehr an das Gesetz zu halten". Nein, er hat gesagt: „Halte dich an das Gesetz, auch wenn du schon frei bist". Jesus fordert unbedingten Gehorsam. Daraus entsteht enorme Fruchtbarkeit – „sie strömten zu Jesus". Der Strom hat nicht mehr nachgelassen – eine wunderbare Aussage. Das kann auch uns wieder einiges sagen.

Zunächst, dass wir vom Neuen Testament her das Alte Testament viel tiefer erfassen können. Wir sollten deshalb auch viel mehr ins Alte Testament hineinschauen, es lesen und es vom Neuen Testament her verstehen. Was wurde uns im Alten Testament schon alles gezeigt und vorausgesagt, sodass wir die wunderbaren Bilder, die Geheimnisse des Neuen Testaments noch viel tiefer begreifen!

Zum anderen erleben wir hier die Vollmacht Jesu, aber auch seinen Gehorsam zum Wort Gottes. Er hat seine Allmacht, die Gott der Vater ihm gegeben hat, und die er als Sohn Gottes hat, nicht gegen den Gehorsam ausgespielt, sondern hat sich immer unter den Gehorsam des Vaters gestellt. Das hat die Welt erlöst. Der Gehorsam erlöst die Welt, nicht das Besserwissen. Das ist eine ganz wichtige Aussage.

Als Jesus nach Kafarnaum zurückkam, wurde bekannt, dass er wieder zu Hause war. Und es versammelten sich so viele Menschen, dass nicht einmal mehr vor der Tür Platz war; und er verkündete ihnen das Wort. Da brachte man einen Gelähmten zu ihm; er wurde von vier Männern getragen. Weil sie ihn aber wegen der vielen Leute nicht bis zu Jesus bringen konnten, deckten sie dort, wo Jesus war, das Dach ab, schlugen die Decke durch und ließen den Gelähmten auf seiner Tragbahre durch die Öffnung hinab. Als Jesus ihren Glauben sah, sagte er zu dem Gelähmten: Mein Sohn, deine Sünden sind dir vergeben! Einige Schriftgelehrte aber, die dort saßen, dachten im Stillen: Wie kann dieser Mensch so reden? Er lästert Gott. Wer kann Sünden vergeben außer dem einen Gott? Jesus erkannte sofort, was sie dachten, und sagte zu ihnen: Was für Gedanken habt ihr im Herzen? Ist es leichter, zu dem Gelähmten zu sagen: Deine Sünden sind dir vergeben oder zu sagen: Steh auf, nimm deine Tragbahre und geh umher? Ihr sollt aber erkennen, dass der Menschensohn die Vollmacht hat, hier auf der Erde Sünden zu vergeben. Und er sagte zu dem Gelähmten: Ich sage dir: Steh auf, nimm deine Tragbahre und geh nach Hause! Der Mann stand sofort auf, nahm seine Tragbahre und ging vor aller Augen weg. Da gerieten alle außer sich; sie priesen Gott und sagten: So etwas haben wir noch nie gesehen.

Jesus kam wieder nach Kafarnaum zurück. [V. 1]

Wie wir in den letzten Sonntagsevangelien hörten, war Jesus bis jetzt unterwegs in den Synagogen Galiläas. Jetzt kommt er zurück und macht kurz Rast. Aber nach einigen Tagen erfahren die Leute, dass er wieder da ist.

Und es versammelten sich so viele Menschen, dass nicht einmal mehr vor der Tür Platz war; und er verkündete ihnen das Wort. [V. 2]

„Das Wort“ ist ein Begriff der urchristlichen Verkündigung. Damit ist die ganze Botschaft Jesu gemeint. Als es einige Abschnitte zuvor um Heilung ging, u.a. in Kafarnaum, hieß es: *„Die ganze Stadt war versammelt“*. Man hat den Eindruck, dass damals mehr Leute da waren, als es um Heilung ging, als jetzt, da Jesus einfach nur seine Botschaft verkündet. Hier sehen wir wieder, was die Menschen wirklich suchen – bis heute. Suchen sie bei Gott sich selber oder suchen sie Jesus? Suchen sie seine Frohe Botschaft? Sind sie bereit, umzudenken und sich Jesus im Glauben ganz auszuliefern oder wollen sie ihn nur ausnutzen für ihren Vorteil? Das müssen wir uns immer wieder fragen.

Da brachte man einen Gelähmten zu ihm; er wurde von vier Männern getragen. Weil sie ihn aber wegen der vielen Leute nicht bis zu Jesus bringen konnten, deckten sie dort, wo Jesus war, das Dach ab, schlugen die Decke durch und ließen den Gelähmten auf seiner Tragbahre durch die Öffnung hinab. Als Jesus ihren Glauben sah, sagte er zu dem Gelähmten: Mein Sohn, deine Sünden sind dir vergeben! [Vv. 3-5]

Vier Männer bringen also einen Gelähmten, der so stark gelähmt war, dass er gar nichts tun konnte – nicht einmal Jesus um Hilfe bitten. Was diese Leute sich alles einfallen ließen, um den Gelähmten vor Jesus zu bringen – dass sie das Dach abdeckten und durchschlugen etc. – zeigt etwas von ihrem Glauben. Man könnte sagen: Die Tat dieser vier Männer ist eine wortlose Bitte. Sie ist ein Zeichen des Vertrauens.

An dieser Stelle fällt mir Franz von Sales ein, der einmal gesagt hat: „Viele unterscheiden nicht zwischen Gefühl des Glaubens und Glauben, zwischen Gefühl des Vertrauens und Vertrauen. Das ist ein großer Fehler.“ Das Gefühl des Glaubens ist noch kein Glaube und das Gefühl des Vertrauens noch kein Vertrauen. Eigentlicher Glaube ist die Tat des Glaubens. Eigentliches Vertrauen ist die Tat des Vertrauens. Die vier Männer handeln einfach. Sie bringen den Gelähmten zu Jesus. Sie schlagen das Dach durch und legen den Kranken vor Jesus nieder. Sie vollbringen eine Tat des Glaubens, eine Tat des Vertrauens.

Dieses Bild sagt uns etwas ganz Wichtiges: Wer so zu Jesus kommt, soll auch Hilfe erfahren. Wer so einen Glauben in der Tat ausdrückt, wird von Gott Antwort bekommen. Es heißt: *„Als Jesus ihren Glauben sah, sagte er…“*. Als er den Glauben der Vier sah, sagte er zu dem Fünften, dem Gelähmten, der sich nicht bewegen konnte, vielleicht nicht einmal reden konnte: *„Deine Sünden sind dir vergeben.“*

Diese Sätze enthalten wieder eine ganz wichtige Botschaft: Wir können mit unserem Glauben eintreten für andere, die nicht mehr glauben können. Wir können mit unserem Vertrauen auf Gott eintreten für Menschen, die Gott nicht mehr trauen können. Gott schaut auf unseren Glauben und spricht das entscheidenste Wort, das er überhaupt zu einem Menschen sagen kann: *„Deine Sünden sind dir vergeben.“*

An dieser Stelle denke ich an ein Wort der Gottesmutter Maria in Fatima. Sie sagte: „Es gehen so viele Menschen verloren, weil niemand für sie eintritt vor Gott“ – mit seinem Glauben und seinem Vertrauen. Dieses Vertrauen drückt sich im Gebet aus, aber auch in Formen der Hingabe und des Opfers, wenn wir z.B. Gott Dinge des Alltags, die uns schwerfallen, anbieten als Ausdruck unserer Liebe und unseres Glaubens für solche, die nicht mehr glauben können.

Das ist ein Anruf an uns, nicht nur eine Erzählung. Evangelium ist immer eine Botschaft, die uns herausfordert zum Nachahmen, zum Mittun, damit die vielen, die Gott nicht mehr kennen, ihn kennenlernen, gerettet werden und damit Jesus zu ihnen das entscheidende Wort sagen kann: *„Deine Sünden sind dir vergeben.“* Das ist etwas viel Wichtigeres als die rein körperliche Heilung, denn hier geht es um das ewige Leben.

Als Jesus den Glauben der vier Männer sah, sagte er zu dem Gelähmten: *„Deine Sünden sind dir vergeben."* Er hilft dem Gelähmten zunächst nicht auf die Weise, wie die Umstehenden es sicher erwartet haben, sondern ganz anders: Er hilft mit der Vergebung der eigentlichen Ursache aller Krankheiten und des Todes. Die Ursache von Krankheit und Tod ist die Sünde, wie die Heilige Schrift sagt: *„Der Lohn der Sünde ist der Tod"* (Röm 6,23) – jedoch nicht immer die persönliche Sünde, sondern einfach die Sünde in der Welt. Deshalb nimmt Jesus zuerst die Ursache aller Leiden, Krankheiten und des Todes von dem Gelähmten.

Als die Männer mit der Bahre ankamen, war Jesus gerade mitten in seiner Verkündigung des Reiches Gottes. Er ist gekommen, um uns mit dem Vater zu versöhnen. Die Versöhnung der Menschen mit Gott durch die Vergebung der Sünden ist die zentrale Botschaft des Reiches Gottes. Dazu ist Jesus gekommen. So war die Begegnung zwischen Jesus und dem Gelähmten ein anschauliches Beispiel für das, was Johannes der Täufer über Jesus gesagt hat: *„Seht, das Lamm Gottes, das die Sünde der Welt hinwegnimmt"* (Joh 1,29). Das ist das Entscheidende.

In allen möglichen Religionen, auch Naturreligionen, geht es immer wieder um die Erlösung, um die Befreiung des Menschen von Schuld. Was haben die Menschen im Heidentum sich diese Erlösung alles kosten lassen! Was haben sie alles geopfert – bis hin zu ihren eigenen Kindern –, damit die Götter sich mit ihnen versöhnen! Jesus ist gekommen, diese Sehnsucht der Menschheit endlich zu stillen und die Sünden hinwegzutragen, wie es bei Johannes heißt.

Nun nimmt Jesus auch den Titel des Menschensohnes in Anspruch, des Messias und Erlösers, der kommen wird auf den Wolken des Himmels und von dem schon Daniel im Alten Testament spricht (Dan 7,13).

Ihr sollt aber erkennen, dass der Menschensohn die Vollmacht hat, hier auf der Erde Sünden zu vergeben.
[V. 10]

Da Sündenvergebung einzig Sache Gottes ist, wie die Schriftgelehrten sagen – „*Wer kann Sünden vergeben außer dem einen Gott?*“ – offenbart sich Jesus hiermit als der Sohn Gottes, der Menschensohn und Messias. Durch die Sündenvergebung zeigt Jesus auch auf, dass er der Heiland des ganzen Menschen ist, und dass die Sündenvergebung für den Menschen wichtiger sein müsste als körperliche Heilung. Denn was nützt mir eine äußere Heilung des Leibes, wenn mir die Ursache des Unheils nicht vergeben ist, die Sünde? Was nützt es mir für die Ewigkeit, wenn ich in dieser Welt heil geworden bin, aber mir die Sünde nicht nachgelassen ist, und ich deshalb Gott nie schauen kann?

Dazu ist Jesus gekommen. Auch für uns. Doch ist die Sündenvergebung wirklich unser Anliegen? Ist sie der Grund, warum wir Jesus annehmen und uns ihm ausliefern? Ist sie das Wichtigste, was wir von Jesus wollen? Die große Krankheit unserer Zeit ist, dass uns das Sündenbewusstsein fehlt. Deshalb meinen wir, auch keine Erlösung, keine Vergebung zu brauchen – und keinen Heiland.

Unser Verhältnis zu Gott wird dadurch ganz oberflächlich. Wir können nicht mehr staunen über das Werk der Erlösung und ahnen gar nicht mehr, was es Jesus gekostet hat, uns unsere Sünden zu vergeben. Und was es für ihn und den Vater bedeutet hat, dass er für uns deshalb zur Sünde geworden ist. Das ist schon sehr bedenklich. Ich glaube, dieses Evangelium sollte uns wieder zu dem Bewusstsein führen: Das Wichtigste, was wir brauchen, ist die Vergebung der Sünden.

Weiter zeigt Jesus in diesem Text, dass die Sünde die Ursache allen Unheils ist. Die große deutsche Prophetin Hildegard von Bingen zeigt uns wunderbar auf, dass Schöpfung und Engel gespannt auf die Entscheidung des Menschenherzens schauen und warten, ob es sich für Gott entscheidet oder gegen ihn. Der Mensch, sagt sie, ruiniere nämlich durch seine Sünde die ganze Schöpfung. Wenn der Mensch sündigt, kommt das Heil von Gott her nicht mehr durch den Menschen in die gesamte Schöpfung, und die Elemente wehren sich gegen den Menschen. Das erleben wir heute immer wieder.

Das Wichtigste ist deshalb die Versöhnung, die Vergebung der Sünden und die Reue, damit durch die Reue des Menschen auch die Schöpfung wieder gesunden kann. Das wird hier ganz deutlich ausgedrückt. Jesus sagt zu dem Kranken: „Deine Sünden sind dir vergeben!" Die Sünde ist die Ursache allen Unheils. Wenn wir das nicht mehr begreifen, was alle Heiden vor uns zutiefst begriffen haben, sind wir sehr weit abgefallen von der Wahrheit und der Ehrlichkeit uns selbst gegenüber.

In einer Studie wird behauptet, dass Zorn und Schuld die häufigsten Ursachen körperlicher und seelischer Erkrankungen seien, wobei u.a. folgende körperliche Erkrankungen genannt werden: Erkältungen, Krebs, Herzinfarkt. Zorn heißt: mit den Mitmenschen unversöhnt sein. Zorn löst in uns Krankheiten aus, auch solche, die zum Tod führen. Schuld heißt: mit mir selbst unversöhnt sein. Auch Schuld löst Krankheiten aus. Sind Sie in Ihrem Herzen versöhnt? Haben Sie damit auch die Vergebung Gottes angenommen, Vergebung für Ihre Unversöhntheit mit sich selbst, mit den andern? Was halten Sie verschiedenen Menschen noch vor? Wo sind Sie mit ihnen unversöhnt? Wo fühlen Sie sich immer noch im Recht, klagen an und schimpfen? All das macht krank.

Wenn wir mit uns selbst versöhnt sind, sind wir versöhnt mit allem, was wir getan haben. Wir haben manches getan, worüber wir im Nachhinein denken: „Wenn ich das nur nicht gemacht hätte!" Wir klagen uns deshalb immer wieder an oder bemitleiden uns. Wenn wir mit uns selbst versöhnt sind, muss nichts aus unserem Leben ausgeschlossen werden, weil wir wissen: Jesus hat alles gegeben. Er macht aus allem noch etwas Gutes. Ich versöhne mich mit mir selber, weil ich Jesus gebeten habe, aus meinen Fehlern etwas Gutes zu machen. Darum geht es.

Das Entscheidende in der Heilsgeschichte ist die Vergebung der Sünden. Jesus ist gekommen, um uns von der Sünde und von der Macht der Finsternis zu befreien. Deshalb ist sein erstes Wort: *„Deine Sünden sind dir vergeben!"* Wenn die Erlösung einst vollendet sein wird bei der Hochzeit des Lammes, werden wir alle heil sein an Leib und Seele. Es geht um das ganze Heil. Deshalb ist es wichtig, dass wir Gott zuerst um Vergebung unserer Sünden bitten, vor allem auch der Sünden, bei denen wir an die Stelle Gottes andere Götzen gestellt haben – ob es im Bereich des Okkultismus war, oder ob uns andere Dinge wichtiger waren als Gott – bevor wir ihn um körperliche Heilung bitten. Das Größte und Schönste, was Gott uns angeboten hat, ist die Vergebung der Sünden im Sakrament der Buße. Es ist das Ostergeschenk Jesu.

Vielleicht erlebt mancher durch die Vergebung im Bußsakrament bereits den Beginn eines Heilungsprozesses. Es ist heute eine ganz allgemeine Erfahrung, von der gerade Therapeuten – auch Nichtchristen – berichten, dass jede Sünde des Menschen sich am Leib des Menschen rächt. Wenn das schon Nichtchristen erkennen, dann sollten wir eigentlich das, was uns offenbart ist, erst recht annehmen, vor allem die Vergebung der Sünden. Wir sollten aber auch auf ein gesundes Sündenbewusstsein achten.

Der Mann stand sofort auf, nahm seine Tragbahre und ging vor aller Augen weg. [V. 12a]

Er ging nach Hause, weil Jesus gesagt hatte: *„Ihr sollt erkennen, dass der Menschensohn die Vollmacht hat, hier auf der Erde Sünden zu vergeben. Steh auf … und geh nach Hause!"* Vorher hatte Jesus gefragt: *„Was ist denn leichter zu sagen: Deine Sün-*

den sind dir vergeben! oder zu sagen: „Steh auf … und geh umher?“ Beides ist Auswirkung der göttlichen Macht und Vollmacht. Beides gehört zusammen. Das eine ohne das andere ist nicht das volle Heil des Menschen. Der Mann stand auf und ging.

Da gerieten alle außer sich; sie priesen Gott und sagten: So etwas haben wir noch nie gesehen. [V. 12b]

In dem Satz: *„So etwas haben wir noch nie gesehen“* ist die Gefahr ausgedrückt, dass die Leute, die die Heilung miterlebt haben, am Sichtbaren hängen bleiben. Das tiefe Wort *„Deine Sünden sind dir vergeben“* ist schon wieder in den Hintergrund gerückt. Das Wichtigere übersehen sie.

Das ist die große Gefahr, in der auch wir dauernd stecken. Jesus hat das Wort vom Reich Gottes verkündet, von der Vergebung der Sünden und von der Barmherzigkeit Gottes. Er hat Gottes Barmherzigkeit an diesem Gelähmten demonstriert durch die Vergebung der Sünden. Aber die Leute übersehen das, weil sie fasziniert sind von der körperlichen Heilung, die doch nur eine Folge der seelischen Heilung, der Befreiung von den Sünden war. Die Vergebung der Sünden, die Versöhnung mit Gott, ist das Entscheidende, wenn wir als ganze Menschen gesund sein wollen. In diesem Sinne kann gesund sein eventuell sogar heißen, dass wir irgendetwas Schweres zu tragen haben – auch im körperlichen Bereich – und trotzdem unsere Situation aus der Kraft der Erlösung innerlich voll bejahen können, sodass wir sagen können: „Es darf sein. Es ist ein Ausdruck meiner Liebe zu Gott“. Prüfen Sie anhand dieses Gotteswortes einmal Ihr Verhältnis zu Jesus.

Da die Jünger des Johannes und die Pharisäer zu fasten pflegten, kamen Leute zu Jesus und sagten: Warum fasten deine Jünger nicht, während die Jünger des Johannes und die Jünger der Pharisäer fasten? Jesus antwortete ihnen: Können denn die Hochzeitsgäste fasten, solange der Bräutigam bei ihnen ist? Solange der Bräutigam bei ihnen ist, können sie nicht fasten. Es werden aber Tage kommen, da wird ihnen der Bräutigam genommen sein; an jenem Tag werden sie fasten. Niemand näht ein Stück neuen Stoff auf ein altes Kleid; denn der neue Stoff reißt doch vom alten Kleid ab, und es entsteht ein noch größerer Riss. Auch füllt niemand neuen Wein in alte Schläuche. Sonst zerreißt der Wein die Schläuche; der Wein ist verloren, und die Schläuche sind unbrauchbar. Neuer Wein gehört in neue Schläuche.

Der Meister, der Rabbi, ist normalerweise für seine Jünger verantwortlich. Weil es auffällt, dass die Jünger Jesu nicht fasten, kommen die Leute zu Jesus und fragen: Warum fasten deine Jünger nicht, wie die Jünger des Johannes und die Jünger der Pharisäer? Es gab ja bestimmte Fastenvorschriften und manche Leute haben auch noch mehr gefastet. Denken Sie an den Pharisäer, der im Gebet zu Gott sprach: *„Ich faste zweimal in der Woche“* (Lk 18,12) – nicht bloß einmal. Dass die Jünger Jesu nicht fasteten, war auffällig, denn das Fasten gehörte irgendwie zum Gesetz. Die Frage der Leute, warum die Jünger Jesu nicht fasten, warum sie sich nicht daran halten wie die anderen, klingt wie ein Infragestellen Jesu, der ja der Führer einer religiösen Gruppe ist.

Jesus benutzt solche Situationen und Fragen immer, um eine viel entscheidendere Antwort zu geben als die reine Beantwortung der Frage. Er entgegnet:

Können denn die Hochzeitsgäste fasten, solange der Bräutigam bei ihnen ist? Solange der Bräutigam bei ihnen ist, können sie nicht fasten. [V. 19]

Jesus spricht zuerst einmal eine Sitte an, die alle kennen. Bei einer Hochzeit kann man nicht fasten. Das wäre ja unverschämt gegenüber den Brautleuten, die den Gästen mit einem guten Mahl eine Freude machen wollen. In seiner Entgegnung bezeichnet sich Jesus selbst als der Bräutigam und übernimmt die Verantwortung für seine Jünger.

Hier haben wir bereits einen Ausblick auf die Hochzeit des Lammes, wie sie in der Apokalypse dargestellt ist – und somit auf das ewige Leben: Er, der Bräutigam – wir, die Braut. Schon im Alten Testament tauchen diese Bilder immer wieder auf. Die Hochzeit war ja damals eine sehr hohe Zeit der Freude für alle, die daran teilnahmen. Die Freunde des Bräutigams, die eingeladen waren, sollten zur Freude des Brautpaares beitragen. Heute würden die Freunde lustige Gedichte vortragen und die Leute ermuntern. Die Hochzeit war einfach ein Fest der Freude für das ganze Dorf. Da konnte man nicht fasten. Das wäre ein Widerspruch gewesen. Das hat jeder eingesehen. Solange Hochzeit ist, ist Hochzeit.

Jesus nimmt also das Bild der Hochzeit als Bild für die Heilszeit. *„Wie der Bräutigam sich freut über die Braut, so freut sich dein Gott über dich.“* heißt es schon beim Propheten Jesaja (Jes 62,5). Denn schon Jesaja sagte diese Heilszeit prophetisch als eine Hochzeit voraus. Die Apokalypse, die Geheime Offenbarung, bringt diesen Gedanken noch deutlicher: Das neue Jerusalem, die Heilige Stadt, die herabsteigt, *„geschmückt wie eine Braut“* für den Bräutigam (vgl. Offb 21,2). Und auch die anderen Bilder, die Jesus bringt, sprechen immer wieder von der Hochzeit, diesem Endbild des Heiles, der Heilszeit. Dieser himmlische Hochzeitsjubel verträgt sich nicht mit Fasten.

Es werden aber Tage kommen, da wird ihnen der Bräutigam genommen sein; an jenem Tag werden sie fasten. [V. 20]

Jesus spricht hier von sich. Er hat sich als der Bräutigam ausgegeben. Dieser Satz ist ein sehr ernster Hinweis auf seinen Tod. Wenn ihnen Jesus genommen wird, dann werden die Jünger fasten und trauern. Sie werden fasten, weil sie das Gefühl haben, sie hätten etwas verloren. Sie müssen durch die Nacht, müssen durch die Reinigung der Nacht.

Im Alten Testament versucht man durch Fasten einen eigenen Weg zu Gott zu finden. Es war also ein Weg der Reinigung – man könnte fast sagen, ein Stück Selbsterlösung. Durch Fasten, meinte man, man könne sich den Himmel gewissermaßen erkaufen. Denken Sie an den Pharisäer, der betete: *„Gott, ich danke dir, dass ich nicht wie die anderen Menschen bin, die Räuber, Betrüger, Ehebrecher oder auch wie dieser Zöllner dort. Ich faste zweimal in der Woche und gebe dem Tempel den zehnten Teil meines ganzen Einkommens"* (Lk 18,11-12). Er fühlte sich durch sein Tun vor Gott gerechtfertigt, erlöst und berechtigt, in den Himmel zu kommen. Das war pharisäisches Denken. Es war gut gemeint, aber doch ein großer Unterschied zur Botschaft Jesu. Auf diesem Hintergrund können wir die Bilder verstehen, die Jesus nachher bringt.

Wenn man im Alten Testament versuchte, durch Fasten einen eigenen Weg zu Gott zu finden, musste man dazu natürlich auch die Gesetze einhalten. Wer das Gesetz nicht erfüllen konnte, war ein Verlorener, ein Gemiedener.

Doch nun ist mit Christus etwas ganz Neues, eine ganz neue Lehre gekommen: Ich kann mir den Himmel nicht verdienen durch Fasten, durch Erfüllung von Gesetzen, durch bestimmte Gebete oder dergleichen, sondern es ist Jesus, der mir den Weg zum Vater eröffnet. Ich brauche einen Erlöser – und Jesus, der

Bräutigam, ist der Erlöser seiner Braut. Er reinigt seine Braut mit seinem Blut, in seiner Hingabe, in seinem Licht. Das ist etwas ganz anderes.

Fasten, Gebet, Halten der Gebote war im Alten Testament ein Weg zu Gott, also gleichsam ein Verdienen des Himmels. Jetzt kommt Jesus und verkündet eine neue Lehre, die aber ganz dem Alten Testament entspricht, das ja ganz und gar auf einen Erlöser hinweist, der uns befreien kann aus Sünde und Ketten. Mit Jesus dieser Erlöser.

Den Himmel können wir gar nicht verdienen. Wir müssen ihn uns von Jesus öffnen lassen. Die Braut muss gereinigt werden durch das Blut des Lammes. Ihr Brautkleid, das noch voller Flecken und Runzeln und Falten ist, muss gewaschen werden. In der Geheimen Offenbarung erfahren wir, dass die, die in weißen Gewändern gingen, die sind, die *ihre Gewänder gewaschen haben im Blute des Lammes* (vgl. Offb 7,14). Sie sind gerechtfertigt, doch nicht durch ihr eigenes Tun.

Zum besseren Verständnis bringt Jesus nun folgende Bilder:

> **Niemand näht ein Stück neuen Stoff auf ein altes Kleid; denn der neue Stoff reißt doch vom alten Kleid ab, und es entsteht ein noch größerer Riss. Auch füllt niemand neuen Wein in alte Schläuche. Sonst zerreißt der Wein die Schläuche; der Wein ist verloren, und die Schläuche sind unbrauchbar. Neuer Wein gehört in neue Schläuche.** [Vv. 21-22]

Das Neue verträgt sich nicht mit dem Alten. Wenn ich ein neues Stück Stoff, auf ein altes Kleid nähe, das schon verzogen ist, dann weiß ich, dass der neue Stoff sich bei der Wäsche noch zusammenzieht und dadurch ein noch größeres Loch in den alten Rock hineinreißt. Dann ist der neue Stoff verdorben und das alte Kleid auch.

Dass das Neue sich nicht mit dem Alten verträgt, zeigt Jesus auch in seinem zweiten Vergleich: Neuen Wein kann ich nicht in spröde Lederschläuche gießen. Wenn er dann gärt, zerreißen die Schläuche, der Wein geht kaputt und die Schläuche auch. Damit ist beides unbrauchbar.

Das Alte Testament war Zeichen des Kommenden. Fasten und Halten der Gebote war im Alten Testament ein Weg der Erlösung. Das heißt, die Leute glaubten, wie wir gesehen haben, durch dieses Tun den Himmel kaufen zu können, obwohl das Alte Testament ursprünglich von Gott her einen anderen Sinn hatte. Es sollte in den Menschen das Sündenbewusstsein wecken. Sie sollten spüren: Wir können aus uns heraus gar nicht erfüllen, was hier von uns gefordert wird. Wir sind viel zu schwach, viel zu sündhaft. Dadurch sollte die Sehnsucht geweckt werden nach dem Erlöser – nach dem, der uns von unseren Sünden befreien und das in uns vollbringen kann, was wir nicht können. Das ist der Sinn des Alten Bundes. Aber dieser Sinn hat sich im Lauf der Geschichte verändert. Die Leute haben versucht, durch das Erfüllen der Gesetze, durch Fasten, den Himmel zu erkaufen.

Ein solcher Umgang einiger Pharisäer mit dem Alten Testament steht dem Neuen Testament ganz entgegen. Das Alte Testament war Zeichen des Kommenden. Es sollte in den Menschen die Sehnsucht wecken nach dem Kommenden, nach dem Erlöser. Jetzt ist Christus gekommen – und mit Christus die Erfüllung aller Voraussagen und aller Zeichen des Alten Bundes. Man kann sagen: Das Zeichen wurde abgelöst durch seine Verwirklichung.

Denken Sie an das geopferte Osterlamm und das Pascha-Mahl, das im Alten Testament gefeiert wurde – und wie es sich in Christus, dem Gekreuzigten, dem wahren Osterlamm erfüllte. Oder denken Sie an die Geschichte des Exodus aus Ägypten, des Auszugs des Volkes Israel in das Land der Verheißung. Auch das ist ein Bild des Alten Testaments, das sich erfüllt im Neuen Testament: Auszug aus der Sünde, aus dem Dunkel, aus dem

Reich der Finsternis in das Reich des Lichtes, in die Erlösung. Das Bild ist jetzt abgelöst und erfüllt durch Christus.

Dasselbe Prinzip haben wir wunderbar in den Psalmen. Die Psalmen sind das vorausgebetete Leben Jesu. Erst von Jesus her verstehen wir ganz, was in ihnen ausgesagt ist. Erst vom Neuen Testament her verstehen wir das Alte Testament in seiner Tiefe. Deshalb werden auch wir im Neuen Bund fasten, wenn uns der Bräutigam durch den Tod genommen ist. Aber nicht, und das ist das Neue, um uns dadurch zu erlösen, um dadurch den Himmel zu erkaufen. Wir werden beten, wir werden uns an das Gebot Gottes halten. Aber auch dies nicht, um den Himmel zu kaufen oder uns selbst zu erlösen, sondern als Ausdruck unserer Liebe zum Bräutigam. Das ist etwas ganz anderes. Wir wissen, dass nur er uns erlösen kann von unserer Schuld. Unser Beten und Fasten ist einfach ein Ausdruck unserer Liebe zu Jesus, nicht ein Weg der Selbsterlösung.

Diese beiden Motive kann man nicht mischen. Ich kann nicht Jesus als Erlöser annehmen und mich gleichzeitig selbst erlösen wollen. Das geht nicht. Ein weiteres Motiv für das Fasten wird z.B. die Loslösung vom Irdischen sein, von den Dingen, an denen man sinnenhaft gehangen hat, die einem von Jesus ferngehalten haben. Man fastet dann wiederum nicht, um sich den Himmel zu verdienen, sondern um Jesus noch mehr anzugehören, aus Liebe zu ihm, so wie die Braut ganz dem Bräutigam anhängt. Das ist ein weiterer Sinn des Fastens.

Da spüren Sie, was Jesus jetzt eigentlich antwortet auf die Frage: *„Warum fasten sie nicht?“* Er benutzt sie, um aufzuzeigen: „Euer Fasten kann man nicht mischen mit der Botschaft, die ich verkünde. Ihr wollt euch selbst erlösen. Ich verkünde euch die Erlösung durch Gott selbst in Jesus Christus. Ihr könnt euch nicht selbst erlösen wollen und gleichzeitig den Erlöser annehmen. Das geht einfach nicht. Das widerspricht sich total.“

Es ist wichtig, dass uns das wieder ganz bewusst wird. Prüfen Sie sich doch bitte: Warum bete ich? Warum feiere ich die Eucharistie? Warum nehme ich auch manche Opfer des Alltags auf mich? Warum verzichte ich manchmal darauf, über andere zu urteilen, zu schimpfen, mich zu rächen? Tue ich es einfach nur, um in den Himmel zu kommen, gleichsam den Himmel zu kaufen? Das wäre alttestamentliches Denken. Da werden sie den Himmel nicht bekommen. Tue ich es rein aus Liebe zu Jesus oder tue ich es, weil ich von Jesus etwas haben will? Schauen Sie, die beiden Motive vertragen sich nicht. Wir finden aber diese Mischung bei vielen Christen. Diese Mischung will Jesus hier klipp und klar auseinanderdividieren. Sie müssen sich unbedingt fragen: „Ist mein Denken noch im Alten Testament verhaftet oder im Neuen?“ Sie können das nicht mischen, sonst wird beides verloren gehen.

Entscheiden Sie sich deshalb immer wieder neu. Denken Sie wieder an die Überschrift des Evangeliums: Wir sollen umdenken, von Jesus her denken und an das Evangelium glauben. Wir dürfen nicht denken: „Was bringt es mir?“, sondern: „Was will Gott?“ Verankern Sie sich ganz in Christus. Tun Sie, was Sie für Gott tun, aus Liebe zu Jesus. Lassen Sie sich durch die unendliche Barmherzigkeit Gottes in Jesus Christus erlösen. Das ist das Neue, das sich mit dem Alten nicht verträgt. Achten Sie auf Ihre Haltung: Ist sie alttestamentlich oder neutestamentlich? Das erste ist nicht richtig und beides zusammen hebt sich auf. Das ist eine wichtige Entscheidung.

An einem Sabbat ging Jesus durch die Kornfelder, und unterwegs rissen seine Jünger Ähren ab. Da sagten die Pharisäer zu ihm: Sieh dir an, was sie tun! Das ist doch am Sabbat verboten. Er antwortete: Habt ihr nie gelesen, was David getan hat, als er und seine Begleiter hungrig waren und nichts zu essen hatten - wie er zur Zeit des Hohenpriesters Abjatar in das Haus Gottes ging und die heiligen Brote aß, die außer den Priestern niemand essen darf, und auch seinen Begleitern davon gab? Und Jesus fügte hinzu: Der Sabbat ist für den Menschen da, nicht der Mensch für den Sabbat. Deshalb ist der Menschensohn Herr auch über den Sabbat. Als er ein andermal in eine Synagoge ging, saß dort ein Mann, dessen Hand verdorrt war. Und sie gaben acht, ob Jesus ihn am Sabbat heilen werde; sie suchten nämlich einen Grund zur Anklage gegen ihn. Da sagte er zu dem Mann mit der verdorrten Hand: Steh auf und stell dich in die Mitte! Und zu den anderen sagte er: Was ist am Sabbat erlaubt: Gutes zu tun oder Böses, ein Leben zu retten oder es zu vernichten? Sie aber schwiegen. Und er sah sie der Reihe nach an, voll Zorn und Trauer über ihr verstocktes Herz, und sagte zu dem Mann: Streck deine Hand aus! Er streckte sie aus, und seine Hand war wieder gesund. Da gingen die Pharisäer hinaus und fassten zusammen mit den Anhängern des Herodes den Beschluss, Jesus umzubringen.

Einmal mehr begegnen wir in diesem Evangelium dem Gegensatz von Gesetz und Gnade. Diesmal anhand des Sabbatgebotes. Zur Zeit Jesu hatte Israel schon einige hundert Jahre keine Propheten mehr. Maßgebend für das religiöse Leben waren die Schriftgelehrten. Sie versuchten, das Gesetz Gottes, also die zehn Gebote, auszulegen, und erließen Gebote und Verbote, die genau regelten, wie dieses Gesetz konkret gelebt werden sollte. Insgesamt 365 solcher Verbote und 248 Gebote gab es. Das Zerreiben der Ähren mit den Händen galt z.B. als eine Art knechtliche Arbeit und war deshalb verboten. Diese vielen Gebote und

Verbote ließen eine Gesetzesfrömmigkeit entstehen. Die Gesetzeslehrer und Pharisäer glaubten, wenn sie alle Gebote und Verbote genau beachteten, seien sie vor Gott gerechtfertigt und würden gerettet. Und zwar unabhängig von der Absicht, die hinter dem Erfüllen dieser Vorschriften stand, Hauptsache man tut es nach außen hin. So machten sie gleichsam das Gesetz zum Erlöser. Das einfache Volk war für die Schriftgelehrten im Grunde verloren. Denn es kannte die einzelnen Gebote und Verbote ja gar nicht, und konnte es sich daher auch nicht genau daran halten.

Jesus sagt aber sehr deutlich: *„Der Sabbat ist für den Menschen da.“* Das Gesetz Gottes ist eine Gebrauchsanweisung für den Menschen. Das Gesetz Gottes – so auch der Sabbat – soll dem Wohl des Menschen dienen. Die vielen Gebote und Verbote um das Gesetz Gottes herum waren dagegen wie Wälle, die den Blick auf Gott verbauten. Jesus weist auf David hin, den Vorläufer des Messias, was dieser am Sabbat getan hat, als er und seine Begleiter hungerten. Genauso wie Jesu Jünger jetzt hungerten. Der Sinn des Gesetzes kann doch nicht sein, dass der Mensch verhungert!

Am letzten Sonntag hörten wir im Evangelium, das diesem Evangelium vorausging, wie die Pharisäer und Schriftgelehrten die Jünger angreifen, aber letztlich meinen sie Jesus selbst. Das war schon immer so, und ist heute nicht anders. Die Feinde greifen die Kirche an, meinen aber Gott.

Jesus sagt sehr deutlich: *„Deshalb ist der Menschensohn Herr auch über den Sabbat“*, denn er ist gekommen, die Menschen zu erlösen, und er will den Sabbat wieder geheiligt wissen – aber zur Ehre Gottes und zum Heil der Menschen, nicht um die Menschen durch all die Vorschriften gleichsam einzuengen und zu knechten.

Die ganze Unsinnigkeit dieser selbstgemachten Vorschriften um das Sabbatgebot sehen wir noch deutlicher im weiteren Verlauf des Evangeliums: In Mk 3, 1 ff. heißt es: *„Als er ein andermal in eine Synagoge ging, saß dort ein Mann, dessen Hand verdorrt war. Und sie gaben acht, ob Jesus ihn am Sabbat heilen werde; sie suchten nämlich einen Grund zur Anklage gegen ihn."* Die Gesetzeslehrer versuchen also jetzt Jesus hereinzulegen, weil er am Sabbat einen Menschen heilt. Sie stellen ihm eine Falle mit ihren Geboten und Verboten, mit diesen menschlichen Vorschriften. Jesus lässt sie nun selber entscheiden. Er stellt diesen kranken Mann in die Mitte und fordert die Pharisäer zur Stellungnahme heraus, ob es am Sabbat erlaubt ist, ob es im Sinne Gottes ist, *Gutes oder Böses zu tun.*

In der ersten Lesung dieses Sonntag (Dtn 5, 12 – 15) haben wir erfahren, dass der Herr sein Volk mit starker Hand aus Ägypten herausgeführt hat und sie deshalb den Sabbat heiligen sollen. Der Sabbat erinnert uns also gleichsam an die Rettung aus dem Tod, nämlich aus Ägypten, aus der Sklaverei. Und deshalb auch die Frage Jesu: *„Was ist am Sabbat erlaubt: Gutes zu tun oder Böses, ein Leben zu retten oder es zu vernichten?"*

Man sieht, es ist wichtig, einmal mit Hilfe dieser Worte in das eigene Herz hineinzuhören. Denn einfach gesagt: Ich kann dem Guten gegenüber nicht neutral sein. Das sieht man zum Beispiel am Gleichnis vom reichen Prasser – der hat dem armen Lazarus nichts Böses getan, er hat nur das Gute unterlassen. Ein anderes Beispiel ist das Gleichnis vom Barmherzigen Samariter. Der Priester und der Leviten sind an dem Überfallenen vorübergegangen, haben ihn liegen lassen. Sie haben nichts Böses getan. Aber diese Neutralität gegenüber dem Guten ist bereits „Böses tun".

Für die Pharisäer gibt es angesichts dieser Frage Jesu keine Ausrede mehr: Entweder „Ja" oder „Nein". Und jetzt könnten sie doch, wenn sie ehrlich wären, einfach ihre Meinung sagen, aber es heißt: *„Sie schwiegen"*.

Und er sah sie der Reihe nach an, voll Zorn und Trauer über ihr verstocktes Herz. [V. 5]

Da verstehen wir, was Sünde ist: das verstockte Herz, das Menschensatzung über Gottes Gebot stellt. Jesus schaut diese Leute an, jeden Einzelnen. Im Evangelium steht: „mit Zorn und Mitleid empfindend", „Mitleid empfindend" über die Versteinerung ihres Herzens. In einer Handschrift des Markusevangeliums, der „Handschrift D" heißt es sogar: *„Er hat Zorn und Mitleid empfunden über die Erstorbenheit des Herzens"* – eine wunderbare Aussage über die unendliche Liebe und Barmherzigkeit des Erlösers. Er empfindet jetzt nicht Mitleid mit diesem Kranken, sondern vielmehr mit denen, die wirklich krank sind, die dieses versteinerte oder gar erstorbene Herz haben. Er will sie retten – sie wollen ihn umbringen.

Wir lernen aus diesem Evangelium, dass hinter dem Gesetz Gottes eine helfende Liebe steht, die zum Leben führen will. Und wenn Jesus von der Sünde gegen den Heiligen Geist spricht, dann ist diese Verstocktheit des Herzens gemeint, diese Erstorbenheit des Herzens. Das ist diese Verblendung, die sich nichts mehr sagen lässt und die bewusst im Hass und in der Lüge verharrt.

Am Schluss des Evangeliums stellen die Pharisäer die Todesschuld Jesu gültig fest. Denn auf Verstößen gegen das Sabbatgebot stand die Steinigung. Allerdings schrieb das Gesetz auch vor, dass der Einzelne zuerst ermahnt werden muss. Deshalb mahnen sie ihn beim Ährenpflücken. Das zweite Mal, bei der Heilung des Mannes mit dem gelähmten Arm, wird es akut. Nun fassen die Pharisäer gemeinsam mit den Herodianern den Entschluss, Jesus umzubringen. Eigentlich waren Pharisäer und Anhänger des Herodes Feinde. Doch man sieht: Wo die Menschen gegenüber dem Wort Gottes verstockt bleiben, verbünden sie sich sogar mit ihren Feinden gegen Jesus Christus und seine Kirche.

In jener Zeit ging Jesus in ein Haus, und wieder kamen so viele Menschen zusammen, dass er und die Jünger nicht einmal mehr essen konnten. Als seine Angehörigen davon hörten, machten sie sich auf den Weg, um ihn mit Gewalt zurückzuholen; denn sie sagten: Er ist von Sinnen. Die Schriftgelehrten, die von Jerusalem herabgekommen waren, sagten: Er ist von Beelzebul besessen; mit Hilfe des Anführers der Dämonen treibt er die Dämonen aus. Da rief er sie zu sich und belehrte sie in Form von Gleichnissen: Wie kann der Satan den Satan austreiben? Wenn ein Reich in sich gespalten ist, kann es keinen Bestand haben. Wenn eine Familie in sich gespalten ist, kann sie keinen Bestand haben. Und wenn sich der Satan gegen sich selbst erhebt und mit sich selbst im Streit liegt, kann er keinen Bestand haben, sondern es ist um ihn geschehen. Es kann aber auch keiner in das Haus eines starken Mannes einbrechen und ihm den Hausrat rauben, wenn er den Mann nicht vorher fesselt; erst dann kann er sein Haus plündern. Amen, das sage ich euch: Alle Vergehen und Lästerungen werden den Menschen vergeben werden, so viel sie auch lästern mögen; wer aber den Heiligen Geist lästert, der findet in Ewigkeit keine Vergebung, sondern seine Sünde wird ewig an ihm haften. Sie hatten nämlich gesagt: Er ist von einem unreinen Geist besessen. Da kamen seine Mutter und seine Brüder; sie blieben vor dem Haus stehen und ließen ihn herausrufen. Es saßen viele Leute um ihn herum, und man sagte zu ihm: Deine Mutter und deine Brüder stehen draußen und fragen nach dir. Er erwiderte: Wer ist meine Mutter, und wer sind meine Brüder? Und er blickte auf die Menschen, die im Kreis um ihn herumsaßen, und sagte: Das hier sind meine Mutter und meine Brüder. Wer den Willen Gottes erfüllt, der ist für mich Bruder und Schwester und Mutter.

Jesus ging also in ein Haus. An anderen Stellen wird sehr deutlich gesagt: In sein Haus. Es ist das Haus des Petrus in Kafarnaum, in dem er sich immer wieder aufgehalten hat. Der Andrang der

Menschen war so groß, dass sie nicht einmal eine Mahlzeit zu sich nehmen konnten. Diese Aussage soll die enorme Wirkung Jesu illustrieren. Als seine Angehörigen davon hörten, machten sie sich auf den Weg und wollten sich mit Gewalt seiner bemächtigen, da sie nicht weiter in Schande gebracht werden wollten. Sie verurteilten ihn wohl ebenso, wie es die geistliche Führerschaft seines Volkes getan hatte. Darum werden gleich im nächsten Vers die Schriftgelehrten erwähnt, die von Jerusalem herabgekommen sind. Deren Urteil ist noch vernichtender, nämlich, dass er mit Hilfe von Beelzebul die Dämonen austreibe. Diese Schriftgelehrten, eine offizielle Delegation aus Jerusalem, haben den Auftrag, ihn zu prüfen. Doch sie kommen mit dem Vorurteil auf ihn zu, dass er es mit dem Teufel zu tun habe. Jesus spricht nun die Schriftgelehrten direkt an und belehrt sie in Form von Gleichnissen. Dabei zeigt er ihnen auf, wie unsinnig ihr Vorwurf ist. Der Satan treibe sich doch nicht selber aus. Jesus gebraucht das Wort „basileia" für „Reich" und bezeichnet damit eine umfassende Herrschaft. Und mit dem Wort, das hier mit Familie übersetzt ist, bezeichnet er die kleinste Herrschaft. Er sagt also: Ganz gleich, ob es um eine kleine Herrschaft geht oder um ein großes Reich – wenn man uneinig ist, zerfällt es. Daraus ergibt sich dann logischerweise: Es ist unsinnig, was sie behaupten, denn wäre der Satan mit sich selbst im Streit, dann wäre es um ihn geschehen. Mit dem Bild vom starken Mann, bei dem eingebrochen wird, um ihn zu berauben, will Jesus klarstellen: Das ist nur möglich, wenn man ihn vorher fesselt. Und er erklärt: Der starke Mann ist Satan. Er hat sein Haus im Griff, aber der Stärkere – das ist Jesus. In Jesus Christus dringt Gott selbst in das Haus ein und raubt ihm seine Habe – nämlich den vom Satan gefangenen Menschen. Jesus erklärt: „Nur wer den Starken, nämlich Satan, zu binden vermag, kann sein Haus ausrauben". Er beansprucht für sich diese Kraft, den Heiligen Geist. Damit sagt Jesus in aller Deutlichkeit: „Nicht Satan treibt den Satan aus, sondern ich selbst, der viel Stärkere".

Amen, das sage ich euch: Alle Vergehen und Lästerungen werden den Menschen vergeben werden, so viel sie auch lästern mögen; wer aber den Heiligen Geist lästert, der findet in Ewigkeit keine Vergebung, sondern seine Sünde wird ewig an ihm haften. [Vv. 28-29]

Jesus beginnt seine nächste Aussage mit dem Wort „Amen". Dies ist ein Urteil über die, welche ihn, Jesus, grundlos und sinnlos verteufeln. Zunächst wird durch diesen Spruch unbedingte und umfassende Vergebung zugesagt – die eigentliche Grundlage der Predigt Jesu und seines Wirkens. Es ist eine unwahrscheinlich großzügige Zusage. Doch gleich anschließend formuliert Jesus eine Ausnahme – die Lästerung gegen den Heiligen Geist. Diese finde in Ewigkeit keine Vergebung. Gemeint ist die verstockte Weigerung, Gottes Handeln in den Zeichen seines Heiligen Geistes anzuerkennen. Jesus spricht hier von denjenigen, die die Augen verschließen vor seiner prophetischen Predigt und vor seinem Wirken, speziell seinen Exorzismen, und die, die sie sogar verteufeln. Dies ist Lästerung des Heiligen Geistes, die in Ewigkeit keine Vergebung findet. Denn wer sich dem Wirken des Heiligen Geistes verschließt, verschließt sich der Vergebung selbst, was ewige Verdammnis nach sich zieht.

Sie hatten nämlich gesagt: Er ist von einem unreinen Geist besessen. [V. 30]

Dieses Wort wird zur mächtigen Warnung. Die Lästerung des Heiligen Geistes besteht in dem Vorwurf, Jesus, der ja in der Kraft des Geistes Gottes die Dämonen austreibt, habe einen unreinen Geist. Die Sünde besteht also in der Verteufelung des Heiligen Geistes, in der Verteufelung Gottes.

Da kamen seine Mutter und seine Brüder; sie blieben vor dem Haus stehen und ließen ihn herausrufen. [V. 31]

Voraus ging die Feststellung seiner näheren Verwandten – auch mit Brüdern (und Schwestern) sind die Verwandten gemeint: *„Er ist von Sinnen"*. Und nun kommen sie, um ihn zu besuchen, aber sie bleiben draußen. Dieses „draußen" ist nicht einfach nur ein Wort, das eine äußere Situation bezeichnet. Es ist ja Wort Gottes. Sie blieben draußen stehen *„... und ließen ihn herausrufen"*. Warum? Wollten sie nur mit ihm reden, was in Nazaret alles über ihn gesagt wurde, oder wollten sie ihn mit nach Hause nehmen? Dass seine Mutter dabei war, lässt eher auf einen Besuch schließen. Doch dieser Satz ist Wort Gottes und will etwas Wichtiges ausdrücken: *„Sie blieben vor dem Haus stehen"*, also draußen. Draußen und drinnen stehen einander gegenüber.

Es saßen viele Leute um ihn herum und man sagte zu ihm: Deine Mutter und deine Brüder stehen draußen und fragen nach dir. [V. 32]

Jesus ist also die Mitte des inneren Kreises. Vorher hat er sich von der Synagoge getrennt und ging in das Haus des Petrus. Das „Haus des Petrus" ist in der Schrift immer auch ein Ausdruck für die neue Gemeinschaft, die Kirche. Jetzt steht auch seine Familie draußen – im Gegensatz zu seiner neuen Familie drinnen.

Er erwiderte: Wer ist meine Mutter, und wer sind meine Brüder? [V. 33]

Jesus stellt zuerst eine Frage. Es geht ihm um die Bestimmung seiner neuen Familie: *„Wer ist meine Mutter, und wer sind meine Brüder?"*

Und er blickte auf die Menschen, die im Kreis um ihn herumsaßen, und sagte: Das hier sind meine Mutter und meine Brüder. [V. 34]

Sein Blick gilt denen, die im Kreis herumsitzen. Das Sitzen deutet wohl ihr intensives Hören auf Jesu Botschaft an, denn er legte den Willen Gottes vollmächtig aus. Die anderen sind draußen. Sie verstehen den Willen Gottes nicht, den er auslegt.

Wer den Willen Gottes erfüllt, der ist für mich Bruder und Schwester und Mutter. [V. 35]

Der Wille Gottes geschieht dort, wo er getan wird. Und wer ihn tut, ist Jesu Bruder, Schwester und Mutter. Die Orientierung am Willen Gottes zeichnet das Volk Gottes aus. Daran erkennt man das Volk Gottes. Wer sich nicht am Willen Gottes orientiert, gehört nicht mehr dazu. In der frühkirchlichen Überlieferung bedeutet das Wort „Gottes Willen tun" einfach den Inhalt des Christenlebens. Dies macht uns zu Verwandten Jesu. Wer erfüllt diesen Willen Gottes mehr als Maria? Ich nehme an, dieses Evangelium gibt jedem zu denken.

In jener Zeit sprach Jesus zu der Menge: Mit dem Reich Gottes ist es so, wie wenn ein Mann Samen auf seinen Acker sät; dann schläft er und steht wieder auf, es wird Nacht und wird Tag, der Samen keimt und wächst, und der Mann weiß nicht, wie. Die Erde bringt von selbst ihre Frucht, zuerst den Halm, dann die Ähre, dann das volle Korn in der Ähre. Sobald aber die Frucht reif ist, legt er die Sichel an; denn die Zeit der Ernte ist da. Er sagte: Womit sollen wir das Reich Gottes vergleichen, mit welchem Gleichnis sollen wir es beschreiben? Es gleicht einem Senfkorn. Dieses ist das kleinste von allen Samenkörnern, die man in die Erde sät. Ist es aber gesät, dann geht es auf und wird größer als alle anderen Gewächse und treibt große Zweige, so dass in seinem Schatten die Vögel des Himmels nisten können. Durch viele solche Gleichnisse verkündete er ihnen das Wort, so wie sie es aufnehmen konnten. Er redete nur in Gleichnissen zu ihnen; seinen Jüngern aber erklärte er alles, wenn er mit ihnen allein war.

Das ist ein wunderbarer Text. Den ersten Teil finden wir nur bei Markus – diese Stelle von der selbst wachsenden Saat. Jesus vergleicht hier das Gottesreich mit einem Sämann. Der wirft seinen Samen auf den Acker – ein einmaliges Ereignis. Das tut er einfach an einem bestimmten Tag, in einer bestimmten Situation, und dann ist es fertig. Das ist alles, was der Sämann tut, er sät den Samen auf den Acker. Wir kennen ja die andere Stelle: *„Der Samen ist das Wort Gottes."* (Lk 8,11) Wir sollen einfach das Wort Gottes zu einem bestimmten Zeitpunkt wie ein Samenkorn ausstreuen. Was dann geschieht, da haben wir keine Macht mehr darüber. Das ist Sache des Herrn. Hier wird es wunderbar geschildert. Der Mann schläft, steht auf, es wird Tag und wird Nacht, also die Zeit vergeht, und er kann gar nichts mehr tun. Also gilt es, Gottes Wort einfach nur auszustreuen. Doch dieses Evangelium zeigt uns, welche Kraft, welche ungeheure Kraft in dem Wort vom Reich Gottes steckt – im Wort Gottes selbst. Es wächst unabhängig von unserem Tun, auch wenn drum herum die

Stürme toben. Was immer auch geschieht, es wächst – unabhängig vom Sämann. Wir meinen ja immer, wir müssten dafür sorgen, dass es wächst. Doch unser einziger Auftrag ist zu säen. Das andere ist die Sache des Herrn. Das Reich Gottes wächst, unabhängig vom Tun des Menschen – ein göttliches Wunder. Gott macht alles allein. Das wird hier ausgedrückt. Hier muss ich mich fragen: Habe ich das Vertrauen, wenn ich das Wort ausgesät habe, dass es etwas bewirkt, selbst wenn ich der Überzeugung bin: „Dieser Mensch nimmt es noch gar nicht an. Er hört es zwar, aber ich habe nicht den Eindruck, dass es schon wirkt." Vielleicht braucht es zwanzig oder gar vierzig Jahre bis plötzlich genau dieses Wort, das ich ihm damals gesagt habe, in einer bestimmten Situation Feuer fängt. Dann kann ich auf einmal erstaunt feststellen: Das Wort ist geblieben, es ist gewachsen und jetzt kommt plötzlich etwas durch, eine Reife.

Der Samen keimt und wächst. [V. 27]

Ein wunderbares Bild: Gott bewirkt es. Das bedeutet für uns auch Trost. Wir haben nur den Auftrag Samen auszusäen. Wir haben nicht den Auftrag zu ernten. Das tun wieder andere. Den Auftrag auszusäen sollten wir ernst nehmen. Im Hinblick auf die vier verschiedenen Ackerböden (Mk 4,3 ff) sollen wir uns nicht fragen: „Wo lohnt es sich, wo lohnt es sich nicht?" Sondern wir sollen es einfach tun, dort, wo wir die Möglichkeit haben, das Wort Gottes zu verkünden, auszusäen, zu einem Menschen von Gott zu sprechen. Und es dann Gott ganz überlassen, was er im Lauf der Zeit mit diesem Korn, dem Samenkorn des Wortes Gottes in diesem Menschen, macht. Diese Stelle ist also ein Trost für den, der aussät und vielleicht nichts oder nicht viel an Wirkung sieht. Und sich fragt: „Lohnt es sich? Kommt etwas heraus?" Das ist nicht sein Problem. Zweitens ist es aber auch eine Warnung. Wir sind manchmal in der Gefahr – im Bild gesprochen – gleichsam den Boden aufzukratzen um mal nachzuschauen: „Keimt das überhaupt?" Oder ein bisschen am Halm zu ziehen, damit es schneller wächst. In Wirklichkeit reißen wir es dabei mit den zarten Wurzeln heraus und dann ist es tot. Ich kann das Wachstum des geistlichen Lebens nicht erzwingen. Bei manchen Leuten müssen wir Jahre warten. Man hat den Eindruck, es gehe furchtbar langsam oder fast gar nicht vorwärts. Doch hier mag etwas im Entstehen sein, was länger braucht, was seine Zeit braucht. Nehmen wir die Warnung zu Herzen: Wir können es nicht forcieren – das Wachstum im geistlichen Leben. Es ist nicht unsere Sache, dieses Wachstum zu bewirken. Das ist Sache des Herrn. So wächst dieses Pflänzchen oder dieses Samenkorn – beim einen schnell, beim andern langsam. Wir müssen den Menschen immer so behandeln, dass es wachsen kann. Wir können das Wachstum weder beschleunigen noch verhindern. Dieses Gleichnis soll uns Vertrauen und Zuversicht schenken – vor allem Zuversicht in die Kraft, die im Wort Gottes steckt. Darum sollten wir nicht einfach nur Menschenworte verkünden, unsere eigenen womöglich, sondern immer das Wort Gottes zitieren, immer wieder vom Wort Gottes sprechen. Uns fragen: „Was sagt Jesus? Was sagt das Wort Gottes in dieser oder jener Situation?" Und es dann dem Wort Gottes überlassen, was es im Menschen bewirkt. Da ist ein Mensch in einer großen Not und ich rate ihm, er soll das Wort Gottes *„Sorgt euch nicht ängstlich!"* (Mt 6,25) beherzigen. Dann kann ich es dem Herrn überlassen, was er in diesem Menschen bewirkt. Oder wenn jemand schwer enttäuscht wurde, kann ich ihm einfach sagen: „Schau, in der Schrift heißt es so …! Halte dich daran fest!" So können wir ganz getrost den Menschen in ihrer Not ein Wort Gottes mitgeben, ein Samenkorn des Reiches Gottes in seine Seele hineinsenken und es dann dem Wort überlassen, was es in diesem Menschen wirkt, ob es schnell oder langsam wächst und ihm entsprechend hilft. Papst Johannes Paul II. sagte einmal: „Die Priester vermuten nicht, wie groß die Macht des Wortes Gottes ist." Darum zitieren sie alle möglichen Politiker und Dichter und alles Mögliche, bloß nicht die Heilige Schrift, nur nicht das Wort Gottes, in dem so viel Macht steckt. Dieses Wunder wirkende Geheimnis des Reiches Gottes offenbart sich erst in der Nachfolge. Sobald ich mich entschlossen habe, Christus zu folgen, beginnt dieses Wort Gottes in mir massiv zu wachsen. Und das Ergebnis ist dann reife Frucht bei der Ernte – in der Fülle der Zeit. Die ist jetzt da, die Zeit für die Reife. Doch ist alles Sache Gottes. Schauen wir die Kirche an in ihrer unscheinbaren Armutsgestalt. Viele greifen sie dauernd an, sie habe Fehler gemacht. Ich weiß nicht, wer das „sie" ist. Wohl einzelne Glieder? Klar, wir alle machen Fehler. Wir sind eine Kirche von Sündern. Wir müssen zugeben: Diese Kirche ist wirklich unscheinbar, sogar erbärmlich, wenn wir auf uns Menschen blikken. Doch die Armutsgestalt der Kirche birgt schon in sich ihre ganz herrliche Vollendung. Das offenbart uns das Gleichnis von der selbstwachsenden Saat. Ein wirklich wunderbares Bild! Es gibt Mut, das Wort Gottes weiterzugeben, es wachsen zu lassen. Das zweite Gleichnis ist das vom Senfkorn. Ich habe erst vor etwa zwei Jahren solch ein Senfkorn gesehen. Bei der Kirche „Dominus flevit" am Ölberg hat mir ein Franziskanerpater eine große Staude gezeigt. Er nahm eine der vielen Hülsen, die daran hingen, und öffnete sie. Die darin befindlichen Senfkörnchen sieht man kaum. Sie sehen aus wie ganz kleine Plättchen. Man kann kaum glauben, dass das Samenkörner sind. Man meint eher, es seien Staubkörnchen. Ein Senfkorn ist also wirklich das kleinste Samenkorn, ganz unscheinbar, aber daraus kann ein ganz großer Baum entstehen, in dessen Zweigen die Vögel nisten können. Die Vögel sind ein Bild für die Völker der Welt. Sie ist so unscheinbar, diese Kirche in ihrer Armutsgestalt, entstanden aus dem Wort. Doch dieses Wort, das von selber wächst und nach nichts Großem aussieht, ein frommes Wort, hat in sich die Kraft zum Wachstum. In diesem Gleichnis wird von Jesus ausdrücklich betont: Es ist ganz klein, ganz unscheinbar, dieses Senfkorn, dieses Reich Gottes. Doch in dieser unscheinbaren Gestalt verborgen ist die mächtige Wirkung der Botschaft Jesu. Wir erleben heute, wie viele Menschen das Wort Gottes gar nicht mehr ernst nehmen, es abtun als bloß frommes Wort. Sicher, es ist von außen gesehen unscheinbar, nichts Außergewöhnliches. Doch es birgt in sich diese mächtige Kraft der Botschaft Jesu, die daraus Großes entstehen lässt. Hier ist wieder der Kontrast vom kleinen Anfang und dem großen Ende. Gerade in unserer Zeit, wo alles so aussieht, als ob die Kirche „am Sterben“ sei, sollten wir das Wort Gottes aussäen. Einfach aussäen, wo wir die Möglichkeit haben, zu einem Menschen zu sagen: „Schau! Überleg mal! Das Wort Gottes, Jesus sagt das und das in dieser Situation, in der du jetzt bist.“ Und können den Rest dann dem Wort überlassen. Dieses Wort ist so klein. So ein Wort, was heißt das schon? Ich erinnere mich zum Beispiel an mehrere Leute, die mir erzählten, sie seien ganz weit von Gott weggewesen oder in großer Not. Da habe ihnen jemand einfach gesagt: „Gott liebt dich“. Wie ein Senfkorn. Und dieses Wort habe sie so ins Herz getroffen, dass es ihr ganzes Leben verändert hat. Solch schnelles Wachstum gibt es auch! Manchmal ist es langsam und geht erst mit der Zeit auf. Dann denkt der Mensch plötzlich: „Was? Gott liebt mich, mich Ungeliebten!“ Haben wir den Mut, dieses kleine unscheinbare Senfkorn auszusäen! Und es ihm zu überlassen, was es bewirkt.

Kurz zusammengefasst will uns dieses Evangelium sagen: Erstens: Bei aller scheinbaren Unwirksamkeit der Verkündigung vom Reich Gottes – man verkündet zwar, man predigt, und trotzdem haben wir „fortlaufende“ und leer werdende Kirchen – wir werden trotzdem einmal das allergrößte Erntewunder erleben. Zweitens: Das Wachstum des Reiches Gottes liegt nicht am Rennen und Laufen der Menschen, sondern es ist die selbst wachsende Saat. Es ist das Wirken Gottes, nicht unser Wirken. Wie damals in der Apostelgeschichte: *„Der Herr fügte täglich ihrer Gemeinschaft die hinzu, die gerettet werden sollten.“* (Apg 2,47) Nicht: Sie haben sie gesucht und geholt, sondern: Der Herr zählte sie hinzu. Und drittens, das zweite Gleichnis vom Senfkorn: Trotz aller Unscheinbarkeit des Reiches Gottes in der Gegenwart – in Deutschland ist die Kirche nur noch eine Randgruppe, es sind nicht mehr viele praktizierende Christen unter diesen über 80 Millionen – wird das ewige Ziel unermesslich herrlich sein. Und obwohl die Kirche gerade in unseren Tagen angegriffen oder durch Karikaturen lächerlich gemacht wird, wissen wir: Sie ist dazu bestimmt, in Ewigkeit unermesslich herrlich zu sein. Was für eine froh machende Botschaft für unsere Zeit, in unsere Tage hinein! Sie gibt Trost und Hilfe, Freude und den Mut, das Wort Gottes auszustreuen, wo immer wir Gelegenheit haben. Scheuen wir uns nicht!

An jenem Tag, als es Abend geworden war, sagte Jesus zu seinen Jüngern: Wir wollen ans andere Ufer hinüberfahren. Sie schickten die Leute fort und fuhren mit ihm in dem Boot, in dem er saß, weg; einige andere Boote begleiteten ihn. Plötzlich erhob sich ein heftiger Wirbelsturm, und die Wellen schlugen in das Boot, so dass es sich mit Wasser zu füllen begann. Er aber lag hinten im Boot auf einem Kissen und schlief. Sie weckten ihn und riefen: Meister, kümmert es dich nicht, dass wir zugrunde gehen? Da stand er auf, drohte dem Wind und sagte zu dem See: Schweig, sei still! Und der Wind legte sich, und es trat völlige Stille ein. Er sagte zu ihnen: Warum habt ihr solche Angst? Habt ihr noch keinen Glauben? Da ergriff sie große Furcht, und sie sagten zueinander: Was ist das für ein Mensch, dass ihm sogar der Wind und der See gehorchen?

Es war an jenem Abend, *als es Abend geworden war*. Die Nachtzeit vertieft noch einmal die Bedrohung durch Sturm und Meer. Diese Bemerkungen sind nicht nebensächlich, sondern Wort Gottes und wir müssen immer den Hintergrund beachten. Es will uns etwas offenbaren, uns etwas ins Bewusstsein rufen. So verstärkt die Schilderung *„Als es spät Abend geworden war...'"*, also diese Nachtzeit, noch einmal die Bedrohung, in der sie sich befinden, die Bedrohung durch Sturm und Meer. Es war eine – fast könnte man sagen – aussichtslose Lage. Was bedeutet das? Hier ist es wichtig zu fragen: Was ging denn diesen Versen voraus? Es sind die Gleichnisse vom Reich Gottes. Jesus sprach vom Reich Gottes im Beispiel von der selbst wachsenden Saat: Wir können nur aussäen, aber das Wachstum gibt Gott. Oder er spricht vom Senfkorn: Das Reich Gottes ist wie ein Senfkorn, das kleinste, unscheinbarste, dem man nichts zutraut, von dem man oft denkt, es gehe unter im Sturm des Lebens – und auf einmal wächst es heran zur größten Staude. Und nun, nachdem Jesus diese Gleichnisse vom Reich Gottes beendet hatte, schickte er seine Jünger über den See *zum anderen Ufer*. Was heißt denn das:

„Über den See zum anderen Ufer"? Er schickt sie gleichsam in die Zeit des Reiches Gottes. Das andere Ufer ist immer ein Bild für Ewigkeit. Und dazwischen liegt unser Leben, liegt diese Zeit des Reiches Gottes, die Zeit der selbst wachsenden Saat, die Zeit des Senfkorns. Also schickt er sie genau zu diesem Zeitpunkt in die Situation des Reiches Gottes.

Sie schickten die Leute fort und fuhren mit ihm in dem Boot, in dem er saß, weg. [V. 36]

Jesus ließ das Volk einfach stehen. Es geht ihm jetzt um die Jünger. Er bildet die Jünger aus, die das Reich Gottes dann in die Welt tragen sollen. Und in Vers 34, also noch vorher, da hat es geheißen, dass er den Jüngern die Gleichnisse erklärte. Diesmal hat er ihnen die Gleichnisse nicht erklärt, sondern nun macht er mit ihnen eine Lehrfahrt. Deshalb schickte er das Volk weg und fuhr nur mit seinen Jüngern über den See. Er hatte ja vom Reich Gottes gesprochen und jetzt zeigt er ihnen, wie das Reich Gottes sich bewähren muss – sich bewähren in der Nacht, in der tiefsten Nacht des Sturmes. Dieses Erleben der Gefahr des Untergangs, des Ertrinkens im gefährlichsten Sturm, lässt sie und auch uns empfinden: Gott schläft, Gott hat mich vergessen. Geht Ihnen hier etwas auf? Die Jünger haben die Gleichnisse vom Reich Gottes gehört und jetzt, gleichsam symbolisch, geht er mit ihnen die Zeit des Reiches Gottes durch – die Fahrt ans andere Ufer, diese dunklen Nächte, dieses Ausgeliefertsein, die Situation des gefährlichsten Sturmes, diese Gefahr des Untergangs. Da tauchen wahrhaftig Fragen auf: „Wo ist denn Gott? Warum handelt er nicht – in meinem Leben? Im Leben der Völker? Dunkelheit, Nacht, Sturm sind ein Symbol für alles, was gegen das Leben des Menschen ist, was ihn vernichten will. In solcher Lage hat man oft den Eindruck, die Macht der Finsternis sei stärker als Gott. Sie wissen selber, wie oft auch Sie schon dieses Empfinden hatten und schrien: „Gott, wo bist du? Warum greifst du nicht ein? Ist die Finsternis wirklich stärker als das Licht?" Ich denke da an verschiedene Leute, die um geistliche Hilfe angerufen haben, weil sie den Verdacht hatten, dass sie von bösen Menschen mit Magie zerstört werden sollten. Sie bekamen plötzlich gesundheitliche Probleme oder verloren ihr Vermögen, obwohl sie sich anstrengten und taten, was sie konnten. Da kann man gut verstehen, dass die Leute fragen: „Gott, hilft das denn gar nichts, wenn wir beten? Ist denn die Macht der Finsternis wirklich stärker?“ In jener Nacht im Sturm zeigt Jesus den Jüngern Situationen des Reiches Gottes, in denen es bis an die Grenze geht, wo der Glaube bis zur höchsten Anstrengung herausgefordert wird. Im Griechischen heißt es „ede“ – „Schon ist das Boot voll mit Wasser!“

Plötzlich erhob sich ein heftiger Wirbelsturm, und die Wellen schlugen in das Boot, so dass es sich mit Wasser zu füllen begann. [V. 37]

Das Bedrohliche zeigt sich auf dem Höhepunkt. „Jetzt kann´s nur noch bergab gehen!“ denkt man. Da wird mein Glaube, dass Gott doch noch durchkommt, zur höchsten Anstrengung herausgefordert.

Er aber lag hinten im Boot auf einem Kissen und schlief. Sie weckten ihn und riefen: Meister, kümmert es dich nicht, dass wir zugrunde gehen? [V. 38]

Es heißt einfach nur „Er schlief“. Ohne Namen! Wer denn? Es heißt nicht: Jesus schlief. Das soll ausdrücken, dass der Rettende, nämlich Gott, hier Jesus, unerkannt auf dem Schiff ist. Er wird ohne Namen genannt: *„Er schlief.“* Der Retter ist unerkannt auf dem Schiff. Wie oft geschieht das in unserem Leben, dass wir im Sturm gar nicht daran denken, dass Gott mit uns ist, mit im Boot! Das ist doch sein Name: „Jahwe – Ich bin mit euch“. Oder an das Wort Jesu: „Ich werde immer, bis zum Ende der Zeit bei euch bleiben.“ Doch wir rechnen gar nicht mit ihm. Er schläft! Das ist hier bildlich ausgedrückt. Wir rechnen nicht mit dem Rettenden.

Er ist unerkannt auf unserem Lebensschiff. Das zeigt wieder die Doppelbödigkeit dieses Schriftwortes. Es will nicht einfach nur etwas erzählen, was damals geschah, sondern es will eine Offenbarung sein für unser Leben. Es sagt uns, dass wir bis auf den Höhepunkt der Not, ja sogar bis auf den Höhepunkt des Untergangs kommen können in unserem Leben, ohne die Anwesenheit Gottes zu erkennen – bis wir dann keine andere Wahl mehr haben, als zu schreien: „Gott, wo bist du?!" Sicher kann sich jeder von uns an solche Situationen erinnern.

Sie weckten ihn. [V. 38b]

… kurz vor dem Untergang! Das zeigt, dass sie vorher auf ihre eigene Kraft vertraut haben. Das ist genau die Aussage: Sie haben vorher auf ihre eigene Kraft vertraut, obwohl Jesus ihnen noch am Ufer das Gleichnis von der selbst wachsenden Saat erzählt hat – dass Gott alles gibt und sie sich ganz auf ihn verlassen sollen. Aber sie haben auf sich selbst vertraut, haben den Wundertäter vergessen, den, der unerkannt unter ihnen zu schlafen schien. Oder haben sie ihn vielleicht nicht vergessen, sondern ihm nichts zugetraut? Auch wir müssen zugeben, dass wir in manchen Situationen Gott nichts zutrauen und alles selber machen wollen. Erinnern Sie sich an Situationen im Großen wie im Kleinen? Entweder haben wir ihn vergessen, oder wir haben ihm nichts zugetraut und haben selber gerudert, in der Nacht, in der Gefahr des Untergangs. Das scheint sehr oft der Fall zu sein, dass wir Gott nichts zutrauen. Wir probieren es bloß mit Gott, aber wir riskieren nicht unsere ganze Existenz auf ihn hin. Das letzte Wort im Evangelium verrät das fehlende Zutrauen der Jünger, als sie staunten und sich fragten: „*Wer ist dieser?'*" Sie haben schon seine vielen Wundertaten erlebt. Sie haben die Gleichnisse vom Reich Gottes gehört. Und jetzt staunen sie und fragen sich: „Wer ist dieser?" Also haben sie ihm nichts zugetraut. Oft geht es auch uns so. Das will das Evangelium uns deutlich vor Augen führen.

Da stand er auf, drohte dem Wind und sagte zu dem See: Schweig, sei still! Und der Wind legte sich, und es trat völlige Stille ein. [V. 39]

Hier geht es um die Überwindung feindlicher Mächte. Das wird sehr deutlich. Um die Überwindung feindlicher Mächte, mit denen wir rechnen müssen – sowohl im Reich Gottes als auch in unserem eigenen Leben. Es ist auffallend, dass Jesus gegen den Wind, den Sturm und gegen das Meer exorzistisch vorgeht – nicht wie mit Elementen, sondern wie mit Personen. Er befiehlt ihnen, wie man Personen befiehlt. Er schilt das Meer. Er schilt den Sturm und bringt sie zum Schweigen, genauso wie die Dämonen. Wind und Meer erscheinen hier als bewegte Gestalten. Jesus will uns damit sagen, was dahintersteckt, wenn wir in die Nacht kommen – es gibt ja verschiedene Formen von Nacht – wenn wir bis an den Abgrund kommen in unserm Leben. Dass es immer wieder Mächte der Finsternis sind, die vielleicht Elemente und andere Dinge gebrauchen, Situationen gebrauchen, Menschen missbrauchen gegen uns. Und – das steht hier nicht mehr im heutigen Evangelium – am anderen Ufer wird er dem Besessenen von Gerasa begegnen, den niemand bändigen konnte. Man kann also daraus schließen, dass die Mächte der Finsternis verhindern wollten, dass Jesus zu diesem Besessenen von Gerasa kommt. Deshalb befiehlt er den Mächten, die ihn durch die Elemente hindern wollten, diesen Besessenen zu befreien und somit gegen die Mächte der Finsternis direkt zu kämpfen, deshalb befiehlt er diesen Mächten im Sturm und im Meer: *„Schweig!* Verstumme!" Und es trat totale Meeresstille ein. Da wird uns klar, dass dies wirklich der geistige Kampf ist, in den Jesus seine Jünger einführt – der geistige Kampf im Reiche Gottes, mit dem wir immer rechnen müssen. Wer nicht damit rechnet, wird darin umkommen.

Er sagte zu ihnen: Warum habt ihr solche Angst? Habt ihr noch keinen Glauben? Da ergriff sie große Furcht, und sie sagten zueinander: Was ist das für ein Mensch, dass ihm sogar der Wind und der See gehorchen? [V. 40-41]

Jesus erweist sich in der Macht Jahwes, in der Macht Gottes, und fragt sie dann: „Warum habt ihr solche Angst?“ Er weist seine Jünger zurecht: „Warum seid ihr verzagt? Ihr habt noch keinen Glauben!“ Es war immer wieder der Unglaube seines Volkes, der Jesus hinderte – hier ist es der Unglaube seiner eigenen Jünger, den Jesus hier klar benennt. Im Evangelium des Markus ist Unglaube immer mangelndes Verständnis für die verborgene Geschichte der Gottesherrschaft. Die Herrschaft Gottes, das Reich Gottes, von dem Jesus vorher gesprochen hat, ist jetzt gegenwärtig. Es ist verborgen anwesend in vielen Situationen, in denen wir meinen, jetzt drohe der Untergang. Doch das Reich Gottes ist schon da, ganz klein, unscheinbar wie ein Senfkorn, und es wird durchkommen. Es wird auf jeden Fall durchkommen! Beim Evangelisten Markus ist Unglaube nicht nur die Beschreibung des mangelnden Verständnisses für die verborgene Geschichte der Gottesherrschaft, sondern vor allem mangelndes Verständnis für den Weg Jesu zum Kreuz. Ich wiederhole: Der Unglaube bei Markus ist mangelndes Verständnis für den Weg Jesu zum Kreuz. Und dieser Weg Jesu zum Kreuz ist zugleich auch der Weg des Jüngers, der ihm nachfolgt. Der Glaube an den Auferstandenen erschließt also das Geheimnis seines Leidens und deshalb kann die Bedrohung in der Gegenwart von uns nur im Glauben bestanden werden. Die Bedrohung im Augenblick, in meinem Leben, in der Welt kann immer nur jeweils bestanden werden im Glauben an den auferstandenen Herrn.

In jener Zeit fuhr Jesus im Boot an das andere Ufer des Sees von Galiläa hinüber, und eine große Menschenmenge versammelte sich um ihn. Während er noch am See war, kam ein Synagogenvorsteher namens Jaïrus zu ihm. Als er Jesus sah, fiel er ihm zu Füßen und flehte ihn um Hilfe an; er sagte: Meine Tochter liegt im Sterben. Komm und leg ihr die Hände auf, damit sie wieder gesund wird und am Leben bleibt. Da ging Jesus mit ihm. Viele Menschen folgten ihm und drängten sich um ihn. Darunter war eine Frau, die schon zwölf Jahre an Blutungen litt. Sie war von vielen Ärzten behandelt worden und hatte dabei sehr zu leiden; ihr ganzes Vermögen hatte sie ausgegeben, aber es hatte ihr nichts genutzt, sondern ihr Zustand war immer schlimmer geworden. Sie hatte von Jesus gehört. Nun drängte sie sich in der Menge von hinten an ihn heran und berührte sein Gewand. Denn sie sagte sich: Wenn ich auch nur sein Gewand berühre, werde ich geheilt. Sofort hörte die Blutung auf, und sie spürte deutlich, dass sie von ihrem Leiden geheilt war. Im selben Augenblick fühlte Jesus, dass eine Kraft von ihm ausströmte, und er wandte sich in dem Gedränge um und fragte: Wer hat mein Gewand berührt? Seine Jünger sagten zu ihm: Du siehst doch, wie sich die Leute um dich drängen, und da fragst du: Wer hat mich berührt? Er blickte umher, um zu sehen, wer es getan hatte. Da kam die Frau, zitternd vor Furcht, weil sie wusste, was mit ihr geschehen war. Sie fiel vor ihm nieder und sagte ihm die ganze Wahrheit. Er aber sagte zu ihr: Meine Tochter, dein Glaube hat dir geholfen. Geh in Frieden! Du sollst von deinem Leiden geheilt sein. Während Jesus noch redete, kamen Leute, die zum Haus des Synagogenvorstehers gehörten, und sagten zu Jaïrus: Deine Tochter ist gestorben. Warum bemühst du den Meister noch länger? Jesus, der diese Worte gehört hatte, sagte zu dem Synagogenvorsteher: Sei ohne Furcht; glaube nur. Und er ließ keinen mitkommen außer Petrus, Jakobus und Johannes, den Bruder des Jakobus. Sie gingen zum Haus des Synagogenvorstehers. Als Jesus den Lärm bemerkte und hörte, wie die Leute laut weinten und jammerten, trat er ein und sagte zu ihnen: Warum schreit und weint ihr? Das Kind ist nicht gestorben, es schläft nur. Da lachten sie ihn aus. Er aber schickte alle hinaus und nahm außer seinen Begleitern nur die Eltern mit in den Raum, in dem das Kind lag. Er fasste das Kind an der Hand und sagte zu ihm: Talita kum, das heißt übersetzt: Mädchen, ich sage dir, steh auf. Sofort stand das Mädchen auf und ging umher. Es war zwölf Jahre alt. Die Leute gerieten außer sich vor Entsetzen. Doch er schärfte ihnen ein, niemand dürfe etwas davon erfahren; dann sagte er, man solle dem Mädchen etwas zu essen geben.

Dieser Text ist ungewöhnlich ausführlich, da uns mit diesen Worten Gottes auf dem Weg unseres Lebens etwas ganz Entscheidendes gesagt werden soll – worauf es wirklich ankommt. Deshalb finden wir hier eine so ausführliche Beschreibung von zwei Situationen, und zwar vom kleinen und schwachen Glauben des Jaïrus und vom starken Glauben dieser Frau, die blutflüssig war. Um das Ganze wieder richtig einzuordnen und zu verstehen, müssen wir wissen, was dem vorausgeht. Jesus ist dabei, seine Jünger in die Nachfolge und auch in die Verkündigung des Reiches Gottes einzuführen. Das wird ihre Aufgabe sein. Deshalb sprach er vom Sämann. Er sprach von den Ackerböden, also von der Bereitschaft oder auch Nicht-Bereitschaft der Herzen, die sie alle besäen sollen, denen sie das Wort Gottes verkünden werden. Sie sollen es allen anbieten – ob sie es annehmen oder nicht. Dann sprach er von der Wunderkraft des Wortes Gottes, von dessen Unscheinbarkeit – es ist so unscheinbar wie ein Senfkorn – und von der selbst wachsenden Saat. Und im Anschluss daran übt er nun mit ihnen den Glauben ein. Letzten Sonntag hörten wir: Er schläft im Sturm – wir rechnen gar nicht mit Jesus, trauen ihm nichts zu. Er beklagte sich bei ihnen: „Wie kommt es, dass ihr noch keinen Glauben habt?" Denn jetzt, da das Ziel klar ist, nämlich das Reich Gottes zu verkünden und ihm nachzufolgen, jetzt geht es um den Glauben. Er will den Jüngern klarmachen, was Glaube heißt, um was es im Glauben geht, dass dieser die

Voraussetzung ist für die Nachfolge und für die Verkündigung des Reiches Gottes. So will Jesus ihnen sagen: „Wenn ihr jetzt schon zweifelt – wie wird das erst, wenn ich nicht mehr sichtbar da bin? Jetzt habt ihr mich ja schon im Boot nicht gesehen!“ Es hieß ja im vorigen Evangelium: „Er schläft“. Er ist quasi unbekannt. Sie haben ihn übersehen. Seine Frage ist also berechtigt: „Wie wird es erst, wenn ich nicht mehr bei euch bin?“ Versuchen wir jetzt, und das ist etwas ganz Entscheidendes, alle diese Texte auf dem Hintergrund unseres eigenen Lebens zu sehen, auf dem Hintergrund nämlich, dass Jesus uns in den Glauben einführen will. Dieser Glaube ist etwas ganz Entscheidendes in unserm Leben, auf dem Weg von hier zum andern Ufer. Leider übersehen wir oft – genauso wie die Jünger – die Wichtigkeit des Glaubens. Letzten Sonntag haben wir gehört, wie Jesus ihnen seine Macht über die Elemente zeigte. Er gab dem Meer und dem Sturm einen exorzistischen Befehl, so, als ob er eine Person ansprechen wollte: „Schweig! Sei still! Verstumme!“. Er weiß: Das Schifflein der Kirche kann zu versinken drohen. Aber er ist da. Hier ist unser Glaube gefordert. Auch in unserem Leben kann manches zu versinken drohen, sodass man meint, jetzt sei die Lage aussichtslos, hoffnungslos. Aber er ist da. Gerade in all diesen Momenten übt Jesus mit uns den Glauben ein, ohne den es kein Heil gibt. Das kann nur geschehen, wenn wir immer wieder irgendwo an der Grenze ankommen. Das ist oft im praktischen Leben der Fall, oft auch im geistlichen Leben. Und dann schreien wir „Mordio“ und zweifeln an Gott und rechnen nicht mehr mit ihm, anstatt gerade jetzt den Glauben einzuüben. Um das geht es. Das ist das Entscheidende für die Zeit unseres Lebens, unterwegs vom einen Ufer zum anderen: Den Glauben einzuüben. Denken wir noch einmal an das letzte Evangelium. Da kommen Jesus und die Jünger in das Land der Gerasener. Das ist das andere Ufer. Dort kommen sie an. Dort beweist Jesus seine Macht über die Legion, die zunächst in dem Besessenen ist, dann in die Schweine rast, worauf sich diese ins Meer versenken. Diese Stelle ist hier ausgelassen. Sie liegt zwischen dem letzten Sonntag und diesem Sonntag. Aber jetzt ist Jesus am anderen Ufer, in Gerasa. Dort kämpft er gegen die Macht der Finsternis. Im heutigen Evangelium wird berichtet:

In jener Zeit fuhr Jesus im Boot an das andere Ufer des Sees von Galiläa hinüber. [V. 21]

Gerasa liegt in der Gegend der Dekapolis. Er fährt also wieder weg von Gerasa, vom anderen Ufer, und fährt wieder zurück nach Galiläa. Kaum war er dort angekommen, wartet bereits Jaïrus, der Synagogenvorsteher auf ihn. Jesus ist zurück. Jetzt geht es wirklich um dieses Training des Glaubens. Jaïrus bittet Jesus: „Komm und leg dem Kind die Hand auf! Es ist schwer krank. Es ist am Sterben." Jaïrus macht seinen Glauben noch abhängig von äußeren Zeichen. Er verlangt, dass Jesus kommt – und bis zu seinem Haus ist noch ein weiter Weg. Er verlangt, dass Jesus dem Kind die Hand auflegt. Er knüpft also seinen Glauben noch an Bedingungen. Er kann nicht glauben, dass Jesus jetzt ein Wort sagen, und dadurch sein Kind zu Hause gesund werden könnte. Das Interessante ist wieder, was wir schon öfter in den Sonntagsevangelien betrachtet haben, dass Jesus auf den einzelnen Menschen eingeht. Denken wir an Thomas, denken wir an die Apostel, an ihre Zweifel. Er geht immer auf sie ein, ganz genau, auf jeden Einzelnen. Und er verurteilt sie nicht. Er geht auf sie ein und hilft ihnen. Das ist das Wunderbare. Auch hier übt Jesus keine Kritik aus gegenüber diesem doch noch schwachen Glauben des Jaïrus, sondern er geht auf seinen Glauben ein. Und geht mit ihm. Aber er will jetzt, dass der Glaube des Jaïrus wächst, denn das ist Voraussetzung für sein Heilswirken. Doch jetzt kommt eine Frau dazwischen. Jesus ist vollkommen umdrängt. Diese Frau will gar nicht mit Jesus reden. Sie hat den festen Glauben: Wenn ich nur sein Gewand berühre, werde ich heil. Sie wird geschildert als eine seit vielen Jahren unheilbar Kranke. Hier geht uns wieder auf, wie unterschiedlich der Glaube sein kann. Jaïrus bittet: „Komm zu dem Kind! Leg ihm die Hand auf! Berühre es!" Diese Frau hier will Jesus nicht einmal persönlich begegnen und ihn bitten, sondern es genügt ihr: Wenn ich nur sein Gewand berühre, bin ich heil. Sie hat diesen festen Glauben. Das ist der Unterschied im Glauben – bei Jaïrus und bei dieser blutflüssigen Frau. Deshalb geht Jesus auch so umständlich vor. Er fragt: *„Wer hat mich berührt?"* (vgl. V. 30) Die Apostel entgegnen: „‚Berührt? Die berühren dich doch alle! Die drängen sich doch um dich!" Aber ihm ging es darum, den Glauben dieser Frau herauszustellen. Dadurch wird er aufgehalten auf seinem Weg zum Haus des Jaïrus. Er wird daran gehindert, schnell zu dem sterbenden Mädchen zu kommen. Von seinem Standpunkt aus gesehen, könnte Jaïrus nun zu Jesus sagen: „Also, Herr, spring doch! Lauf doch! Warum zögerst du? Warum lässt du dich aufhalten? Das Kind stirbt doch!'" Dieser jedoch benutzt genau dieses Aufgehaltenwerden, um den Glauben des Jaïrus noch zu stärken. Denn der ist die Voraussetzung für sein Heilswirken an dessen Kind. So gibt es viele Dinge auch in unserm Leben, bei denen wir meinen, Gott müsse sofort handeln und fragen: „Warum handelt Gott nicht? Warum greift er nicht ein? Warum lässt er das immer noch weiter schiefgehen – in meinem Leben, im Leben der Kirche, der Völker?" Er, Gott, benutzt das alles – das sollten wir immer im Auge behalten – um unseren Glauben wachsen zu lassen. Je mehr er zögert, je mehr er mich warten lässt, umso mehr muss sich mein Glaube steigern, denn sonst resigniere ich, sonst gebe ich auf. Und um das geht es. Das ist der Sinn des Reiches Gottes, der Strecke von einem Ufer zum andern, dass mein Glaube wächst in all diesen ausweglosen Situationen. Oft ist da der Glaube nicht mehr mit Gefühl verbunden. Es ist nichts mehr da. Da habe ich höchstens noch Zweifel im Gefühl. Hier muss es der Glaube der Tat sein, so wie bei Jaïrus. Er geht mit Jesus. Er geht mit ihm, Schritt für Schritt. Er läuft nicht davon, als seine Diener dann kommen und sagen: „Jetzt kannst du aufgeben. Das Mädchen ist tot." Diese haben nur geglaubt, dass Jesus seine Tochter gesund machen kann, aber nicht, dass er sie aus dem Tod herausrufen kann. So weit ging deren Glaube noch nicht. Deshalb hat Jesus den Jaïrus ermutigt: *„Glaube nur! Zweifle nicht!"* (vgl. V. 36) Er musste ihn im Glauben bestärken. Der Glaube des Jaïrus musste unterwegs – wohlgemerkt: unterwegs! – noch wachsen, damit er gebraucht werden konnte zu diesem Heilswerk.Vergessen wir das nie mehr: Alle Situationen – im Kleinen meines Lebens, im Großen der Völker, der Kirche – dienen immer dem Wachstum des Glaubens. Doch viele Menschen resignieren und wachsen nicht im Glauben, sondern geben auf. So kann das Reich Gottes nicht wachsen. Das ist das Problem. Wir sollten den Glauben wachsen lassen, in das Risiko hineingehen – wir haben davon ja letzten Sonntag und jetzt wieder gehört. Das ist so entscheidend für das Wachstum des Reiches Gottes, dieser Glaube. Deshalb hat Jesus die Gleichnisse vom Reich Gottes erzählt und dann mit den Jüngern eingeübt – letzten Sonntag auf dem Meer – und jetzt versucht er weiterhin, den Glauben der Jünger und der Menschen zu stärken und ihnen klarzumachen, dass es im Reich Gottes, in dieser Zeit vom einen zum andern Ufer, also in unserem Leben, darum geht, dass unser Glaube stärker wird. So schreibt auch Johannes: *„Das ist der Sieg, der die Welt überwindet: unser Glaube.“* (vgl. 1 Joh 5,4) Im Hebräerbrief ist das Traktat über den Glauben das längste in der Heiligen Schrift. Es ist länger als alle Ausführungen über die Liebe. Das will auch etwas aussagen! Jesus gibt dem Jaïrus durch die Heilung dieser Frau ein Zeichen um seinen Glauben zu stärken. Sie hatte fest darauf vertraut, dass sie heil werde, wenn sie Jesus berührt. Und Jesus heilte sie augenblicklich. Doch der schwache Glaube des Jairus muss noch wachsen. Diesen ganzen langen Weg muss Jesus mit Jaïrus noch gehen. Das wäre gar nicht nötig gewesen. Er hätte das Kind von Ferne heilen können. Aber Jesus lässt sich auf den Einzelnen ein und geht mit ihm. Das gilt auch für uns. Das ist das Schöne. Nun zeigt Jesus, dass er auch den letzten Feind besiegen wird, nicht nur die Krankheit, sondern auch den Tod. Er sagte ja zu der Frau: *„Dein Glaube hat dich gesund gemacht.“* (vgl. V. 34) Dieser Glaube der Frau drückte sich nicht in Gefühlen aus, sondern in Berührung, im Tun – im Tun des Glaubens, nicht im Gefühl des Glaubens. Sie hat ihn einfach berührt, sie hat es einfach getan. Deshalb sagt Jesus zu Jaïrus: *„Fürchte dich nicht! Glaube nur!“*, als dessen Knechte kommen und ihm sagen: „Es ist alles sinnlos. Hör auf. Das Mädchen ist tot.“ Glauben heißt eben nicht nur: „Ich vermute, ich nehme an“, sondern im Althochdeutschen kommt Glaube von „gilouben“, d.h. geloben, angeloben. Es geht also um eine ganz persönliche Beziehung zu Jesus Christus, zu Gott. Das lateinische „credere“, d.h. glauben, kommt von „cor dare“, d.h. das Herz geben (vgl. Predigt am 3. Sonntag im Jahreskreis) – also Gott oder Jesus das Innerste meiner Person geben, mich existenziell ganz verankern in Gott, seinen Willen annehmen, ob ich ihn verstehe oder nicht. Dazu fordert Jesus den Jaïrus auf. In dessen Hause angekommen nimmt Jesus nur die Eltern und die drei Apostel Petrus, Jakobus und Johannes mit in das Gemach des toten Mädchens. Alle anderen nicht. Was war der Grund dafür? Es sollte eine Atmosphäre des Glaubens um den Herrn sein. Diesen Glauben hatte er ja mit den Jüngern schon eingeübt – auf dem See – und unterwegs hatte er ihn auch mit den Eltern, Jaïrus und seiner Frau, eingeübt. Nur diese bereits Glaubenden nimmt er mit. Solcher Glaube überwindet Leben und sogar den Tod. Johannes bezeugt: *„Das ist der Sieg, der die Welt besiegt hat: unser Glaube.“* (1 Joh 5,4) Deshalb ist der Glaube auch die Hauptsache im Leben des Menschen. Und deshalb gehört die Glaubensprüfung zum Wichtigsten in unserem Leben. Das passt uns nicht immer. Das müssen wir alle zugeben. Wir tun uns oft sehr schwer, wenn unser Glaube gefordert wird. Wenn es an die Grenze geht, wenn wir nichts mehr verstehen, wenn wir nichts mehr begreifen, dann fangen wir ganz schnell an mit Gott zu hadern und ihm Vorwürfe zu machen, als ob er etwas falsch gemacht hätte. Als ob wir alles besser wüssten! Aber genau dies ist das Kernstück, die Hauptsache, das Wichtigste in unserem Leben: die Glaubensprüfung. Das dürfen wir nicht vergessen. Sie werden staunen, welche Gnade ihnen geschenkt wird, wenn Sie diesen Glauben riskieren! Nur dem Glaubenden werden die Siege Gottes offenbart, nur dem Glaubenden. Jesus befiehlt dem Mädchen: *„Steh auf! – Talita kum!“* (vgl. V. 41) Dieses verheißungsvolle Zeichen, die Auferweckung aus dem Tod im Hause des Jaïrus ist der Hinweis auf den endgültigen Sieg Jesu über den

Tod. Das ist der Sieg, der die Welt überwindet, unser Glaube. Deshalb heißt es in der Geheimen Offenbarung: *„Der letzte Feind, der vernichtet wird, ist der Tod."* (vgl. Offb 20,14; 1 Kor 15, 26) Jesus befiehlt dann den Leuten zu schweigen. Weshalb nur? Die Auferweckung soll zu keiner Sensation werden. Die Leute machen schnell Sensationen aus solchen großen Zeichen Gottes. Und das hilft überhaupt niemandem. Es geht nur um den Glaubenden. Denn eigentlich nur der Glaubende kann im Tiefsten dieses Handeln Gottes verstehen. Und noch etwas will Jesus damit sagen, nämlich, dass er der Sieger über den Tod ist – eine wesentliche Aussage, ein Hinweis auch auf seine Stunde, die Stunde seines Todes und seiner Auferstehung, in der er wirklich siegen wird über den zeitlichen Tod und über den ewigen Tod. Der entscheidende Grund also, warum dieses Evangelium so umfangreich ist, ist die Wichtigkeit der Glaubensprüfung in unserem Leben. Wir müssen im Glauben wachsen und das geschieht in den Situationen des Lebens, vor allem in den Grenzsituationen, in den Stürmen, in der Gefahr des Untergangs, wenn man nicht mehr weiß, was hinten und vorne ist, wenn man meint, es gehe alles schief. Gerade dort kommt Gott oft mit seinem Handeln durch. Glaubenswachstum und Glaubensprüfung sind das Zentrum unseres geistlichen Lebens. Dies geschieht unterwegs – vom einen Ufer zum anderen.

In jener Zeit kam Jesus in seine Heimatstadt; seine Jünger begleiteten ihn. Am Sabbat lehrte er in der Synagoge. Und die vielen Menschen, die ihm zuhörten, staunten und sagten: Woher hat er das alles? Was ist das für eine Weisheit, die ihm gegeben ist! Und was sind das für Wunder, die durch ihn geschehen! Ist das nicht der Zimmermann, der Sohn der Maria und der Bruder von Jakobus, Joses, Judas und Simon? Leben nicht seine Schwestern hier unter uns? Und sie nahmen Anstoß an ihm und lehnten ihn ab. Da sagte Jesus zu ihnen: Nirgends hat ein Prophet so wenig Ansehen wie in seiner Heimat, bei seinen Verwandten und in seiner Familie. Und er konnte dort kein Wunder tun; nur einigen Kranken legte er die Hände auf und heilte sie. Und er wunderte sich über ihren Unglauben. Jesus zog durch die benachbarten Dörfer und lehrte dort.

Jesus verlässt das Haus des Jaïrus und geht in seine Stadt Nazaret. Er kommt wieder dorthin zurück. Vor einiger Zeit war er weggegangen an den Jordan, hatte sich dort taufen lassen, war dann in die Wüste gegangen und hielt sich schließlich in Kafarnaum auf. Jetzt kommt er in seine Heimatstadt Nazaret zurück, und zwar als Lehrer mit den Jüngern, die ihm nachfolgten. Ein Lehrer hat immer seine Jünger, seine Schüler bei sich. Er will sein Evangelium auch seinen Bekannten verkünden, nicht nur fremden Leuten. Das ist verständlich. Die Leute aus Nazaret waren sicher begeistert über den Mann aus ihrem Dorf, von dem alles sprach. Denn Nazaret schien ein verrufenes Dorf gewesen zu sein – denken wir an Nathanael, der fragte: „Was, aus Nazaret, da soll was Gutes kommen?“ (vgl. Joh 1,46) Die Nazarener waren plötzlich stolz, denn sie hatten gehört: Einer von ihnen macht da Furore und ist überall bekannt. Jetzt wird Nazaret bekannt! Deshalb waren sie begeistert von diesem Mann, durch den auch sie jetzt endlich einen Aufschwung bekommen, bekannt werden und aus ihrer verachteten Rolle herauskommen würden. Ihre Begeisterung war rein menschlich. Das merkt man ganz deutlich, denn zuerst heißt es: Sie bewunderten ihn, sie staunten. Die Bewunderung hörte aber plötzlich auf, als er zu ihnen über den Propheten Jesaja gesprochen hatte, wie wir von anderen Evangelisten wissen. Als sie merkten, dass es Jesus einzig und allein um den Gehorsam zu seinem Wort ging und um den Gehorsam zu seiner Botschaft, die er vom Vater her verkündete, da hörte die Bewunderung auf. Denn es ging ihm nicht um ihre Ehre und um das Ansehen von Nazaret – also um rein äußerliche Dinge – sondern um ihren Glauben und um den Gehorsam zu seinem Wort. Da änderte sich ihre Gesinnung plötzlich, und die Bewunderung schlug um in Zweifel. Was er sagte, machte zwar zunächst, wie es heißt, einen starken Eindruck auf sie. Dann aber kamen sofort Fragen in ihnen auf und zwar sehr gefährliche Fragen. Als Erstes mischten sich plötzlich Zweifel in die Anerkennung. Sie staunen zuerst: „Wie er spricht, der Zimmermann!", der plötzlich als so beredter Lehrer auftritt. Aber dann kommen sofort die Zweifel, und sie fragen: „Woher hat er das alles?" Diese Frage kann auf dreierlei Weise beantwortet werden: Entweder – vom Himmel, denn er spricht ja von einer göttlichen Botschaft. Oder – von den Menschen, denn als Lehrer hat er die Botschaft bei anderen gelernt und jetzt lehrt er sie weiter. Oder – vom Satan. Verdächtig sind die Demonstrativpronomen. Es heißt im Griechischen ganz abfällig: „Woher hat der da das?" Der da! Sie sagen nicht: „Woher hat Jesus das?" – in ehrfürchtiger Weise, sondern sie reden verächtlich. Dieses „der da" kommt dreimal vor. Nie wird sein Name genannt. Es heißt immer nur abfällig „der da". – „Der da ist doch bloß der Zimmermann. Woher hat denn der das wohl?"

Der abfällige Ton zeigt schon, dass sie ihm jetzt eigentlich das Böse in die Schuhe schieben wollen. In Vers 6, ganz am Schluss dieses Evangeliums, heißt es ja: *„Jesus staunte über ihren Unglauben."* Das bestätigt genau diesen negativen Zug, dieses „Woher hat er das?" Er staunt über ihren Unglauben. Wenn sie glauben würden, dass er seine Botschaft von Gott hat, brauchten sie ja nicht zu zweifeln. Wenn sie glauben, er habe sie von Menschen gelernt, unterwegs bei einem Lehrer, brauchen sie auch nicht zweifeln. Dieser Unglaube bezieht sich auf ihren Verdacht, er habe seine Botschaft vom Bösen. Er habe mit dem Bösen zu tun. Das ist eine ganz gefährliche Aussage. Die erste Frage, die plötzlich in diesen Nazarenern aufkommt, lautet also: „Woher hat er das?" Die zweite Frage bezieht sich auf seine Weisheit, denn die haben sie gespürt. Auch diese wird in Frage gestellt. Es heißt ja: *„Was ist das für eine Weisheit, die ihm gegeben ist!"* Ganz wörtlich heißt es im Griechischen: „Welcher Art ist die Weisheit, die dem da gegeben ist?" Hier haben wir wieder dieses abfällige „dem da"! Gegeben heißt: Es kann ihm nur gegeben sein – von Gott oder vom Teufel. Gegeben, eine Art Weisheit. Das kann man nicht lernen, es wird gegeben. Die dritte Frage, die in ihnen aufkommt, bezieht sich auf die Machttaten, die er in Kafarnaum gewirkt hat: *„Und was sind das für Wunder, die durch ihn geschehen sind?"* Diese seine Machttaten, also seine Wundertaten, die er in Kafarnaum und anderswo gewirkt hat, und von denen alle Welt spricht, werden nach Herkunft und Qualität in Frage gestellt, vor allem nach ihrer Herkunft. „Wer wirkt durch den da? Wer wirkt durch seine Hände diese Wunder?" Die Nazarener weisen mit dieser Frage eigentlich den messianischen Anspruch Jesu ganz klar zurück, den Jesus auf sich bezog, als er aus dem Buch Jesaja vorlas: „Jetzt ist dieses Wort vor euren Augen in Erfüllung gegangen" (vgl. Lk 4,21). Das steht dort über den Messias. Diesen Messias weisen sie zurück. Sie nehmen ihn nicht an. Am Anfang waren sie begeistert gewesen. Sie wollten durch ihn als Nazarener eigentlich nur bekannt werden und endlich aus ihrer Verrufenheit herauskommen. Aber sie nehmen seinen messianischen Anspruch nicht an und verdrehen sofort alles: „Woher hat er das? Woher hat er die Weisheit? Wer wirkt durch ihn diese Wunder?" Das ist äußerst negativ. Sie rechnen nicht damit, dass Gott durch ihn wirkt, sondern meinen, es sei der Böse. Wenn er diese Zeichen, diese Wunder nicht in Gottes Macht wirkt, dann ist er praktisch ein Pseudo-Messias, d.h. man kann ihn in der damaligen Sprache für besessen erklären. Das sind ganz schlimme Aussagen. Die vierte Frage argumentiert dann gegen ihn mit der Herkunft Jesu: *„Ist das nicht der Zim-*

mermann?" – „Das ist doch bloß der Zimmermann, der da!" Es heißt wiederum "der da", nie „Jesus". Ganz abfällig heißt es: „Der da ist doch bloß der Zimmermann, der Sohn Marias. Wir kennen doch seine ganze Verwandtschaft." Der Ausdruck „Brüder und Schwestern" bezeichnet hier auch Cousins und Cousinen, eben Verwandte.

Und sie nahmen Anstoß an ihm und lehnten ihn ab.
[V. 3c]

„Dieser ist doch der Zimmermann. Seine Mutter ist Maria, die mit ihren Verwandten bei uns im Ort wohnt. Der kann doch nichts Besonderes sein!" Das ist ihre vierte, ablehnende Frage, denn die allgemeine Auffassung war ja: Wenn der Messias geboren wird, bleibt er unbekannt, bis Elia kommt und ihn offenbart, ihn salbt und allen offenbar macht. Genau wie die Leute in Jerusalem, so anerkennen auch hier die Leute in Nazaret den Ausweis der Weisheit und Machttaten Jesu nicht, trotz ihrer anfänglichen Begeisterung. Aber diese bezog sich eigentlich nur auf sie selber, dass sie jetzt bekannt werden durch ihn. Vielleicht waren sie bei seiner Verkündigung auch kurz betroffen: „Wie dieser Zimmermann plötzlich redet, das sind wir ja gar nicht gewohnt!" Aber dieses Betroffensein war rein menschlich. Vom Glauben war nichts da. Merken Sie wieder? Letzten Sonntag ging es um den Glauben, um das Wachstum des Glaubens. Und darum, wie wichtig die Glaubensprüfungen sind. Hier kommt Jesus nach Nazaret, in seine eigene Stadt, und erlebt genau das Gegenteil – für uns zur Warnung, damit wir nicht an äußeren Dingen hängen bleiben und die falschen Fragen stellen, z.B.: „Woher hat er das?" *Sie nahmen Anstoß* – das griechische Wort dafür heißt „skandalizonei = den Glauben verweigern". Sie verweigerten ihm den Glauben. Letzten Sonntag zeigte Jesus in der blutflüssigen Frau und in Jaïrus den Glauben auf. Er fördert ihn, anerkennt ihn und geht entsprechend auf die beiden Menschen ein. Hier in Nazaret kann er nichts tun, kein Wunder vollbringen, kein Zeichen setzen, weil sie nicht glauben. Das ist genau das Gegenstück zum letzten Sonntag. Sie nehmen rein menschlichen Anstoß an ihm, weil er einer von ihnen ist. Jesus sagte ja, dass keiner anerkannt ist bei denen, die ihn kennen. Da kommt der ganze Neid, die Eifersucht und alles Mögliche auf. So ist das heute noch. Und ich meine, dieses Wort kann man bis heute sagen: *„Kein Prophet ist anerkannt in seiner Heimatstadt."* (vgl. V. 4) Wenn Sie in Ihrer eigenen Umgebung und Heimat das Wort Gottes verkünden, müssen Sie das tun, aber Sie werden auch immer als der dastehen, der hinter dem Wort Gottes nachhinkt, der trotz Bemühen, nie alles ganz erfüllt. Wir sind immer schwach und die Leute kennen uns ganz genau. Aussagen wie diese hört man immer wieder: „Der redet da, aber schau mal, wie das früher war". Immer wieder bleiben sie an den Menschlichkeiten hängen und kommen nicht zum Glauben an das Wort Gottes. Das ist eine Tatsache bis heute. Die Nazarener kommen an Christus zu Fall. Deshalb sagt Jesus zu Johannes dem Täufer: *„Selig ist, wer an mir keinen Anstoß nimmt."* (Mt 11,6; Lk 7, 23) und nun in Nazaret: *„Kein Prophet ist anerkannt in seiner Vaterstadt und bei seinen Verwandten"*. Im Griechischen steht hier „ein Prophet ist ungeehrt" – gemeint ist das Verachtetwerden des Propheten als solchem. Er ist verachtet als Prophet, nicht als Mensch. Sie nehmen ihn und seine Botschaft nicht an. Der Unglaube lässt einfach Gottes Machttaten nicht zu. Obwohl Gott Wunder tun könnte, kann er es nicht. Er ist gebremst durch den Unglauben der Menschen. Die Verwunderung Jesu ist ein betroffenes Staunen über diesen Unglauben. Er wollte ihnen doch helfen, gerade seinen Verwandten, den Leuten, mit denen er aufgewachsen ist. Gerade ihnen wollte er doch diese Botschaft bringen. Wer will das nicht? Ich denke oft: „Allen fremden Leuten verkünden wir das Evangelium – und den eigenen Verwandten und Freunden, die diese Verkündigung auch notwendig bräuchten, verkünden wir es nicht!" So scheitert Jesus in Nazaret. Gerade den Nazarenern möchte er die großartige Botschaft bringen und gerade hier scheitert er am Unglauben. Merken Sie wieder, dass wir immer in einem großen Zusammenhang innerhalb der ganzen Schrift stehen? Letztes Mal – das

Drängen des Glaubens und damit die Wirkung des Glaubens, die Überwindung von Krankheit und Tod durch den Glauben. Und hier kann Jesus nichts tun, obwohl er es könnte. Er kann weder die Krankheit überwinden, noch den Tod, wie im letzten Kapitel – weil sie nicht glauben. Das muss doch schockieren. Deshalb sollte man die beiden Evangelien eigentlich zusammen betrachten, denn sie sind ja zusammengefügt im Gesamten des Evangeliums.

In jener Zeit rief Jesus die Zwölf zu sich und sandte sie aus, jeweils zwei zusammen. Er gab ihnen die Vollmacht, die unreinen Geister auszutreiben, und er gebot ihnen, außer einem Wanderstab nichts auf den Weg mitzunehmen, kein Brot, keine Vorratstasche, kein Geld im Gürtel, kein zweites Hemd und an den Füßen nur Sandalen. Und er sagte zu ihnen: Bleibt in dem Haus, in dem ihr einkehrt, bis ihr den Ort wieder verlasst. Wenn man euch aber in einem Ort nicht aufnimmt und euch nicht hören will, dann geht weiter, und schüttelt den Staub von euren Füßen, zum Zeugnis gegen sie. Die Zwölf machten sich auf den Weg und riefen die Menschen zur Umkehr auf. Sie trieben viele Dämonen aus und salbten viele Kranke mit Öl und heilten sie.

Nachdem Jesus von Nazaret wieder weggegangen war in die umliegenden Orte, rief er die Zwölf zu sich. Im Griechischen steht dies im Präsens, in der Gegenwart: Er ruft sie zu sich. Das bedeutet, dass es ein bleibender Ruf ist. Dann begann er sie auszusenden. Jetzt beginnt etwas. Es ist ein Anfang. „Er begann sie auszusenden", steht im Griechischen wieder in der Zeitform des Aorist. Das heißt, das war etwas Einmaliges zu einem bestimmten Zeitpunkt, feststellbar, aber doch etwas Bleibendes, deshalb Präsens. Sie waren also nun bevollmächtigte Vertreter Jesu selbst! Es war ein Sonderauftrag, ein einmaliger Sonderauftrag. Dieses paarweise Ausgeschicktwerden, immer zwei zusammen, das gehört einfach zum jüdischen Zeugenrecht. Wenn zwei ein Zeugnis geben, dann ist das wahr. Sie sollen also zu zweit Zeugnis geben von dieser Botschaft Jesu. Zwei sollen zur Umkehr rufen, dann ist es wahr.

Er gab ihnen die Vollmacht, die unreinen Geister auszutreiben. [V. 7b]

Dieses „er gab ihnen" ist wieder im Imperfekt, das heißt, das ist jetzt etwas, was er ihnen auf Dauer gegeben hat, nicht nur für diesen einen Einsatz, sondern für immer. Er gab ihnen Macht – im Griechischen „exousia", ein Wort, das auch für die göttliche Macht in der Heiligen Schrift gebraucht wird. Man kann sagen: Eine solche Macht, ein solches Recht, die unreinen Geister auszutreiben, gab er ihnen.

Und er gebot ihnen, außer einem Wanderstab nichts auf den Weg mitzunehmen, kein Brot, keine Vorratstasche, kein Geld im Gürtel, kein zweites Hemd und an den Füßen nur Sandalen. [Vv. 8-9]

Jesus schickt sie aus mit seiner eigenen Vollmacht, seinem eigenen Recht. Und dann „gebot er", befahl er. Dieses „gebot" ist wiederum im Aorist, also ist es wieder eine ganz einmalige Sache, nicht allgemein. Er befahl ganz speziell, nichts mitzunehmen. Das griechische Wort für „gebot/befahl" bezeichnet ein gebietendes Wort, und zwar in der Vollmacht des Christus. Das kommt nur bei Jesus vor – in der Christusvollmacht diesen Auftrag zu erfüllen. Er schickt sie aus und befiehlt ihnen zu verkünden. Sie sollen *auf dem Weg nichts mitnehmen*. Dieses „auf dem Weg" besagt, dass es eine Mission ist im Sinne der Wandermission, wie wir das vom heiligen Paulus kennen, der unterwegs war, ein Wandermissionar, von Ort zu Ort. Jesus sagt hier klipp und klar, er befiehlt es ihnen in seiner göttlichen Vollmacht, nichts mitzunehmen. Dieses „nichts mitnehmen" erklärt Jesus noch genauer: Es geht um Besitzverzicht und um Bedürfnislosigkeit. Also ganz radikal: Sie sollen sich allein auf Gottes Hilfe verlassen! Was sie mitnehmen dürfen, ist ein Wanderstab und Sandalen. Die sollen dazu dienen, um besser und schneller als barfuß über spitze Steine oder heißen Sand laufen zu können. Das dürfen sie mitnehmen, aber nichts, was Besitz ist oder was ihrem Bedürfnis dient – nur das, was ihnen einen schnellen Lauf ermöglicht, damit das Evangelium rasch zu den Menschen kommt. Das heißt: Die Botschaft ist wichtig und sie kann nie schnell genug unter die Menschen gebracht werden. Wir dürfen nicht zögern. Wir dürfen nicht zurückhalten mit der Botschaft Jesu. Was belastet und was hindert, das sollen wir lassen – Besitz und Bedürfnis. Alles lassen, was ich brauchen könnte, mit mir mitschleppe: meinen Besitz. Doch das, was der Ausbreitung der Botschaft dient, das sollen sie gebrauchen: Wanderstab und Sandalen. Muss das nicht auch jeder von uns überlegen, einmal genau prüfen: Was belastet mich? Was hindert mich, das Evangelium zu den Menschen zu tragen? Und was fördert mich? Vinzenz Pallotti sagt, wir sollen alle Mittel einsetzen, um alle Menschen für Christus zu gewinnen. Wir können Mitleid haben, aber dann auch wieder frei sein, ganz frei von allem, was uns hindert, was belastet – bei diesem schnellen Lauf, das Evangelium unverzüglich zu den Menschen zu bringen.

Bleibt in dem Haus, in dem ihr einkehrt, bis ihr den Ort wieder verlasst. [V. 10]

Jesus gibt seinen Jüngern hiermit gleichsam eine Hausregel mit: Sie sollen in dem Haus bleiben, das sie aufgenommen hat. Sie sollen also anspruchslos sein und nicht überlegen, wo es ihnen besser geht, wo sie ein besseres Mittagessen kriegen. Sondern in dem Haus, wo sie aufgenommen sind, da sollen sie bleiben. Das ist ein Zeichen der Bedürfnislosigkeit. Sie sollen nichts für sich wollen, sondern es muss ihnen um das Reich Gottes gehen. Sie sollen nur ein einziges Bedürfnis haben – das Reich Gottes zu verkünden.

Wenn man euch aber in einem Ort nicht aufnimmt und euch nicht hören will, dann geht weiter, und schüttelt den Staub von euren Füßen, zum Zeugnis gegen sie. [V. 11]

Jesus meint damit, dass sie dort, wo sie bewusst nicht aufgenommen werden, wo man sie bewusst nicht hören will, fortgehen sollen *und den Staub von ihren Füßen schütteln* zum Zeugnis gegen *sie!* Die Jünger sollen sich auf Ablehnung gefasst machen. Das ist wichtig. Wenn wir im Glauben gewachsen sind, dann kann uns Jesus aussenden. Aber wir müssen damit rechnen, dass wir abgelehnt werden. Jesus zeigt den Jüngern hier sofort, wie sie es aus dem Glauben verkraften müssen, dass ihnen nicht alles mit wehenden Fahnen entgegengeht, wenn sie sagen, sie kommen von Jesus. Das erleben wir auch, dass das bis heute der Fall ist. Manchmal freuen sich Menschen und sind glücklich, wenn sie von Jesus hören. Doch wie oft werden wir abgelehnt oder verspottet. Das zeigt Jesus seinen Jüngern. Sie müssen auf Ablehnung gefasst sein. Den Staub abschütteln – das taten damals die Juden, wenn sie einen heidnischen Ort betreten hatten. Beim Verlassen haben sie den Staub von den Schuhen gewischt und sind dann weitergegangen. Diese Geste sollte also den Juden zeigen, dass sie sich in ihrer Ablehnung Jesus gegenüber wie Heiden verhalten – wenn sie die Botschaft Jesu nicht annehmen wollen, dann sind sie wie Heiden. Jesus sagt auch einmal: „… dann seien sie euch *wie Heiden*" (vgl. Mt 18,17). Weiter zeigt diese Stelle, dass wir niemandem die Botschaft Jesu aufzwingen sollen: „Wenn sie euch nicht annehmen, wenn sie die Botschaft nicht hören wollen, dann geht! Ihr braucht das Evangelium niemandem aufzuzwingen." Man könnte hier das Wort zitieren, das auch in der Schrift steht: *„Werft eure Perlen nicht den Schweinen vor"* (vgl. Mt 7,6). Wir sollen also dort verkünden, wo man das Wort hören will. In unseren Breiten finden wir heutzutage leider immer öfter Ablehnung. Wo die Menschen sich verhalten wie die Heiden, wie es hier heißt, will man das Wort Gottes nicht hören. So ist es bei uns nicht immer leicht, ein Jünger Jesu zu sein. Ich verstehe unsere Missionare, wenn sie vom Ausland kommen, wo man das Wort Gottes hören will, wo man sich freut, als Heide diese Botschaft Gottes zu hören, diese Wahrheit – dass sie sich hier bei uns gar nicht wohlfühlen, wo man den Leuten das Wort Gottes fast aufzwingen muss, was man ja nicht soll. In unserem Land wird man einfach nicht erwartet mit dem Wort Gottes, sondern erfährt höchstens Spott und Ablehnung. Damit müssen wir uns heute ganz klar auseinandersetzen. Genau von diesem Wort

Gottes hier, von der Aussage Jesu her, müssen wir uns sagen lassen, dass wir niemand das Wort Gottes aufzuzwingen brauchen. Aber wir sollen nicht aufhören es anzubieten. Und es wird immer wieder Menschen geben, die es hören wollen. Zu denen sollen wir sprechen.

Die Zwölf machten sich auf den Weg und riefen die Menschen zur Umkehr auf. Sie trieben viele Dämonen aus und salbten viele Kranke mit Öl und heilten sie.
[Vv. 12-13]

In diesen zwei letzten Versen stellt sich heraus, dass der Dienst der Jünger zunächst die Umkehrpredigt ist. Das ist das Entscheidende. Das ist vorher gar nicht gesagt worden, sondern Jesus ruft sie und schickt sie aus. Aber was sie verkünden sollen wird jetzt klar – die Menschen zur Umkehr aufrufen. Das ist ja die Botschaft Jesu. Der Anfang des Markusevangeliums berichtet, dass Jesus auftrat, das Evangelium vom Reich verkündete und die Leute zur Umkehr aufrief. Und genau das ist der Dienst der Apostel, der Dienst derer, die Jesus aussendet, bis heute – die Umkehrpredigt. Das sollte jeder von uns sich einmal überlegen! Nicht nur wir, die wir von Berufs wegen in der Verkündigung stehen, sondern alle sollten sich fragen: Ist das der Inhalt dessen, was wir den Menschen verkünden, nämlich – umzudenken, von Gott her zu denken, auf Gott hin ausgerichtet zu sein, also umzukehren? Ist das der Inhalt, ganz gleich, in welcher Form wir das tun? Geht unsere Verkündigung immer wieder dahin, die Menschen zu Gott hinzuführen, dass sie umdenken – nicht von sich her denken, als wären sie Gott und das Maß der Dinge, sondern von Gott her. Denn er ist das Maß der Dinge. Nun wird uns hier gesagt, dass diese Umkehrpredigt durch die Austreibung von Dämonen und Heilung der Kranken begleitet und bestätigt wird. Dies sind also Begleiterscheinungen der Verkündigung. Das Entscheidende ist die Verkündigung, die Umkehrpredigt. Und wenn die Verkündigung echt und wahr ist, wird sie immer Begleiterscheinungen haben, nämlich dass die Mächte der Finsternis es nicht mehr aushalten, wenn die Wahrheit verkündet wird. Sie erinnern sich sicher noch an den Vorfall, als Jesus in Kafarnaum predigte und plötzlich der Besessene aufbegehrte, der Teufel in dem Besessenen plötzlich anfing zu schreien und ihn herumzuwerfen. Jener Besessene ist sicher bisher regelmäßig in die Synagoge gegangen, doch da passierte nie etwas, weil die Schriftgelehrten eben nicht mit Vollmacht verkündeten. Es ist die Vollmacht der Verkündigung, die die Dämonen aufdeckt (vgl. Predigt zum 4. Sonntag im Jahreskreis). Als Jesus seine Jünger aussandte, das Wort Gottes zu verkünden, verwendet das Griechische hier das Wort „mit Vollmacht und mit Kraft". Diese Vollmacht bewirkt, dass die Dämonen es nicht mehr aushalten, dass sie sich zeigen müssen und dass Kranke heil werden. Doch muss immer klar sein: Das Entscheidende ist die Verkündigung. Es gibt Menschen, die immer nur dort hingehen, wo irgendwie Heilung oder so etwas geschieht. Das Evangelium jedoch, die Botschaft Jesu von der Umkehr, die interessiert sie kaum, die nehmen sie eben mit in Kauf. Doch ich muss mich zuerst auf das Wort Gottes einlassen. Die Vollmacht der Verkündigung wird mich dann frei und heil machen, soweit es gottgewollt ist. Die Jünger taten alles im Gehorsam zu Jesus. Ihr Auftrag war ein Zeichen für das Kommen des Gottesreiches. Dass sie mit Öl salbten, das will eigentlich ausdrücken, dass sie nicht aus eigener Kraft gehandelt haben, sondern in der Vollmacht Jesu. Vor seiner Himmelfahrt gab Jesus dann ganz klar und deutlich diese drei Aufträge an die Apostel: „Geht in alle Welt! Verkündet das Evangelium! Heilt die Kranken! Treibt die Dämonen aus!", wie gerade bei Markus berichtet wird (vgl. Mk 16,15 ff). Dieser Auftrag gilt jedoch für alle Glaubenden. Und es werden die *„Zeichen denen folgen, die glauben"*. Hier spüren wir wiederum: Wo der Glaube gewachsen ist, kann Jesus aussenden, doch ohne Glauben an ihn kann keiner ausgesandt werden. Wollte einer im eigenen Namen gehen, wird er keine Frucht bringen, und es wird kein Heil daraus entstehen. Das Reich Gottes wird dadurch nicht aufgebaut. Leider gibt es heute so manche, die vielleicht im eigenen Namen verkünden. Sie lassen nicht zuerst ihren Glauben wachsen, um dann wirklich die Botschaft zu verkünden aus dem Glauben heraus, so dass dann aus der Kraft und der Vollmacht der Verkündigung heraus diese gewaltigen Zeichen geschehen können – Heilung und Befreiung.

In jener Zeit versammelten sich die Apostel, die Jesus ausgesandt hatte, wieder bei ihm und berichteten ihm alles, was sie getan und gelehrt hatten. Da sagte er zu ihnen: Kommt mit an einen einsamen Ort, wo wir allein sind, und ruht ein wenig aus. Denn sie fanden nicht einmal Zeit zum Essen, so zahlreich waren die Leute, die kamen und gingen. Sie fuhren also mit dem Boot in eine einsame Gegend, um allein zu sein. Aber man sah sie abfahren, und viele erfuhren davon; sie liefen zu Fuß aus allen Städten dorthin und kamen noch vor ihnen an. Als er ausstieg und die vielen Menschen sah, hatte er Mitleid mit ihnen, denn sie waren wie Schafe, die keinen Hirten haben. Und er lehrte sie lange.

Die Jünger kommen zurück. Letzten Sonntag haben wir im Evangelium gehört, wie Jesus sie aussandte, zu verkünden, zu heilen und zu befreien. Jetzt kommen sie zurück und erzählen von ihren Erfahrungen. Ich denke, das ist auch ein Hinweis darauf, dass wir immer wieder mit Jesus besprechen sollen, was wir mit dem Reich Gottes erfahren, und es ihm immer wieder hinhalten sollen zur Reinigung, zur Klärung. Die Jünger erzählen ihm, was sie getan und gelehrt hatten. Auch wir müssen immer wieder unser Tun und unser Lehren an Jesus orientieren. Das scheint ein ganz wichtiger Hinweis darauf zu sein, dass wir nicht einfach auf unser Empfinden hin lehren und handeln sollen, sondern dass wir uns immer wieder neu orientieren müssen, denn zu schnell wird unser Lehren und Handeln egoistisch, ohne dass wir es bemerken. Es muss immer wieder ausgerichtet sein auf Jesus und von ihm ausgehen. Deshalb kehren sie zu ihm zurück und berichten ihm. Dann sagt er zu ihnen:

Kommt mit an einen einsamen Ort, wo wir allein sind, und ruht ein wenig aus. Denn sie fanden nicht einmal Zeit zum Essen, so zahlreich waren die Leute, die kamen und gingen. [V. 31]

Er lädt sie ein an einen ruhigen Ort, an dem sie ganz für sich sind. Dieses „ein wenig ausruhen" ist sicher auch auf den Leib bezogen. Denn sie kamen ja nicht einmal zum Essen, da sie ständig von so vielen Leuten umgeben waren. Nach all dem, was die Jünger verkündet und vor allem auch getan haben, war es ein Kommen und Gehen. Aber sicher bezieht sich dieses Ausruhen auch auf die Seele, denn Jesus lehrt sie ja, Apostel, Verkünder zu werden. Er selber zog sich immer wieder zurück zum Gebet, zur Stille, in die Einsamkeit, um sich gleichsam am Herzen des Vaters auszuruhen. So nimmt er auch die Jünger mit und lehrt sie, immer wieder zurückzufinden zu ihm, zum Ruhen bei Gott und im Gebet alles durchzureflektieren, was sie getan und gelehrt haben. Es war ihr erster Einsatz gewesen. Jesus versucht sie zu lehren, zu verkünden, aber auch zu tun und nicht zu unterlassen, was zur Verkündigung gehört – dass sie immer wieder zu ihm zurückkehren und sich bei ihm orientieren sollen. Dass sie nun mit ihm an diesen einsamen Ort gehen, um zu reflektieren und zu beten, auch für die Menschen, zu denen sie gesprochen haben und zu denen sie noch sprechen werden. Das ist ein ganz wichtiger Punkt. Jesus zeigt ihnen nun, was jetzt folgen muss. Sie haben inzwischen Erfahrungen gemacht mit Verkündigung, mit Befreien und Heilen, aber er will ihnen noch etwas Wichtiges zeigen, worauf sie achten müssen und was sie jetzt in sich entwickeln lassen müssen. Das gilt für uns alle.

Sie fuhren also mit dem Boot in eine einsame Gegend, um allein zu sein. Aber man sah sie abfahren, und viele erfuhren davon; sie liefen zu Fuß aus allen Städten dorthin und kamen noch vor ihnen an. Als er ausstieg und die vielen Menschen sah, hatte er Mitleid mit ihnen, denn sie waren wie Schafe, die keinen Hirten haben. [Vv. 32-34]

Dieses Evangelium ist ja ein Wort Gottes heute an uns. An diesem so genannten einsamen Ort, in dieser Extremsituation, in der sie dann wieder aussteigen, – denn inzwischen hat es sich herumgesprochen und die Leute sind auf einem schnelleren Weg bereits an diesem Ort angekommen – hier begegnet er einer großen Schar von Menschen, die keinen Hirten haben, wie er sagt. Er geht in die Einsamkeit, aber hier stellen sich ihm plötzlich Menschen in den Weg, die keinen Hirten haben. Es heißt: *„Er empfand Mitleid mit ihnen."* Das ist ein wunderbarer Ausdruck – es erfasste ihn, es packte ihn das Erbarmen. Es ging ihm also um die geistige Not dieses Volkes. Menschen, die keinen Hirten haben, verirren sich, verlaufen sich. Sie können leicht von Wölfen angefallen und vom Versucher kassiert werden. Das ist auch heute eine große Not: Menschen, die keinen Hirten haben. Wegen der untreuen Hirten hat sich Gott sehr klar schon bei Ezechiel entschieden: *„Ich selber werde kommen und mich um meine Schafe kümmern. Denn so spricht Gott, der Herr: Jetzt will ich meine Schafe selber suchen und mich selber um sie kümmern. Wie ein Hirt sich um die Tiere seiner Herde kümmert an dem Tag, an dem er mitten unter den Schafen ist, die sich verirrt haben, so kümmere ich mich um meine Schafe und hole sie zurück von all den Orten, wohin sie sich am dunklen, düsteren Tag zerstreut haben."* (vgl. Ez 34,11 12) Jesus ist gekommen, er, der Hirte, der bereit ist, sein Leben hinzugeben. Hier drückt er es wieder aus. Aber was bedeutet das jetzt für die Jünger? Er holt sie nun zurück aus ihrer ersten Erfahrung und zeigt ihnen: Das Wichtigste für sie selber ist, dass sie ein barmherziges Herz haben und sich dieses Volkes erbarmen, das keine Hirten hat. Die Schriftgelehrten und Pharisäer waren ja keine Hirten. Sie sind ihren eigenen, selbstsüchtigen Weg gegangen. Sie meinten ja zu wissen, wie sie in den Himmel kommen. Die anderen Menschen waren ihnen gleichgültig. Die haben sie verurteilt und weggestoßen. So ist dieses Volk, das hier auf ihn wartet, ein Volk ohne Hirten, dem das Wesentliche fehlt, nämlich die Führung auf dem Weg zu Gott. Diesem Volk begegnet er nun mit den Aposteln und zeigt ihnen, um was es geht. Im Griechischen ist das wunderbar ausgedrückt mit „Erbarmen". Es geht dabei um ein göttliches Erbarmen, das aus dem Innersten kommt. Dieses Erbarmen bedeutet nicht nur: *„Er hatte Mitleid mit ihnen"*, wie es hier übersetzt ist. Es ist zwar richtig, dass er

Mitleid hatte, aber sein Erbarmen ist im griechischen Text der Heiligen Schrift noch viel tiefer ausgedrückt. Es ist ein göttliches Erbarmen, das aus seiner innersten Herzmitte kommt, „Barmherzigkeit“, die aus dem Herzen kommt. Dieser Sinn steckt im deutschen und auch im griechischen Wort. Das hebräische Wort für Erbarmen, ein sehr bekanntes Wort, „rachamin“ heißt in unserer Sprache eigentlich „Mutterschöße“, die Mehrzahl von rechem = Mutterschoß. Dies ist ein Erbarmen, das aus den Eingeweiden, aus dem Mutterschoß, aus der innersten Mitte Gottes kommt. In allen drei Sprachen ist die Bedeutung von Barmherzigkeit wunderbar ausgedrückt, im Deutschen, Griechischen und Hebräischen. Barmherzigkeit hat mit dem Herzen, mit der innersten Mitte der Person zu tun. Göttliches Erbarmen kommt aus dem Innersten. Es kommt aus den Mutterschößen Gottes, nicht nur aus einem Mutterschoß, sondern aus vielen Mutterschößen Gottes. Was für einen Menschen der Mutterschoß ist, nämlich die heile Welt, das Beglückendste, was es im Leben des Menschen gibt, das ist Gott für uns in vielfacher Weise. Daraus kommt sein Erbarmen. Er erbarmt sich dieser verirrten Menschen, die nicht wissen, wohin ihr Weg geht. Das müssen die Jünger sich aneignen. Das will sie Jesus lehren in dieser Einsamkeit. Sie sollen wirklich aus ihrem Herzen heraus Erbarmen haben, sodass ihnen wirklich das Heil der Menschen wichtiger ist als z.B. hier das Sich-Zurückziehen oder ihre Erholung oder was auch immer noch zum Leben gehört. Sie sollen ein Herz bekommen für die irrenden Menschen. Ich denke, diese Forderung ist sehr akut heute. Ich denke an viele Menschen, die von überall herkommen. Sie fühlen sich irgendwie verlassen, auch ein Stück weit von den Hirten. Immer wieder hört man die Klage: „Warum bekommen wir keine klaren Weisungen? Warum bekommen wir keine klare Lehre? Klare Hinweise auf Gefahren, die uns heute bedrohen?“ Wenn wir an den heute weit verbreiteten Okkultismus denken: Wer verkündet den Menschen diese Gefahren? Wer warnt sie, damit sie nicht hineinfallen? Menschen ohne Hirten sind ausgeliefert an alle möglichen Wölfe, Irrlehren und Fehlentwicklungen. Deshalb ist für die Jünger wichtig, was Jesus hier sagt.

Eigentlich sind wir alle Hirten für die anderen Menschen, Hirten für die Suchenden. Es ist wichtig für uns, dass wir Erbarmen haben, und dass uns die Menschen nicht gleichgültig sind, so nach dem Motto: „Hauptsache, ich werde gerettet, die anderen können schauen, wo sie bleiben!" Es ist wichtig, dass wir mit allen Menschen Erbarmen haben, wie Paulus sagt: „Ich möchte am liebsten sogar verdammt sein, damit mein ganzes Volk gerettet wird." (vgl. Röm 9,3) Er stellt sich total zurück aus Erbarmen mit seinem ganzen Volk, mit allen Menschen. Es ist wichtig, dass wir uns von diesem Wort Gottes ansprechen lassen und uns prüfen, ob wir solches Erbarmen mit den Menschen haben. Die Leute kamen von allen Städten, das heißt, von ganz Israel. Das ist bereits ein Bild dafür, dass die Jünger dazu gesandt sind, allen Menschen dieses Erbarmen Gottes zu offenbaren. Es ist ein Bild dafür, dass eigentlich alle Menschen irgendwie verirrte Schafe sind, die nach einem Hirten schreien, der sie führt und leitet. Jesus ist dieser angekündigte Hirte, von dem Gott, Jahwe, schon bei Ezechiel sagt: „Ich selber werde nach meinen Schafen schauen. Ich werde die untreuen Hirten ablösen." Er ist dieser neue Mose. Was tut er?

Und er lehrte sie lange. [V. 34c]

Genau dies ist das Zeichen dafür, dass die Lehrer Israels versagt haben. Darin vor allem besteht die wichtige Aufgabe des Hirten, die Wahrheit zu lehren, damit die Menschen sich an der Wahrheit orientieren können. Hier spüren wir, worin dieses Verirrtsein, dieses „hirtenlos Sein" besteht. Die Pharisäer und die Schriftgelehrten haben oft bloß menschliche Gesetze verkündet, aber nicht mehr das reine Wort Gottes. Jesus hat es ihnen immer wieder vorgeworfen. Dieses Versagen der Lehrer, die das Wort Gottes verkünden sollen, ist ein immer wiederkehrender Zustand. Deshalb heißt es hier: *„Er lehrte sie lange."* Das ist wichtig für uns. Wir brauchen die klare Lehre der Wahrheit, die Lehre des Wortes Gottes, die Lehre der Kirche, um diese verirrten Menschen auf dem Weg der Wahrheit zu führen.

Das nachfolgende Brotwunder, das hier nicht mehr erzählt wird, das sich aber genau hier anschließt, zeigt, dass der Hirte für die grüne Weide zuständig ist. Es ist seine Aufgabe, die Menschen mit dem Wort Gottes zu ernähren. Das will das Bild ausdrücken. Er ist gekommen, um die Menschen durch die Lehre der Wahrheit zu ernähren, denn sie haben Hunger nach der Wahrheit. Sie sind verirrt, weil ihnen die Lehre fehlte. Es fehlten ihnen die Lehrer, die Hirten, die sie lehren. Nehmen wir uns heute dieses Evangelium zu Herzen, jeder von uns auf seine Weise. Sie als Eltern sind Hirten Ihrer Kinder, Lehrer Ihrer Kinder, ihre ersten Religionslehrer. Von Ihnen hängt es sehr viel stärker ab als vom Religionsunterricht, ob Ihre Kinder wirklich auf den Weg der Wahrheit geführt werden und eine klare Richtung haben, eine Lehre, an die sie sich halten können, an der sie sich orientieren können. Oder ob sie von allen möglichen Irrlehren und Irrlichtern in der Welt verführt werden. Führt unsere Lehre, unser Wort, die Menschen wirklich zu Christus, zur Wahrheit? Darum geht es.

In jener Zeit ging Jesus an das andere Ufer des Sees von Galiläa, der auch See von Tiberias heißt. Eine große Menschenmenge folgte ihm, weil sie die Zeichen sahen, die er an den Kranken tat. Jesus stieg auf den Berg und setzte sich dort mit seinen Jüngern nieder. Das Pascha, das Fest der Juden, war nahe. Als Jesus aufblickte und sah, dass so viele Menschen zu ihm kamen, fragte er Philippus: Wo sollen wir Brot kaufen, damit diese Leute zu essen haben? Das sagte er aber nur, um ihn auf die Probe zu stellen; denn er selbst wusste, was er tun wollte. Philippus antwortete ihm: Brot für zweihundert Denare reicht nicht aus, wenn jeder von ihnen auch nur ein kleines Stück bekommen soll. Einer seiner Jünger, Andreas, der Bruder des Simon Petrus, sagte zu ihm: Hier ist ein kleiner Junge, der hat fünf Gerstenbrote und zwei Fische; doch was ist das für so viele! Jesus sagte: Lasst die Leute sich setzen! Es gab dort nämlich viel Gras. Da setzten sie sich; es waren etwa fünftausend Männer. Dann nahm Jesus die Brote, sprach das Dankgebet und teilte an die Leute aus, soviel sie wollten; ebenso machte er es mit den Fischen. Als die Menge satt war, sagte er zu seinen Jüngern: Sammelt die übriggebliebenen Brotstücke, damit nichts verdirbt. Sie sammelten und füllten zwölf Körbe mit den Stücken, die von den fünf Gerstenbroten nach dem Essen übrig waren. Als die Menschen das Zeichen sahen, das er getan hatte, sagten sie: Das ist wirklich der Prophet, der in die Welt kommen soll. Da erkannte Jesus, dass sie kommen würden, um ihn in ihre Gewalt zu bringen und zum König zu machen. Daher zog er sich wieder auf den Berg zurück, er allein.

Jesus ging wieder an das andere Ufer des Sees, weg vom östlichen Ufer. Aus welchem Grund er dies tut, berichtet der zweite Vers: Weil eine große Menschenmenge ihm folgte, weil das Volk eigentlich nur Zeichen suchte – Krankenheilungen – aber es suchte nicht Jesus und es suchte nicht seine Botschaft. Es war kein

Glaube zu spüren. Es war eher Sensationslust bei den Leuten oder Eigensucht. Sie wollten heil werden, aber sie wollten nicht Jesus und sie wollten nicht seine Botschaft. Deshalb ging er weg. Dieses Nicht-Glauben ist immer wieder das Problem – bis heute. Auch wir müssen uns fragen: „Was suche ich denn, wenn ich bete? Warum bete ich? Wann suche ich Gott? Wann suche ich Jesus? Warum?" Ist es nicht so, dass wir meistens beten, weil wir etwas wollen, weil wir ihn für irgendetwas brauchen? Aber suche ich ihn auch um seiner selbst willen? Bete ich, weil´s mir um Jesus geht, um die Beziehung zu ihm, um die Liebe zu ihm? Geht es mir um seine Botschaft? Oder geht es nur um mich selber? Doch immer, wenn es um mich selber geht und nicht um ihn und seine Botschaft, geht er weg. Das ist hier die Aussage. Vielleicht vertreibe ich ihn selber durch diese Haltung? Sie sehen – hier bedarf es schon wieder eines Umdenkens! Am anderen Ufer jedoch kamen wieder andere Menschenmengen zu ihm.

Jesus stieg auf den Berg und setzte sich dort mit seinen Jüngern nieder. [V. 3]

„Auf den Berg gehen", wie es auch in Vers 15 wieder heißt, ist immer der Ausdruck für „beim Vater sein", für „beten". Wenn er auf den Berg geht, ist dies immer wieder ein Bild dafür, in der Nähe des Himmels zu sein, beim Vater zu sein, zu beten. Wir haben ja gemerkt – und das ist wieder ein wichtiger Hinweis für uns – die Leute wollen nicht ihn und nicht seine Botschaft, sie wollen nur sich selber, nämlich Heilung, Brot usw. Deshalb ist es wichtig, dass ein Verkünder, im Großen wie im Kleinen, zuerst wieder ins Gebet geht, um den Leuten die Gnade des Glaubens zu erbitten, dass sie die Botschaft annehmen können, dass sie Jesus annehmen können. Ich muss immer wieder den Leuten zuerst den Glauben erbitten, muss immer wieder zuerst auf den Berg gehen, damit die Botschaft wirklich ankommt.

Als Jesus aufblickte und sah, dass so viele Menschen zu ihm kamen, fragte er Philippus: Wo sollen wir Brot kaufen, damit diese Leute zu essen haben? [V. 5]

Es kommt also plötzlich wieder eine große Zahl von Leuten zu ihnen. Und bei Johannes fragt Jesus: *„Wo sollen wir Brot kaufen?“* Mit dieser Frage stellt er die Jünger auf die Probe, denn er wusste ja, heißt es, was er tun wollte. Es wird auch keine Tageszeit angegeben, wie z.B. bei den andern Evangelisten: *„Es war Abend“*, und die Leute mussten schauen, dass sie noch etwas zum Essen einkaufen konnten. Dass hier keine Tagzeit angegeben wird, könnte darauf hindeuten, dass es zeitlos ist, dieses Wort Gottes. Jesus will etwas Bestimmtes damit sagen. Er fordert hier die Jünger auch nicht auf: *„Gebt ihr ihnen zu essen!“*, wie bei den anderen Evangelisten (vgl. Mt 14,13-21; Mk 6,31-44; Lk 9,10-17). Das alles zeigt: Jesus wollte sich, sich selbst, als das Brot erweisen, das allen Hunger stillt. Als die Leute kamen, da hatte er noch nicht gepredigt, sondern es heißt: *„Als Jesus aufblickte und sah, dass so viele Menschen zu ihm kamen, fragte er...“*, also vor der Predigt. Er wollte also sich selber als das Brot erweisen, das diese Hungernden, die da kommen, sättigt. Sie hungern nämlich nach der Wahrheit, sie hungern nach Erlösung, sie hungern letztlich, ohne es zu wissen, nach Jesus. Darauf weist er hin. Und man kann sogar sagen, Jesus selbst ist der Überfluss – der sich dann am Schluss zeigt, als sie noch zwölf Körbe voll einsammelten. Dieses „zwölf Körbe“ – das ist das Volle, das sind die zwölf Stämme Israels, das ganze Volk Gottes, die ganze Fülle. Er will im Überfluss geben. Später, nach dieser Brotvermehrung, da suchen ihn die Leute. Und er spricht dann zu ihnen vom Brot, das vom Himmel kommt: *„Ich bin das lebendige Brot, das vom Himmel herabgekommen ist“*, sagt er. Er bezeichnet anschließend sich selbst als das Brot des Lebens. Seine Botschaft, sein Wort ist das Brot des Lebens. Er selber ist es.

Das sagte er aber nur, um ihn auf die Probe zu stellen; denn er wusste selbst, was er tun wollte. [V. 6]

Wenn Jesus die Jünger etwas fragt, dann will er sie eigentlich immer auf eine Glaubensentscheidung vorbereiten. Auch uns, genauso. Denn nach der sog. „Eucharistischen Rede“, die im Anschluss an dieses Evangelium kommt, gehen dann viele nicht mehr mit ihm. Auch viele seiner Jünger gehen nicht mehr mit ihm, weil sie sagen: „Die Rede ist hart!“ (vgl. Joh 6,60) Und später fragt er auch die Zwölf: *„Wollt auch ihr weggehen?“* (Joh 6,67) Jesus versucht jetzt also, ihren Glauben zu festigen. Darum heißt es hier: *„Das sagte er aber nur, um ihn auf die Probe zu stellen.“* (V. 6) Das sagt er zu allen seinen Jüngern. Es geht jetzt um eine Festigung ihres Glaubens, damit sie später – bei dem, was er noch alles sagen wird über dieses Brot des Lebens, über die Eucharistie, die er einmal einsetzen wird – im Glauben gestärkt sind und nicht auch davonlaufen wie die vielen anderen.

Philippus antwortete ihm: Brot für zweihundert Denare reicht nicht aus, wenn jeder von ihnen auch nur ein kleines Stück bekommen soll. [V. 7]

Philippus versteht die Frage Jesu nach seinem Glauben nicht. Er hat nicht verstanden, dass dieser ihn auf die Probe stellt, sondern er sieht immer noch das bisschen Brot, das sie haben. Er denkt noch ganz irdisch. Da spüren wir, wie notwendig es ist, dass Jesus ihn im Glauben stärkt, damit er die Fortführung dieser Rede auch im Glauben annehmen kann.

Einer seiner Jünger, Andreas, der Bruder des Simon Petrus, sagte zu ihm: Hier ist ein kleiner Junge, der hat fünf Gerstenbrote und zwei Fische; doch was ist das für so viele! [Vv. 8-9]

Die Jünger bleiben immer noch beim irdischen Brot, obwohl Jesus schon im übertragenen Sinn spricht, sich als das lebendige Brot anbieten will, und ihnen zeigen will, dass dieses Äußere nur Symbol sein soll für das, was eigentlich kommen wird. Dieser

Abschnitt des Evangeliums ist ja erst der Anfang der eucharistischen Rede in Kafarnaum. Deshalb müssen auch wir immer wieder die Frage stellen: „Was will denn Jesus sagen? Wo führt er seine Jünger, uns, hin?" Andreas will sagen: „Fünf Gerstenbrote – das Brot der Armen – und zwei zubereitete Fische. Damit werden die Vielen wirklich nicht satt."

Jesus sagte: Lasst die Leute sich setzen! … Dann nahm Jesus die Brote, sprach das Dankgebet und teilte an die Leute aus, soviel sie wollten; ebenso machte er es mit den Fischen. [Vv. 10-11]

Hier ist bereits wieder diese Übertragung. Die Jünger sagen ganz klar: „Das bisschen, das reicht unmöglich für die 5000 Leute." Und Jesus nimmt das bisschen und teilt es aus. Jeder bekommt so viel er will, und es bleibt noch Brot übrig. Jesus will ihnen hiermit ganz klar zeigen, dass er etwas anderes meint. Er will sie mit etwas ganz Anderem sättigen. Das, was er jetzt nach außen hin tut – mit diesen Fischen und Broten – ist nur ein Bild für das lebendige Brot, das vom Himmel herabgekommen ist, das er selber ist und das die Menschen wirklich für immer sättigt. Er will sie auf diese Wahrheit stoßen. Er nahm also die Brote und dankte. Im Griechischen wird hier bereits das Wort „eucharistesas" gebraucht, das gleiche Wort wie bei der Einsetzung der Eucharistie. Das Wort Gottes deutet schon darauf hin, dass Jesus mit diesem Zeichen auf die Eucharistie hinweist, die er einmal einsetzen wird vor seinem Leiden. Darüber wird er gleich anschließend sprechen: *„Wer mein Fleisch isst und mein Blut trinkt, der hat das ewige Leben."* (Joh 6,54) Deshalb steht auch hier schon dieses Wort „eucharistesas" als Hinweis auf das, was er meint mit dem Brot vom Himmel, das alle sättigt, alle.

Alle bekamen so viel sie wollten. … zwölf Körbe waren noch übrig. [vgl. Vv. 11-13]

Diese Brotvermehrung als Vorspann zur eucharistischen Rede will also ein Bild sein für die Eucharistie, die Jesus geben wird. Diese Sättigung ist eine Sättigung für alle. Und jeder gibt das Maß selber an, jeder bekommt so viel er will. Eucharistie ist die Fülle. Es bleibt ja immer davon übrig, weil die Menschen nicht alles aufnehmen. Alle wurden satt, aber es blieben zwölf Körbe übrig, also noch eine Fülle. Eucharistie ist die Fülle des Lebens, die Fülle dessen, was die Menschen sättigt in ihrem Durst nach dem Sinn des Lebens, nach dem Heil, nach der Rettung. Im Tiefsten – nach Gott. Ein wunderbares Bild! Wichtig ist für uns der halbe Satz: „So viel sie wollten." Wir müssen uns prüfen: „Wie bereite ich mich vor zum Empfang der Eucharistie? Wie viel kann ich aufnehmen? Wie viel will ich denn überhaupt? Werde ich in meiner Erwartung unersättlich, das heißt: Wird mein Maß immer maßloser, so dass ich die Fülle, die mir in der Eucharistie angeboten wird, auch aufnehme, dass nicht so viel übrigbleibt? Kann die ganze Fülle der Eucharistie durch mich hindurchströmen in die Welt zu den Menschen? Das ist mit diesem Bild gemeint: Jeder bekam so viel er wollte, und es blieb noch viel übrig, weil sie nicht genug wollten, weil sie noch viel mehr hätten bekommen können. Das ist wichtig für uns.

Die Menge war statt und er sagt zu den Jüngern: Geht alles einsammeln, damit nichts verdirbt. Sammelt, damit nichts zugrunde geht! [vgl. V. 12]

Es geht also hier nicht nur um Brotreste, sondern es geht im übertragenen Sinn bereits um das unvergängliche Brot. „Damit nichts zugrunde geht" – das ist die Eucharistie. Damit wirklich alles, was in der Eucharistie angeboten wird, zu den Menschen kommt, die Menschen erreicht.

Als die Menschen das Zeichen sahen, das er getan hatte, sagten sie: Das ist wirklich der Prophet, der in die Welt kommen soll. [V. 14]

Dieser Prophet, den sie meinen, ist der Prophet den Mose im Voraus verkündet hat: *„Einen Propheten wie mich wird der Herr euch senden."* (Deut 18,15) Deshalb sagen sie hier, als sie die Zeichen sahen: „Das ist wirklich der Prophet, der in die Welt kommen soll." Mose gab dem Volk täglich das Manna. Wir sehen hier die Parallele: Mose – Manna, Christus – Eucharistie. Doch Jesus gibt dieses Manna nicht bloß täglich, sondern er gibt es unbegrenzt – ein Brot, das nicht ausgeht, so dass da immer viel übrig bleibt. Keiner muss Mangel leiden. Das ist Eucharistie, die Fülle des Lebens. Jesus gibt unbegrenzt. Deshalb hieß es im vierten Vers: *„Das Pascha, das Fest der Juden, war nahe."* Das deutet auf das Pascha hin, das Jesus dann mit seinen Jüngern feierte und dabei die Eucharistie einsetzte. Daher dieser Einschub, sonst hätte dieser gar keinen Sinn. Dort wird er dieses Brot geben, von dem er jetzt symbolisch spricht – ein Brot, das nicht ausgeht. Am andern Tag fordern die Leute in Kafarnaum wieder ein Zeichen von Jesus. Damit zeigt sich wieder der ganze Unglaube.

Da erkannte Jesus, dass sie kommen würden, um ihn in ihre Gewalt zu bringen und zum König zu machen. Daher zog er sich wieder auf den Berg zurück, er allein.
[V. 15]

Sie kommen wieder und wollen ihn zum König machen, weil sie nur das Brot sehen. Sie sehen nicht das himmlische Zeichen, das Jesus mit dieser Brotvermehrung geben will. Das soll ein Bild sein für das Geheimnis der Eucharistie, die Jesus dann beim entscheidenden Pascha einsetzen wird. Doch wieder stößt er hier auf diesen Unglauben. Sie haben das Zeichen nicht verstanden. Sie haben nur sich selbst gesehen. Und deshalb wollen sie ihn mit Gewalt zum König machen, damit sie, auf Deutsch gesagt, billig zu Brot kommen. Aber das, was Jesus ihnen geben will, die Fülle des Lebens, sich selbst, das geht nicht in ihre Köpfe ein, das wollen sie nicht. Wollen wir es? Was wollen wir denn von Gott? Wir wollen von ihm Reichtum, gute Noten, schönes Wetter. Wir wollen von Gott, dass es uns gut geht. Aber wollen wir ihn? Wollen wir die Fülle des Lebens? Was ist denn für uns Eucharistie? Was investiere ich an Kraft und an Zeit für die Feier der Eucharistie? Was will ich denn von Gott? Das ist eine wichtige Frage, die uns dieser Text ganz konkret stellt.

Daher zog er sich wieder auf den Berg zurück, er allein.
[V. 15b]

Was soll er denn mit diesen Leuten tun? Sie wollen ja seine Botschaft nicht hören. Sie sehen nur sich, ihren eigenen Vorteil. Also geht Jesus auf den Berg, um in einsamer Nähe bei Gott zu sein, weil die Menschen ihn nicht verstehen. Das wird oft der Fall sein, dass wir uns zurückziehen müssen, um bei Gott zu sein. Wir müssen für die Leute zuerst die Gnade des Glaubens erflehen und dann erst können wir wieder verkünden. Wenn einer nur noch verkündet und nicht mehr im Gebet um die Gnade des Glaubens und der Fruchtbarkeit bittet, wird er zwar vielleicht einen Herzinfarkt bekommen, aber wird keine Frucht bringen. Diese Wirklichkeit wird hier auch mit angesprochen.

In jener Zeit, als die Leute sahen, dass weder Jesus noch seine Jünger dort waren, stiegen sie in die Boote, fuhren nach Kafarnaum und suchten Jesus. Als sie ihn am anderen Ufer des Sees fanden, fragten sie ihn: Rabbi, wann bist du hierher gekommen? Jesus antwortete ihnen: Amen, amen, ich sage euch: Ihr sucht mich nicht, weil ihr Zeichen gesehen habt, sondern weil ihr von den Broten gegessen habt und satt geworden seid. Müht euch nicht ab für die Speise, die verdirbt, sondern für die Speise, die für das ewige Leben bleibt und die der Menschensohn euch geben wird. Denn ihn hat Gott, der Vater, mit seinem Siegel beglaubigt. Da fragten sie ihn: Was müssen wir tun, um die Werke Gottes zu vollbringen? Jesus antwortete ihnen: Das ist das Werk Gottes, dass ihr an den glaubt, den er gesandt hat. Sie entgegneten ihm: Welches Zeichen tust du, damit wir es sehen und dir glauben? Was tust du? Unsere Väter haben das Manna in der Wüste gegessen, wie es in der Schrift heißt: Brot vom Himmel gab er ihnen zu essen. Jesus sagte zu ihnen: Amen, amen, ich sage euch: Nicht Mose hat euch das Brot vom Himmel gegeben, sondern mein Vater gibt euch das wahre Brot vom Himmel. Denn das Brot, das Gott gibt, kommt vom Himmel herab und gibt der Welt das Leben. Da baten sie ihn: Herr, gib uns immer dieses Brot! Jesus antwortete ihnen: Ich bin das Brot des Lebens; wer zu mir kommt, wird nie mehr hungern, und wer an mich glaubt, wird nie mehr Durst haben.

Was hier berichtet wird, geschah einen Tag nach der Brotvermehrung. Deshalb heißt es ein paar Verse vorher: „Am Tag darauf". Damit ist ein Zusammenhang gegeben zwischen der Brotvermehrung, die wir am letzten Sonntag betrachteten, und diesem Text heute, zwischen der Brotvermehrung und der Eucharistischen Rede in Kafarnaum, bei der es Jesus immer deutlicher um die Eucharistie geht. In Vers 26 antwortet Jesus den Menschen, die ihn suchen: „*Amen, amen, ich sage euch: Ihr sucht mich nicht, weil ihr Zeichen gesehen habt, sondern weil ihr von den Broten gegessen habt.*" Jesus durchschaut ihre Absicht, warum sie ihn jetzt suchen und wieder zu ihm gekommen sind. Mit dem „Amen, amen" drückt er aus: „Das, was ich jetzt sage, ist ganz sicher!" – die absolute Sicherheit und Treue.

Ihr sucht mich nicht, weil ihr Zeichen gesehen habt, sondern weil ihr von den Broten gegessen habt und satt geworden seid. Deshalb sucht ihr mich. [V. 26]

Die Brotvermehrung war ein göttliches Zeichen. Sie suchen ihn jetzt nicht wegen der göttlichen Zeichen, also um seinetwillen, sondern nur, weil sie vom Brot gegessen haben. Sie sind am Zeichen hängen geblieben und haben das Zeichen nicht verstanden. *„Weil ihr Zeichen gesehen habt"* – das wahre Sehen bedeutet, den göttlichen Sinn der Taten Jesu zu erfassen. Der göttliche Sinn der Brotvermehrung war, ihnen im Bild zu zeigen, was er ihnen in viel größerer Weise schenken will, nämlich sich selbst in der Eucharistie, dem Brot des Lebens. Doch dies hat sie nicht zur tieferen Einsicht gebracht. Ihr Sinnen und Suchen richtet sich nicht auf Höheres, nicht auf das, was Jesus andeutete. Die Hauptsache – sie sind satt. Mehr wollen sie nicht. Entdecken wir da nicht viele Parallelen im eigenen Leben?

Müht euch nicht ab für die Speise, die verdirbt, sondern für die Speise, die für das ewige Leben bleibt und die der Menschensohn euch geben wird. Denn ihn hat Gott, der Vater, mit seinem Siegel beglaubigt. [V. 27]

Das griechische Wort für *„Müht euch nicht ab"* meint eigentlich ein Mühen im Sinn des handwerklichen Bemühens, der Handarbeit. Die Speise, die Jesus verheißt, wird von ihm geschenkt, wir können sie nicht mit Händen erarbeiten, wie es das Griechische hier ausdrückt. Das ist der Unterschied. Für die irdische Speise, das irdische Brot muss ich arbeiten. Die Speise aber, die Jesus gibt, ist ein Geschenk von ihm. Diese verheißene Speise hat drei Eigenschaften: Erstens ist sie eine bleibende, das heißt eine dauernd wirksame Speise zum ewigen Leben. Zweitens eine für das ewige Leben wirksame Speise – auf das ewige Leben hin. Und drittens wird ihnen dieses Brot vom Menschensohn gegeben werden. Das ist eine ganz bedeutende Aussage. Das Brot wird ihnen gegeben werden. Der Menschensohn ist der, der herabgestiegen ist und der auch wieder *hinaufsteigen* wird, wie es an anderer Stelle heißt (Joh 6,62). Diese Speise ist also eine himmlische Gabe, die Jesus verheißt und die er geben wird, wenn er wieder aufgestiegen ist, nach seiner Himmelfahrt. Deshalb heißt es im Futur: *„… die der Menschensohn euch geben wird“*. Mit dieser himmlischen Gabe ist beides gemeint – sowohl Jesus als Heilsmittler, als auch Jesus in der Eucharistie. *„Diesen“*, den Menschensohn, hat Gott, der Vater bestätigt. Der Vater hat ihn ausgerüstet und besiegelt. Dieser Vater ist Gott, die höchste Autorität. Der Menschensohn ist bei der Taufe im Jordan ausgerüstet und besiegelt worden. Diesen Menschensohn hat der Vater besiegelt. Jesus beruft sich auf die Autorität des Vaters. Er handelt nicht aus sich selbst. Er, der Heilsvermittler und er, das eucharistische Brot, das er geben wird, wenn er wieder hinaufgestiegen sein wird, wenn er zur Rechten des Vaters sitzt, handelt in der Autorität des Vaters.

Da fragten sie ihn: Was müssen wir tun, um die Werke Gottes zu vollbringen? [V. 28]

Gemeint ist hier wieder das „tun mit Anstrengung“: *„Was sollen wir mit Anstrengung tun, um die Werke Gottes zu vollbringen?“'* Die Menschen haben also verstanden, dass von ihnen ein eigenes Bemühen gefordert ist, dass sie irgendetwas tun sollen. Als Juden allerdings denken sie, sie müssten Werke vollbringen. Auch von uns meinen viele immer wieder, sie könnten durch Werke etwas erreichen. Unsere Werke sind schon wichtig, da sie Ausdruck unseres Glaubens und unserer Liebe sind. Sie sind aber kein Zahlungsmittel, mit dem man sich den Himmel erkaufen kann. Doch so war ihr Denken damals. Auch uns ist das nicht ganz fremd. Da müssen wir aufpassen, dass wir nicht genauso fragen. Und müssen genau hinhören, was Jesus meint. Das ist etwas anderes. Er meint zwar ein Bemühen von ihnen, aber nicht in demselben Sinn wie sie. Sie denken praktisch, wie wir heute auch. Sie sprechen von Werken, die sie tun müssen. Aber die Heilige Schrift zeigt, dass man Werke Gottes, die groß und wunderbar sind, nur erkennen und preisen kann, aber nicht selbst tun. Deshalb antwortet Jesus ihnen: *„Das ist das Werk Gottes, dass ihr an den glaubt, den er gesandt hat."* Jesus spricht hier nicht mehr in der Mehrzahl von Werken, die sie tun müssen, sondern ganz betont von dem Werk Gottes – vom Werk Gottes, das sie tun sollen. Was ist das?

Das ist das Werk Gottes, dass ihr an den glaubt, den er gesandt hat. [V. 29]

Hier erklärt Jesus den Leuten, dass es nur auf ein einziges Werk Gottes ankommt: An den zu glauben, den jener gesandt hat. Das ist das Werk Gottes. Das ist das, was der Mensch tun soll. Wir haben es ja in früheren Evangelien gehört, warum Jesus die Jünger und die Leute so im Glauben trainiert hat. Das ist das einzige Werk, das der Mensch tun soll: Glauben, dass jener von Gott gesandt ist. Es gibt nur diese eine Forderung Gottes. Der Glaube an Jesus Christus – an den Offenbarer und Heilbringer, den Gott gesandt hat – ist die alleinige und unerlässliche Antwort des Menschen. Das ist das Werk, das wir vollbringen sollen, damit Gott das Größere tut. Hier geht es um den Glauben an Jesus als Messias und Heilbringer. All ihr Gesetzeseifer bleibt nutzloses Werk, sagt ihnen Jesus. Das gilt uns genauso. All unser religiöser Eifer bleibt nutzlos, wenn wir Jesus nicht erkennen und im Glauben annehmen. Das Werk Gottes ist also der Glaube an den Gottgesandten, aber nicht als Tat, als Leistung, sondern als Antwort, die nie ohne Gottes Anruf möglich ist. Und er ruft die Menschen an. Jesus lädt sie ein.

Sie entgegneten ihm: Welches Zeichen tust du, damit wir es sehen und dir glauben? Was tust du? [V. 30]

Diesem Anspruch Jesu, dass er der Gottgesandte ist, setzen die Leute sofort die Forderung nach einem Beglaubigungszeichen entgegen. Zuerst fragen sie ihn: „Was müssen wir tun?", und Jesus antwortet: „Nur ein Werk: Glaubt an den, den der Vater gesandt hat." Nun, da sie wissen, was sie tun sollen, wollen sie schon wieder ein Zeichen von ihm haben. Dieses Zeichen sollte selbstverständlich sichtbar und doch himmlisch sein. Sie sagen ja: *„... damit wir ... sehen und ... glauben"*. Zuerst fragen sie, was sie tun müssen. Als Jesus ihnen sagt, was sie tun sollen, als er ihren Glauben fordert, verschließen sie ihr Herz. Sie fordern jetzt von ihm ein Beglaubigungswerk. Hier beginnt wieder die Wende zum Unglauben. Er hat doch Werke getan. Die Brotvermehrung lag ja gerade einen Tag hinter ihnen. Er hat gehandelt, hat Wunder gewirkt. Sie haben es erlebt. Jetzt wollen sie wieder etwas. Jetzt brauchen sie wieder Zeichen, obwohl genügend Zeichen geschehen sind. Das ist der Weg zum Unglauben. Uns geht es oft so, dass wir Gott in Frage stellen und von ihm fordern, er müsse sich bei uns beweisen, er müsse sich mir beweisen – er, Gott! Anstatt dass ich mich ihm unterwerfe im Gehorsam, muss er gleichsam vor mein Gericht und sich mir beweisen und muss ein Zeichen tun, dass ich ihn überhaupt annehme. Das ist immer wieder in unseren Herzen erfahrbar. Das ist gar nicht so fern. Einer ungläubigen Zeichenforderung hat sich Jesus immer widersetzt. Es gibt auch eine gläubige Zeichenforderung, etwa wenn wir Jesus bitten: „Lass mich irgendwie erkennen, ob diese Entscheidung richtig ist." Nach einer ungläubigen Zeichenforderung – und diese Forderung im Evangelium ist eine solche, denn zuerst fragen sie, er gibt Antwort, und sie weichen wieder aus – kann Jesus noch fünfzig Zeichen tun, und wir werden ihm nicht glauben. Solcher Zeichenforderung widersetzt sich Jesus – auch heute.

Unsere Väter haben das Manna in der Wüste gegessen, wie es in der Schrift heißt: Brot vom Himmel gab er ihnen zu essen. [V. 31]

Sie berufen sich jetzt wieder auf ihre Väter, auf Mose. Bereits bei der Brotvermehrung hatte Jesus auf das Manna hingewiesen. Deshalb antwortet er ihnen nun: *„Amen, amen, ich sage euch: Nicht Mose hat euch das Brot vom Himmel gegeben, sondern mein Vater gibt euch das wahre Brot vom Himmel.“* (V. 32) Eigentlich gibt nicht Mose dieses Brot. „Mein Vater gibt euch“, sagt Jesus, *„… das wahre Brot vom Himmel.“* Jesus ist das wahre Brot vom Himmel. Dieses Brot gibt der Welt das Leben. Das ist das wahre Brot. Jesus ist dieses gegenwärtige Heil vom Himmel. „Das wahre Brot“ bedeutet: „Das Manna war nur Vorbild und Zeichen für den, der der Welt das Leben gibt. Er ist das wahre Brot vom Himmel.“

Denn das Brot, das Gott gibt, kommt vom Himmel herab und gibt der Welt das Leben. [V. 33]

Das Brot Gottes ist der aus dem Himmel Herabkommende, der der Welt das Leben gibt. Dieses Brot vom Himmel ist der Menschensohn. Weil dieses Brot vom Himmel stammt, vermag es göttliches Leben zu geben. Das Manna war ja im strengen Sinne nicht vom Himmel. Weil das lebendige Brot, das wahre Brot, das Christus ist, vom Himmel stammt, kann es auch ewiges, göttliches, himmlisches Leben geben. Das ist die Aussage. Und noch ein Akzent dabei ist beachtenswert: Es ist das Leben, das er der Welt gibt, nicht bloß dem Volk Israel. Das Manna war nur Israel gegeben. Das Vorbild, das Bild, das Zeichen war nur Israel gegeben. Das wahre Brot, das vom Himmel kommt, welches ewiges Leben gibt, ist für die ganze Welt bestimmt. Das ist der Unterschied. Das ist die entscheidende Fähigkeit und Funktion dieses Brotes vom Himmel, das Jesus selbst ist, die sich dann in der Eucharistie in einer tiefen Weise verwirklicht.

Da baten sie ihn: Herr, gib uns immer dieses Brot!
[V. 34]

Sie bleiben also wieder am Irdischen hängen. Sie hören nicht durch die Worte Jesu hindurch. Sie verstehen nicht, was Jesus sagen will. Sie verstehen das Zeichen nicht. Sie sehen immer nur das Brot, aber nicht das, was Jesus ihnen in größerer Fülle eigentlich schenken will. Die Juden verstehen nur irdisches, wunderbares Brot. Sie mühen sich nur um die vergängliche Speise. Ist das heute anders als damals? Um was bemühen wir uns heute? Bitten wir Gott hauptsächlich um dieses ewige Brot, um dieses wahre Brot vom Himmel, um ihn selbst? Oder geht es uns eher um irdische Dinge? In dieser Hinsicht sollten wir uns sehr genau beobachten.

Jesus antwortete ihnen: Ich bin das Brot des Lebens; wer zu mir kommt, wird nie mehr hungern, und wer an mich glaubt, wird nie mehr Durst haben. [V. 35]

Jetzt spricht Jesus das entscheidende Wort, das den Schleier zerreißt. Jetzt spricht er nicht mehr im übertragenen Sinn, sondern ganz deutlich: *„Ich bin das Brot des Lebens."* Jetzt gibt es keinen Zweifel mehr. „Jahwe" heißt ja „Ich bin". Jesus nimmt mit seiner Aussage diesen Gottesnamen wieder in Anspruch. Er ist es! Nicht bloß: „Es bedeutet". Alles, was vom Brot gesagt wurde, trifft auf Jesus zu. Er fasst es zusammen in dem Wort *„Brot des Lebens"*. Dieses Brot vermittelt göttliches, unvergängliches Leben, nicht das irdische, bloß vorübergehende. Wie man sich dieses Brot des Lebens, das Jesus in Person ist, aneignen soll, sagen die folgenden Worte: *„Wer zu mir kommt"*. Dieses Wort wird verdeutlicht durch das zweite Wort *„wer an mich glaubt"*. „Wer zu mir kommt" heißt dasselbe wie: „Wer an mich glaubt", wer an den glaubt, den der Vater gesandt hat. Der Glaubende empfängt in Jesus, aber auch durch Jesus, das wahre Lebensbrot. Er wird also niemals mehr hungern und dürsten. Hungern und dürsten sind die Parallelen zum Manna in der Wüste und zum Wasser aus dem

Felsen in der Wüste. Der Glaubende wird niemals mehr hungern. Das Manna und das Wasser aus dem Felsen in der Wüste waren Bilder, Vorbilder für das wahre Lebensbrot und für das lebendige Wasser, das Jesus Christus selber ist. Deshalb sagt Jesus: *„Wer zu mir kommt, wird nie mehr hungern und dürsten."* Jesus ist die Antwort auf allen Hunger und Durst nach dem Heil, nach dem Sinn des Lebens. Dieses Bild ist gleichsam eine Ouvertüre – schon offen für den Text, der dann anschließend folgt und sich ganz und gar auf die Eucharistie bezieht – die Rede Jesu in Kafarnaum.

Da murrten die Juden gegen ihn, weil er gesagt hatte: Ich bin das Brot, das vom Himmel herabgekommen ist. Und sie sagten: Ist das nicht Jesus, der Sohn Josefs, dessen Vater und Mutter wir kennen? Wie kann er jetzt sagen: Ich bin vom Himmel herabgekommen? Jesus sagte zu ihnen: Murrt nicht! Niemand kann zu mir kommen, wenn nicht der Vater, der mich gesandt hat, ihn zu mir führt; und ich werde ihn auferwecken am letzten Tag. Bei den Propheten heißt es: Und alle werden Schüler Gottes sein. Jeder, der auf den Vater hört und seine Lehre annimmt, wird zu mir kommen. Niemand hat den Vater gesehen außer dem, der von Gott ist; nur er hat den Vater gesehen. Amen, amen, ich sage euch: Wer glaubt, hat das ewige Leben. Ich bin das Brot des Lebens. Eure Väter haben in der Wüste das Manna gegessen und sind gestorben. So aber ist es mit dem Brot, das vom Himmel herabkommt: Wenn jemand davon isst, wird er nicht sterben. Ich bin das lebendige Brot, das vom Himmel herabgekommen ist. Wer von diesem Brot isst, wird in Ewigkeit leben. Das Brot, das ich geben werde, ist mein Fleisch, ich gebe es hin für das Leben der Welt.

Wie bereits in den Evangelien der vergangenen Sonntage wird uns im heutigen Evangelium wieder ein Ausschnitt aus der „Eucharistischen Rede" Jesu in Kafarnaum dargelegt. Jesus spricht hier sehr deutlich von sich, aber auch davon, was er uns im „Letzten Abendmahl" geschenkt hat. Im letzten Satz des Evangeliums vom vergangenen Sonntag – *„Jesus antwortete ihnen: Ich bin das Brot des Lebens; wer zu mir kommt, wird nie mehr hungern, und wer an mich glaubt, wird nie mehr Durst haben."* – hat Jesus von den Juden Glauben gefordert. Seiner Bitte brachten sie jedoch das gleiche Murren entgegen wie einst dem Mose in der Wüste, als er sie aus Ägypten herausgeführt hatte, und sie kein Wasser, kein Brot und kein Fleisch hatten. Die Juden trauten Gott in der Wüste nicht zu, dass er ihnen etwas zu trinken und Brot, Manna, geben kann.

Genauso wie damals murren sie jetzt wieder, als Jesus ihnen das wahre Manna geben will – sich selbst. Hier erkennen wir wieder die Parallele zwischen Altem und Neuem Testament: Das Alte Testament ist Bild und Vorbild, das Neue Testament ist die Verwirklichung. Das Murren wird schon im Alten Testament als Unglaube und Ungehorsam bezeichnet. Die Reaktion der Menschen ist leider immer wieder dieselbe – bis in unsere Zeit hinein. Denken Sie z.B. an die gegenwärtige Diskussion über das Eucharistieverständnis der verschiedenen Konfessionen. Auch wir müssen uns immer ganz klar am Glauben der Kirche und am Wort Gottes orientieren und ihm Glauben und Gehorsam entgegenbringen. Alles andere ist Murren und Besserwisserei ohne Fundament, Unglaube und Ungehorsam gegen das Wort und die Weisung Gottes.

Und sie sagten: Ist das nicht Jesus, der Sohn Josefs, dessen Vater und Mutter wir kennen? Wie kann er jetzt sagen: Ich bin vom Himmel herabgekommen?“ [V. 42]

Dieser Widerspruch gründet in der irrigen Meinung der Juden, sie würden die irdische Herkunft Jesu kennen, nur weil sie wissen, dass er aus Nazaret stammt und weil sie seine Eltern kennen. Denselben Anstoß nahmen bereits die Leute in Nazaret, als Jesus zum ersten Mal in ihre Stadt kam. Zuerst staunten sie, dann kam plötzlich der Zweifel: „Das ist doch bloß der Zimmermann! Was will denn der auf einmal?“

Sie sehen – immer wieder kommt in den Glauben, sogar in das Staunen dieses menschliche Besserwissen hinein. Und das ist etwas, was auch uns angeht. Ihr Unglaube gegen den himmlischen Gesandten, nämlich gegen Christus, hier in diesem Evangelium drückt sich in dem Satz aus: *„Wie kann er jetzt sagen: Ich bin vom Himmel herabgekommen?“* Auch in unseren Glauben schleicht sich immer wieder Besserwisserei ein. Wir blicken dann nur auf das, was wir äußerlich erkennen – und übersehen, wie Gott darin in göttlicher Weise handelt. Jesus, der äußerlich aus Nazaret stammt, ist vom Himmel herabgestiegen und Mensch geworden.

Jesus sagte zu ihnen: Murrt nicht! [V. 43]

Das bewusste Murren der Juden ist ein Infragestellen Jesu, Unglaube und Ungehorsam gegenüber seinem Wort. Jesus geht auf ihren Einwand an dieser Stelle gar nicht ein, sondern ermahnt sie, nicht bewusst zu murren. Sie sollen stattdessen auf Gott hören, sich belehren lassen und nicht nur auf das blicken, was sie äußerlich wahrnehmen, z.B. dass Jesus aus Nazaret stammt. Sie sollen auf Gott hören und sich von Gott belehren lassen. Nur der Glaubende wird den Anspruch Jesu bejahen, dass er vom Himmel herabgestiegen ist, nur der Glaubende. Und nur der kann zu Jesus kommen, den der Vater bewusst zieht. Also ist es ein ganz persönliches Ansprechen des Vaters an den Einzelnen, ein Ihn-zu-Jesus-Ziehen. Das ist doch ein ganz wunderbares Wort!

Wir kommen nicht zu Jesus, weil wir besonders fromm sind oder weil wir besonders viel dafür geleistet hätten, sondern wir müssen uns immer dessen bewusst sein: Wenn ich Jesus glauben kann, wenn ich ihm, meinem Erlöser und Messias glauben kann, wenn ich mich ganz auf ihn einlassen kann, mich in ihm verwurzeln kann – das ist Glaube – dann nur deshalb, weil der Vater mich gezogen hat, ganz persönlich, weil der Vater die Sehnsucht in mich hineingelegt hat. Das ist doch wunderbar, zu wissen: Gott hat mich ganz konkret gemeint. Es ist das liebevolle, gnadenhafte An-Sich-Ziehen Gottes, des Vaters, an Jesus.

Schon im Alten Testament heißt es beim Propheten Hosea: *„Mit menschlichen Fesseln zog ich sie an mich, mit den Ketten der Liebe. Ich war da für sie wie die (Eltern), die den Säugling an ihre Wangen heben. Ich neigte mich ihm zu und gab ihm zu essen.“* (Hos 11,4)

Mit „Banden der Liebe“ zog er sie, nicht mit Gewalt. Ohne Gottes Ziehen, das heißt ohne Gnade können wir nicht an Jesus glauben. Der Glaube ist kein Menschenwerk. Wir dürfen nicht versuchen, ihn mit unserem Verstand zu ergründen. Das ist viel zu gefährlich. Stattdessen müssen wir auf das Wort Gottes hören und uns von ihm treffen lassen. Dann folgt das Wort Jesu:

Niemand kann zu mir kommen, wenn nicht der Vater, der mich gesandt hat, ihn zu mir führt; und ich werde ihn auferwecken am letzten Tag. [V. 44]

Damit spannt Jesus den Bogen vom ersten Angerührtwerden durch die Gnade – „wenn nicht der Vater, der mich gesandt hat, ihn zu mir führt“ – bis zur Vollendung: „Ich werde ihn auferwekken am letzten Tag.“

Bei den Propheten heißt es: Und alle werden Schüler Gottes sein. Jeder, der auf den Vater hört und seine Lehre annimmt, wird zu mir kommen. [V. 45]

Das Alte Testament begründet also bereits den Gnadencharakter des Glaubens. Hier im Johannesevangelium wird betont, dass der Vater jeden zu Jesus zieht, der auf ihn hört und sich das Gehörte aneignet. Deshalb finden wir in der Heiligen Schrift immer wieder die Aufforderung: *„Höre Israel!“*, vor allem als Überschrift über den Zehn Geboten. Und in der Geheimen Offenbarung heißt es: *„Wer Ohren hat, der höre, was der Geist den Gemeinden sagt!“* (Offb 2,7) Auch hier gilt: Wer auf den Vater hört und sich das Gehörte aneignet, den zieht der Vater. Wer alles besser wissen will als das Wort Gottes und die Lehre der Kirche, den zieht der Vater nicht.

Versuchen Sie sich anzueignen, was Sie im Wort Gottes und in der Lehre der Kirche hören oder lesen? Oder fangen Sie an, darüber zu diskutieren und es in Frage zu stellen? Dann zieht der

Vater nicht. Der Vater kann heutzutage so viele Menschen deshalb nicht zu Jesus führen, weil sie ihn in Frage stellen und selbst über das Wort Gottes und über ganz eindeutige Wahrheiten innerhalb der Lehre der katholischen Kirche diskutieren. Der obige Vers ist ein sehr, sehr wichtiges Wort Gottes.

Auf den Vater hören heißt an anderer Stelle auch auf den Sohn hören, durch den ja der Vater spricht. Das Wort Gottes ist vom Heiligen Geist erschlossen und ruft zur Entscheidung. Wir sollen auf Gott, auf die Heilige Schrift und die Lehre der Kirche hören und uns dann entscheiden.

Niemand hat den Vater gesehen außer dem, der von Gott ist; nur er hat den Vater gesehen. [V. 46]

Das ist Jesus, der von oben kommt. *„Auf den Vater hören"* meint also nicht ein unmittelbares akustisches Hören. Zugang zum Vater bekommen wir nur durch Jesus. Er ist das Wort Gottes, das der Vater spricht, die Offenbarung des Vaters. „Nur der vom Vater Seiende" hat ihn gesehen, heißt es hier wörtlich. „Seiend" ist der Name Gottes. Gott heißt „Jahwe", „Ich bin". Er ist der Seiende, der war, der ist und der sein wird. Jesus sagt: *"Ich bin das Brot des Lebens* – ich bin der Seiende". Deshalb heißt es hier: Nur der vom Vater Seiende, der also am Sein und Wesen des Vaters, d.h. an seiner Gottheit teilhat, hat ihn gesehen. Das bedeutet: Er hat Göttliches gesehen. Er, der Sohn, hat Gott geschaut. Weil er am Sein des Vaters teilhat, kennt er den Vater ganz. Er allein, der Gott ist wie der Vater, kann ihn uns offenbaren.

Amen, amen, ich sage euch: Wer glaubt, hat das ewige Leben. [V. 47]

Die Mahnung zum Glauben wird immer massiver. An dieser Stelle wird sie sogar durch das zweimalige *„Amen, amen"* ganz besonders betont. Wir können die unbegreiflichen Geheimnisse

Gottes nicht aus eigener Kraft erkennen. Wir müssen sie uns erklären lassen und dann im Glauben annehmen. Diesen Beitrag müssen wir zu unserem Glauben leisten. Darauf zielt die Mahnung Jesu ab. Es geht um die Wende vom Glauben als Gnade Gottes hin zum Glauben als Forderung an den Menschen. Der Mensch kann sich vom eigenen Bemühen um den Glauben nicht dispensieren. Er muss die Voraussetzung für die Gnade des Glaubens schaffen: Dem Ruf Gottes müssen das Hören, das Antworten und das Lernen des Menschen entsprechen. Dann kann der Vater uns zu Jesus ziehen und uns die Gnade immer tiefer an Jesus binden.

Ich bin das Brot des Lebens. Eure Väter haben in der Wüste das Manna gegessen und sind gestorben. So aber ist es mit dem Brot, das vom Himmel herabkommt: Wenn jemand davon isst, wird er nicht sterben. Ich bin das lebendige Brot, das vom Himmel herabgekommen ist. Wer von diesem Brot isst, wird in Ewigkeit leben. Das Brot, das ich geben werde, ist mein Fleisch, ich gebe es hin für das Leben der Welt.

[Vv. 48-51]

Dies ist eine erneute Selbstoffenbarung Jesu. An dieser Stelle liegt der Akzent auf dem Essen. Wenn Gott Brot vom Himmel gibt, dann will er auch, dass wir davon essen. Wenn er uns Jesus, das wahre Brot vom Himmel gibt, dann will er, dass die Menschen ihn im Glauben annehmen und ihn ganz in sich aufnehmen. Glaube bedeutet – sich ganz auf Jesus einlassen und sich ganz mit ihm vereinen. Wie wir ohne irdisches Brot nicht leben können, so will Jesus für uns das Brot des Ewigen Lebens sein.

Wir können nicht nur hin und wieder an Jesus denken. Jesus sagt im Gegenteil: *„Ihr sollt allezeit beten und nicht nachlassen.“* (vgl. Lk 18,1ff) Wenn er das Brot des Ewigen Lebens ist, dann müssen wir so oft wie möglich am Tag dieses Brot essen, indem wir uns im Alltag im Gebet und in der Betrachtung des Lebensgeheimnisses Jesu immer wieder mit ihm vereinigen. Brot ist in der Bibel immer das absolut Lebensnotwendige. Wir sollen immer daran denken: So wie wir täglich das Essen brauchen, um irdisch leben zu können, werden wir das eigentliche Leben nur erlangen, wenn wir mit Jesus in Verbindung treten, sooft wir können.

Viele von uns Glaubenden beten kaum mehr, auch solche, die sich praktizierende Christen nennen. Wir verbringen Stunden vor den Kommunikationsmedien. Nehmen wir uns jedoch dieselbe Zeit für Jesus, das Brot des Lebens, damit wir Leben haben? Wenn Sie so wenig essen würden wie Sie Zeit für die Beziehung zu Jesus verwenden, wären Sie bestimmt schon verhungert. Das ist die Bedeutung des Wortes Gottes: *„Ich bin das Brot des Lebens!"* Wenn wir das Brot, Jesus, nicht essen, haben wir auch das Ewige Leben nicht.

Sie merken, wie wichtig diese Worte sind. Wenn Gott Brot vom Himmel gibt, dann will er, dass wir davon essen. Wenn er uns Jesus, das wahre Brot vom Himmel gibt, dann will er, dass wir Menschen Jesus im Glauben annehmen und regelmäßig die Beziehung zu ihm pflegen.

Gerade mit der Bemerkung: *„Eure Väter haben in der Wüste das Manna gegessen und sind gestorben."* will Jesus vor dem Murren der Juden warnen. Sie haben immer wieder gemurrt – bevor und nachdem sie das Manna gegessen haben – und sind gestorben.

Das Brot, das ich geben werde, ist mein Fleisch, ich gebe es hin für das Leben der Welt. [V. 51c]

Fleisch ist ein Ausdruck für den ganzen Menschen. Jesus ist in seiner Menschwerdung Fleisch geworden, um dieses Fleisch und damit sich selbst im Tod für uns dahinzugeben. Jesu Tod am Kreuz war jedoch kein einmaliges Ereignis. Das am Kreuz in den Tod gegebene Fleisch wird in jeder Eucharistiefeier dargeboten, empfangen und gegessen. Auf Golgota hat sich das größte Geheimnis der ganzen Weltgeschichte ereignet. Dieses Geheimnis ereignet sich weiter unaufhörlich in der Eucharistie.

Das Opfer Christi bleibt in der Feier der Eucharistie gegenwärtig, wie sein Wort gegenwärtig bleibt. Deshalb ist es ein wesentlicher Unterschied, ob wir an einem Wortgottesdienst teilnehmen und dort die Hl. Kommunion empfangen – oder ob wir die Eucharistie feiern. Wenn wir lediglich den Leib Christi empfangen, ist das durchaus ein persönliches Ereignis, jedoch ist dabei nicht das ganze Lebensgeheimnis Jesu gegenwärtig. Wir stehen dann nicht auf Golgota, und das Opfer Christi und seine Auferstehung sind nicht gegenwärtig. Diesen Unterschied kennen und verstehen auch viele unserer glaubenden Mitchristen nicht mehr.

Das Wort Jesu: *„Das Brot, das ich geben werde, ist mein Fleisch, ich gebe es hin für das Leben der Welt.“* ist die Überleitung zur Eucharistie, von der Jesus im nächsten Evangelium noch genauer spricht. In der Eucharistie gibt er uns wirklich sein Fleisch und Blut zur Speise.

Ich bin das lebendige Brot, das vom Himmel herabgekommen ist. Wer von diesem Brot isst, wird in Ewigkeit leben. Das Brot, das ich geben werde, ist mein Fleisch, ich gebe es hin für das Leben der Welt. Da stritten sich die Juden und sagten: Wie kann er uns sein Fleisch zu essen geben? Jesus sagte zu ihnen: Amen, amen, das sage ich euch: Wenn ihr das Fleisch des Menschensohnes nicht esst und sein Blut nicht trinkt, habt ihr das Leben nicht in euch. Wer mein Fleisch isst und mein Blut trinkt, hat das ewige Leben, und ich werde ihn auferwecken am letzten Tag. Denn mein Fleisch ist wirklich eine Speise und mein Blut ist wirklich ein Trank. Wer mein Fleisch isst und mein Blut trinkt, der bleibt in mir und ich bleibe in ihm. Wie mich der lebendige Vater gesandt hat und wie ich durch den Vater lebe, so wird jeder, der mich isst, durch mich leben. Dies ist das Brot, das vom Himmel herabgekommen ist. Mit ihm ist es nicht wie mit dem Brot, das die Väter gegessen haben; sie sind gestorben. Wer aber dieses Brot isst, wird leben in Ewigkeit.

Wir haben hier die Fortsetzung vom letzten Evangelium, denn der erste Satz hier war letzten Sonntag der letzte Satz: *„Ich bin das lebendige Brot, das vom Himmel herabgekommen ist. Wer von diesem Brot isst, wird in Ewigkeit leben. Das Brot, das ich geben werde, ist mein Fleisch, ich gebe es hin für das Leben der Welt.* Dieser Vers ist der Übergang von der Hingabe seines Fleisches, seines Leibes auf Golgota in den Tod hinein für uns, zu seiner Hingabe in der Eucharistie – wie ein Verbindungsglied.

Da stritten sich die Juden und sagten: Wie kann er uns sein Fleisch zu essen geben? [V. 52]

Hier murren die Juden nicht nur wie zuvor, sondern sie streiten sich untereinander. Sie nehmen Anstoß an seiner Äußerung. Diese Haltung gegenüber der Eucharistie finden wir nicht nur bei den Juden damals sie zieht sich eigentlich durch die ganze Geschichte der Menschheit. Genau an diesem entscheidenden Punkt stoßen sich die Menschen immer wieder. Die ganze Reformation hat sich daran gestoßen. Aber auch innerhalb der katholischen Kirche werden immer wieder Dinge behauptet, die mich furchtbar erschrecken. Ich denke z.B. an einen Priester, der zu seiner Gemeinde offen gesagt hat: „Was wir in der Kommunion empfangen, kann niemals das wahre Fleisch und Blut Jesu sein, sondern es ist nur ein Bild dafür, denn wir können ja nicht das Fleisch Jesu essen und sein Blut trinken“. Ein zweites Beispiel: Vor Kurzem hat mich eine Mutter angerufen, die ihre Tochter zu einem Einkehrtag geschickt hat. Dort wurde zum Thema Eucharistie gesagt: „Wir sind doch keine Menschenfresser!“ In diesen Worten kommt zunächst einmal eine furchtbare Ehrfurchtslosigkeit zum Ausdruck, aber schlimmer noch – der Unglaube. Das Streiten der Juden ist immer noch gegenwärtig: *„Wie kann er uns sein Fleisch zu essen geben?“* – bis in unsere Zeit hinein. Wir wollen nicht glauben, sondern verstehen. Aber hier stehen wir vor dem größten Geheimnis unseres Glaubens und nicht des Verstehens. Und es ist das Wunderbarste, was uns der Herr gegeben hat.

Wenn ihr das Fleisch des Menschensohnes nicht esst und sein Blut nicht trinkt, habt ihr das Leben nicht in euch. [V. 53]

Das ist seine Antwort auf dieses Streiten, mit dem sie ihm absprechen, dass er unmöglich sein Fleisch zu essen geben kann. Hier wird klar: Sein Fleisch und Blut sind eine wirkliche Speise und ein wirklicher Trank, und beides vermittelt Leben, *„ewiges Leben“*. Jesus sagt eindeutig: „Wer es nicht isst, und zwar bewusst nicht isst – als sein Fleisch und Blut – wer es nur symbolisch isst, wer es nicht isst, hat das Leben nicht“. Das ist die Folge. Ein ganz lapidarer Satz – der hat einfach das Leben, das ewige Leben nicht in sich. Daran erkennen wir, wie entscheidend die Eucharistie ist. Für die christlichen Hörer ist hier unmissverständlich das eucharistische Mahl, die Eucharistiefeier, angesprochen. Wer den Empfang des Fleisches und Blutes Jesu ablehnt, der leugnet erstens seine Menschwerdung – das ist mit dem Wort „sarx" = „Fleisch" gemeint, also der ganze Leib – und er leugnet das Blut. Er leugnet Jesu blutigen Kreuzestod. Die Eucharistie bezeugt nämlich den Kreuzestod Jesu als die unvergängliche Quelle des Heils. Sie erinnert nicht bloß daran, sondern setzt sie gegenwärtig, und zwar real. Dann muss auch der Leib und das Blut Christi real da sein, gegenwärtig sein. Die Eucharistie bezeugt somit auch den Erlöser, der im Fleisch gekommen ist und nicht nur irgendwie geistig, sondern im Fleisch, und der sich uns auch so gezeigt hat und sich jetzt in der Eucharistie schenkt. Hören wir genau hin – es wird bewusst vom Fleisch des Menschensohnes gesprochen. „Menschensohn" ist immer, schon im Alten Testament, ein Wort für den Messias, für den „Menschgewordenen". Als himmlischer Menschensohn, der von oben kommt, wird der irdische Jesus zum Übermittler göttlichen Lebens. Der heilige Johannes, der uns das Evangelium überliefert hat, betont die Realität des Fleisches und Blutes Jesu in der Eucharistie, und zwar ganz scharf und unmissverständlich. Man kann das nicht einfach nur symbolisch verstehen wollen. Denn Jesus antwortet auf das Streiten der Juden ganz klar: *„Amen, amen, das sage ich euch: Wenn ihr das Fleisch des Menschensohnes nicht esst und sein Blut nicht trinkt, habt ihr das Leben nicht in euch."*

Er will jedoch darauf aufmerksam machen, dass die Glaubenden in der Eucharistie nicht das rohe Fleisch und Blut des irdischen Jesus empfangen, sondern das geisterfüllte Fleisch und Blut des himmlischen Menschensohnes. Selbstverständlich ist der verklärte Herr im Himmel zur Rechten des Vaters identisch mit dem geschichtlich gekommenen Jesus, mit dem Menschgewordenen. Aber es ist das Fleisch und Blut des erhöhten Herrn, der jetzt zur Rechten des Vaters sitzt. Es ist ganz real sein Leib und sein Blut, aber eben das Fleisch und das Blut des erhöhten Herrn. Für Menschen ist es immer schwer, dieses Geheimnis zu glauben, geschweige denn, es zu verstehen. Da Gott dies weiß und uns kennt, gibt er immer wieder auch Zeichen. Ich denke jetzt nur an eines – es gibt mehrere auf der Welt – an das eucharistische Wunder in Lanciano, das ich schon ein paar Mal besucht habe. Im achten Jahrhundert zweifelte dort ein Paulaner-Mönch bei der Eucharistie, ob es wirklich Fleisch und Blut Jesu ist. Auf einmal hatte er während der heiligen Messe echtes Fleisch und Blut vor sich und rief die Gemeinde herbei. Die Gemeinde von Lanciano hat dieses Fleisch und Blut seitdem aufbewahrt – bis heute! Das Fleisch haben die Leute zunächst offen auf ein Brettchen genagelt. Darum ist es etwas zerrissen. Heute ist es in sehr würdigen Gefäßen aufbewahrt, aber jahrhundertelang lag es offen da. Doch bis heute ist dieses Fleisch und Blut vollständig erhalten, nichts ist verwest. Das ist auch gar nicht möglich, denn es handelt sich ja um das Fleisch und Blut des lebendigen Herrn. Deshalb kann es gar nicht verwesen. Er ist ja lebendig. Man hat alles bereits zweimal in modernen Labors untersucht und dabei staunenswerte Erkenntnisse bekommen. Es wurde ganz genau beschrieben, was man alles erkennen kann: Bei dem Fleisch handelt es sich um Herzmuskeln, es ist das Blut eines jüdischen Menschen, das Blut eines jetzt lebenden Menschen – also außergewöhnlich, höchst interessant! Und – was auch exakt unserem Glauben entspricht – das kleinste Teilchen wiegt genauso viel wie das Ganze! Das heißt: Jesus ist in jedem Teil gleich gegenwärtig. Das ist unser Glaube! So gibt Jesus auch durch die Jahrhunderte immer wieder Zeichen, nicht für den Ungläubigen, sondern für den Glaubenden, damit sein Verstand seine Zweifel zurückhält und dem Glauben freien Lauf lässt. So ist unser liebender Gott! Er versteht uns, auch mit unseren Zweifeln.

Wer mein Fleisch isst und mein Blut trinkt, hat das ewige Leben, und ich werde ihn auferwecken am letzten Tag. [V. 54]

Wer ihn also empfängt, dem vermittelt Jesus ewiges Leben, das sich dann in der Auferstehung vollendet und erfüllt. Im Mahl, in der Eucharistie, vereinigt sich Christus selbst mit dem Empfänger, mit mir, mit Ihnen. Er lebt dann durch uns und in uns, und wir leben durch ihn. So heißt es dann:

Denn mein Fleisch ist wirklich eine Speise und mein Blut ist wirklich ein Trank. [V. 55]

Mit dem begründenden „denn“ unterstreicht Jesus, dass sein Fleisch eine wirkliche Speise und sein Blut ein wirklicher Trank ist. Das Wörtchen „wirklich“ heißt im Griechischen auch „wahr wahrhaftig“. Es ist ein wahrer Trank. Das bedeutet: Um bleibendes Leben in sich zu haben, ist es unerlässlich, das Fleisch des Menschensohnes zu essen und sein Blut zu trinken. Sein Blut ist wahrhaftig ein Trank. Wahrhaftig heißt: Wir können ohne ihn nicht leben. Ganz wahrhaftiger Trank, ganz wirklich, also notwendig. Das ist der Sinn. Diese Lebensverheißung besteht für den, der die eucharistischen Gaben isst, eben weil das Fleisch und Blut Jesu eine zuverlässige, echte Nahrung zum ewigen Leben ist. Es ist wirklich eine Speise. Es ist wirklich ein Trank.

Wer mein Fleisch isst und mein Blut trinkt, der bleibt in mir und ich bleibe in ihm. [V. 56]

Ein wunderbares Wort! Solche Wirkung hat der Empfang der Eucharistie deshalb, weil er in engster Weise mit Jesus verbindet. Ich werde ja eins mit ihm. Er lebt in mir und ich lebe durch ihn. Die sakramentale Verbindung wird zur personalen Union. Ich werde mit Christus ganz eins durch diese Verbindung in der Kommunion. Die Worte *„der bleibt in mir und ich bleibe in ihm“* bedeuten eine unüberbietbar enge Verbindung des Christen mit Christus – also dieses gegenseitige Durchdringen, ohne dass die Personalität aufgegeben wird. Weder gibt Jesus sein Person-Sein auf, noch gebe ich es auf. Für dieses gegenseitige Durchdringen ohne Aufgabe der Personalität gibt es im irdischen und menschlichen Bereich nichts Vergleichbares. Es ist einmalig, wie wir mit Christus eins werden. Dieses Geheimnis möge jeder von uns lange betrachten.

Wie mich der lebendige Vater gesandt hat und wie ich durch den Vater lebe, so wird jeder, der mich isst, durch mich leben. [V. 57]

Also nur durch den Sohn, der Gottes Leben voll in sich trägt, nur durch den Sohn erlangt der Mensch das Leben. Er erlangt es durch die Gemeinschaft mit dem Sohn, eben durch den Glauben und die Eucharistie, durch beides. Letztes Mal war die Betonung auf dem Glauben, doch die Eucharistie gehört dazu. Es heißt ja: „*Wie mich der lebendige Vater gesandt hat…*" Lebendig – was heißt das? Lebendig ist der Vater, weil er unmittelbar *das Leben in sich* hat, wie es das Johannesevangelium an anderer Stelle sagt (Joh 5,26). Er hat das Leben in sich, und zwar unmittelbar. Der Sohn lebt durch den Vater, weil ihm der Vater verliehen hat, das Leben in sich zu haben – vom Vater her. Und genauso gibt der Sohn wieder Leben demjenigen, der ihn empfängt. Der Sohn empfängt es aus dem Vater, dem lebendigen Vater, der das Leben in sich hat, und er hat auch dem Sohn gegeben, Leben in sich zu haben. Und wer mit Jesus eins wird, erhält dieses Leben des Vaters, das göttliche Leben.

Dies ist das Brot, das vom Himmel herabgekommen ist. Mit ihm ist es nicht wie mit dem Brot, das die Väter gegessen haben; sie sind gestorben. Wer aber dieses Brot isst, wird leben in Ewigkeit. [V. 58]

Diese Aussage ist gleichsam die Klammer zwischen der Bildrede am Anfang und den Worten über die Eucharistie. Die wirkliche Überwindung des Todes, nämlich das Leben in Ewigkeit, erfüllt sich im eucharistischen Brot, im Fleisch und Blut Jesu Christi.

Lassen Sie dieses Evangelium einfach weiter in Ihnen wirken. Betrachten Sie es und sind Sie sich bewusst: Es ist das größte Geheimnis unseres Glaubens. Es ist das herrlichste Geschenk, das der Herr uns gegeben hat. Das Geschenk, dass Golgota, dieses höchste Ereignis der Weltgeschichte, nicht einmalig war – es war einmalig, aber es ist nicht schon 2000 Jahre vorbei, sondern wir dürfen es unaufhörlich gegenwärtig setzen in der Feier der Eucharistie. Darum ist Eucharistie nicht nur Abendmahl. Das Mahl ist die Folge seiner Hingabe. Es ist der Ausdruck seiner totalen Hingabe, eben seines Todes, seiner Auferstehung, die gegenwärtig sind, so real, dass wir dabei mit Maria und Johannes wirklich unter dem Kreuz Christi stehen und am Ostermorgen gleichsam mit ihm jubeln.

In jener Zeit sagten viele der Jünger Jesu, die ihm zuhörten: Was er sagt, ist unerträglich. Wer kann das anhören? Jesus erkannte, dass seine Jünger darüber murrten, und fragte sie: Daran nehmt ihr Anstoß? Was werdet ihr sagen, wenn ihr den Menschensohn hinaufsteigen seht, dorthin, wo er vorher war? Der Geist ist es, der lebendig macht; das Fleisch nützt nichts. Die Worte, die ich zu euch gesprochen habe, sind Geist und sind Leben. Aber es gibt unter euch einige, die nicht glauben. Jesus wusste nämlich von Anfang an, welche es waren, die nicht glaubten, und wer ihn verraten würde. Und er sagte: Deshalb habe ich zu euch gesagt: Niemand kann zu mir kommen, wenn es ihm nicht vom Vater gegeben ist. Daraufhin zogen sich viele Jünger zurück und wanderten nicht mehr mit ihm umher. Da fragte Jesus die Zwölf: Wollt auch ihr weggehen? Simon Petrus antwortete ihm: Herr, zu wem sollen wir gehen? Du hast Worte des ewigen Lebens. Wir sind zum Glauben gekommen und haben erkannt: Du bist der Heilige Gottes.

Der heutige Text ist die Fortsetzung des Evangeliums vom letzten Sonntag. Viele der Jünger Jesu, die seine Brotrede in der Synagoge von Kafarnaum gehört hatten, protestierten: „*Was er sagt, ist unerträglich. Wer kann das anhören?*“ Er hatte davon gesprochen, und zwar unmissverständlich, dass er ihnen sein Fleisch und Blut wahrhaft zur Speise geben wird. Gemeint sind mit den Jüngern die 70, 72 oder gar 120 Jünger, die mit ihm gezogen sind – außer den zwölf Aposteln sozusagen seine ungefestigte Anhängerschaft. Sie finden seine Worte, dass er ihnen sein Fleisch und Blut zur Speise geben wolle, unannehmbar – unannehmbar für ihren Glauben als Juden. Es heißt im Griechischen: „*Sie nahmen Ärgernis*“. So könnte man sagen – sie nahmen Ärgernis an Gott.

Jesus erkannte, dass seine Jünger darüber murrten, und fragte sie: Daran nehmt ihr Anstoß? [V. 61]

Jesus nimmt in seinem Inneren den Unglauben der Jünger wahr. Es ist die dunkle Tatsache des Unglaubens, der uns selbst oft überrascht, den wir auch manchmal in uns selber erkennen – im eigenen Herzen oder auch in der Gemeinde der Jünger Jesu heute. Und immer wieder ist die Eucharistie der Punkt der Entscheidung, wie hier. An ihr müssen sich alle, die Christus nachfolgen, entscheiden – zu bleiben oder zu gehen. So ist es heute noch. Auch wir werden immer wieder in unserem eigenen Herzen diesen Unglauben verspüren. Es ist wichtig, dass wir wieder zum Glauben durchbrechen.

Was werdet ihr sagen, wenn ihr den Menschensohn hinaufsteigen seht, dorthin, wo er vorher war? [V. 62]

Im Folgenden will Jesus den Glaubenden über etwas hinweghelfen und eigentlich die Ungläubigen noch mehr in Verlegenheit bringen, wenn er sie fragt: „Wenn ihr das nicht glaubt, was werdet ihr dann glauben, wenn ich zum Vater zurückkehre?" Damit meint er seine Himmelfahrt. Er formuliert das so: „Was werdet ihr sagen, *wenn ihr den Menschensohn aufsteigen seht, dorthin, wo er vorher war?*" Jetzt wird es deutlich: Diese Worte sollen sie daran erinnern, dass sie früher schon an der Herkunft Jesu Anstoß genommen hatten, als er sagte, dass er vom Himmel herabgekommen sei. Jesus erinnert sie noch einmal daran und erklärt: „Wer an den erhöhten Herrn glaubt, wer glaubt, dass er vom Himmel gekommen ist und zum Vater zurückkehrt, und auch an die Worte: ‚Das ist mein Fleisch und Blut' glaubt, der hat den Anstoß überwunden." Das ist das Entscheidende des Glaubens: Woher kommt Jesus? Wohin geht Jesus? Denn wer die wahre Herkunft Jesu erkennt – dass er wirklich vom Vater kommt, trotz seiner irdischen Heimat in Nazaret, also in Wahrheit der Sohn Gottes ist – der muss dann auch sein Wort für wahr halten, dass er uns sein Fleisch und Blut zu essen gibt. Deshalb benutzt Jesus an dieser Stelle den Titel „Menschensohn". Dieser deutet seine himmlische Heimat an – wo er herkommt und wohin er zurückkehrt. Derjenige, der glaubt, überwindet die Blindheit des Herzens. Wer dagegen nicht an diesen von oben kommenden Menschensohn glaubt, der wird noch verblendeter, wie wir es bei vielen seiner Jünger sehen werden. Nur der Glaubende kann das Aufsteigen des Menschensohnes sehen, also, dass er zum Vater zurückkehrt – nicht mit irdischen Augen, sondern er kann gläubig sehen, tiefer sehen. Aber die ungläubige Welt sieht nur seine Erhöhung am Kreuz – diese ist gut sichtbar für alle. Und für sie ist dies das Ende. Der Glaubende jedoch sieht darüber hinaus: Die Auferstehung, die Heimkehr zum Vater und die Erhöhung beim Vater. Er sieht die Erhöhung Jesu und seine Verherrlichung zur Rechten des Vaters. Jesus will den Jüngern mit seiner Frage sicher nicht drohen, sondern er will diese Zweifelnden zum Glauben ermahnen. Damit sie tiefer sehen, eben glauben.

Der Geist ist es, der lebendig macht; das Fleisch nützt nichts. Die Worte, die ich zu euch gesprochen habe, sind Geist und sind Leben. [V. 63]

Der Menschensohn wird nach seiner Himmelfahrt den Leben spendenden Geist senden. Dieser schenkt die verheißene Gabe des Lebens und die eucharistischen Gaben und setzt den Tod und die Auferstehung Jesu gegenwärtig. Das heißt also: Was in der Eucharistie bis heute geschieht, ist das Wirken des Heiligen Geistes, den er senden wird. In seiner irdischen Seinsweise kann Jesus das nicht erfüllen. Deshalb sagt er: „Das Fleisch nützt nichts“. Er kann sich nicht in der irdischen Seinsweise schlachten und an die Menschen austeilen lassen. Das wäre gegen das Gebot Gottes. Das wäre völlig unmöglich. Und dann wäre er aufgegessen, dann wäre nichts mehr da für uns, wenn man es einmal ganz banal sagen wollte. Mit seinen Worten *„Der Geist ist es, der lebendig macht; das Fleisch nützt nichts“*, will Jesus sagen, dass der Geist die Verherrlichung des Herrn bewirkt, und zwar der Geist, den er selbst seit der Taufe im Jordan in besonderer Weise besitzt. Es handelt sich bei der Eucharistie also nicht um das

Fleisch und das Blut des irdischen Jesus, sondern um das des himmlischen Menschensohnes, der vom Geist erfüllt eine neue Existenzweise besitzt. Doch seine Zuhörer dachten immer an das irdische Fleisch und Blut, als ob sie ihn schlachten müssten. Deshalb sagt er: „Die Worte, die ich zu euch gesprochen habe, sind Geist und sind Leben". Damit sind alle seine Worte gemeint. Das Wort Jesu, das vom Vater stammt – sein Wort, die Heilige Schrift, er selbst – ist von göttlichem Geist erfüllt und vermag dem gläubig Hörenden göttliches Leben zu schenken. Allerdings muss der Glaubende das Wort Jesu bewahren und sich immer tiefer in seine Wahrheit einführen lassen. Das ist wichtig. Denn: *„Der Geist ist es, der lebendig macht; das Fleisch nützt nichts. Die Worte, die ich zu euch gesprochen habe, sind Geist und sind Leben."* Das ist die Größe des Wortes Gottes, der Heiligen Schrift.

Aber es gibt unter euch einige, die nicht glauben. Jesus wusste nämlich von Anfang an, welche es waren, die nicht glaubten, und wer ihn verraten würde. [V. 64]

Jesus appelliert noch einmal an die Glaubensbereitschaft dieser Jünger, dieser größeren Gruppe, die ihm hierher gefolgt war, denn ihre Ablehnung ist regelrechter Unglaube. Sie halten es für unmöglich, was er da sagt: „Das kann man nicht annehmen!" Sie glauben nicht, dass er vom Vater kommt und zum Vater zurückkehrt; und damit schon gar nicht, dass er der Sohn Gottes ist und ihnen deshalb sein Fleisch und Blut zu essen geben kann. Sie glauben das eine nicht, und deshalb auch das andere nicht. Das ist der eigentliche Misserfolg Jesu bei seinen Hörern. Jesus trifft keine Schuld, denn er hat ihnen die volle Wahrheit gesagt. Es ist die Haltung der Jünger, die Jesus eine Grenze setzt – auch heute. Alle seine Worte, die er gesagt hat, sind Geist und Leben. Doch wie viele seiner Worte werden heute einfach geleugnet! Von manchen Textstellen wird behauptet, das sei nicht so wichtig, das sei nicht von Jesus. Es sei irgendwann dazugekommen. Nein, alle seine Worte sind Geist und Leben, und daran sollten wir unbedingt festhalten. Auch diese Worte hier. Sie bewirken, was sie aussagen. Es geht hier um die Haltung der Jünger, die Jesus eine Grenze setzen. Er wirbt um sie und um ihren Glauben. Er spricht von „einigen" in diesem Vers – nicht alle, sondern einige. Er erkennt also eine Scheidung im Jüngerkreis – und er nennt sogar seinen Verräter ganz konkret. Diese dunkle Tatsache gehört zum Geheimnis der Bosheit: Obwohl Jesus es wusste, nahm er den Judas in seinen Apostelkreis auf – nicht nur in den Jüngerkreis. Denn Gott bleibt seiner Berufung treu, auch wenn der Gerufene untreu wird.

Und er sagte: Deshalb habe ich zu euch gesagt: Niemand kann zu mir kommen, wenn es ihm nicht vom Vater gegeben ist. [V. 65]

Jesus hatte das schon vorher ausgedrückt, und zwar im Vers 44: *„Niemand kann zu mir kommen, wenn nicht der Vater, der mich gesandt hat, ihn zu mir führt; und ich werde ihn auferwecken am letzten Tag."* Jetzt sagt er: *„… wem es gegeben ist"*, das bedeutet – als gnadenhaftes Geschenk vom Vater. Sie erinnern sich an das Evangelium, wo gesagt wird, dass der Vater zieht (vgl. Joh 6,44; Predigt am 19. Sonntag im Jahreskreis). Das ist eine Umschreibung für das Wirken seiner Gnade. Und hier wird ganz deutlich gesagt: „…wem es der Vater gegeben hat" – also ein gnadenhaftes Geschenk. Im Griechischen heißt es sogar: „aus dem Vater". Das betont die Herkunft des Geschenkes, nämlich: aus dem Vater, aus seiner Fülle. Ein Geschenk wird angeboten, es wird nicht aufgezwungen. Es kommt aus dem Vater.

Daraufhin zogen sich viele Jünger zurück und wanderten nicht mehr mit ihm umher. [V. 66]

Jetzt stehen sie also vor der Entscheidung. Der Abfall vieler Jünger wird hier als bleibende Abwendung von Jesus bezeichnet. Im Griechischen ist das kausal zu verstehen, nämlich: Seine

Worte sind der Grund des inneren Abfalls. Das, was Jesus gesagt hat: „Das ist mein Fleisch und mein Blut", das ist der Grund ihres inneren Abfalls, ihres Unglaubens. Auch hier ist die Eucharistie wieder der Punkt der Entscheidung. An ihr muss sich auch heute jeder Christ entscheiden. Und ich freue mich immer wieder, wenn ich Christen erlebe, die zur katholischen Kirche gefunden haben, und zwar immer wieder mit der gleichen Begründung: Wegen der Eucharistie! Bei aller Diskussion heute muss es uns klar sein: Dies ist der Entscheidungspunkt. Deshalb dürfen wir die Wirklichkeit nicht verwässern. Wir müssen die Wahrheit in Liebe sagen, auch wo andere Christen etwas anderes glauben. Wir müssen den Unterschied ganz klar benennen. Das sind wir auch den übrigen Christen schuldig, nicht nur uns selbst. So können auch sie wieder zur ganzen Fülle dessen, was Jesus hier ausdrückt, zur Eucharistie zurückfinden, die sie verloren haben.

Da fragte Jesus die Zwölf: Wollt auch ihr weggehen?
[V. 67]

Jesus ist es bitter ernst. Viele seiner Jünger laufen davon, für immer. Sie wollen wegen dieser Äußerung nichts mehr mit ihm zu tun haben. Und er sagt nicht: „Kommt, bleibt doch da! Ihr habt mich falsch verstanden." Nein, er steht zu dem, was er gesagt hat. Sie haben ihn richtig verstanden: „Es stimmt. Es ist mein Fleisch und mein Blut, und wer es nicht hat und nicht isst, wird kein Leben in sich haben". Ganz eindeutig. Er ruft sie nicht zurück. Er stellt fest: „Ihr habt es richtig verstanden und ihr habt euch dagegen entschieden". Nun fordert er sogar die Entscheidung von seinen zwölf Aposteln. Eucharistie fordert Entscheidung – selbst von den Aposteln! Er fragt sie: „Wollt auch ihr gehen?" Er hätte auch sie gehen lassen! Er hätte nichts abgestrichen von seinem Wort. Das zeigt uns, wie wichtig ihm dieses Geheimnis der Eucharistie war, wie ungeheuer wichtig. Und wie entscheidend es für uns ist. Deshalb ist es so traurig, dass sich gerade hier der Streitpunkt unter den Christen entzündet, anstatt dass wir hier zur Einheit finden. Zur Einheit in Wahrheit allerdings, nicht zu irgendeiner Vermischung, die nicht stimmt, die eben nicht dem Wort Jesu entspricht. Es heißt: *„Das ist mein Fleisch"*, und nicht: „Es bedeutet mein Fleisch", denn es ist wirklich der Herr, und es ist sein Tod und seine Auferstehung, die gegenwärtig sind. So fragt er auch die Zwölf, stellt sie vor die Entscheidung: „Wollt nicht auch ihr weggehen?" Diese Frage lautet – genau aus dem Griechischen übersetzt: „Wollt auch ihr euch jetzt ganz bewusst entscheiden und sagen: ‚Nein, das nehmen wir nicht an, wir gehen!'?" Mit dieser im Griechischen verneinend formulierten Frage ermutigt Jesus die Zwölf geradezu zu einer verneinenden Antwort. Mit den Zwölfen sind wir alle zur Entscheidung herausgefordert, wir alle.

Simon Petrus antwortete ihm: Herr, zu wem sollen wir gehen? Du hast Worte des ewigen Lebens. [V. 68]

Petrus wird sehr bewusst mit beiden Namen genannt – mit dem Namen des Menschen, Simon, und mit dem Namen des Amtes, Petrus. Er antwortet ganz spontan. Es ist sehr bemerkenswert, dass Johannes, obwohl er den Petrus an Glauben und Liebe übertroffen hat – nachher im Leiden Jesu und auch am leeren Grab – dass er hier in seinem Evangelium das Bekenntnis des Petrus für die Zwölf betont. Das ist wieder von Bedeutung, denn es ist ein wichtiges Zeugnis für das Petrusamt. Als Petrus für alle antwortet: *„Herr, zu wem sollen wir gehen? Du hast Worte des ewigen Lebens"*, anerkennt er im Grunde die Worte Jesu aus Vers 63: *„Die Worte, die ich zu euch gesprochen habe, sind Geist und sind Leben."* Damit distanzieren sich die Zwölf von denen, die Jesu Worte hart finden. Sie wollen seine Worte hören und annehmen als Worte voll Kraft zum Leben, obwohl sie diese auch nicht ganz verstanden haben. Für die Art des echten Glaubens ist die Antwort des Petrus von unvergänglicher Bedeutung: „Du hast Worte des ewigen Lebens.

Wir sind zum Glauben gekommen und haben erkannt: Du bist der Heilige Gottes. [V. 69]

Dieser Satz steht im Griechischen im Perfekt – er drückt eine vollendete Tatsache aus: Sie haben geglaubt und erkannt. Es ist ihre gefestigte Glaubenshaltung, ihre Überzeugung, die sie schon von Anfang an hatten: Er ist der Messias. Petrus nennt ihn *„den Heiligen Gottes"*. Das ist von tiefer Bedeutung: Im 6.Kapitel des Johannesevangeliums sind die Worte „Ich bin", „Ich bin das Brot des Lebens.", also diese Ich-bin-Worte Jesu auffällig. Und diesen Worten entspricht das „Du bist der Heilige Gottes" von Petrus. In dem hoheitsvollen „Ich bin" – hebräisch „Jahwe", das ist der Name Gottes – in diesem hoheitsvollen „Ich bin" spricht Jesus seine Nähe zu Gott aus, zum Vater. Durch das „der Heilige Gottes" des Petrus ist die größte Nähe zu Gott ausgesagt, seine Teilhabe an Gottes innerstem und eigenstem Wesen. So ist das Bekenntnis des Petrus: „Du bist der Heilige Gottes" die Entsprechung, die Antwort zur Selbstoffenbarung Jesu: *„Ich bin das Brot des Lebens"* und *„Ich bin der Weg, die Wahrheit, das Leben"* und den anderen Ich-bin-Worten. Für uns ist es wichtig, dass wir in dieses Bekenntnis einstimmen: „Ja, Herr, du bist der Heilige Gottes. Wir sind zum Glauben gekommen und haben erkannt: Du bist der Heilige Gottes. Zu wem sollen wir sonst gehen? Du hast Worte des ewigen Lebens."Bleiben wir darin fest! Amen.

In jener Zeit hielten sich die Pharisäer und einige Schriftgelehrte, die aus Jerusalem gekommen waren, bei Jesus auf. Sie sahen, dass einige seiner Jünger ihr Brot mit unreinen, das heißt mit ungewaschenen Händen aßen. Die Pharisäer essen nämlich wie alle Juden nur, wenn sie vorher mit einer Handvoll Wasser die Hände gewaschen haben, wie es die Überlieferung der Alten vorschreibt. Auch wenn sie vom Markt kommen, essen sie nicht, ohne sich vorher zu waschen. Noch viele andere überlieferte Vorschriften halten sie ein, wie das Abspülen von Bechern, Krügen und Kesseln. Die Pharisäer und die Schriftgelehrten fragten ihn also: Warum halten sich deine Jünger nicht an die Überlieferung der Alten, sondern essen ihr Brot mit unreinen Händen? Er antwortete ihnen: Der Prophet Jesaja hatte recht mit dem, was er über euch Heuchler sagte: Dieses Volk ehrt mich mit den Lippen, sein Herz aber ist weit weg von mir. Es ist sinnlos, wie sie mich verehren; was sie lehren sind Satzungen von Menschen. Ihr gebt Gottes Gebot preis und haltet euch an die Überlieferung der Menschen. Dann rief Jesus die Leute wieder zu sich und sagte: Hört mir alle zu und begreift, was ich sage: Nichts, was von außen in den Menschen hineinkommt, kann ihn unrein machen, sondern was aus dem Menschen herauskommt, das macht ihn unrein. Denn von innen, aus dem Herzen der Menschen, kommen die bösen Gedanken, Unzucht, Diebstahl, Mord, Ehebruch, Habgier, Bosheit, Hinterlist, Ausschweifung, Neid, Verleumdung, Hochmut und Unvernunft. All dieses Böse kommt von innen und macht den Menschen unrein.

In jener Zeit hielten sich die Pharisäer und einige Schriftgelehrte, die aus Jerusalem gekommen waren, bei Jesus auf. [V. 1]

Sie kommen von Jerusalem und kontrollieren Jesus und seine Jünger. Sie haben von dort den offiziellen Auftrag bekommen, ihn zu überprüfen, da er als Lehrer auftritt: Ob er rechtgläubig ist, ob er das Recht hat, andere zu belehren und Jünger um sich zu scharen. Bevor diese Gesandten auf die Botschaft Jesu hören, interessiert sie nur, wie seine Jünger sich äußerlich verhalten, ob sie die Vorschriften einhalten.

Die Pharisäer und die Schriftgelehrten fragten ihn also: Warum halten sich deine Jünger nicht an die Überlieferung der Alten, sondern essen ihr Brot mit unreinen Händen? [V. 5]

Genau dies haben sie bei den Jüngern beobachtet und fragen nun Jesus, warum seine Jünger sich nicht an die Überlieferung der Alten halten. Denn der Meister – Jesus wird ja als Meister angesprochen – ist verantwortlich für seine Jünger. (Vgl. Predigt am 9. Sonntag im Jahreskreis) Und diese halten sich nicht an die Überlieferung der Alten, also an die menschlichen Vorschriften, die bisher immer gegolten haben. Die Frage an Jesus ist also ein Vorwurf: „Wieso sagst du das deinen Jüngern nicht? Warum forderst du sie nicht dazu auf?“ Es geht um den religiös-sittlichen Wandel der Jünger und damit auch um Jesu religiöse Autorität in Israel, die auf dem Spiel stand. Denn wenn er seine Jünger nicht dazu bringt, auch die äußeren Gesetze zu beobachten, kann er nicht Meister und Lehrer sein und auf keinen Fall als solcher das Recht zur Auslegung des Willens Gottes beanspruchen.

Er antwortete ihnen: Der Prophet Jesaja hatte recht mit dem, was er über euch Heuchler sagte: Dieses Volk ehrt mich mit den Lippen, sein Herz aber ist weit weg von mir. Es ist sinnlos, wie sie mich verehren; was sie lehren, sind Satzungen von Menschen. Ihr gebt Gottes Gebot preis und haltet euch an die Überlieferung der Menschen. [Vv. 6-8]

Jesus nimmt die Herausforderung dieser Schriftgelehrten und Pharisäer an, doch er erklärt ihnen nicht, warum er die Jünger nicht tadelt, sondern er geht zum Gegenangriff über. Er entlarvt sie als Heuchler, denn er spricht vom Gegensatz zwischen Lippen und Herz, der in ihnen herrscht: *„Dieses Volk ehrt mich mit den Lippen, sein Herz aber ist weit weg von mir.“* Die Lippen sind nur das Äußere, das Herz jedoch ist die innerste Mitte der Person. Ihr Frevel, ihre Heuchelei, die er ihnen vorwirft, besteht darin, dass Gottes Gebot sie wenig interessiert, und sie es also vernachlässigen. Dagegen halten sie an menschlichen Überlieferungen fest. Diesen Gegensatz muss Jesus dann noch belegen, denn die pharisäische Tradition zählt 613 Gebote der Thora als menschliche Überlieferungen auf, nicht als Gottes Gebot. Es handelt sich dabei um Auslegungen, zum Teil auch mit dem Inhalt, wie man um das Gottesgebot herumkommt. Mit dem Wort Gottes hat dies nichts zu tun – darauf hätte Jesus ja hingewiesen – sondern es geht um Menschensatzung. Deshalb bezeichnet Jesus sie als Heuchler, die zwar versuchen, mit den Lippen Gott zu verehren, aber deren Herz weit weg ist. „Ihr glaubt, wenn ihr eure Menschensatzungen erfüllt, dann hättet ihr damit doch den Himmel verdient. Aber es geht euch nicht um die Verherrlichung Gottes.“ Das ist ein schwerwiegender Vorwurf Jesu, der jetzt auch an uns ergeht. Denn dies ist das Wort Gottes heute an uns. Wir können nicht einfach nur über die Pharisäer und Schriftgelehrten nachdenken – dann nützt uns das Wort Gottes nichts – sondern es will mir jetzt etwas sagen. Ich muss mich fragen, ob es für mich auch gilt, dieses Wort: „Ihr Heuchler! Ihr verehrt mich mit den Lippen, aber euer Herz ist weit weg von mir. Ihr betet vielleicht nur noch, damit ihr nicht in die Hölle kommt, aber an Gott habt ihr letztlich kein Interesse. Oder ihr denkt nur hie und da mal an ihn, bloß damit es einigermaßen gut ausgeht. Aber Gott selbst spielt keine große Rolle in eurem Leben – und vor allem nicht in eurem Herzen. Habt ihr überhaupt eine persönliche Beziehung zu Gott? Ist Gott das große Du eures Lebens? Oder verehrt ihr nur mit den Lippen, weil ihr damit das Gesetz erfüllen wollt? Ihr verrichtet sogar verschiedene Gebete, geht vielleicht auch in den Gottesdienst, aber nur rein gesetzlich, als Leistung, – damit ihr nicht verloren geht. Aber dies geschieht eigentlich nicht aus Liebe, nicht aus dem Herzen, aus der innersten Mitte, aus dieser inneren Freundschaft mit Gott." Das ist die Frage Jesu. In seinen Augen sind jene Menschen Heuchler, bei denen das nicht zusammenpasst, Herz und Sinn, innere Haltung und äußeres Tun. Jesu Verhalten jedoch ist ganz und gar dem Wort Gottes verpflichtet. Er orientiert sich allein am göttlichen Wort, nicht an Menschensatzungen. Den Pharisäern und Schriftgelehrten erklärt er, dass Gott nur mit den Lippen verehrt wird, wenn die Nächstenliebe nicht beachtet wird. Denn dort zeigt sich, ob es wirklich um Gottesliebe geht. Jesus teilt hier den Pharisäern und Schriftgelehrten – und damit auch uns – wichtige Dinge mit: Wir müssen von ganzem Herzen umkehren. Was wir im Gebet und in unserem Alltagsleben vollbringen, muss aus ganzem Herzen, aus Liebe zum Herrn geschehen und nicht lediglich aus Pflichterfüllung.

Jesus rief die Leute wieder zu sich [V. 14a]

Nachdem die Pharisäer und Schriftgelehrten gesehen hatten, dass die Jünger Jesu mit unreinen Händen aßen, sind sie auf Jesus, den Meister, zugegangen, haben ihn wohl beiseite genommen und gefragt: „Warum lässt du das zu?" Daraufhin rief Jesus die Leute wieder zu sich und sagte:

Hört mir alle zu und begreift, was ich sage. [V. 14b]

Was er jetzt sagt, gilt allen, uns allen, allen Menschen. Dies ist ein einmaliger Weckruf, den Jesus an alle Menschen ergehen lässt. Deshalb steht er im Griechischen in der Imperativ-Form des „Aorist". Jesus weckt uns damit alle wie vom Schlafe auf. Er hatte sich vorher mit den Pharisäern wegen der menschlichen Reinheitsgesetze auseinandergesetzt. Jetzt ruft er jeden, also alle, die diese Diskussion mit den Pharisäern und Schriftgelehrten mitgehört haben. Und wir haben diesen Weckruf ja heute im Evangelium auch gehört. Jesus lässt ihn an alle ergehen, auch an uns. Es ist wichtig, was er jetzt sagt:

„Nichts, was von außen in den Menschen hineinkommt, kann ihn unrein machen, sondern was aus dem Menschen herauskommt, das macht ihn unrein. [V. 15]

Hinein kommt die Speise, die Nahrung. Die macht ihn nicht unrein im Innersten. Es geht ja um das Herz. Es geht darum, dass Gott mit dem Herzen verherrlicht wird, aus dem Innersten heraus, aus der echten Liebe heraus, und nicht einfach nur darum, dass Gesetze erfüllt werden, dass Gott nur mit den Lippen gepriesen wird, aber nicht mit dem Herzen. Jesus führt weiter aus: *„Das, was aus dem Menschen herauskommt, das macht ihn unrein.“* Wenn Jesus hier von Reinheit spricht, setzt er sich für die ganzheitliche Reinheit ein, d.h. es geht nicht um Reinheit in irgendeinem engen, vielleicht sexuellen Sinn, sondern es geht um die totale Heiligkeit des Menschen. Mit dem Unrein-Machen meint er jene Unreinheit, die aus dem Herzen herauskommt, die der Mensch sich zuzieht, und zwar durch seine freie Entscheidung für das Böse. Dadurch zieht er sich die innere Unreinheit zu, oder besser gesagt – die Nicht-Heiligkeit. Und diese Unreinheit macht den Menschen unfähig zur Verehrung des heiligen Gottes.

Denn von innen, aus dem Herzen der Menschen, kommen die bösen Gedanken, Unzucht, Diebstahl, Mord, Ehebruch, Habgier, Bosheit, Hinterlist, Ausschweifung, Neid, Verleumdung, Hochmut und Unvernunft. [Vv. 21-22]

Das Herz ist die innerste Mitte der Person, mit der wir Gott verherrlichen sollen. Aus dem Herzen heraus, mit ganzem Herzen, sollen wir lieben. Mit dem Herzen sollen wir Gott lobpreisen und anbeten – und nicht nur äußerlich mit den Lippen. Jesus zählt nun sechs Arten von bösen Gedanken auf: Gedanken der Unzucht, des

Diebstahls, des Mordes, des Ehebruchs, der Habgier, der Bosheit. Und dann: „Hinterlist, Ausschweifung, Neid, Verleumdung, Hochmut und Unvernunft." Das ist interessant! Die ersten sechs stehen in der Mehrzahl, nämlich: Gedanken der Unzucht, Gedanken des Diebstahls etc. Die letzten sechs sind in der Einzahl: „Hinterlist, Ausschweifung, Neid, Verleumdung, Hochmut und Unvernunft." Im Confiteor, dem Bußakt am Anfang der Messe, bekennen wir als Erstes: „Ich habe gesündigt in Gedanken...". Denn aus dem Herzen kommen diese Gedanken, diese Überlegungen von Unzucht, Diebstahl, Mord, Ehebruch, Habgier, Bosheit. Dann erst bekennen wir die Worte und Werke, denn diese entstehen aus den Gedanken. Deshalb haben die Väter einen großen Wert darauf gelegt, die Gedanken zu prüfen. Das ist für uns wichtig. Wenn Sie eine Gewissenserforschung machen, was prüfen Sie? Sie prüfen, was Sie gesagt haben und was Sie getan haben. Geben Sie sich auch einmal Rechenschaft darüber, was Sie gedacht haben, welche Gedanken Sie zugelassen haben? Gedanken und Überlegungen, wie sie Jesus aufzählt – der Unzucht, des Diebstahls, des Mordes, des Ehebruchs, der Habgier, der Bosheit? Diese Gedanken sollten wir bekennen, denn sie sind die Brutnester der Worte und Werke. Deshalb hat Jesus sie hier ganz deutlich beim Namen genannt und deshalb nehmen auch die Wüstenväter sie so ernst. Prüfen Sie also immer wieder: Was für Gedanken sind in mir? Was kommt im Gebet an Gedanken auf? Kommen da nur Gedanken der Liebe zu Gott? Oder nur Gedanken an liebenswerte Menschen? Kommen da nicht vielfach Gedanken anderer Art, z.B. der Unzucht, des Diebstahls, an Mord, an Ehebruch, der Habgier, der Bosheit, also Gedanken negativer Art, der Wut auf Menschen, der Abrechnung mit Menschen, Ängste oder all die Dinge, die Jesus hier aufzählt? Wodurch kommen solche Gedanken? Deshalb lehren die Väter, dass der zweite Blick gefährlich ist, nicht der erste. Der erste Gedanke, der auftaucht, ist noch nicht gefährlich, aber ich muss ihn sofort von mir weisen, denn der zweite Gedanke – „der zweite Blick" wie sie ihn nennen – der wird gefährlich. Der ist dann bewusst. Der erste Gedanke steigt aus dem Herzen auf als

Versuchung. Und wenn ich ihn gleich von mir weise, dann kann die Sache erledigt sein. Doch der zweite Gedanke ist gefährlich – wenn ich überlege, ob das schon Sünde ist, oder ob man da noch ein bisschen dran rumdrehen kann. Sie kennen das von den verschiedensten Versuchungen. Und solche kommen aus dem Herzen, sie sind gefährlich, denn sie verunreinigen den Menschen, sein Herz. Wir sprechen es im Wort aus und schließlich kann es zur Grundhaltung werden. Genau das meint Jesus, wenn er sagt: „Diese Pharisäer und Schriftgelehrten, sie kümmern sich um äußere Vorschriften, ob ich jetzt die Hände mal mit Wasser abgewaschen habe oder nicht. Das ist völlig unwichtig. Das verunreinigt den Menschen nicht. Doch was den Menschen verunreinigt, ist das, was aus dem Herzen kommt, was ihm plötzlich die Heiligkeit nimmt, was ihn zur Sünde führt." Deshalb ist die Umkehr des Herzens notwendig, wie es die Tradition nennt. Ich muss mich Gott mit dem Herzen zuwenden. Das ist die Frage, die das Evangelium heute an mich stellt: „Worauf ist dein Herz gerichtet? Auf Unzucht, Diebstahl, Mord, Ehebruch, Habgier, Bosheit?" Ich will damit sagen: Wer den Mörder im eigenen Herzen noch nicht erkannt hat, hat sich selbst noch nicht erkannt. Gibt es nicht Menschen in Ihrem Leben, die Sie im Geiste auf den Mond geschossen haben? Oder Sie haben gesagt: „Ich habe ihnen vergeben, aber sehen will ich sie nicht mehr." Doch „nicht mehr sehen, aus den Augen" – das heißt doch umgebracht, auf geistige Weise. Solche Gedanken verunreinigen das Herz und verhindern unsere Liebe zu Gott. Wo also die Nächstenliebe nicht in Ordnung ist, da wird der Mensch im Innersten unrein. Auch beim zweiten Teil der Aufzählung müssen wir uns prüfen. Die Hinterlist – bin ich offen und ehrlich? Die Ausschweifung – komme ich überhaupt bei Gott zur Sammlung? Lasse ich Neid zu, anstatt zu danken für das, was Gott mir und anderen gegeben hat? Oder habe ich jemanden verleumdet? Warum? Um vielleicht besser dazustehen? Oder gönne ich dem anderen etwas nicht? Oder der Hochmut, der so tief in uns steckt. Die Unvernunft. Das alles zählt Jesus auf. Das alles kommt aus dem Herzen. Deshalb braucht es dringend die Umkehr des Herzens – dass unser Herz auf Christus ausgerichtet ist, ganz auf Gott ausgerichtet, immer mehr, immer mehr. Dann können wir aus ganzem Herzen lieben. Das ist die Liebe – sich hingeben. Dann werde ich nicht auf andere Dinge schauen, sondern auf den Geliebten. Bei Diebstahl schaue ich auf die Güter des Menschen. Oder bei der Unzucht, da schaue ich auf den Leib des Menschen. Ich schaue auf Verschiedenes, auf etwas, das ich will oder begehre. Doch die Umkehr des Herzens ist eine Hinkehr zu Gott. Lieben aus ganzem Herzen heißt, mich ganz auf Gott ausrichten und auf den Mitmenschen, nicht auf mich selbst, nicht auf irgendwas, was ich begehre. Da beginnt die Reinheit des Herzens, wie es die Tradition sagt. Deshalb sollen wir Gott aus ganzem Herzen lieben, damit wir zur Reinheit des Herzens kommen, wie es Jesus uns aufträgt.

In jener Zeit verließ Jesus das Gebiet von Tyrus und kam über Sidon an den See von Galiläa, mitten in das Gebiet der Dekapolis. Da brachte man einen Taubstummen zu Jesus und bat ihn, er möge ihn berühren. Er nahm ihn beiseite, von der Menge weg, legte ihm die Finger in die Ohren und berührte dann die Zunge des Mannes mit Speichel; danach blickte er zum Himmel auf, seufzte und sagte zu dem Taubstummen: Effata!, das heißt: Öffne dich! Sogleich öffneten sich seine Ohren, seine Zunge wurde von ihrer Fessel befreit, und er konnte richtig reden. Jesus verbot ihnen, jemand davon zu erzählen. Doch je mehr er es ihnen verbot, desto mehr machten sie es bekannt. Außer sich vor Staunen sagten sie: Er hat alles gut gemacht; er macht, dass die Tauben hören und die Stummen sprechen.

Was will uns dieses Gotteswort heute auf unserem Weg der Nachfolge sagen?

In jener Zeit verließ Jesus das Gebiet von Tyrus und kam über Sidon an den See von Galiläa, mitten in das Gebiet der Dekapolis. [V. 31]

Die Dekapolis ist das Gebiet der zehn Städte. Jesus geht also wieder dorthin, wo sie ihn schon einmal weggeschickt haben. Er hatte den Besessenen von Gerasa befreit von den zahlreichen Dämonen. Die Leute dort sind Heiden, keine Juden, und sie hatten ihn damals gebeten, er soll ihr Gebiet verlassen. Sie hatten Angst. Doch jetzt kehrt er wieder zu ihnen zurück.

Da brachte man einen Taubstummen zu Jesus und bat ihn, er möge ihn berühren. [V. 32]

Jetzt geschieht, was der Prophet Jesaja im Hinblick auf die Heiden bereits vorausgesagt hat: „*Er selbst wird kommen* und uns heil machen." (vgl. Jes 35,4) Und nun bringen Heiden einen der ihren, einen Stummen und Tauben, zu Jesus mit der Bitte, er möge ihm die Hand auflegen. Die Handauflegung ist das Zeichen der Kraftübertragung. Wir müssen das jetzt wieder in der ganzen Tiefe des Gotteswortes hören. Wenn Jesus solche Zeichen setzt, dann will er immer Tieferes aussagen. Er ist ja jetzt bei den Heiden, d.h. bei denen, die das Wort Gottes noch nicht kennen und deshalb auch noch nicht verkünden können. Im Bezug auf Gottes Wort sind sie noch taub und stumm. Deshalb geht Jesus erneut zu den Heiden. Diesen Aspekt müssen wir beim Betrachten dieses Evangeliums immer im Auge behalten.

Er nahm ihn beiseite, von der Menge weg, legte ihm die Finger in die Ohren und berührte dann die Zunge des Mannes mit Speichel; danach blickte er zum Himmel auf, seufzte und sagte zu dem Taubstummen: Effata!, das heißt: Öffne dich! Sogleich öffneten sich seine Ohren, seine Zunge wurde von ihrer Fessel befreit, und er konnte richtig reden. [Vv. 33-35]

Jesus holt den Taubstummen von der Menge weg – aus seiner heidnischen Umgebung heraus. Er will damit ausdrücken, dass jede Verbundenheit mit Christus den Menschen aus der Welt aussondert. Wenn wir einigermaßen als Katholiken leben, uns um ein christliches Leben bemühen, werden auch wir diese Aussonderung erleben. Wir brauchen gar nichts Außergewöhnliches zu tun, nur in Treue zu Christus leben. Dann werden die Menschen in unserer Umgebung spüren, welchen Weg wir gehen – und so werden wir für sie zum Vorwurf und deshalb aus der Welt ausgesondert. Das Ziel der Aussonderung durch Jesus ist die Heilung des Menschen, was auch bedeutet: seine Heiligung. Weil die Ansteckungsgefahr des Bösen viel zu groß ist, nimmt Jesus den Taubstummen, den man als Anfänger im Glauben bezeichnen könnte, aus seiner heidnischen Umgebung heraus. Diese äußere Heilung eines Heiden unter Heiden ist zugleich ein Bild für das Heil-Werden des Menschen im Sinne der Erlösung. Der Mensch im Heidentum sowie im Zustand seiner gefallenen Natur ist in gewisser Weise taub für Gottes Wort. Und stumm, denn er kann nicht zu Gott reden. Die große Welt des Heils, in die ja das Wort Gottes einführen will, ist ihm verschlossen. Er kann das Wort Gottes nicht hören, es deshalb nicht weiterverkünden und auch nicht zu Gott sprechen. Diese neue Welt wird ihm nun aufgetan durch die Wegnahme seiner Gehörlosigkeit und Stummheit.Jesus sagt zu dem Heiden: *„Effata! – Öffne dich!"* Daraufhin öffnen sich seine Ohren. Daran wird deutlich, dass es bei dieser Heilung nicht nur um das rein äußerliche Hören geht, sondern auch um das Hören auf Jesus. Die Aufforderung „Effata" bezieht sich auf das innere Öffnen für die Heilsbotschaft. Bei seinem letzten Besuch haben die Heiden Jesus fortgeschickt. Sie hatten Angst vor seiner Macht über die Dämonen und wollten seine Heilsbotschaft nicht hören. Jetzt geht Jesus wieder zu ihnen und greift unter ihnen einen Mann heraus, der durch seine Behinderung ein Bild für das Heidentum ist: taub und stumm für die Botschaft Jesu. Er kann noch nicht zu Gott sprechen, weil er ihn noch nicht kennt. Deshalb sagt Jesus: „Effata! – Öffne dich mit deinem ganzen Sein!" Dabei schaute Jesus zum Himmel auf. Er soll auf den Vater hören können, der durch Jesus spricht und seine Heilsbotschaft verkündet, damit er sie dann als richtig Sprechender seiner heidnischen Umwelt verkünden kann.

Sogleich öffneten sich seine Ohren, seine Zunge wurde von ihrer Fessel befreit, und er konnte richtig reden.
[V. 35]

Jetzt kann er richtig reden – das Richtige, nämlich die Wahrheit, die wahre Botschaft. Die Umständlichkeit, mit der Jesus hier handelt – das Herausführen aus der Menge, die Finger in seine Ohren, den Speichel auf die Zunge, das Hinaufschauen zum Himmel – dürfte darauf hinweisen, dass es nicht leicht ist, einen Menschen von der Taubheit auf das Wort Gottes zum offenen, glaubenden Hören zu führen. Und sein Blick zum Himmel deutet an: Er, das ewige Wort des Vaters, berührt das Ohr des Kranken.

Dieses Wort Gottes sagt also wieder viel Tieferes aus, als wir auf den ersten Blick wahrnehmen. Wir müssen immer bedenken, dass diese Heiden der Dekapolis Jesus das letzte Mal wieder fortgeschickt haben. Sie wollten ihn nicht hören. Deshalb wird hier so umständlich geschildert, wie schwer es ist, diesem Menschen, einem Noch-nicht-Glaubenden, das Innere zu öffnen, ihn zu einem glaubenden Hören zu befähigen. Damit zeigt Jesus auch: Wenn jemand das Wort Gottes verkünden soll, dann muss er zuerst abseits geführt werden, also weg von den Stimmen der Welt, um fähig zu werden, auf Gott, auf das Wort des Vaters, auf Jesus zu hören. Deshalb kennt die Kirche den Grundsatz, dass man nur weitergeben kann, was man zuerst empfangen hat. Vor der Actio, der Verkündigung, muss immer zuerst die Contemplatio, die Betrachtung, das Gebet kommen (vgl. Predigt am 3. Sonntag im Jahreskreis). Wer verkünden will, muss zuerst abseits der Welt vom Herrn selbst das Heil empfangen und damit für das Wort Gottes aufnahmefähig werden, das er dann verkünden soll. Wer nicht mehr betet und nicht mehr betrachtet, kann auch nicht verkünden. Sein Wort wird leer sein. Das wird hier sehr, sehr deutlich. Jesus hat die Apostel drei Jahre in die Stille geführt, sie belehrt und dann erst in die Welt hinausgeschickt. An die Christen in der ganzen Kirchengeschichte seit der Zeit Jesu ergeht der Auftrag, immer wieder neu zuerst in die Stille zu gehen, abseits der Welt. Aber nicht aus der Welt, um die Welt ihrem Schicksal zu überlassen, sondern um bei Gott zu sein und vom Herrn zuerst selbst das Heil zu empfangen. Damit wird man erst aufnahmefähig für das Wort Gottes und kann dann gestärkt in die Welt zurückkehren und das empfangene Wort der Welt verkünden.

Jesus verbot ihnen, jemand davon zu erzählen. Doch je mehr er es ihnen verbot, desto mehr machten sie es bekannt. [V. 36]

Das Schweigegebot erreicht eigentlich das Gegenteil. Warum also verbietet es Jesus denen, die abseits standen, zu denen der

Mann geheilt zurückkehrt, es anderen weiterzuerzählen? Der Grund, warum sie schweigen sollen, ist der, dass Jesus nicht als Wunderheiler bekannt werden will, sondern als Verkünder der Heilsbotschaft. Wenn sie nur erzählen: „Er hat den Stummen sprechend gemacht und den Tauben hörend“, dann ist das bloß äußerlich. Dann kommen die Leute, weil sie körperlich heil werden wollen. Doch das erste Ziel Jesu ist die Verkündigung der Heilsbotschaft, wie die Menschen zum wirklichen, zum ewigen Heil finden, zum Vater finden. Das ist sein Anliegen und die Zeichen sind nur Begleiterscheinungen. Sonst werden diese Heiden nur körperlich heil, bleiben jedoch taub für die Botschaft vom Heil. Damit bleiben sie stumm und sie können nichts verkünden, weil sie nichts empfangen haben. Sie sollen also schweigen, abseits der Welt, um die Heilsbotschaft Jesu zu hören. Zuerst sollen sie nun die Heilsbotschaft Jesu hören und zu verstehen suchen und dann erst verkünden. Es geht Jesus viel mehr um das Zeichen als um die Wunder. Wunder sind für Jesus immer Zeichen dafür, dass er der Messias ist und wir auf seine Botschaft hören sollen und sie dann erst verkünden. Angesichts der vielen Katastrophen, die in unserer Welt geschehen, sollten wir immer wieder an das Wort Jesu denken: *„Das Aussehen der Erde und des Himmels könnt ihr deuten. Warum könnt ihr dann die Zeichen dieser Zeit nicht deuten?“* (Lk 12,56) Wenn wir die Zeichen heute hören, sehen, lesen, berichtet bekommen, dann muss das für uns ein Zeichen sein, eine Sprache Gottes. Wir sollten fragen: „Was will er damit sagen, was ist hier und heute die Botschaft Gottes?“Gehen wir auf solche Dinge überhaupt ein? Oder gehören wir zu denen, die es in der Zeitung lesen, das Geschehene kurz bedauern und bestenfalls heilfroh sind, dass es nicht in unserer unmittelbaren Umgebung passiert ist? Auch all die seltsamen neuen Krankheiten – das sind alles Zeichen. Wir sollten aufgerüttelt werden, um auf die Botschaft Jesu und des Vaters zu hören. Das ist der Sinn solcher Vorkommnisse, solcher Zeichen.

Außer sich vor Staunen sagten sie: Er hat alles gut gemacht; er macht, dass die Tauben hören und die Stummen sprechen. [V. 37]

Jesus wird jetzt überall unter den Heiden als der gefeiert, der alles gut gemacht hat. Damit erfüllt sich wieder ein Prophetenwort: „Er selbst wird kommen und euch erretten." (Jes 35,4) In Jesus ist Gott gekommen, der den Menschen das Heil bringt. Dieses Evangelium sagt aus: Jesus ist der Heiland, auch der Heiden, nicht nur der Juden. Er öffnet ihnen selbst die Ohren für die Verkündigung und den Mund für ihren missionarischen Dienst. Deshalb erzählen sie auch überall mit Begeisterung. Diese heidnische Taubheit erleben wir auch in unseren Tagen. Wir hören nicht mehr richtig auf die Botschaft Jesu oder wissen nicht mehr, auf wen wir hören sollen. Und so hören wir auf alle möglichen falschen Propheten. Ich höre allzu oft von glaubenden Menschen, dass sie gar nicht wissen, was sie antworten sollen, was jetzt richtig ist, was wahr ist. Das finde ich sehr seltsam – wo doch das Wort Gottes und die Lehre der Kirche ganz eindeutig sind. Für uns ist wichtig zu wissen: Die heidnische Taubheit weicht dem geschärften Gehör, wo der Mensch sich dem Wort öffnet. Und das Stammeln weicht der richtigen Rede, der Verkündigung und dem Lobpreis – dort, wo der Mensch sich öffnet, wo er Antwort gibt auf das Wort Jesu: „Effata! – Öffne dich!" Unsere Sache, meine Sache ist es, mich der Botschaft Jesu zu öffnen und nicht herumzudeuten oder herumzumurren und in Frage zu stellen, sondern mich glaubend dem Wort zu öffnen, damit die frohe Botschaft mich überzeugen und ihr Werk in mir vollbringen kann. Um das geht es.

In jener Zeit ging Jesus mit seinen Jüngern in die Dörfer bei Cäsarea Philippi. Unterwegs fragte er die Jünger: Für wen halten mich die Menschen? Sie sagten zu ihm: Einige für Johannes den Täufer, andere für Elija, wieder andere für sonst einen von den Propheten. Da fragte er sie: Ihr aber, für wen haltet ihr mich? Simon Petrus antwortete ihm: Du bist der Messias! Doch er verbot ihnen, mit jemand über ihn zu sprechen. Dann begann er, sie darüber zu belehren, der Menschensohn müsse vieles erleiden und von den Ältesten, den Hohenpriestern und den Schriftgelehrten verworfen werden; er werde getötet, aber nach drei Tagen werde er auferstehen. Und er redete ganz offen darüber. Da nahm ihn Petrus beiseite und machte ihm Vorwürfe. Jesus wandte sich um, sah seine Jünger an und wies Petrus mit den Worten zurecht: Weg mit dir, Satan, geh mir aus den Augen! Denn du hast nicht das im Sinn, was Gott will, sondern was die Menschen wollen. Er rief die Volksmenge und seine Jünger zu sich und sagte: Wer mein Jünger sein will, der verleugne sich selbst, nehme sein Kreuz auf sich und folge mir nach. Denn wer sein Leben retten will, wird es verlieren; wer aber sein Leben um meinetwillen und um des Evangeliums willen verliert, wird es retten.

Hören wir wieder in dieses Evangelium hinein und versuchen, es auch im Hinblick auf unser Leben zu verstehen. Das Wort Gottes will uns ja führen und tragen, in der Nachfolge kräftigen und ermutigen. Es heißt zunächst:

In jener Zeit ging Jesus mit seinen Jüngern in die Dörfer bei Cäsarea Philippi. Unterwegs fragte er die Jünger: Für wen halten mich die Menschen? [V. 27]

Im Griechischen steht hier wörtlich: „Jesus geht auf den Weg", d.h. er beginnt etwas. In diesem Moment beginnt er seine Leidensgeschichte. Genau an diesem Punkt fragt er seine Jünger nach der Meinung der Menschen über ihn. Auf diese Frage lässt sich immer leicht antworten, das wissen auch wir. Da kann man alles Mögliche aufzählen. Auch die Jünger tun das:

Sie sagten zu ihm: Einige für Johannes den Täufer, andere für Elija, wieder andere für sonst einen von den Propheten. [V. 28]

Für Johannes den Täufer – das meinte ja Herodes (Mt 14,2). Für Elija – das war die Meinung im Volk, denn man glaubte, Elija gehe dem Messias voraus und Jesus könnte der Prophet Elija sein (Mt 17,10 ff). Und bei „sonst einem der Propheten" – denkt man an den, von dem Mose spricht: *„Einen Propheten wie mich wird der Herr euch erwecken"* (Deut 18,15) und auf den sie ja noch immer warteten. Also erzählen sie einfach, was die Leute alles denken. Was andere denken, das können wir alle leicht aufzählen. Aber dann wird es konkret:

Da fragte er sie: Ihr aber, für wen haltet ihr mich? Simon Petrus antwortete ihm: Du bist der Messias! [V. 29]

„Du aber", könnten wir uns angesprochen fühlen, „für wen hältst du mich?" Dieses „ihr aber" im Gegensatz zur Meinung der Leute weist auf ein Bekenntnis hin, das von dem der Volksmasse abweicht. Es geht Jesus jetzt um diese zwölf Apostel hier. Es heißt ja explizit: *„Da fragte er sie"*. Und nach dem Messiasbekenntnis des Petrus verbietet Jesus ihnen, darüber zu reden, dass er der Messias ist. Direkt vorher haben noch alle Apostel auf seine Frage „Für wen halten mich die Menschen?" geantwortet. Jetzt aber, als sie gefragt werden, für wen sie ihn halten, antwortet nur Petrus. Der Evangelist Markus stellt ihn dadurch als Sprecher der Apostel ganz klar in die Mitte. Wo es also um das Bekenntnis der Apostel geht, tritt Petrus auf. Entgegen der Volksmeinung bekennt sich Petrus zur Autorität Jesu als dem

Gesandten Gottes. Doch dieses Bekenntnis basiert nicht auf seinem Wissen, sondern auf einer Eingebung des Vaters im Himmel. Jesus sagt ja an einer anderen Stelle: „Selig bist du, Simon Barjona; denn nicht Fleisch und Blut haben dir das offenbart, sondern mein Vater im Himmel.“ (Mt 16, 17)

Doch er verbot ihnen, mit jemand über ihn zu sprechen. [V. 30]

Warum? Das Redeverbot für die Jünger zeigt, dass Jesus das Messiasbekenntnis des Petrus durchaus annimmt. Da jedoch in der damaligen bedrängten Zeit viele Menschen in Israel auf einen politischen Messias warteten, der sie von der Besatzungsmacht der Römer befreien soll, verbietet Jesus den Jüngern, über ihn zu sprechen. Er will damit vermeiden, dass die Juden ihn als politischen Messias missdeuten und nicht mehr auf seine Heilsbotschaft hören. Deshalb erklärt Jesus nun den Aposteln – und nur ihnen – seine Sendung und sein Schicksal als Messias, wie es schon Jesaja im Lied vom Gottesknecht (vgl. Jes 52-53) vorausverkündet hat:

Dann begann er, sie darüber zu belehren, der Menschensohn müsse vieles erleiden und von den Ältesten, den Hohenpriestern und den Schriftgelehrten verworfen werden; er werde getötet, aber nach drei Tagen werde er auferstehen. [V. 31]

Auch hier heißt es wieder: Er begann. Es beginnt dabei etwas, was in Jesu Tod und Auferstehung vollendet wird. Jesus führt die Jünger nun in seine Passion ein. Er hat sie ja zuerst gefragt: „Für wen haltet ihr mich?“ Jetzt erklärt er ihnen, wer er wirklich ist – im Kontrast zur Meinung des Volkes, das einen politischen Messias erwartet. Es heißt: *„Der Menschensohn muss vieles erleiden.“* Dieses „muss“ drückt aus, dass dies der Wille Gottes, der Wille des Vaters ist. Von diesem Willen spricht die Heilige Schrift bereits an anderer Stelle. In den Psalmen und bei den Propheten wird das Leiden Jesu vorausgebetet. Mit *„vieles erleiden"* ist nicht nur sein Leiden in den letzten drei Tagen seines Lebens gemeint, sondern jegliche Zurückweisung und Anfeindung, die Jesus während seines ganzen Lebens und Wirkens erfährt – angefangen von den Schriftgelehrten und Ältesten. Das bedeutet auch, dass bis heute die Herrschenden oft die Feinde und Bedrücker des Gerechten, des Messias sind.

Und er redete ganz offen darüber. Da nahm ihn Petrus beiseite und machte ihm Vorwürfe. [V. 32]

Dieses „er redete ganz offen darüber" bedeutet im griechischen Urtext genauer: „Der die Offenbarungseinsicht besitzt" – nämlich Jesus – „spricht sie furchtlos und frei aus". Und zwar spricht er furchtlos und frei aus, wer der Messias ist, was sein Schicksal ist. Er spricht in der Freiheit dessen, der sich ganz und gar dem Willen Gottes verpflichtet hat, sich verpflichtet weiß. Jesus spricht ganz offen, er, der Offenbarer. Doch Petrus nimmt ihn beiseite und macht ihm Vorwürfe. Er redet also nicht offen. Hier offenbart sich plötzlich der vertraute Freund Petrus als Widersacher. Er denkt die Gedanken der Menschen. Kurz vorher hat er noch öffentlich bekannt: *„Du bist der Messias"*. Jesus hatte es ihnen verboten, das weiterzusagen, um keine falschen Messiaserwartungen zu wecken. Und jetzt drückt Petrus genau diese falschen Messiaserwartungen aus. Er will nicht, dass der Messias leidet, den Weg der Erlösung geht. Er denkt genauso wie das Volk auch. Auch er sucht einen politischen Messias, einen, der sie von den Feinden befreit. So redet Petrus gegen den Willen Gottes. Und das ist immer wieder der Fall, auch in unserem Leben, dass wir nicht die Gedanken Gottes reden, sondern die Gedanken der Menschen. Auch wir müssen uns immer wieder überprüfen: Denken und reden wir die Gedanken Gottes oder die Gedanken der Menschen? Warum verstehen wir Gott oft nicht? Weil wir die Gedanken der Menschen denken und nicht die Gedanken Gottes.

Die Gedanken Gottes sind immer Heilsgedanken, auch wenn wir sie manchmal nicht verstehen, so wie das Leiden Jesu, sein Tod, sein Abgelehnt- und Ausgeschlossensein. Das war der Weg zum Heil. So können unangenehme Dinge der Weg zum Heil sein – Gedanken Gottes, aber nicht Gedanken der Menschen.

Jesus wandte sich um, sah seine Jünger an und wies Petrus mit den Worten zurecht: Weg mit dir, Satan, geh mir aus den Augen! Denn du hast nicht das im Sinn, was Gott will, sondern was die Menschen wollen.

[V. 33]

Indem Jesus sich umdreht und seine Jünger anschaut, stellt er wieder die Situation der offenen Rede her. Petrus hatte ihn von den Jüngern weg auf die Seite genommen. Jetzt kehrt Jesus zurück und schaut die Jünger an. Er tritt wieder in die Offenheit hinein. Sein Blick auf die Jünger drückt wohl seine Sorge aus, dass auch sie, wie Petrus, verführt werden, einen falschen Messias zu erwarten und ihn nicht zu verstehen. Jesus weist Petrus mit seiner Schelte in die Schranken. Mit dem Befehl *„Geh mir aus den Augen"* verweist er ihn an den ihm gebührenden Platz, nämlich in die Nachfolge des Messias, der Gottes Gedanken ausgesprochen hat. „Aus den Augen" bedeutet: „Geh du nicht vor mir und zeig nicht du mir den Weg, wo ich hinzugehen habe, sondern geh an den Platz, an den du gehörst – hinter mich, dorthin, wo ich dich hinberufen habe, mir zu folgen!" Der Ausdruck „Satan" kennzeichnet Petrus hier als Widersacher des Messias, als Versucher des Menschensohnes. Petrus wird zurechtgewiesen, weil er nicht Gottes Sache in seinem Denken vertritt, sondern die Sache der Menschen, deren Vernunft gegen das Leiden des Messias rebelliert. Auch heute gibt es immer wieder Theologen, die behaupten, das Kreuz sei ein Zufall gewesen, der sich aus den Umständen der damaligen Zeit ergeben habe, aber es sei in keiner Weise notwendig für unsere Erlösung. Jesus jedoch hat ganz klar vorausgesagt, dass das Kreuz der vom Vater vorgesehene Weg der Erlösung ist, den er vollkommen bejaht hat. Doch die

Menschen wollen das bis heute oft nicht wahrhaben. Sie suchen immer wieder einen Weg, wie Gott uns hätte billiger erlösen können, damit unsere Sünde etwas billiger aussieht, sodass wir sie nicht in der ganzen Grauenhaftigkeit des Kreuzes anschauen müssen. Das ist das Problem. Prüfen Sie einmal selbst Ihr Herz! Die Rebellion, die Petrus plötzlich in seinem Herzen aufkommen lässt, ist Unglaube. Die Widersacher des Gerechten, d.h. des Messias, *„verstehen von Gottes Geheimnissen nichts“*, heißt es schon im Buch der Weisheit. (vgl. Weish 2, 22) Petrus muss wieder neu gerufen werden auf den Weg der Nachfolge, da er die Gedanken der Feinde Gottes denkt. Jesus aber muss leiden. Das ist der Wille Gottes und auch sein eigener Wille, denn Jesus ist ganz eins mit dem Vater. Sein Leiden ist Ausdruck seiner Liebe zu uns. Dadurch soll uns aber auch die Grausamkeit der Sünde vor Augen geführt werden. Das dürfen wir nicht übersehen.

Er rief die Volksmenge und seine Jünger zu sich und sagte: Wer mein Jünger sein will, der verleugne sich selbst, nehme sein Kreuz auf sich und folge mir nach. Denn wer sein Leben retten will, wird es verlieren; wer aber sein Leben um meinetwillen und um des Evangeliums willen verliert, wird es retten. [Vv. 34-35]

Bis jetzt hat Jesus nur zu den Jüngern gesprochen. Jetzt spricht er zum Volk und zu den Jüngern. Seine Worte über die Nachfolge nennen zwei Bedingungen für die Jüngerschaft: Erstens – Selbstverleugnung. Und zweitens – Kreuzesannahme. Selbstverleugnung bedeutet entschlossene Umkehr, weg von mir, hin zu Gott – und Absage an das der Sünde verfallene Selbst. Selbstverleugnung beinhaltet auch das Bekenntnis zu dem ganz Anderen, zu Gott und zu seinem Gesalbten, Jesus Christus. Wer sich selbst verleugnet, verlässt sich ganz und restlos auf Gott und auf Jesus. Das ist das eine, die eine Bedingung für die Jüngerschaft, sagt Jesus: Selbstverleugnung. Die zweite Bedingung ist die Kreuzesannahme. Das bedeutet entschlossene Bereitschaft zum Martyrium und treues Ertragen der alltäglichen

Widerwärtigkeiten und Ja-Sagen zu allem, was Gott von uns will. Das ist Kreuzesannahme.

Denn wer sein Leben retten will, wird es verlieren; wer aber sein Leben um meinetwillen und um des Evangeliums willen verliert, wird es retten. [V. 35]

Beides – Selbstverleugnung und Kreuztragen – hat mit Rettung des Lebens und mit Verderben zu tun, mit „sein Leben gewinnen" oder „sein Leben verlieren". Das zeigt, dass das Leben des Menschen von Gott neu bestimmt wird, und zwar im Blick auf die Zukunft des Gerichtes, diese Zukunft, die Verderben oder Rettung bringt. *„Denn wer sein Leben retten will, wird es verlieren; wer aber sein Leben um meinetwillen und um des Evangeliums willen verliert, wird es retten."* Dieser Satz wird im Hinblick auf das Gericht gesprochen. Jesus ruft zur Umkehr, zu einer radikalen Entscheidung für Gott. Deshalb gilt: Wer sein Leben, also seine Existenz festhält – als wäre mit dem Tod alles zu Ende – wer sich also total auf sich selbst verlässt, der wird sein Leben im Endgericht verlieren. Es gibt heute nicht wenige Menschen, die sich Christen nennen, aber nicht mehr an ein Weiterleben nach dem Tod glauben. Sie glauben entweder, dass mit dem Tod alles zu Ende ist, oder an Wiedergeburt und ähnliche heidnische Selbsterlösungsformen. Jesus dagegen will uns sagen: „Wer sein Leben preisgibt bis hinein in den Tod, weil er darum weiß, dass das Leben nach dem Tod weitergeht und in das neue und ewige Leben übergeht, der kann sein Leben loslassen. Er wird es im Endgericht bewahren, weil er sich ganz auf den Herrn über Leben und Tod verlässt." Das ist Ausdruck unseres Auferstehungsglaubens. Dieses *„um meinetwillen"* und *„um des Evangeliums willen"* drückt die Bereitschaft aus, für Christus und seine Botschaft das Leben zu wagen. *„Wer aber sein Leben um meinetwillen und um des Evangeliums willen verliert, wird es retten"*, heißt also: Wer wirklich an die Botschaft Jesu glaubt und sein Leben total dafür riskiert, selbst wenn es ihm im Martyrium genommen wird, wird es retten. Wer aber sein Leben festhält, weil er meint, das sei alles, es komme nichts mehr, der wird es im Endgericht verlieren. Anhand dieses Wortes Gottes müssen manche Christen umdenken und sich wieder ernsthaft überlegen, ob sie weiterhin nur auf so eine Null hin leben wollen, also auf das Ende ihres irdischen Daseins hin, oder ob sie wirklich um des Evangeliums willen und um Jesu willen glauben, dass das eigentliche Leben nach dem Tod erst beginnt. Dann können sie alles riskieren und alles loslassen. Dann können sie sich ganz weggeben, sich ganz auf Gott verlassen und sich von ihm führen lassen. Sie brauchen dann nichts festzuhalten, denn sie gewinnen ja erst alles. Das heutige Evangelium beinhaltet ganz wichtige Aussagen, gerade auch für das Denken in der heutigen Zeit.

In jener Zeit zogen Jesus und seine Jünger durch Galiläa. Jesus wollte aber nicht, dass jemand davon erfuhr; denn er wollte seine Jünger über etwas belehren. Er sagte zu ihnen: Der Menschensohn wird den Menschen ausgeliefert, und sie werden ihn töten; doch drei Tage nach seinem Tod wird er auferstehen. Aber sie verstanden den Sinn seiner Worte nicht, scheuten sich jedoch, ihn zu fragen. Sie kamen nach Kafarnaum. Als er dann im Haus war, fragte er sie: Worüber habt ihr unterwegs gesprochen? Sie schwiegen, denn sie hatten unterwegs miteinander darüber gesprochen, wer von ihnen der Größte sei. Da setzte er sich, rief die Zwölf und sagte zu ihnen: Wer der Erste sein will, soll der Letzte von allen und der Diener aller sein. Und er stellte ein Kind in ihre Mitte, nahm es in seine Arme und sagte zu ihnen: Wer ein solches Kind um meinetwillen aufnimmt, der nimmt mich auf; wer aber mich aufnimmt, der nimmt nicht nur mich auf, sondern den, der mich gesandt hat.

Hören wir wieder in dieses Gotteswort hinein und achten darauf, was es uns heute zu sagen hat! Jesus zog mit seinen Jüngern wieder weg von der Dekapolis durch Galiläa nach Jerusalem, wollte jedoch nicht, dass jemand etwas davon erfuhr. Jesus hat sich also jetzt auf den Weg begeben. Und er will auf diesem Weg verborgen bleiben, denn in Jerusalem erwartet ihn sein Tod, aber auch seine Auferstehung. Darüber will er mit den Jüngern sprechen, und zwar ganz konkret – mit den zwölf.

… denn er wollte seine Jünger über etwas belehren. Er sagte zu ihnen: Der Menschensohn wird den Menschen ausgeliefert, und sie werden ihn töten; doch drei Tage nach seinem Tod wird er auferstehen. [V. 31]

Jetzt wird es auch sehr deutlich und klar, warum er verborgen bleiben wollte: Er wollte unterwegs seine Jünger belehren. Es war sein letzter Weg, und die Jünger verstanden vermutlich immer noch nicht richtig, was eigentlich das Ziel der Reise sein würde. Jesus wollte sie lehren, um die Voraussetzung in ihnen zu schaffen, dass sie ihm in sein Todesschicksal folgen können. Denn auch das ist der Auftrag eines Jüngers – sich ganz in das Schicksal des Meisters einzulassen. So eröffnete er ihnen das Ziel, nämlich Jerusalem. Der Menschensohn werde dort in die Hände der Menschen ausgeliefert, d.h. in die Gewalt der Menschen. Aber nach drei Tagen werde der Getötete auferstehen. Diese Botschaft klang nicht gerade verlockend für die, die alles verlassen hatten, um ihm zu folgen, und die natürlich auch etwas erwarteten. Das Ziel dieses Weges – sein Tod und seine Auferstehung – ist etwas ganz anderes als das, was die Zwölf eigentlich immer im Hinterkopf hatten, als sie alles verlassen hatten.

Aber sie verstanden den Sinn seiner Worte nicht, scheuten sich jedoch, ihn zu fragen. [V. 32]

Sie verstanden nicht, was er damit sagen wollte – dass der Menschensohn umgebracht wird und wieder auferstehen wird. Sie verstanden es nicht. Sie wollten dieses Wort nicht verstehen, genauso wie kurz zuvor – als Jesus vom Tabor herabstieg: *„Dieses Wort beschäftigte sie und sie fragten einander, was das sei: von den Toten auferstehen."* (Mk 9,10) Sie wollen nicht wahrhaben, dass Jesus sterben würde, denn auch sie erwarteten, wie das übrige Volk, einen politischen Messias, einen Befreier von den Feinden. Sie hatten also ganz andere Vorstellungen, ganz andere Absichten mit Jesus. Dieses Unverständnis der Jünger hat mit Unglauben zu tun. Bis zum heutigen Tag verstehen viele Menschen Jesus nicht, vor allem, wenn es in das Leiden geht, in den Tod. Jedoch sind alle Formen der Christusnachfolge immer Sterben und Auferstehen – nicht immer im physischen Sinn, sondern normalerweise im geistigen Sinn. Wer Christus nachfolgt muss immer wieder sich selber sterben – ob es sich um Unverstanden-Sein handelt oder um Einsamkeit, ob es Verleumdung ist oder Spott, oder auch körperliches Leiden. Dieser Weg mit Christus nach Jerusalem ist immer ein Sterben und Auferstehen. Auch wir heute sind immer wieder in der gleichen Situation wie die Jünger damals, dass wir das von uns weisen. Wir wollen lieber mit einem triumphierenden Christus gehen, nicht mit einem leidenden.

Sie kamen nach Kafarnaum. Als er dann im Haus war, fragte er sie: Worüber habt ihr unterwegs gesprochen?
[V. 33]

In Kafarnaum angekommen, ging Jesus in das Haus des Petrus. Er fragte sie nach dem Thema ihrer Unterhaltung. Das Ziel der Reise hatte er ihnen ja angekündigt – seinen Tod und seine Auferstehung in Jerusalem. Hatten sie darüber gesprochen, nachdem er ihnen ganz klar gesagt hatte, was ihn und sie erwartet? Jesus fragte sie, aber sie trauten sich nicht zu sagen, worüber sie gesprochen hatten. Denn sie hatten schon bemerkt, dass da etwas nicht in Ordnung war.

Sie schwiegen, denn sie hatten unterwegs miteinander darüber gesprochen, wer von ihnen der Größte sei.
[V. 34]

Hier wird offenbar, dass sie mit Jesu Tod und Auferstehung nichts anfangen konnten. Er kündet seinen Tod und seine Auferstehung an – und sie unterhalten sich unterwegs, wer von ihnen der Größte ist. Das war absolut unpassend. Sie hofften, dass Jesus in Jerusalem als Messiaskönig auftreten werde – deshalb jetzt schon das Gerangel um die ersten Plätze in seinem Reich. Dies ist eine ganz wichtige Lehre für alle, die den zwölf Aposteln nachfolgen – für alle, die an diesem Amt teilhaben: Sie dienen und folgen einem Christus hinein in Tod und Auferstehung. Und gerade wer das Amt innehat, muss sich dessen ganz bewusst sein – er folgt nicht einem triumphierenden Christus, sondern er folgt dem Christus in die Erniedrigung.

Da setzte er sich, rief die Zwölf und sagte zu ihnen: Wer der Erste sein will, soll der Letzte von allen und der Diener aller sein. [V. 35]

Jesus nutzt nun diese Einstellung seiner Jünger, um ihnen genau die gegenteiligen Grundhaltungen zu erklären, die für sein Reich bestimmend sind. Es wird betont: „Er setzte sich". Damit zeigt Jesus, dass er der Lehrer ist. In den Synagogen setzte sich der, der lehrte, immer auf den Sitz des Mose. Er nimmt also jetzt die Autorität des Lehrers in Anspruch und er spricht nun in dieser Autorität. Er äußert nicht einfach seine Privatmeinung. Er ruft sie zu sich. Sie haben ihm ja nicht erzählt, was sie geredet hatten. Doch jetzt gibt er ihnen selbst die Antwort, denn er kennt ihre Herzen: Wer unter ihnen der Erste ist, der soll der Diener aller sein. Der Erste ist also der Letzte an Rang. Der Niedrigste von allen, der sich zum Diener aller macht, der ist der Erste. Wer allen wie den Ersten dient, ihnen die Ehre gibt. Der Erste soll also allen so dienen, als wären die andern die Ersten. Das bedeutet: In der Gemeinde der Jünger Jesu, in der Kirche, sind alle Erste und sind alle Letzte, beides, und zwar insofern alle einander dienen. Sofern sie einander dienen, sind sie Letzte, sofern sie bedient werden, sind sie Erste. Jesus sagt hier ganz deutlich zu den Zwölfen, das Amt sei ein Dienst, auch wenn es Leitung und Führung bedeutet, auch wenn es bestimmen muss – jedoch muss dies immer im Sinne des Dienens geschehen, nicht im Sinne des Herrschens. Es geht um die innere Gesinnung, die innere Haltung.

Und er stellte ein Kind in ihre Mitte, nahm es in seine Arme und sagte zu ihnen: Wer ein solches Kind um meinetwillen aufnimmt, der nimmt mich auf. Wer aber mich aufnimmt, der nimmt nicht nur mich auf, sondern den, der mich gesandt hat. [Vv. 36-37]

Jesus spricht nun ganz konkret zu den zwölf Aposteln. Soeben beschrieb er die Art des Dienens, die er von ihnen erwartete – also ganz klar auf das Amt hin gesprochen. Die Umarmung des

Kindes nun soll ihnen wie in einem Bild zeigen, dass sie so dienen sollen, als ob sie die ihnen Anvertrauten aufnehmen wie ein hilfloses Kind. Ein Kind kann es mir ja nicht vergelten. Mein Dienst soll also absichtslos sein. Das bezeichnet Jesus als Dienen. Und wer um Christi willen einen anderen so liebevoll aufnimmt, darf ganz gewiss sein, dass er Christus selbst – und in Christus den Vater aufnimmt. *„Wer aber mich aufnimmt, der nimmt nicht nur mich auf, sondern den, der mich gesandt hat.“* Wenn ich den anderen aufnehme wie ein Kind, wenn ich ihm diene als wäre er der Erste, dann nehme ich Christus auf und in Christus nehme ich den Vater auf. Und dafür bekomme ich einen Dank, den ich nicht verdienen kann, den nur Gott schenken kann. Das ist die Verheißung, wenn wir diese Grundhaltung seines Reiches übernehmen – eine ganz andere, als die Jünger eigentlich suchten. Sie wollten Erste sein, sie wollten bestimmen, sie wollten herrschen im Reich Gottes. Und Jesus sagt: „In meinem Reich ist es genau umgekehrt. Da sind die, die die Ersten sind, die Letzten, die Diener aller“. Insofern ist im Reich Gottes, wo wir einander dienen sollen, eigentlich jeder Erster, wenn er bedient wird vom anderen und er ist Letzter, wenn er dient. Diese Faustregel sollten wir uns gut merken und versuchen, sie im alltäglichen Leben zu erfüllen – vor allem wir, die wir teilhaben an diesem Amt der zwölf Apostel.

In jener Zeit sagte Johannes zu ihm: Meister, wir haben gesehen, wie jemand in deinem Namen Dämonen austrieb; und wir versuchten, ihn daran zu hindern, weil er uns nicht nachfolgt. Jesus erwiderte: Hindert ihn nicht! Keiner, der in meinem Namen Wunder tut, kann so leicht schlecht von mir reden. Denn wer nicht gegen uns ist, der ist für uns. Wer euch auch nur einen Becher Wasser zu trinken gibt, weil ihr zu Christus gehört – amen, ich sage euch: er wird nicht um seinen Lohn kommen. Wer einen von diesen Kleinen, die an mich glauben, zum Bösen verführt, für den wäre es besser, wenn er mit einem Mühlstein um den Hals ins Meer geworfen würde. Wenn dich deine Hand zum Bösen verführt, dann hau sie ab; es ist besser für dich, verstümmelt in das Leben zu gelangen, als mit zwei Händen in die Hölle zu kommen, in das nie erlöschende Feuer. Und wenn dich dein Fuß zum Bösen verführt, dann hau ihn ab; es ist besser für dich, verstümmelt in das Leben zu gelangen, als mit zwei Füßen in die Hölle geworfen zu werden. Und wenn dich dein Auge zum Bösen verführt, dann reiß es aus; es ist besser für dich, einäugig in das Reich Gottes zu kommen, als mit zwei Augen in die Hölle geworfen zu werden, wo ihr Wurm nicht stirbt und das Feuer nicht erlischt.

Dieses Evangelium schließt an das des letzten Sonntags an. Jesus zieht durch Galiläa – auf dem Weg nach Jerusalem. Er hat ihnen gesagt, was das Ziel ist und er belehrt sie auf diesem Weg, auch darüber, was dieses Reich Gottes von ihnen verlangt. Als Erstes begegnet uns der Apostel Johannes, einer der zwölf, der sich beim Herrn beklagt, weil da einer im Namen Jesu Dämonen austreibt, der ihnen aber nicht nachfolgt. Jesus führt den Johannes aus seiner Herzensenge heraus – einer Haltung, die wir auch immer wieder in uns feststellen können. Ganz schnell urteilen wir: Wer nicht zu uns gehört, ist verdammt – ganz krass ausgedrückt – der hat mit Christus nichts zu tun. Doch Jesus zeigt dem Johannes die Mannigfaltigkeit der Wege Gottes. Johannes regt sich nämlich auf, dass außerhalb des Kreises der zwölf Apostel etwas

Wunderbares geschieht im Namen Jesu – außerhalb! Viel-leicht war es Eifersucht bei Johannes. Wir haben die Garantie, dass Jesus innerhalb des Jüngerkreises handelt. Das wissen wir. Das hat Jesus uns zugesagt: Er wird in seiner Kirche sein und bleiben bis zum Ende der Zeit. Doch er hat auch andere Wege, auf denen er Menschen erreicht, die die Kirche nicht kennen. Wir sollten uns darüber freuen, wenn wir sehen, dass er auch irgendwo außerhalb handelt. Und wir müssen aufpassen, dass wir nicht in diese Eifersucht des Johannes hineingeraten, und uns fürchten vor Konkurrenz. Solche Dinge, die wir immer wieder in unseren eigenen sündhaften Herzen spüren, sind wie ein Gesetz – selbst bei Johannes, dem Liebesjünger. Also, freuen wir uns doch, wenn Gott auch außerhalb des Jüngerkreises unter Menschen, vielleicht sogar unter Heiden, Gutes wirkt und sie zu sich zieht! Hier, in diesem Fall wendet sich Jesus nicht gegen den Angeklagten, der da außerhalb des Jüngerkreises in seinem Namen Dämonen austreibt, sondern er wendet sich an den Ankläger, sogar gegen Johannes. Er sagt: Ihr sollt ihn nicht hindern.

Jesus erwiderte: Hindert ihn nicht! Keiner, der in meinem Namen Wunder tut, kann so leicht schlecht von mir reden. Denn wer nicht gegen uns ist, der ist für uns.
[Vv. 39-40]

„Wer in meinem Namen so etwas tut, der kann nicht so leicht schlecht über mich reden, sonst würde er meinen Namen nicht benutzen“, meint Jesus. „Ihr sollt ihn nicht hindern – wer nicht gegen uns ist, der ist für uns.“ Vielleicht fällt Ihnen in diesem Zusammenhang ein anderes Wort ein, zu dem Sie an dieser Stelle einen Widerspruch zu erkennen meinen: *„Wer nicht für mich ist, der ist gegen mich.“* (Mt 12, 30) Damit ist jedoch etwas ganz anderes gemeint. Im heutigen Evangelium geht es um einen Mann, der im Namen Jesu Gutes tut. Er hat sich bereits für Jesus entschieden, sonst würde er nicht in seinem Namen handeln. Er gehört aber nicht oder zumindest noch nicht zum Jüngerkreis. Bei dem Wort aus dem Matthäus-Evangelium geht es um eine ganz persönliche Entscheidung für Christus. Es gibt keine neutrale Zone. Ich kann nicht sagen: „Ich bin nicht für Jesus und ich bin nicht gegen ihn.“ Das gibt es nicht. Wer nicht ausdrücklich für Jesus ist, der ist gegen ihn. Bei unserem Evangelium hier geht es um jemand außerhalb des Jüngerkreises, der im Namen Jesu etwas tut, der sich eigentlich für Jesus entschieden hat, aber nicht oder noch nicht zum Jüngerkreis gehört. Das ist ein Unterschied. Es geht um Handlungen und das Leben eines Mannes, von dem man aber nicht sagen kann, dass er nicht für Jesus ist, sonst würde er ja seinen Namen nicht gebrauchen. Jesus benutzt den Einwand des Johannes, um seinen Jüngern zu erklären, welche besondere Bedeutung sie als Sauerteig für die Welt haben, und welche Folgen sich daraus ergeben. Es gibt also auch Wege Gottes außerhalb des Jüngerkreises – sogar außerhalb der Kirche – die Gott benutzt, denn er will das Heil aller Menschen. Er benutzt alles Gute, was auf der Erde zu finden ist, um die Menschen an sich zu ziehen. Aber Jesus sagt jetzt auch den Jüngern: „Trotzdem habt ihr eine besondere Bedeutung, ihr, die ihr in der Welt steht, nämlich der Jüngerkreis, die Kirche, dieser Sauerteig in der Welt. Und daraus ergeben sich Folgen, nämlich erstens: Wer euch etwas Gutes tut, kommt nicht um seinen Lohn.“Welch übergroße Bewertung finden die Jünger also bei ihrem Herrn, wenn er sagt: „Wer euch etwas Gutes tut, und wenn es nur ein Schluck Wasser ist, kommt nicht um seinen Lohn.“Das ist die Bedeutung der Jünger für die Welt. Sie sind wie Sauerteig. Sie stellen Christus selbst dar. Und deshalb: Wer ihnen nur einen Trunk Wasser gibt, hat es ihm, Christus, und dem Vater getan. Er kommt nicht um seinen Lohn. Also ist es nicht egal, ob ich zum Jüngerkreis gehöre oder nicht. Es ist etwas Besonderes, zum Jüngerkreis zu gehören, zur Kirche zu gehören. Doch der, der die Kirche noch nicht entdeckt hat, noch nicht hingefunden hat, aber Jesus kennt, sich zu ihm bekennt, durch den kann Jesus auch wirken. Ich soll ihn nicht hindern. Dass es etwas Großartiges, Einmaliges ist, zum Jüngerkreis zu gehören, drückt er in diesem wunderbaren Bild aus: Wenn ich jemand einen Trunk Wasser gebe, habe ich es Christus, habe ich es dem Vater getan. Und mir wird versprochen:

„Er kommt nicht um seinen Lohn“. Man kann das eigentlich gar nicht schöner ausdrücken.Ein Zweites ergibt sich daraus, aus diesem Jünger-Sein, sagt Jesus, nämlich:

> **Wer einen von diesen Kleinen, die an mich glauben, zum Bösen verführt, für den wäre es besser, wenn er mit einem Mühlstein um den Hals ins Meer geworfen würde.** [V. 42]

Mit „diese Kleinen“ meint er die Anfänger im Glauben. Wer diese zum Abfall verführt oder verwirrt, da ist es besser, wenn so einem der Mühlstein um den Hals gehängt wird – also besser, er wäre gar nicht da. So kostbar seid ihr mir, sagt Jesus ihnen. Er betont also wieder den Wert des Jüngerkreises, des Dazugehörens. Anfänger im Glauben – das sind ja diese Apostel. Sie sind noch immer Anfänger im Glauben, wie sie auf Schritt und Tritt merken. Immer wieder verstehen sie Jesus nicht und gehen so anfanghaft den Weg mit ihm. Denn es war ja noch nicht Pfingsten – sie haben noch nicht den Heiligen Geist empfangen, der sie in die volle Wahrheit einführt. Sie sind noch mit ihrer ganzen menschlichen Begrenztheit auf dem Weg mit Jesus. Zum Abfall verführt werden oder verwirrt werden – das kann geschehen durch ein Verhalten oder durch Worte. Es geschieht, wo immer das Hauptgebot der Liebe außer Acht gelassen wird. Da ist es besser, solch ein Verführer würde im Meer versenkt.

> **Wenn dich deine Hand zum Bösen verführt, dann hau sie ab; es ist besser für dich, verstümmelt in das Leben zu gelangen, als mit zwei Händen in die Hölle zu kommen, in das nie erlöschende Feuer. Und wenn dich dein Fuß zum Bösen verführt, dann hau ihn ab; es ist besser für dich, verstümmelt in das Leben zu gelangen, als mit zwei Füßen in die Hölle geworfen zu werden. Und wenn dich dein Auge zum Bösen verführt, dann reiß es aus; es ist besser für dich, einäugig in das Reich Gottes zu kommen, als mit zwei Augen in die Hölle geworfen zu werden, wo ihr Wurm nicht stirbt und das Feuer nicht erlischt.** [Vv. 43-48]

Nun spricht Jesus davon wie sehr der Mensch auch durch sich selbst gefährdet ist. Also macht er jetzt die Jünger darauf aufmerksam, dass sie auch auf sich selbst schauen müssen. Sie sind gefährdet. Sie haben noch nicht die Sicherheit, ins ewige Leben zu kommen. Auch wir nicht. Niemand von uns kann mit absoluter Sicherheit sagen, dass er gerettet wird. Gemeint ist: Wir haben nicht die Sicherheit in uns selbst, sondern wir verlassen uns ganz auf das Erbarmen Gottes. Und deshalb dürfen wir erwarten, dass wir gerettet werden. Aber niemand kann aus eigener Sicherheit sagen: „Ich habe ein Recht darauf", oder „Ich weiß, dass ich gerettet bin", denn ich kann im letzten Augenblick die größte Dummheit meines Lebens begehen und durch einen Fehltritt mein Heil verspielen. Das ist gemeint. Deshalb spricht Jesus hier davon, wie sehr der Mensch, also auch der Jünger, durch sich selbst gefährdet ist, gerade in seinem Verhältnis zu Gott. Er warnt vor Gefahren, die aus den Sinnen kommen. Was mein Auge erblickt, kann mich von Gott wegführen – auf verschiedenste Weise. Ich sehe zum Beispiel etwas, was mich zur Eifersucht führt. Oder etwas, das plötzlich in mir ein Begehren auslöst, ein Haben-Wollen – auf Menschen hin, auf Dinge hin, im Sinn des Stehlens und des Haben-, des Besitzen-Wollens. Genau so gibt es Gefahren, die aus der Hand kommen, aus dem, was die Hand tut. Sie nimmt etwas, was ihr nicht gehört. Sie schlägt. Die Hand kann allerhand Böses tun. Oder die Füße! Der Fuß betritt vielleicht falsche Wege, nicht die Wege Gottes, eigenwillige Wege, egoistische Wege und dann stolpert der Mensch und fällt. Jesus verlangt eine rücksichtslose Trennung von diesen Gefahren, indem er sagt: *„Wenn dich deine Hand zum Bösen verführt, dann hau sie ab; es ist besser für dich, verstümmelt in das Leben zu gelangen, als mit zwei Händen in die Hölle zu kommen, in das nie erlöschende Feuer. Und wenn dich dein Fuß zum Bösen verführt, dann hau ihn ab; es ist besser für dich, verstümmelt in das Leben zu gelangen, als mit zwei Füßen in die Hölle geworfen zu werden. Und wenn dich dein Auge zum Bösen verführt, dann reiß es aus; es ist besser für dich, einäugig in das Reich Gottes zu kommen, als mit zwei Augen in die Hölle geworfen zu werden, wo ihr Wurm* *nicht stirbt und das Feuer nicht erlischt.*" Es ist viel besser – im Bild gesprochen – als Krüppel in das ewige Leben einzugehen, denn als gesunder Mensch in das ewige Feuer zu kommen, „wo ihr Wurm nicht stirbt und das Feuer nicht erlischt." Dies ist auch eine ganz wichtige Aussage, denn heutzutage werden viele irrige theologische Meinungen vertreten, die schon in die Herzen vieler Gläubigen eingedrungen sind: Die Hölle gibt es nicht, den Himmel vielleicht, und selbst das bezweifeln manche Theologen. Hier wird wieder ganz deutlich: es geht um Entscheidung. Zuerst spricht Jesus also vom Wert der Jüngergemeinde, vom Wert, von der Bedeutung der Kirche, vom Privileg, dazuzugehören. Und von meinem eigenen Wert, wie Gott mich sieht, was ich bedeute für die Welt – als Sauerteig. Aber er warnt mich auch: „Pass auf! Du bist gefährdet durch deine Sinne. Du bist gefährdet durch all das, was du aufnimmst." Und er verlangt eine ganz rücksichtslose Trennung von diesen Gefahren. Radikaler kann man es nicht ausdrücken, als mit den Worten: „abschlagen", „abschneiden" und „ausreißen". Ich darf mich nicht auf die Gefahr einlassen. Ich darf nicht mit ihr spielen. Wo ich mit Gefahren spiele, ob es über die Augen geht, über die Hand oder über den Fuß – nehmen wir es mal wörtlich – wo ich damit spiele, falle ich meistens rein. Der ganze Ernst, den Kampf rücksichtslos aufzunehmen, wird in diesen krassen Bildern ausgedrückt. Ich habe oft den Eindruck, dass die Christen heute sich gar nicht mehr auf einen Kampf einlassen. Sobald sie eine Begierde haben, geben sie ihr nach. Sie wollen das haben – egal, ob es Sünde ist oder nicht. Sie geben jeder Lust nach. Das Lustprinzip wird heute überall propagiert. Wie verhängnisvoll! Hier wird uns von Jesus gesagt: „Wer mir folgt, nach Jerusalem, wer zur Jüngergemeinde gehört, wer Kirche ist, der muss den ganzen Ernst des Kampfes riskieren". Und der Kampf muss rücksichtslos geschehen, wie es mit diesen harten Worten ausgedrückt wird. Wo ich den Kampf nicht rücksichtslos führe, falle ich, verliere ich den Krieg, den Kampf mit mir selbst, verliere ich die Gemeinschaft mit Christus, falle ich heraus aus der Jüngergemeinde. Der Kampf gegen sich selbst – das ist Selbstverleugnung im Sinn der Tradition. Ich soll mein falsches Selbst verleugnen und das wahre Selbst in mir aufbauen lassen, welches sich, nach Jesu Worten, auf den Wert der Jünger vor Gott, und seine Bedeutung für die Welt gründet. Wenn man mir bloß einen Trunk Wasser gibt, dann wird der andere einen Dank dafür bekommen. Denn in mir als Jünger begegnet er Christus, begegnet er sogar dem Vater. Der Kampf wird auch dort noch gefordert, wo es schmerzlich wird, denn die Worte vom Ausreißen, Abschneiden und Abhacken bezeichnen doch Erfahrungen, die mit Schmerz verbunden sind. Aber es geht um einen hohen Preis. Es geht um das ewige Leben. Dieses Evangelium heute muss einen vom Schlaf aufwecken. Ich kann dieses Evangelium nicht einfach hören oder lesen, ohne mich zu entscheiden. Ich muss mich entscheiden – ganz bewusst für Christus oder ganz bewusst gegen ihn, gegen das Reich Gottes. Das genau will dieses Wort sagen: „*Wer nicht für mich ist, ist gegen mich.*" Wer dieses Wort nicht annimmt, der entscheidet sich gegen ihn, entscheidet sich gegen das Wort, und dieses Wort hat ihn, wie Jesus sagt, schon gerichtet: „*Wer mich verachtet und meine Worte nicht annimmt, der hat schon seinen Richter: Das Wort, das ich gesprochen habe, wird ihn richten am letzten Tag.*" (vgl. Joh 12 48) Deshalb, liebe Brüder und Schwestern, versuchen Sie, dieses Wort ernst zu nehmen und lassen Sie sich vom Herrn, gerade auch in der Eucharistie, die Gnade schenken für diesen entschiedenen Kampf, denn es geht um alles. Es geht um Ihr ewiges Leben.

In jener Zeit kamen Pharisäer zu Jesus und fragten: Darf ein Mann seine Frau aus der Ehe entlassen? Damit wollten sie ihm eine Falle stellen. Er antwortete ihnen: Was hat euch Mose vorgeschrieben? Sie sagten: Mose hat erlaubt, eine Scheidungsurkunde auszustellen und die Frau aus der Ehe zu entlassen. Jesus entgegnete ihnen: Nur weil ihr so hartherzig seid, hat er euch dieses Gebot gegeben. Am Anfang der Schöpfung aber hat Gott sie als Mann und Frau geschaffen. Darum wird der Mann Vater und Mutter verlassen, und sich an seine Frau binden und die zwei werden ein Fleisch sein. Sie sind also nicht mehr zwei, sondern eins. Was aber Gott verbunden hat, das darf der Mensch nicht trennen. Zu Hause befragten ihn die Jünger noch einmal darüber. Er antwortete ihnen: Wer seine Frau aus der Ehe entlässt und eine andere heiratet, begeht ihr gegenüber Ehebruch. Auch eine Frau begeht Ehebruch, wenn sie ihren Mann aus der Ehe entlässt und einen anderen heiratet. Da brachte man Kinder zu ihm, damit er ihnen die Hände auflegte. Die Jünger aber wiesen die Leute schroff ab. Als Jesus das sah, wurde er unwillig und sagte zu ihnen: Lasst die Kinder zu mir kommen; hindert sie nicht daran! Denn Menschen wie ihnen gehört das Reich Gottes. Amen, das sage ich euch: Wer das Reich Gottes nicht so annimmt wie ein Kind, der wird nicht hineinkommen. Und er nahm die Kinder in seine Arme; dann legte er ihnen die Hände auf und segnete sie.

Im heutigen Evangelium kommen wieder Pharisäer, um Jesus hereinzulegen, wie er es schon mehrfach erfahren musste. Sie versuchen ihn auf's Glatteis zu führen, denn sie wollen einen Grund finden, um eine Anklage gegen ihn erheben zu können. Doch Jesus nützt immer solche Fragen als Gelegenheit, um seine Lehre daran anzuknüpfen, um den Menschen eine klare Antwort zu geben auf ihre wirklichen Fragen. Die Pharisäer berufen sich hier auf Mose, den Gesetzgeber. Jesus dagegen verweist darauf, dass die Autorität Gottes über der Autorität des Mose steht: *„Nur* *weil ihr so hartherzig seid, hat er euch dieses Gebot gegeben“* – eigentlich eine ganz massive Anklage an diese Pharisäer und an alle, die so denken wie sie. „Wegen eurer Herzenshärte hat Mose euch nachgegeben, weil ihr gar nicht fähig wart, das zu tun, was Gottes Wille ist“, wirft er ihnen vor. Ihre Unerlöstheit machte sie unfähig dazu. Die Erlösung war ja noch nicht geschehen. Das Gesetz sollte lediglich dazu dienen, dass sie erkennen: Das, was das Gesetz von ihnen fordert, was Gott eigentlich will, können sie von sich aus gar nicht erfüllen. Also brauchen sie einen Erlöser, brauchen sie einen, der sie befähigt, das Gesetz zu erfüllen. Das Gesetz sollte in ihnen ein Sündenbewusstsein wecken – das Erkennen ihrer Unfähigkeit, Gottes Willen zu erfüllen – und zugleich die Sehnsucht nach dem Erlöser, der sie befähigt, den Willen Gottes tun zu können (vgl. Predigt am 8. Sonntag im Jahreskreis). Diese Herzenshärte bezeichnen wir als Ursünde – diesen ganzen Egoismus der Sünde, diesen Stolz, dieses Auf-sich-bezogen-Sein, das Sich-zum-Maß-der-Dinge-Machen, dieses Selber-sein-Wollen-wie-Gott, das-Selber-Bestimmen-Wollen. Sie waren noch unerlöst, noch unfähig. Deshalb hat Mose sie davon dispensiert, von diesem Gesetz Gottes, und hat ihnen einen menschlichen Weg gezeigt. Jesus beruft sich also nicht darauf, dass die Frau aus dem Mann kommt und deshalb der Mann ein Recht über die Frau habe. Das nämlich ist Folge der Erbsünde. In Genesis 3 wird diese Folge der Erbsünde so beschrieben: „Der Mann wird über die Frau herrschen“ (vgl. Gen 3,16). Doch das ist nicht der Wille Gottes. Leider wird dieses Herrschen des Mannes über die Frau in manchen christlichen Bereichen als Ideal christlicher Ehe angesehen. Zwar ist der Mann das Haupt der Frau – wie es Paulus sagt – so wie Christus das Haupt der Kirche ist. Doch das heißt eben nicht sie zu beherrschen. Denn Christus hat nicht über die Kirche geherrscht, sondern er ist für sie gestorben. Auf diese Weise soll der Mann das Haupt der Frau sein – das ist die Folge der Erlösung. Aber Herrschen über die Frau im negativen Sinn, das ist Folge der Sünde. So beruft sich Jesus nicht darauf, dass der Mann Rechte hat über die Frau, sondern sie sollen beide einander dienen, wie Paulus sagt. Jesus beruft sich auf Gott selbst, den alleinigen Schöpfer von Mann und Frau, er beruft sich auf das, was Gottes, des Vaters, des Schöpfers Wille ist im Blick auf Mann und Frau. *„Am Anfang der Schöpfung aber hat Gott sie als Mann und Frau geschaffen."* Er hat den Menschen zu seinem Abbild geschaffen, und zwar als Mann und als Frau. Das ist keine Wertung, als ob der eine mehr wert sei als der andere. Beide zusammen sind das ganze Abbild Gottes.

„... und die zwei werden ein Fleisch sein." [V. 8]

Darauf beruft sich Jesus. Gottes ursprünglicher Wille liegt also im Scheidungsverbot Jesu. Denn Mann und Frau sollen ja Abbild Gottes sein, und Gott wird nicht untreu. Gott ist treu. *„Was Gott zusammengefügt hat, darf der Mensch nicht trennen"*, sagt Jesus. Nicht erst die Wiederheirat, sondern beides zusammen ist Ehebruch – also die Trennung im Blick auf Wiederverheiratung, wie es hier heißt. Und hier wird nicht mehr vom Vorrecht des Mannes gesprochen, wie es im Gesetz des Mose hieß, dass der Mann einfach der Frau eine Scheidungsurkunde ausstellen konnte. Sondern auch der Mann bricht die Ehe, wenn er die Frau entlässt und eine andere heiratet – für beide gilt dies in gleicher Weise. Wir spüren, dass es hier nicht um irgendein Gebot geht, sondern um ein Geheimnis. Und das ist wichtig. Wenn man heute über die Unauflöslichkeit christlicher Ehe spricht, spricht man davon wie von einem Gebot: „Du darfst nicht!" Man spricht kaum mehr vom Geheimnis, wie es Paulus ausdrückt. Dieses Verhältnis von Mann und Frau – es ist ein Geheimnis. *„Dies ist ein tiefes Geheimnis; ich beziehe es auf Christus und die Kirche"* (Eph 5,32). Doch zugleich ist dieses Geheimnis eine ganz tiefe Wirklichkeit. Paulus beschreibt dieses Geheimnis, wie es sich ausdrückt in der Verbindung, in der Brautschaft Christi, des Bräutigams, zu seiner Braut Kirche. Und in der christlichen Ehe wird das sichtbar – in Mann und Frau. Die Frau stellt die Braut Kirche dar und der Mann stellt Christus, den Bräutigam dar. Und in ihnen, in ihrer Treue sieht man die Treue Christi zur Kirche und die Treue der Kirche zu Christus mit all ihren Schattierungen. Der Auftrag des Mannes ist, wie Paulus sagt, die Falten der Frau auszubügeln, das heißt, dass beide einander helfen, sich freudig vorzubereiten auf die endgültige Hochzeit des Lammes, dass beide einander unterstützen auf dem Weg der Heiligung. Doch wie oft hindern sich christliche Eheleute gegenseitig auf dem Weg der Heiligung! Wie oft! Sie tun genau das Gegenteil davon, obwohl sie das Sakrament empfangen haben, und ihre Ehe leben könnten aus der Kraft des Sakramentes, aus der Erlösung. Aber es fehlt ihnen die persönliche Beziehung zu Christus. Es muss uns klar sein, dass das Sakrament erst wirken kann, wenn Eheleute mit Christus verbunden leben. Tun sie das nicht, kann auch das Sakrament diese Wirkung nicht hervorbringen. Und dann sind die Menschen nicht fähig, dieses Geheimnis zu leben. Deshalb ist die Vorbereitung auf die Ehe so wichtig. Jeder Beruf muss jahrelang erlernt werden. Doch in die Ehe stolpern manche so unbedacht hinein, wo sie doch für viele das Wichtigste des Lebens ist. Eigentlich sollte die Brautzeit als Vorbereitung auf dieses Geheimnis dienen – dass diese zwei in der Welt leben als Zeugnis für die Verbindung zwischen Christus und der Kirche – ihre unwahrscheinlich große Sendung, ihre unwahrscheinlich bedeutsame Berufung, die sie von Christus her haben, vom Vater her, vom Schöpfer her. Zukünftige Eheleute müssten daher in ihrer Brautzeit eigentlich zuerst an einem Glaubenskurs teilnehmen, um überhaupt zu einer persönlichen Beziehung und Liebe zu Christus zu kommen, zu einer persönlichen Entscheidung für ihn. Die Bischofssynode in Rom um das Jahr 1980 drückte genau das aus im Zusammenhang mit Ehe und Familie: „Wer nicht eine radikale Herzensbekehrung erfahren hat, eine ganz klare Zuwendung persönlicher Art zu Christus, der kann dieses Geheimnis gar nicht leben“. Er nimmt ja die notwendige Gnade gar nicht an – vor allem, wenn er, von Christus getrennt, in der Sünde lebt. Das ist meines Erachtens das Hauptproblem – dass Menschen eine christliche Ehe schließen wollen, ohne eine Beziehung zu Christus zu haben. Dies ist in sich ein Widerspruch – und die Ursache, warum Eheleute die Treue oft nicht halten können. Nun folgt ein Abschnitt, von dem wir meinen, das habe ja eigentlich mit dem ersten Teil nichts zu tun:

Da brachte man Kinder zu ihm, damit er ihnen die Hände auflegte. [V. 13]

Was hat das mit dem ersten Teil zu tun? Gibt es da überhaupt einen Zusammenhang? Ich denke, diese Stelle mit den Kindern ist nicht zufällig an diesen ersten Teil angefügt. Jesus benutzt ja immer solche Gelegenheiten, um ganz wichtige Antworten zu geben. Erstens sind die Kinder sichtbarer Ausdruck der Liebe ihrer Eltern – dass sie ein Fleisch sind – das wird ja sichtbar im Kind. Und zweitens ist das Wesen des Kindes eigentlich die Bedingung für den Eintritt in die Königsherrschaft Gottes. Deswegen sagt Jesus:

„Amen, das sage ich euch: Wer das Reich Gottes nicht so annimmt wie ein Kind, der wird nicht hineinkommen.“ [V. 15]

Hier spricht Jesus wieder dieses ganz absolute Wort „Amen“. Es gilt, todsicher: *„Wer das Reich Gottes“* – die Königsherrschaft Gottes – *„nicht so annimmt wie ein Kind, der wird nicht hineinkommen.“* Die Folgerung daraus ist: Die Ehe als unauflöslicher Bund, als Geheimnis der Brautschaft Christi zu seiner Kirche, kann nur wie ein Kind angenommen werden, denn es hat mit dem Königreich, mit der Königsherrschaft Jesu zu tun. Christliche Ehe drückt diese Königsherrschaft aus, eben im Verhältnis von Christus zur Kirche, von Bräutigam und Braut. Deshalb sagt Jesus: „Nur wer wie ein Kind die Königsherrschaft Gottes annimmt, kommt hinein. Nur er kann auch diese Unauflöslichkeit der Ehe, dieses Geheimnis der Ehe annehmen – wie ein Kind, als Geschenk, als Gnade.“ Liebe Brüder und Schwestern, die Sie in christlicher Ehe leben! Vielleicht regt Sie dieses Evangelium an, eine persönliche Entscheidung zu treffen oder vielleicht auch einmal einen Glaubenskurs zu besuchen. Dann werden Sie das Geheimnis Ihrer Ehe tiefer glaubend annehmen können wie ein Kind, als Geschenk, sodass die Gnade des Sakramentes der Ehe in Ihnen lebendiger fließen kann. So werden Sie zu einer neuen Beziehung zueinander finden, und damit fruchtbar werden für die Welt – und sichtbar inmitten der Welt das Reich Gottes darstellen, nämlich Christus und die Kirche, Haupt und Leib.

In jener Zeit lief ein Mann auf Jesus zu, fiel vor ihm auf die Knie und fragte ihn: Guter Meister, was muss ich tun, um das ewige Leben zu gewinnen? Jesus antwortete: Warum nennst du mich gut? Niemand ist gut außer Gott, dem Einen. Du kennst doch die Gebote: Du sollst nicht töten, du sollst nicht die Ehe brechen, du sollst nicht stehlen, du sollst nicht falsch aussagen, du sollst keinen Raub begehen; ehre deinen Vater und deine Mutter! Er erwiderte ihm: Meister, alle diese Gebote habe ich von Jugend an befolgt. Da sah ihn Jesus an, und weil er ihn liebte, sagte er: Eines fehlt dir noch: Geh, verkaufe was du hast, gib das Geld den Armen, und du wirst einen bleibenden Schatz im Himmel haben; dann komm und folge mir nach! Der Mann aber war betrübt, als er das hörte, und ging traurig weg; denn er hatte ein großes Vermögen. Da sah Jesus seine Jünger an und sagte zu ihnen: Wie schwer ist es für Menschen, die viel besitzen, in das Reich Gottes zu kommen! Die Jünger waren über seine Worte bestürzt. Jesus aber sagte noch einmal zu ihnen: Meine Kinder, wie schwer ist es, in das Reich Gottes zu kommen! Eher geht ein Kamel durch ein Nadelöhr, als dass ein Reicher in das Reich Gottes gelangt. Sie aber erschraken noch mehr und sagten zueinander: Wer kann dann noch gerettet werden? Jesus sah sie an und sagte: Für Menschen ist das unmöglich, aber nicht für Gott; denn für Gott ist alles möglich. Da sagte Petrus zu ihm: Du weißt, wir haben alles verlassen und sind dir nachgefolgt. Jesus antwortete: Amen, ich sage euch: Jeder, der um meinetwillen und um des Evangeliums willen Haus oder Brüder, Schwestern, Mutter, Vater, Kinder oder Äcker verlassen hat, wird das Hundertfache dafür empfangen: Jetzt in dieser Zeit wird er Häuser, Brüder, Schwestern, Mütter, Kinder und Äcker erhalten, wenn auch unter Verfolgungen, und in der kommenden Welt das ewige Leben.

Jesus ist wieder auf dem Weg – auf dem Weg nach Jerusalem, wo Tod und Auferstehung auf ihn warten – also auf das Endziel zu.

Da läuft ein Mann auf Jesus zu, offensichtlich ein Reicher. Er läuft auf Jesus zu und fällt auf die Knie. Das war damals in der jüdischen Welt ein Ausdruck hoher Anerkennung. Er sagt: *„Guter Meister, was muss ich tun, um das ewige Leben zu gewinnen?“* Dass er ihn „Guter Meister“ nennt und ihn sogar fragt „Was muss ich tun?“, das zeigt, dass Jesus seiner Meinung nach den Willen Gottes kennen muss, sonst würde er ihm diese Frage nicht stellen. Er schien zutiefst überzeugt davon, dass Jesus den Willen Gottes kennt. Das drückt seine Frage aus: „Guter Meister, was muss ich tun …“, und zwar: „… um das ewige Leben zu gewinnen?“ Was meint er denn damit? Das griechische Wort bezeichnet mit „ewiges Leben erlangen“ ein Empfangen, das mir sicher ist. Also will dieser reiche Jüngling etwas tun, was ihm ganz sicher den Himmel garantiert. Das ist bedenklich! Er, ein Mensch, der nur Zeitliches tun kann, will etwas tun, um ganz sicher das Unverdienbare, das Ewige zu bekommen, als ob er es bezahlen könnte.

Jesus antwortete: Warum nennst du mich gut? Niemand ist gut außer Gott, dem Einen. [V. 18]

Jesus weist von sich selbst weg – auf den Vater hin. Nur einer ist gut, Gott, der Eine. Er weist ganz weg von sich, ganz auf den Vater hin. Mit seiner Antwort will Jesus ausdrücken, dass der Fragende einzig und allein die Gebote Gottes halten muss, wenn er das Reich Gottes erlangen will. Und Jesus führt aus: „Du kennst doch die Gebote: Du sollst nicht töten, du sollst nicht die Ehe brechen, du sollst nicht stehlen, du sollst nicht falsch aussagen, du sollst keinen Raub begehen; ehre deinen Vater und deine Mutter!“ Damit weist er hin auf den Willen des Vaters. Es sind die Gebote der zweiten Tafel. Wie Sie wissen, hat Mose zwei Tafeln aus Stein vom Sinai gebracht. Auf der ersten Tafel standen die ersten drei Gebote, in denen es um Gott geht: Du sollst keine fremden Götter neben mir haben, du sollst den Namen Gottes heiligen und du sollst den Tag Gottes heiligen. Auf der zweiten Tafel des Mose standen die übrigen Gebote. Jesus zitiert also diese zweite Tafel, denn die erste Tafel hatte er schon zusammengefasst mit den Worten: *„Warum nennst du mich gut? Niemand ist gut außer Gott, dem Einen."* Darauf erwidert ihm dieser reiche Jüngling:

Meister, alle diese Gebote habe ich von Jugend an befolgt. [V. 20]

Im Griechischen heißt „von Jugend an" wörtlich: seit dem Unterscheidungsalter. Er hatte also von da an, seitdem er für sein Tun verantwortlich ist, alle diese Gebote beachtet. Deshalb darf er nach der jüdischen Auffassung als ein Gerechter gelten. Er hat sich an das Gesetz gehalten. Von Jesus hatte er vermutlich erwartet, dass er ihm das bestätigt.

Da sah ihn Jesus an, und weil er ihn liebte, sagte er: Eines fehlt dir noch: Geh, verkaufe was du hast, gib das Geld den Armen, und du wirst einen bleibenden Schatz im Himmel haben; dann komm und folge mir nach! [V. 21]

Obwohl dieser Mann als gerecht galt, da er alle Gebote von seinem Unterscheidungsalter an eingehalten hatte, sagte Jesus zu ihm: „Trotzdem hast du einen Mangel. Es fehlt dir noch etwas". Jesus schaute in die Tiefe seines Herzens und schloss ihn in seine Liebe ein, weil dieser Mann es ehrlich meinte. Deshalb hatte er Mitleid mit ihm und aus diesem Mitleid heraus machte er ihn aufmerksam auf einen Mangel, der ihn hinderte, den er noch nicht erkannt hatte: „Nimm den Stolz aus deinem Herzen heraus, der dich sagen lässt: ‚Das alles tue ich'!" Dieser Stolz – das alles tue ich – als ob wir etwas tun könnten ohne die Gnade, ohne Gott! Viele denken ähnlich: „Ich mache es. Ich will mir den Himmel verdienen. Was muss ich noch tun, um den Himmel ganz sicher zu haben?" Jesus weist ihn auf diesen Stolz hin. Sein äußerer Besitz ist für ihn, nach allgemein jüdischer Auffassung, Ausdruck des geistlichen Besitzes. Reichtum galt als Zeichen dafür, dass Gott einen gesegnet hatte, dass er von Gott anerkannt war. Jesus will ihm klar machen: „Dieser irdische Besitz ist keine Garantie dafür, dass du von Gott anerkannt bist." Der Jüngling stützt sich ganz und gar auf seinen Besitz. Er gibt ihm die Sicherheit zu sagen: „Ich habe viel Besitz, also hat Gott mich gesegnet. Deswegen habe ich ein Recht auf den Himmel." Doch den Himmel kann ich mir nur schenken lassen. Den kann kein Mensch sich verdienen, weil es um etwas Unendliches, Ewiges geht. Wir, als zeitliche Wesen, können uns nichts Ewiges verdienen. Wir können es uns nur schenken lassen. Dieser Jüngling stützt sich also auf seine Werke. Dies ist ein Punkt, der jeden von uns angeht. Wir müssen uns fragen: „Auf was stütze ich mich vor Gott?" Wie oft sagen wir in einer Notsituation: „Lieber Gott, jetzt habe ich so viel gebetet, jetzt habe ich Gutes getan, jetzt habe ich anständig gelebt, und jetzt lässt du das über mich kommen, jetzt mutest du mir diese Krankheit zu oder den Unfall in der Familie oder dieses Missgeschick oder diesen Misserfolg usw." Kennen Sie das? Also habe ich mich auf mein Beten abgestützt: Ich bete, also muss Gott mich segnen, er muss mir irdisches Wohlergehen, irdisches Glück, irdischen Erfolg schenken. Ich verlasse mich auf mein Tun. Doch dieses Tun – mein Beten, mein Bemühen, die Gebote zu halten, d.h. täglich im Willen Gottes zu leben – ist nicht selbstlos. Es ist nicht Ausdruck meiner Liebe, sondern ich tue es so wie der reiche Jüngling und frage dann: „Was kriege ich dafür?" Ich will bezahlen. Das ist meine Sicherheit. Meine Sicherheit ist nicht Gott selbst. Meine Sicherheit ist nicht die Liebe Gottes, seine Barmherzigkeit, sondern mein eigenes Tun, mein Werk. Das ist auch unser Problem, unser Mangel. Deshalb kommen viele glaubende, fromme Leute ins Schleudern, wenn einmal im Leben etwas nicht nach ihrem Willen geht, nicht nach ihrer Vorstellung. Da muss ich mich fragen: „Warum nimmt mir Gott etwas weg?" Und oft war das etwas, worauf ich mich gestützt habe, weil das für mich Sicherheit bedeutete. Meine Sicherheit war nicht Gott. Meine Sicherheit war nicht der Glaube, war nicht das Vertrauen auf die Führung Gottes, der mich auch durch Dunkelheit führt, auch einmal durch Misserfolg. Meine Stütze war nicht die Liebe Gottes und die Barmherzigkeit Gottes. Das ist eine ganz, ganz wichtige Erkenntnis. Deshalb sollten wir alles, was wir tun, aus Liebe tun und nicht als eine Leistung, durch die ich von Gott etwas erzwingen will. Weil Jesus ihn liebt, weist er ihn darauf hin.

Der Mann aber war betrübt, als er das hörte, und ging traurig weg; denn er hatte ein großes Vermögen. [V. 22]

Traurig ging er weg. Er hat es nicht begriffen, was Jesus ihm sagte. Viele Besitztümer hatte er und für ihn waren sie Zeichen, dass Gott ihn gesegnet hat. Er konnte nicht umdenken. Doch Jesus ruft zum Umdenken, zur Umkehr – immer wieder. So können auch wir oft nicht umdenken, nicht umkehren von unserem Leistungsdenken vor Gott, von unserer Leistungsfrömmigkeit. Als Jesus sein Lohndenken aufdeckt, kommt die ganze Verstrickung seines Lebens an den Tag. Diesem reichen Jüngling fehlt das Gottvertrauen. Er hat sich auf seine Werke verlassen, auf sein treues Halten der Gebote und auf seinen Reichtum, aber nicht auf Gott. Er erwartet nicht alles ausschließlich von Gott.

Da sah Jesus seine Jünger an und sagte zu ihnen: Wie schwer ist es für Menschen, die viel besitzen, in das Reich Gottes zu kommen! Die Jünger waren über seine Worte bestürzt. Jesus aber sagte noch einmal zu ihnen: Meine Kinder, wie schwer ist es, in das Reich Gottes zu kommen! Eher geht ein Kamel durch ein Nadelöhr, als dass ein Reicher in das Reich Gottes gelangt.
[Vv. 23-25]

Jesus schaut seine Jünger ringsum an und sagt: „*Wie schwer ist es für Menschen, die viel besitzen, in das Reich Gottes zu kommen!*“ Die Jünger erschraken, denn auch sie dachten, dass der Reiche, der von Gott Gesegnete sei, der Gerechte, der ein Recht hat auf den Himmel. Sie erschraken: Wenn schon die mit Reichtum Gesegneten nicht hineinkommen, wie sollen dann sie selbst hineinkommen, die nichts oder nicht viel haben? Die zweitausendjährige Kirchengeschichte bestätigt Jesu Aussage. Der Mensch, der reich ist, ist immer in der Gefahr, sich auf dem Reichtum abzustützen. Doch es gibt nicht nur einen irdischen Reichtum, es gibt auch einen geistigen Reichtum, z.B. unser Ansehen, unser Titel, unser Beruf, unsere Einbildung, etwas Großes zu sein. Auch darauf kann ich mich stützen – auf mein Wissen und Können. Es tut mir gut, wenn alle staunen, was ich alles weiß. Wenn alle mich fragen. Sie kennen das! Das ist ein geistiger Reichtum. Es gibt auch einen geistlichen Reichtum, so wie beim Jüngling: Ich bete und halte die Gebote, nur damit ich in den Himmel komme, aber nicht aus Liebe zu Gott. Ich stütze mich auf mein Tun ab. Doch dieses Sich-Verlassen auf solche Reichtümer – materiell, geistig, geistlich – führt nicht zum Ziel. Das zeigt, dass ich nicht von Gott alles erwarte, nicht von seiner Liebe, sondern von meinen Werken. Das heißt nicht, dass ich nichts tun soll, sondern dass ich alles noch mehr tun soll, wenn es möglich ist, aber aus Liebe zu Gott und den Menschen. Das ist der Unterschied. Da braucht es wieder ein Umdenken. Wir denken nämlich wie die Welt, wie dieser reiche Jüngling.

Jesus sah sie an und sagte: Für Menschen ist das unmöglich, aber nicht für Gott; denn für Gott ist alles möglich. [V. 27]

Es ist für uns Menschen unmöglich, den Himmel zu bezahlen, durch unsere menschlichen Werke in den Himmel zu kommen. Wir können nur zeitliche Werke tun. Was ich tue, ist ja begrenzt, aber der Himmel ist etwas Unbegrenztes, Unendliches, Ewiges – das Geschenk der Liebe. Deshalb sollte auch das, was ich tue, mein Geschenk der Liebe zu Gott und zu den Menschen sein. Aus diesem Wissen, dass es für Menschen unmöglich ist, den Himmel zu bezahlen, sollten wir die Überschrift der Bergpredigt ernst nehmen, die Armut. Armut heißt – alles, was ich tue, will ich von

Gott nicht bezahlt bekommen – alles, was ich tue, im Gebet, in der Nächstenliebe, in meinem Beruf, in meiner Arbeit. Ich versuche, den Willen Gottes zu erfüllen aus reiner Liebe, aber selber bleibe ich ganz arm. Ich will dafür nichts. Ich tue es nicht, weil ich etwas haben will. Das ist Armut. Ich will vor Gott ganz arm sein, ganz bedürftig, ganz angewiesen auf seine Liebe und seine Barmherzigkeit. Ich will alles in Armut von ihm erwarten.Das ist gemeint und das macht Sie frei. Wissen Sie, wenn Sie dauernd Reichtum anhäufen – manche meinen ja, mit viel Verdiensten den Himmel bezahlen zu müssen – dann haben Sie immer Angst, Sie könnten am Schluss noch sündigen. Und dann sind die ganzen Verdienste im Eimer. Wenn ich aber alles Gott gegeben habe, alles aus Liebe zu ihm getan habe, kann nichts kaputtgehen. Und wenn ich mich ganz darauf verlasse, dass ich alles von ihm geschenkt bekomme, ist das die größte Freiheit und Sicherheit. Es macht uns frei von dem Druck, leisten zu müssen. Das ist das Wunderbare dieses Evangeliums.

Da sagte Petrus zu ihm: Du weißt, wir haben alles verlassen und sind dir nachgefolgt. [V. 28]

Nun rechnet Petrus auch auf: „Wir haben alles verlassen und sind dir nachgefolgt“ – wir sind also ganz arm geworden. Wie sieht es jetzt bei uns aus? Wir können gar nichts bezahlen. Wir können den Himmel nicht bezahlen. Wir haben ja nichts! Petrus spricht jetzt für die anderen, also für die Apostel und er sagt wieder: „Schau, Herr! Überleg mal! Wir haben alles verlassen. Wir sind dir nachgefolgt.“ Und Jesus antwortet: „Amen“, also: Es ist todsicher. Es geht um das ganz sichere Eintreffen dessen, was er nun verkündet, nämlich:

Amen, ich sage euch: Jeder, der um meinetwillen und um des Evangeliums willen Haus oder Brüder, Schwestern, Mutter, Vater, Kinder oder Äcker verlassen hat, wird das Hundertfache dafür empfangen. [Vv. 29-30a]

Jesus geht es zunächst um das sichere Eintreffen dieses verkündeten Lohnes. Die richtige Motivation, sagt er, ist notwendig. Erstens – es muss „um meinetwillen“ sein. Dies ist auch eine Anfrage an Sie und an mich: Tue ich alles um Jesu willen? Das heißt: Radikaler Verzicht auf alle bisherigen Bindungen und ausschließlich das Bekenntnis zu Jesus Christus. Ich binde mich nicht an alles Mögliche und alle möglichen Menschen, sondern allein an Jesus Christus. Das ist Ganzhingabe. Die zweite wichtige Motivation, die Jesus nennt, ist: „um des Evangeliums willen“. Jesus fragt auch uns: „Warum habt ihr alles verlassen? Überlegt doch einmal: Warum? Welche Absichten habt ihr dabei? Habt ihr etwas verlassen, um etwas Bestimmtes zu gewinnen, also im Sinn der Leistung? Oder habt ihr es verlassen einfach um Jesu willen und um des Evangeliums willen, um der Botschaft Jesu willen?“ Auch wir müssen uns fragen: „Tue ich alles – bete ich, arbeite ich, leide ich usw. – um Jesu Christi willen, aus Liebe zu ihm, um der Botschaft Jesu willen, damit alle gerettet werden? Ist das meine Motivation?“ Dazu fordert uns das Evangelium auf, dazu fordert uns Jesus auf.

Jetzt in dieser Zeit wird er Häuser, Brüder, Schwestern, Mütter, Kinder und Äcker erhalten, wenn auch unter Verfolgungen, und in der kommenden Welt das ewige Leben. [V. 30b]

Hören Sie genau hin! Wer um Christi willen und des Evangeliums willen, der Botschaft willen lebt, betet, arbeitet, leidet – der wird alles doppelt erhalten, denn wer um Christi willen sich ihm ganz hingibt, gibt ja alle anderen Bindungen auf. Das heißt nicht, dass ich nach meinen Verwandten oder meinen Eltern nicht mehr schaue. Das ist nicht gemeint, sondern: Ich binde mich nicht. Sie sind nicht meine Sicherheit, sondern meine einzige Sicherheit ist Jesus Christus. Der Jünger erhält also alles Verlassene – Haus oder Brüder, Schwestern, Mutter, Kinder oder Äcker – alles, was er verlassen hat, hundertfältig zurück, und zwar in dieser Weltzeit. Doch sicher haben Sie bemerkt: Eines fehlt. Er bekommt alles zurück – außer dem Vater. Den bekommt er nicht zurück. In seiner radikalen Existenz hat sich dieser Jünger ja nur einem einzigen Vater unterstellt, dessen Herrschaft Jesus als nahe ankündigt – die Herrschaft Gottes. Er ist der einzige Vater. Deshalb ist das ausgelassen. Jesus will sagen: „Ihr habt euch diesem Vater allein überlassen. Er ist jetzt euer Vater. Ihr bekommt Gott zum Vater." Dann wird noch ein Hinweis gegeben auf Verfolgungen: Damit müsst ihr rechnen, dass ihr um Christi willen, um des Evangeliums willen, verfolgt werdet. Das merken Sie oft in der eigenen christlichen Gemeinde oder Familie. Wenn Sie ein „Vaterunser" zu viel beten, sind Sie schon fast verfolgt – Sie werden schon als überzogen angesehen.

...und in der kommenden Welt das ewige Leben.
[V. 30c]

Dieses „ewige Leben" ist kein Ausgleich für ein gescheitertes Leben hier. So ist es nicht gemeint – sondern: Ewiges Leben ist die Vollendung eines geglückten Lebens, ist die Vollendung eines Lebens, das in der Freiheit des Verzichtes gelebt wurde, so wie es Jesus im heutigen Evangelium von seinen Jüngern und uns gefordert hat. Wenn ich mich von allen Bindungen losgesagt habe, wenn ich mich nicht mehr auf Reichtum stütze – materiell, geistig, geistlich, auf Menschen – sondern einzig und allein auf den Vater im Himmel, allein auf Gott, dann ist das ein geglücktes Leben. Verzicht – in Freiheit! Das ewige Leben ist das Große, was uns dann geschenkt wird.Der darauf folgende Satz steht nicht mehr im heutigen Evangelium: *„Viele aber, die jetzt die Ersten sind, werden dann die Letzten sein, und die Letzten werden die Ersten sein."* (V. 31) Doch er gehört eigentlich dazu. Denn die „Letzten", d.h. die nichts haben, die Letzten, die nichts verdient haben, sie werden Erste sein. Ihnen wird alles geschenkt. Und die, die meinen, den Himmel verdienen zu können, die Ersten, sie werden die Letzten sein. Wir sollen also in dieser vollkommenen

Armut und Demut vor Gott stehen, und dann wird uns, garantiert, einfach alles geschenkt.

Ein wichtiges Evangelium, das unter die Haut geht! Es hat mit unserer Existenz zu tun, jeden Tag. Wenn Sie sich darauf einlassen, werden Sie in eine größere Freiheit kommen, nämlich: In die Freiheit der Kinder Gottes.

In jener Zeit traten Jakobus und Johannes, die Söhne des Zebedäus, zu Jesus und sagten: Meister, wir möchten, dass du uns eine Bitte erfüllst. Er antwortete: Was soll ich für euch tun? Sie sagten zu ihm: Lass in deinem Reich einen von uns rechts und den andern links neben dir sitzen. Jesus erwiderte: Ihr wisst nicht, um was ihr bittet. Könnt ihr den Kelch trinken, den ich trinke, oder die Taufe auf euch nehmen, mit der ich getauft werde? Sie antworteten: Wir können es. Da sagte Jesus zu ihnen: Ihr werdet den Kelch trinken, den ich trinke, und die Taufe empfangen, mit der ich getauft werde. Doch den Platz zu meiner Rechten und zu meiner Linken habe nicht ich zu vergeben; dort werden die sitzen, für die diese Plätze bestimmt sind. Als die zehn anderen Jünger das hörten, wurden sie sehr ärgerlich über Jakobus und Johannes. Da rief Jesus sie zu sich und sagte: Ihr wisst, dass die, die als Herrscher gelten, ihre Völker unterdrücken und die Mächtigen ihre Macht über die Menschen missbrauchen. Bei euch aber soll es nicht so sein, sondern wer bei euch groß sein will, der soll euer Diener sein, und wer bei euch der Erste sein will, der soll der Sklave aller sein. Denn auch der Menschensohn ist nicht gekommen, um sich dienen zu lassen, sondern um zu dienen und sein Leben hinzugeben als Lösegeld für viele.

Hören wir wieder in dieses Wort Gottes hinein, denn das Wort Gottes am Sonntag will uns auf dem Weg der Nachfolge an Dinge erinnern, die wichtig sind. Es geht immer wieder um ein Umdenken, um Neu-Orientierung, damit wir Christus wirklich ernsthaft folgen können. Deshalb sollten wir diese Worte Gottes wirklich ernst nehmen und nicht bloß so anhören und denken: „Ja, kenne ich, habe ich schon mal gehört!“, sondern überlegen: „Was will der Herr mir heute sagen, da, wo ich jetzt stehe in meiner Christusnachfolge?“

In jener Zeit traten Jakobus und Johannes, die Söhne des Zebedäus, zu Jesus und sagten: Meister, wir möchten, dass du uns eine Bitte erfüllst. [V. 35]

Die beiden Brüder treten fordernd an Jesus heran: „Wir wollen, dass du etwas Bestimmtes tust!" Das ist sehr massiv. Diese Bitte muss in den anderen, die das hören, eine Spannung auslösen, wie das später auch zum Ausdruck kommt. Er antwortete: *„Was soll ich für euch tun?"* (V. 36) Jesus gibt ihnen keine Zusage, sondern er fragt nach dem Inhalt der Bitte. Die beiden haben ein uneingeschränktes Vertrauen auf die Vollmacht Jesu, zu handeln, wie er will. Sie trauen ihm zu, dass er handeln kann, dass ihn niemand daran hindern kann. Aber Jesus bestätigt das nicht.

Sie sagten zu ihm: Lass in deinem Reich einen von uns rechts und den andern links neben dir sitzen. [V. 37]

Im Griechischen wird das ganz klar in der Befehlsform ausgedrückt: „Gib uns!" Es ist also ein fordernder Imperativ, den sie an Jesus richten. Das ist seltsam. Wörtlich übersetzt heißt es: „Lass in der Herrlichkeit deines Reiches einen von uns rechts und den andern links neben dir sitzen." Gemeint ist die himmlische Herrlichkeit. Der Hinweis Jesu auf das Martyrium im nächsten Vers setzt diese Deutung voraus: *„Könnt ihr den Kelch trinken, den ich trinke?"*, d.h. durch den Tod hindurchgehen für mich? Also muss das gemeint sein, was auf ihn zukommt. Es dürfte auch bei Johannes ziemlich deutlich sein, dass er die Herrlichkeit meint, Jesu Herrlichkeit beim Vater. In den Versen vorher spricht Jesus ausdrücklich von seinem Tod und von seiner Auferstehung. Und die Forderung dieser beiden Jünger klingt eigensinnig und egoistisch, als wollten sie den anderen zuvorkommen. Es könnte auch anders gemeint sein. Versuchen wir einmal, ihre Bitte vom Apostel Johannes her zu verstehen, vom Liebesjünger her, der an der Brust Jesu ruhte. Von ihm heißt es am Ostermorgen ausdrüklich: *„Er sah und glaubte!"* (Joh 20,8) Petrus dagegen lief wieder weg. Johannes in seiner Liebe zum Herrn erkennt manches schneller als die anderen. Später, als Jesus am See steht, sagt er zu Petrus: *„Es ist der Herr!“* (Joh 21,7) Immer wieder ist er es, der schneller erkennt. Seine Lieben erkennt. Und diese Liebe des Johannes zum Herrn ließ ihn das Wort Jesu von Tod und Auferstehung tiefer verstehen. So drängte diese Liebe ihn, Jesus einfach zu bitten: „Ich möchte immer ganz nahe bei dir sein!“ Die Liebe will immer ganz nahe beim Geliebten sein. Wenn Johannes die Worte Jesu von seiner Auferstehung verstanden hat, könnte man seine Bitte sehr wohl auch so verstehen, vor allem, weil es im Griechischen wörtlich heißt: „Lass mich in der Herrlichkeit deines Reiches neben dir sitzen“. Das Wort „doxa“ bezeichnet immer die Herrlichkeit beim Vater, in die Jesus bei seiner Auferstehung zurückkehrt. Dass Johannes seinen Bruder in das Reich Gottes mitnehmen möchte, ist verständlich. Der massive Imperativ: *„Wir wollen, dass du uns eine Bitte erfüllst“* kann also auch Ausdruck der starken Sehnsucht der Liebe sein. Die Liebe sagt nicht „vielleicht“, sondern sie will mit Entschiedenheit. Sie drängt in die Nähe des Herrn. Der Herr mag das gespürt haben. Er hat sie nicht zurückgewiesen, ihnen keinen Vorwurf gemacht, sondern er hat ganz verständnisvoll geantwortet:

Ihr wisst nicht, um was ihr bittet. Könnt ihr den Kelch trinken, den ich trinke, oder die Taufe auf euch nehmen, mit der ich getauft werde? [V. 38]

Mit „Taufe“ ist die Taufe seines Todes gemeint. Jesus fragt sie ganz liebevoll nach ihrer Bereitschaft, mit ihm durch den Tod in die Herrlichkeit zu gehen, denn von seinem Tod und seiner Auferstehung hatte er ja vorher gesprochen: „Könnt ihr mit mir diesen Weg gehen, durch diese Bluts-Taufe in meinen Tod? Könnt ihr mit mir durch den Tod hineingehen in die Herrlichkeit?“Was antworten sie?

Sie antworteten: Wir können es. Da sagte Jesus zu ihnen: Ihr werdet den Kelch trinken, den ich trinke,

und die Taufe empfangen, mit der ich getauft werde. [V. 39]

Ohne zu überlegen antworten sie: „Wir können es.“ Das ist typisch Liebe. Die Liebe ist zu allem bereit. *„Ich gebe mein Leben für dich“* (Joh 13,37) hatte Petrus vorher gesagt, wenn er es dann auch nicht konnte. Dieses *„Wir können es“* ist ein Ausdruck dafür, wie die Liebe alles riskiert. Vom Gesamtzusammenhang her darf man sehr wohl diese Stelle so verstehen, dass es die Liebe des Johannes ist, der Tieferes erkannte und der danach drängte, immer beim Herrn zu sein. Jesus bestätigt es ihnen. Sie werden mit derselben Taufe getauft werden. Sie werden den Märtyrertod sterben, obwohl Johannes nicht den Märtyrertod gestorben ist. Er wurde zwar gemartert, aber er ist nicht daran gestorben. Das zeigt jedoch, dass auch ein Leben in Bedrängnis und Verfolgung – und das war das Leben des Johannes, er wurde ja in siedendes Öl getaucht, er wurde auf Patmos verbannt usw. – es zeigt, dass auch ein solches Leben eine Weise des Martyriums ist. Papst Gregor der Große stellte fest: „Sie alle sind Märtyrer, die einen durch das Schwert, die andern durch die Geduld“. Insofern stimmt es auch für beide Brüder. Jakobus ist gemartert worden, Johannes ist normal gestorben, aber auch Johannes ging durch Verfolgung und Bedrängnis.

Doch den Platz zu meiner Rechten und zu meiner Linken habe nicht ich zu vergeben; dort werden die sitzen, für die diese Plätze bestimmt sind. [V. 40]

Jetzt verweist Jesus sie an den Vater. Es ist nicht seine Sache, zu bestimmen, wer rechts und links von ihm sitzt, worum die beiden Brüder gebeten haben. Das ist die Sache des Vaters.

Als die zehn anderen Jünger das hörten, wurden sie sehr ärgerlich über Jakobus und Johannes. [V. 41]

Das ist verständlich. Aber es ist wichtig, dass mich diese Stelle wirklich zum Nachdenken bringt und ich mich frage: „Ist in mir diese Sehnsucht des Johannes, diese Sehnsucht, dort zu sein, wo der Herr ist? Wächst in mir überhaupt die Sehnsucht? Lasse ich sie wachsen? Tue ich etwas dafür – und bitte: Herr, lass mich immer dort sein wo du bist?“ Er hat es ja verheißen: „Ihr werdet dort sein, wo ich bin.“ (vgl. Joh 12,26 u. a.)Aber die Liebe des Johannes drängt noch näher zum Herrn hin – „zu deiner Rechten, zu deiner Linken – nicht bloß dort in deinem Reich, sondern bei dir, ganz in deiner Nähe“. Ist das meine Sehnsucht? Wie oft denken Sie an den in Ihnen gegenwärtigen Gott? Freuen Sie sich über seine Gegenwart? Wollen Sie immer wieder ganz bewusst in seiner Gegenwart sein, jeden Tag? Oder, wenn Sie an einer Kirche vorbeigehen – drängt es Sie, bei ihm zu sein, kurz hineinzuschauen, ihn kurz zu grüßen, ihn anzubeten? Drängt es Sie, in seiner Nähe zu sein? Oder latschen Sie vorbei, ohne etwas zu denken – wie an einem ganz gewöhnlichen Haus? Prüfen wir uns! Haben wir so eine Sehnsucht wie Johannes? Dann dürfen wir getrost zum Herrn sagen: „Herr, beeile dich! Ich will ganz bei dir sein. Sorge dafür, dass das klappt!“ Er wird mir zwar sagen: „Das ist nicht meine Sache, das ist die Sache des Vaters“, aber er wird sich freuen über meine Sehnsucht, so ganz in seiner Nähe zu sein. Die anderen Jünger haben das offensichtlich anders verstanden. Sie sind eifersüchtig und neidisch geworden. Sie scheinen nicht an das zu denken, woran Johannes wohl gedacht hat: An die ewige Herrlichkeit, an das, was nach der Taufe mit Blut kommt, also nach dem Martyrium. Sie dachten wohl an das irdische Königreich des Messias, das sie immer noch erwarteten. Das zeigt die anschließende Lehre Jesu, er spricht nun über das irdische Reich Gottes. Es ist sehr eindeutig, dass die Jünger neidisch wurden, weil sie glaubten, Johannes und Andreas meinten ein irdisches Reich, denn sie sind ja auf dem Weg nach Jerusalem. Sie erwarteten, dass der Messias dort sein Reich ausruft. Da braucht er schließlich auch Minister und ähnliche Leute dazu. Die anderen Jünger dachten an dieses Reich. Deshalb geht Jesus im Folgenden darauf ein:

Da rief Jesus sie zu sich und sagte: Ihr wisst, dass die, die als Herrscher gelten, ihre Völker unterdrücken und die Mächtigen ihre Macht über die Menschen missbrauchen. [V. 42]

Jesus ruft jetzt alle zwölf zu sich. Er nutzt wiederum die aktuelle Situation mit den Jüngern, um eine Lehre über die Grundprinzipien und Grundhaltungen im Reich Gottes auf dieser Welt zu geben und spricht dabei vom Missbrauch der Macht durch die Mächtigen.

Bei euch aber soll es nicht so sein, sondern wer bei euch groß sein will, der soll euer Diener sein, und wer bei euch der Erste sein will, der soll der Sklave aller sein. [Vv. 43-44]

Wie in der Bergpredigt belehrt Jesus sie nun über die Regel des Gottesreiches. Genau dieselbe Lehre finden wir bereits in der Bergpredigt: Im Reich Gottes gelten andere Regeln als in der Welt. In der Welt herrschen die Mächtigen über die Mitmenschen, im Reich Gottes sollen die Mächtigen dienen. Wer groß sein will, soll der Diener aller sein. Wer Erster sein will, soll sogar der Sklave aller sein, ihnen also selbstverständlich dienen, ohne etwas dafür zu fordern oder gar zu bekommen. Nur wer dienend leitet und dienend versorgt, bekommt von Jesus die Schafe anvertraut. Nach seiner Auferstehung sagt Jesus am See von Tiberias zu Petrus: „ Weide meine Lämmer! Weide meine Schafe!" (Joh 21,15-8) Im Griechischen werden hier für „weiden" zwei verschiedene Worte verwendet. Das eine bedeutet „füttern und auf die Weide führen", das andere „dienend leiten und schützen". Wer Erster sein will, soll dienend leiten und versorgen. Das ist das Grundprinzip des Gottesreiches und die Grundhaltung derer, die im Reich Gottes einen Auftrag haben.

Denn auch der Menschensohn ist nicht gekommen, um sich dienen zu lassen, sondern um zu dienen und sein Leben hinzugeben als Lösegeld für viele. [V. 45]

Den innersten Kern des Dienens zeigt Jesus selbst anhand seines Lebens, nämlich: *„...sein Leben hinzugeben als Lösegeld für viele."* (Mt 20,28) Das ist der innerste Kern des Dienens – alles riskieren, sein Leben hingeben. Nicht – so ein bisschen den Leuten dienen, aber sein eigenes Leben leben. Nein – ganz sein Leben hingeben. Das griechische Wort für „Leben hingeben" meint nicht nur das blutige Martyrium am Lebensende, sondern unser ganzes Leben, alle Mühsal und Verfolgung, unsere Arbeit, unser Gebet – einfach alles, was zu unserem Christsein gehört. Mit diesem Satz hat Jesus dem Johannes und dem Jakobus eine Antwort auf ihre Bitte gegeben, damit sich ihre Sehnsucht, ganz bei ihm zu sein, erfüllen kann. Sie sollen jetzt nicht auf das blikken, was kommen wird. Ihre Sehnsucht soll zuerst einmal sein, mit ihrem ganzen Leben dem Reich Gottes zu dienen, ihr Leben hinzugeben und mit der Taufe getauft zu werden, mit der Christus getauft wird. Das sollte auch unsere Sehnsucht in dieser Welt sein. Manche Menschen machen sich furchtbar viele Gedanken darüber, wie sie in den Himmel kommen. Doch dafür sorgt die Liebe und die Barmherzigkeit Gottes, wenn wir zuerst das Reich Gottes suchen. Alles andere wird uns dazugegeben. In Mt 6,33 sagt Jesus uns: *„Euch aber muss es zuerst um sein Reich und um seine Gerechtigkeit gehen; dann wird euch alles andere dazugegeben."* Unsere Sehnsucht sollte sein, unser Leben ganz für das Reich Gottes hinzugeben. Dann wird uns alles andere dazugegeben. Amen.

In jener Zeit, als Jesus mit seinen Jüngern und einer großen Menschenmenge Jericho verließ, saß an der Straße ein blinder Bettler, Bartimäus, der Sohn des Timäus. Sobald er hörte, dass es Jesus von Nazaret war, rief er laut: Sohn Davids, Jesus, hab Erbarmen mit mir! Viele wurden ärgerlich und befahlen ihm zu schweigen. Er aber schrie noch viel lauter: Sohn Davids, hab Erbarmen mit mir! Jesus blieb stehen und sagte: Ruft ihn her! Sie riefen den Blinden und sagten zu ihm: Hab nur Mut, steh auf, er ruft dich. Da warf er seinen Mantel weg, sprang auf und lief auf Jesus zu. Und Jesus fragte ihn: Was soll ich dir tun? Der Blinde antwortete: Rabbuni, ich möchte wieder sehen können. Da sagte Jesus zu ihm: Geh! Dein Glaube hat dir geholfen. Im gleichen Augenblick konnte er wieder sehen, und er folgte Jesus auf seinem Weg.

Jesus ist auf seinem Weg nach Jerusalem inzwischen in Jericho angekommen. Jericho war damals der Sammelplatz für die Pilger nach Jerusalem, die von Galiläa her kamen. Von dort ging es dann durch die judäische Wüste hinauf nach Jerusalem. Die Pilger gingen in Gruppen, weil der Weg zum Teil gefährlich war. Sie mussten von 300 m unter dem Meeresspiegel bis auf 800 m über dem Meeresspiegel aufsteigen. Jesus bricht gerade mit seinen Jüngern und den anderen Wallfahrern nach Jerusalem auf. Der Aufstieg nach Jerusalem ist zwar ein reales Erlebnis, doch Jesus benutzt ihn auch im übertragenen Sinn für alle, die ihm nachfolgen. „*Hier am Weg*“, heißt es, also genau am Weg Jesu nach Jerusalem, wo Tod und Auferstehung auf ihn warten, sitzt der blinde Bettler und begegnet Jesus. Blind sein und betteln gehörte damals zusammen. Wovon sollte der blinde Mann sonst leben? Auf diesem Weg kamen normalerweise die Jerusalem-Pilger vorbei, die auf ihrer Wallfahrt sowieso zu einem Almosen verpflichtet waren. So ist es verständlich, dass der blinde Bettler an diesem Weg sitzt, der gleichzeitig der Weg Jesu, sein Lebensweg und Schicksalsweg nach Jerusalem ist.

Sobald er hörte, dass es Jesus von Nazaret war, rief er laut: Sohn Davids, Jesus, hab Erbarmen mit mir!
[V. 47]

Jesus musste ihm also bekannt gewesen sein. Da es eine große Menschenmenge war, begann er zu schreien: *„Sohn Davids, Jesus, erbarme dich meiner!“*, denn er konnte Jesus ja nicht sehen. Und es zogen so viele Menschen an ihm vorbei. Also musste er laut schreien, damit dieser Jesus, der irgendwo mitlief, ihn auch hören konnte. Doch es war zugleich auch der Schrei des Blinden nach dem, der das Licht ist – schon wieder etwas im übertragenen Sinn: Es war ja der Weg Jesu, an dem er saß.

Viele wurden ärgerlich und befahlen ihm zu schweigen. Er aber schrie noch viel lauter: Sohn Davids, hab Erbarmen mit mir! [V. 48]

Viele wollten nicht gestört werden bei ihrer Wallfahrtsprozession und wollten ihn deshalb zum Schweigen bringen. Anstatt ihm zu helfen und ihn zu Jesus zu führen, brachten sie ihn zum Schweigen – eigentlich eine unverständliche Reaktion für solche, die auf einer Wallfahrt nach Jerusalem sind. Aber das zeigt uns: Wir können sehr wohl auf einem geistlichen Weg gehen und trotzdem noch sehr egoistisch sein. Es geht uns nur darum, dass wir bei Jesus sind, dass wir mit ihm gehen und wollen deshalb in Ruhe gelassen werden. Und die noch Blinden – wieder bildhaft – die Blinden für den Glauben, die noch Ungläubigen an unserem Weg, die übersehen wir oder wir überhören sogar ihr Schreien nach Jesus. Prüfen wir, wie oft uns das passiert. Wir gehen unseren Weg mit Gott, vielleicht sehr treu, sehr ehrlich, aber wir hören nicht das stumme Schreien der Ungläubigen an unserem Weg. Wir schauen nur auf uns. Wir schauen nur auf unser Heil. Wir überhören sehr oft das Schreien, die Sehnsucht nach der Wahrheit oder ein Sich-Wehren gegen die Wahrheit – sei es nun in den Medien oder selbst in den Angriffen auf den Glauben. Wir müssen also Hörende sein auf dem Weg mit Jesus – müssen das

Schreien der Blinden, der Glaubensblinden, der Ungläubigen wahrnehmen – und sie dann, wenn es möglich ist, zu Jesus führen. Manchmal geschieht es auch in unserem Leben, dass wir diese nach Gott, nach dem Sinn des Lebens schreienden Menschen durch unsere Lieblosigkeit sogar verstummen lassen. Weil wir Christen eben nicht als Christen leben, können sie Christus nicht finden – sondern sie suchen sich irgendwo einen Guru oder irgendetwas, was ihnen Antwort gibt auf ihre ungelösten Lebensfragen. So müssen wir uns immer wieder fragen: Sind wir in der Gesellschaft Jesu, als seine Jünger – und stieren nur auf unser eigenes Heil? Oder haben wir ein Ohr für die schreienden Blinden an unserem Weg? Bringen wir sie gar zum Schweigen durch unsere Lieblosigkeit, weil wir denken: „Hauptsache, wir sind an der Seite Jesu" – und vergessen, sie zu Jesus zu führen? Das heutige Evangelium spricht sehr eindringlich diese tiefen Schichten in unserer Existenz an. Jesus benutzt auch hier wieder eine äußere Situation, um viel tiefere Glaubenswahrheiten anzusprechen und uns bewusst zu machen.

Jesus blieb stehen und sagte: Ruft ihn her! Sie riefen den Blinden und sagten zu ihm: Hab nur Mut, steh auf, er ruft dich. [V. 49]

Jesus hört den Schrei und bleibt stehen. Er gibt uns ein Beispiel – er bleibt stehen. Aber – hören Sie genau hin! – Jesus ruft ihn nicht selbst, sondern die Leute sollen ihn rufen. Wir sollen also die Menschen zu Christus führen. Wir müssen rufen. Doch der Blinde, der Ungläubige, muss auch einen Schritt tun. Er muss aufstehen – als Zeichen seines Glaubens. Im Evangelium ist jedes Wort eine Aussage. Er „sprang" sogar auf – also glaubte er zutiefst: Wenn Jesus mich ruft, wenn ich zu ihm gerufen werde, dann habe ich Aussicht auf Hilfe. Und er muss nun Schritte auf Jesus zu tun. Er läuft auf ihn zu, sicher geführt von den anderen. Aber er darf nicht stehen bleiben. Aufstehen und Schritte auf Jesus zu tun – das ist wichtig. Jesus verbietet ihm nicht, ihn „Sohn

Davids“ zu nennen, denn so nennt ihn ja die Schrift. Der Messias ist der „Sohn Davids“. Bisher hat er das nicht erlaubt. Jetzt, von dem Blinden, lässt er sich so nennen. Kurz vor Jerusalem lässt er sich also mit diesem Titel aus dem Alten Testament ansprechen. Denn in Jerusalem, beim Einzug schon, offenbart sich Jesus als der Sohn Davids. Die Leute riefen ihm dort zu: *„Hosanna dem Sohn Davids! Gesegnet sei er, der kommt im Namen des Herrn.“* (Mt 21,9)

Doch hier ist es der Blinde, der Jesus diesen Titel zum ersten Mal gibt und Jesus erlaubt es ihm. Jetzt sollen alle, die mit ihm nach Jerusalem ziehen, jetzt sollen sie alle sehend werden. Durch die Begegnung Jesu mit dem Blinden auf diesem letzten Weg nach Jerusalem wird uns gezeigt, dass nur die, die sehend sind, mit ihm gehen können. Sie sollen ihn als Messias erkennen, d.h. sehend werden. Bis jetzt sind ihm manche gefolgt, weil sie einen politischen Messias erwarteten. Nun können sie nur noch mit ihm gehen, wenn sie ihn als den Sohn Davids erkennen und damit sein Schicksal teilen, das des Sohnes Davids, wie es in den Psalmen und in den Gottesknechtsliedern des Jesaja geschildert ist – nämlich mit ihm in seinen Tod und seine Auferstehung. Sie müssen sich dafür entscheiden, dass sie ihm in seinen Tod und in seine Auferstehung folgen. Denn bis jetzt waren selbst die zwölf Apostel dafür blind. Sie verstanden ihn nie. Immer wenn er von seinem Tod und seiner Auferstehung gesprochen hatte, verstanden sie ihn nicht. Und jetzt sagt Jesus: „Es wird Zeit, dass ihr sehend werdet, sonst werdet ihr mich in Jerusalem nicht verstehen und ihr werdet vor allem nicht mit mir gehen.“

Da warf er seinen Mantel weg, sprang auf und lief auf Jesus zu. [V. 50]

Hier wird wunderbar im Bild ausgedrückt, dass wir Jesus blindlings vertrauen können und alle Sicherungen abwerfen sollen, wenn wir mit ihm den Weg nach Jerusalem gehen wollen. Nur so können wir ihm bis in Tod und Auferstehung folgen, nur so. Der Mantel ist ein Bild dafür. Der Blinde sprang auf und warf den Mantel weg – der Ausdruck seines absoluten Vertrauens. Er zögert keine Minute. Er warf seinen Mantel ab. Der Mantel war für den Blinden existenznotwendig, denn nachts war es so kalt, dass er den Mantel brauchte, um nicht zu erfrieren. Und tagsüber brauchte er den Mantel zum Sammeln. Er legte ihn vor sich hin. Die Leute warfen beim Vorbeigehen das Geld hinein und dann am Abend raffte er den Mantel zusammen und hatte so das Geld beieinander. Er brauchte ihn also sehr, der Mantel war notwendig für seine Existenz, nachts wie tags. Der Blinde vertraut Jesus also blindlings und wirft seine Existenzsicherung weg. Es hätte ihm ja in der Zwischenzeit auch jemand den Mantel wegnehmen können, und er als Blinder hätte das ja nicht bemerkt oder er hätte ihn gar nicht mehr gefunden. Durch dieses wunderbare, starke Bild zeigt Jesus seinen Jüngern, die alle zuschauen und zuhören: Wer sich jetzt entscheidet, mit mir nach Jerusalem zu gehen und mein Lebensschicksal mit mir zu teilen, muss alle Sicherungen abwerfen und ganz mir vertrauen, total vertrauen, sonst kann er nicht mein Jünger sein. Wir werden im Evangelium immer wieder aufgefordert, auf alle Sicherungen zu verzichten. Das ist der Kernpunkt. Wir dürfen durchaus Dinge besitzen wie der reiche Jüngling, aber sie dürfen nicht unsere Absicherung sein. Unsere Absicherung ist allein die Liebe und das Erbarmen Gottes und das Vertrauen zu Jesus, sonst nichts. Hier ist es eine ganz andere, wunderbar Art, wie das ausgedrückt wird, gerade bei einem Blinden.

Und Jesus fragte ihn: Was soll ich dir tun? Der Blinde antwortete: Rabbuni, ich möchte wieder sehen können.
[V. 51]

Jesus fragt ihn dann, was er eigentlich wolle, warum er schreie. Das ist wieder ein Zeichen dafür, dass es notwendig ist, vor Gott meine Not auszusprechen im Gebet, – das, was mich bewegt, was mich belastet, vielleicht auch vor anderen Menschen, vor Mitglaubenden, vor der Kirche – um Heilung zu erlangen. Das ist also auch ein Bild für den Weg der Heilung: Was nicht ausgesprochen wird, wird nur schwer heilen. Und mit der Aussage *„Rabbuni, ich möchte wieder sehen können"*, mit der Antwort auf die Frage Jesu „Was soll ich dir tun?", will Jesus seinen Jüngern andeuten, dass alle, die jetzt mit ihm gehen, ihn bitten sollten, von ihrer geistlichen Blindheit geheilt zu werden, damit sie Jesus wirklich erkennen als den Sohn Davids. Nur Gott kann diese Blindheit nehmen. Und das geschah dann wirklich an Pfingsten, als alle diese Schleier von den inneren Augen der Apostel und aller Glaubenden genommen wurden. Gott kann diese Blindheit nehmen, aber der Mensch muss ihn darum bitten. So müssen auch wir immer wieder um den Heiligen Geist bitten, dass er uns die Blindheit nehme – die Blindheit, Gott zu erkennen, Jesus zu erkennen, die Blindheit, dass wir uns Jesus nur so vorstellen, wie wir ihn gerade brauchen, als Helfer in der Not, und sonst nicht viel von ihm wissen wollen. Wenn ich davon geheilt bin, weiß ich: Er ist der Herr und ihm allein will ich dienen und mich ihm allein ausliefern und mich auf ihn allein abstützen. Ich habe nichts an ihm zu kritisieren. So will ich leben. Der Geist Gottes ist es, der aufdeckt, was in uns blind ist, was falsch ist. Um den sollten wir täglich bitten, immer wieder bitten, dass er uns die Blindheit nehme, all unsere falschen Gottesvorstellungen.

Da sagte Jesus zu ihm: Geh! Dein Glaube hat dir geholfen. Im gleichen Augenblick konnte er wieder sehen, und er folgte Jesus auf seinem Weg. [V. 52]

Wieder auch ein Hinweis für alle, die ihm jetzt folgen auf dem Weg. Der Glaube ist entscheidend. Dieses *„... er folgte ihm"* nach Jerusalem steht im Imperfekt, d.h. er ist ihm von da an gefolgt. Er ist nicht bloß kurz ein paar Schritte mit ihm gegangen, sondern es war seine Lebensentscheidung: Er folgte ihm auf seinem Weg. Dieses Bild gilt für alle seine Jünger, für alle, die ihm folgen: Sie müssen eine Lebensentscheidung für Christus treffen. Das ist heute dran.

In jener Zeit ging ein Schriftgelehrter zu Jesus hin und fragte ihn: Welches Gebot ist das erste von allen? Jesus antwortete: Das erste ist: Höre, Israel, der Herr, unser Gott, ist der einzige Herr. Darum sollst du den Herrn, deinen Gott, lieben mit ganzem Herzen und ganzer Seele, mit all deinen Gedanken und all deiner Kraft. Als zweites kommt hinzu: Du sollst deinen Nächsten lieben wie dich selbst. Kein anderes Gebot ist größer als diese beiden. Da sagte der Schriftgelehrte zu ihm: Sehr gut, Meister! Ganz richtig hast du gesagt: Er allein ist der Herr, und es gibt keinen anderen außer ihm, und ihn mit ganzem Herzen, ganzem Verstand und ganzer Kraft zu lieben und den Nächsten zu lieben wie sich selbst, ist weit mehr als alle Brandopfer und anderen Opfer. Jesus sah, dass er mit Verständnis geantwortet hatte, und sagte zu ihm: Du bist nicht fern vom Reich Gottes. Und keiner wagte mehr, Jesus eine Frage zu stellen.

Wir haben in diesem Abschnitt des Evangeliums das Hauptgebot der Liebe vor uns, die wichtigste Botschaft des ganzen Evangeliums überhaupt. Leider vergessen wir sie oft schnell, weil wir uns schon zu sehr daran gewöhnt haben. Ein Schriftgelehrter geht auf Jesus zu und stellt ihm die entscheidende Frage nach dem wichtigsten aller Gebote. Unmittelbar zuvor hat er ihm zugehört bei seinem Streit mit den Sadduzäern über die Auferstehung und war noch ganz beeindruckt über die Argumentationsweise und die treffliche Antwort Jesu. Im Gegensatz zu vielen anderen Schriftgelehrten hat er wohl eine positive Haltung gegenüber Jesus und fragt ihn nicht nach vielen einzelnen von Menschen verfassten Geboten, sondern nach dem ersten und wichtigsten, alles umgreifenden Hauptgebot. In Jesu Antwort sind ein erstes und ein zweites Gebot enthalten. Kein anderes Gebot ist größer und wichtiger als diese beiden. Und wir sollten nun genau hinhören, was Jesus meint.

Jesus antwortete: Das erste ist: Höre, Israel, der Herr, unser Gott, ist der einzige Herr. Darum sollst du den Herrn, deinen Gott, lieben mit ganzem Herzen und ganzer Seele, mit all deinen Gedanken und all deiner Kraft. [Vv. 29-30]

Höre, Israel! Das überliest man oft, wenn man das Hauptgebot liest, aber das steht am Anfang. Das ist das erste, was Gott fordert: Wir sollen hören. Ich habe den Eindruck, wir hören viel zu wenig. Überlegen Sie selber einmal: Wenn Sie beten – hören Sie auch auf Gott oder reden Sie nur mit ihm? Hören Sie im Alltag auf seine Stimme? Fragen Sie sich, was Gott ihnen z.B. durch eine bestimmte Begegnung, durch einen Erfolg bzw. Misserfolg oder durch Ereignisse sagen will, von denen Sie durch die Zeitung, das Radio, die Medien erfahren? Wir haben nicht umsonst zwei Ohren und nur einen Mund. Das ist ein Zeichen dafür, dass wir im Gebet mehr hören sollen als reden. Man sagt von Mutter Teresa, dass sie im Gebet eine Dreiviertelstunde lang nur schweigend in ihrem Herzen auf Gott gehört und in der letzten Viertelstunde mit ihm über das dabei Gehörte gesprochen hat. Also: Höre, Israel! Lernen Sie hören! Da brauchen Sie jetzt nicht irgendwelche Erscheinungen zu haben oder irgendetwas mit den Ohren zu hören, sondern nehmen Sie innerlich wahr, was Gott Ihnen sagen will durch bestimmte Dinge und Ereignisse. Hören Sie auch auf Gott, wenn Sie beten! Das ist ja auch das erste der Zehn Gebote im Alten Testament: *„Höre, Israel, der Herr, unser Gott, ist der einzige Herr. Du sollst neben mir keine anderen Götter haben.“* (vgl. Dtn 5,7. 6,4 und Ex 20, 3) Er ist der einzige Herr und macht seinen Herrschaftsanspruch exklusiv geltend. In einer Erzählung wird berichtet, dass ein Mitglied des römischen Senats beantragte, Jesus Christus solle in das Pantheon aufgenommen werden. Das Pantheon war der Tempel, in dem alle Götter aufgestellt waren, die den Römern damals bekannt waren. Der Antrag des Senatsmitglieds wurde mit folgender Begründung abgelehnt: Jesus Christus duldet keine anderen Götter neben sich, also kann man ihn nicht einfach in diese Sammlung, in dieses

Sammelsurium von Göttern, aufnehmen. Er, der Herr allein, macht seinen Herrschaftsanspruch geltend. *Der Herr, unser Gott, ist der einzige Herr.* Diese Aussage ist zugleich eine Heilsaussage. Wenn er unser Herr ist, ist er auch unser Erlöser, d.h. der, der für uns sorgt, der sich unser annimmt. Jesus sagt, wir sollen Gott *„von ganzem Herzen"* lieben. Was bedeutet das? Romano Guardini hat einmal gesagt: Das Herz ist die Mitte des Menschen. Wir sollen all unsere emotionalen wie auch rationalen Kräfte, die in unserem Herzen zusammengefasst sind, als Quelle der Liebe zu Gott nutzen und in allen unseren Absichten, Vorstellungen und Erwartungen ganz auf Gott ausgerichtet sein. Dann sollen wir ihn *„aus ganzer Seele"* lieben, also ihn mit der ganzen Existenz, mit dem ganzen Lebensverlangen. Da ist vor allem unsere Willenskraft mit angesprochen, denn Verstand und Wille sind ja Fähigkeiten der Geistseele. Aus ganzer Seele, also mit der Willenskraft, mit dem ganzen Lebensverlangen sollen wir ihn lieben. Und da ist das Martyrium, also die Lebenshingabe, mit eingeschlossen.Wir sollen ihn *„aus ganzer Kraft"* lieben, d.h. mit dem ganzen Vermögen unserer menschlichen Existenz. Kraft meint all die Mittel, die dem Menschen zur Verfügung stehen – Besitz materieller Art, geistiger Art, geistige Mittel. Mit allem sollen wir ihn lieben, d.h. aus der Liebe zu Gott sollen wir alles einsetzen. Aus ganzer Kraft sollen wir ihn lieben. Schließlich heißt es: Wir sollen Gott *„mit all unseren Gedanken"*, also mit unserem ganzen Verstand lieben. Dadurch wird die Vernünftigkeit der Gottesliebe betont. Wenn Gott Gott ist, ist es vernünftig, ihn zu lieben, da er selbst die Liebe ist. Für „lieben" steht hier im Griechischen „agapein". Es geht also um eine Liebe, die wir nicht aus uns selbst vollbringen können. Für eine solche Liebe würde im Griechischen „philein" stehen. „Agapein" schließt zwar „philein" mit ein, meint aber eine viel intensivere Liebe. Dieses Wort „agapein" benutzt Jesus auch, wenn er von der Feindesliebe spricht. Sie ist die göttliche Tugend der Liebe, die uns in der Taufe eingegossen ist, die Liebe des Vaters zum Sohn und des Sohnes zu uns. Es ist dieselbe Liebe. Das ist Heiliger Geist – als Person. Deshalb ist es wichtig, täglich um diesen Heiligen Geist zu bitten. Sie werden oft merken, wenn Sie es zulassen, auch wenn Sie menschlich gegenüber jemandem Aggressionen oder Ablehnungsgefühle oder Widerstand oder sogar Hassgefühle empfinden, und dann ganz ehrlich in sich hineinhören, dass Sie diesen Menschen nicht hassen müssen, ihn nicht mit Worten verurteilen müssen, sondern dass Sie schweigen können. Und zwar nicht, dass sie es unterdrücken, sondern dass eine Kraft in Ihnen ist, von Jesus her, dass Sie wirklich in der „agape“, in der Liebe bleiben können, ohne zu verurteilen. Dass Sie diesen Emotionen von Hass, Ablehnung oder Aggression nicht folgen müssen, weder durch Worte, noch durch Taten. Da merken Sie: In mir ist eine Kraft, die fähig ist zu dieser Liebe. Das ist hier gemeint. Das Hauptgebot ist also nicht einfach ein moralischer Appell: „Du musst!“, sondern: „Du kannst!“ Das ist die richtige Aussage. Aufgrund der Erlösung, aufgrund deiner Taufe ist dir diese Gnade geschenkt. Wenn du mit Gott lebst, dann wird sie sich auch in dir entfalten. Und aufgrund dieser göttlichen Kraft kannst du so lieben. Und es gilt immer wieder das auszuprobieren, um wirklich, ganz real, die Erfahrung zu machen: Ich muss nicht hassen. Und wenn ich hasse, dann tue ich es ganz bewusst, willentlich. Also genau umgekehrt.

Als zweites kommt hinzu: Du sollst deinen Nächsten lieben wie dich selbst. Kein anderes Gebot ist größer als diese beiden. [V. 31]

Im ersten Johannesbrief schreibt der Apostel Johannes: „Wie kannst du Gott lieben, wenn du deinen Bruder hassest?“ (vgl. 1 Joh 4,20) Wir sollen den Nächsten lieben wie uns selbst. Zunächst müssen wir uns fragen: Liebe ich mich so, wie ich bin, nicht, wie ich sein möchte? Liebe ich mich so, wie Gott mich gewollt hat und liebt? Sage ich „Ja“ zu mir? Wenn ich das nicht kann, kann ich auch nicht zu meinen Mitmenschen „Ja“ sagen. Das werden Sie immer wieder feststellen. Wir müssen uns zunächst selbst lieben. Um das zu können, müssen wir uns kennen. Wer sich selbst nicht kennt, was soll denn der lieben? Oder wenn einer zu sich selber dauernd sagt: „Ich tauge nichts. Ich bin nichts, ich bringe sowieso nichts fertig, am besten wäre es, ich würde gar nicht leben" – so kann ich mich nicht lieben. Wir müssen uns zuerst einmal bewusst werden: Welchen Wert habe ich von Gott her? Wir sind Abbild Gottes. Gott wird Mensch, er riskiert sein Leben – nur für mich, um mich zu retten! Was bin ich ihm wert? Was bedeute ich ihm? Wenn ich auf das Kreuz schaue, dann sehe ich doch, was ich Gott gekostet habe, wie gewaltig diese Liebe Gottes schon immer war und sich dann am Kreuz gezeigt hat. Da kann ich doch nicht sagen: „Ich bin nichts und ich tauge nichts"! Ich muss also zuerst einmal zu einem Selbstwert kommen, im guten Sinn, mir von Gott her sagen lassen, wer ich bin – auch wenn ich unter den Menschen Ablehnung erfahren habe. In der Offenbarung steht, dass dem, der *siegt, ein weißer Stein* mit dem neuen, einmaligen Namen gegeben wird (2,17). Meine Beziehung zu Gott ist einmalig. Die Beziehung Gottes zu mir ist einmalig. Die gibt es nie wieder. Wenn ich mich so bejahe, wie ich bin – das ist „sich selbst lieben", und zwar nicht egoistisch, sondern eben aus dieser Kraft des Heiligen Geistes. Aus dieser Kraft kann ich mich annehmen, so wie ich bin, nicht – wie ich sein möchte. Und dann kann ich auch den Nächsten annehmen wie er ist und nicht, wie ich ihn haben will. Den Nächsten lieben wie sich selbst – das entspricht auch der goldenen Regel aus der Bergpredigt: *„Alles, was ihr also von anderen erwartet, das tut auch ihnen! Darin besteht das Gesetz und die Propheten"* (Mt 7,12). Das bedeutet, für den Nächsten zu sorgen, seinem Recht und seiner Lage entsprechend, so wie man das für sich selbst erwartet. „Das, was du wünschst, das die anderen dir tun, das tu auch ihnen", sagt Jesus. So liebt man den Nächsten wie sich selbst.

Da sagte der Schriftgelehrte zu ihm: Sehr gut, Meister! Ganz richtig hast du gesagt: Er allein ist der Herr, und es gibt keinen anderen außer ihm, und ihn mit ganzem Herzen, ganzem Verstand und ganzer Kraft zu lieben und den Nächsten zu lieben wie sich selbst, ist weit mehr als alle Brandopfer und anderen Opfer.

[Vv. 32-33]

Dieses Gebot sei wichtiger als alle Kultgebote, bekennt selbst der Schriftgelehrte. An einer anderen Stelle sagt Jesus: *„Wenn du deine Opfergabe zum Altar bringst und dir dabei einfällt, dass dein Bruder etwas gegen dich hat, so lass deine Gabe dort vor dem Altar liegen; geh und versöhne dich zuerst mit deinem Bruder, dann komm und opfere deine Gabe."* (Mt 5, 23-24) Jesus fragt dabei nicht, wer von beiden schuld ist, sondern es geht nur darum, dass ich weiß, dass mein Bruder etwas gegen mich hat. *„Dann komm und opfere deine Gabe."*, nämlich: Dich selbst. Versöhne dich zuerst! Denn die Liebe ist das Entscheidendste im Reich Gottes, und das vergessen wir meist. Wie oft am Tag reden wir lieblos über Menschen, wie oft denken wir lieblos! Schon allein, wenn wir an Menschen vorbeigehen, urteilen wir bereits oft negativ über sie – dass dessen Kleidung unpassend ist, oder seine Gangart, oder etwas anderes. Und wir bringen das meist nicht in Ordnung und bleiben bei den negativen Gedanken über jenen Menschen: „Ein komischer Kerl, eine komische Frau" – wo doch die Liebe im Reich Gottes das Entscheidendste ist. Das vergessen wir oft.

In jener Zeit lehrte Jesus eine große Menschenmenge und sagte: Nehmt euch in acht vor den Schriftgelehrten! Sie gehen gern in langen Gewändern umher, lieben es, wenn man sie auf den Straßen und Plätzen grüßt, und sie wollen in der Synagoge die vordersten Sitze und bei jedem Festmahl die Ehrenplätze haben. Sie bringen die Witwen um ihre Häuser und verrichten in ihrer Scheinheiligkeit lange Gebete. Aber umso härter wird das Urteil sein, das sie erwartet. Als Jesus einmal im Tempel dem Opferkasten gegenübersaß, sah er zu, wie die Leute Geld in den Kasten warfen. Viele Reiche kamen und gaben viel. Da kam auch eine arme Witwe und warf zwei kleine Münzen hinein. Er rief seine Jünger zu sich und sagte: Amen, ich sage euch: Diese arme Witwe hat mehr in den Opferkasten hineingeworfen als alle anderen. Denn sie alle haben nur etwas von ihrem Überfluss hergegeben; diese Frau aber, die kaum das Nötigste zum Leben hat, sie hat alles gegeben, was sie besaß, ihren ganzen Lebensunterhalt.

Der vorliegende Text ist wiederum ein bekanntes Evangelium. Was will der Herr uns damit heute sagen? Jesus spricht in seiner Lehre zu einer großen Volksmenge. Es geht bei diesem Abschnitt nicht so sehr um die Eitelkeit der Schriftgelehrten, als vielmehr um ihre Lehre. Die Schriftgelehrten wollen auf Grund ihrer Lehre in der Heilsgemeinde eine bevorzugte Stellung und Funktion einnehmen. Jesus aber spricht immer vom Dienen. Die Schriftgelehrten verhalten sich also ganz entgegengesetzt zu den Forderungen, die Jesus an seine Jünger im Reich Gottes stellt. Jesus schildert ganz einfach, wie sie auf Grund ihres Lehrerseins und ihrer Lehre auf den Plätzen begrüßt werden wollen, in den Synagogen die vordersten Sitze und bei Festmählern die Ehrensitze haben wollen usw.

Sie bringen die Witwen um ihre Häuser und verrichten in ihrer Scheinheiligkeit lange Gebete. Aber umso härter wird das Urteil sein, das sie erwartet. [V. 40]

Was ist denn da gemeint? Damit ist wohl gemeint, dass die Schriftgelehrten ja als fromme Männer – das soll jetzt nicht ironisch klingen, ich meine wirklich: als fromme Männer – das Vertrauen der Leute haben. Von Witwen werden sie z.B. gebeten, sie im Rechtsstreit zu verteidigen. Die Leute vertrauen ihnen also auch ihre Rechtsgeschäfte an. Das wäre ja grundsätzlich in Ordnung. Jesus prangert jedoch an, dass die Schriftgelehrten sich ihre Dienste hoch bezahlen lassen und die Witwen sogar um ihre Häuser bringen. Er dürfte dabei auch an Vormundschaft gedacht haben. Den Schriftgelehrten hat man wohl auch solche Dinge anvertraut. Sie wird ein viel härteres Gericht erwarten als andere Menschen, weil sie um die Notwendigkeit der Übereinstimmung von Lehre und Praxis eigentlich wissen müssten. Sie lehren ja das Wort Gottes. Das Verhalten der Schriftgelehrten jedoch stimmt längst nicht immer mit dem Wort Gottes überein. Dass sie die Armen, die Witwen und Waisen im Rechtsstreit verteidigen oder ihre Vormundschaft übernehmen, entspricht durchaus dem Wort Gottes, aber dass sie sich ihre Dienste so hoch bezahlen lassen, dass selbst Witwen dabei ihre Häuser verlieren, hat mit dem Wort Gottes nichts zu tun. Weil ihre Lehre mit ihrem Tun nicht übereinstimmt, werden sie ins Gericht kommen.

Auch wir müssen uns immer wieder fragen: Stimmt mein Glaube, meine Lehre – ob ich nun öffentlich als Lehrer, als Verkünder, lehre oder einfach durch mein Leben als Katholik – stimmt es überein mit dem, was ich tue? Verhalte ich mich entsprechend dieser Lehre? Denken Sie an das Evangelium vom letzten Sonntag, das Hauptgebot der Liebe. Entspricht mein Leben, bei all meinen Fehlern, so gut ich eben kann, diesem Hauptgebot? Stimmt mein Leben als Christ, meine Behauptung „Ich bin katholisch“ überein mit dieser Lehre? Stimmt meine Lehre überein mit meinem Tun? Das ist der Hintergrund. Deshalb spricht Jesus jetzt über die Lehre der Schriftgelehrten. Sie lehren zwar vielleicht das Richtige, tun es aber nicht. Sie missbrauchen sogar die Lehre, um die Menschen auszubeuten und die Witwen um ihre Häuser zu bringen.

Als Jesus einmal im Tempel dem Opferkasten gegenübersaß, sah er zu, wie die Leute Geld in den Kasten warfen. Viele Reiche kamen und gaben viel. [V. 41]

Dieser Abschnitt hört sich an als ob er nicht zum vorhergehenden gehören würde. Und doch gehören beide Passagen zusammen. Im Griechischen wird das mit dem Wort „und" ausgedrückt, das in der Einheitsübersetzung nicht übersetzt ist. Dieses „und" zeigt die Verbindung mit dem, was Jesus gerade eben vor den Schriftgelehrten gesagt hat. Es heißt ausdrücklich: „... und er setzte sich dem Opferkasten gegenüber hin.". Und: „Die Reichen gaben ihre Geldsummen offen ab." Sie müssen ihre Gaben offen abgegeben haben, sonst hätte man ja nicht sehen können, dass sie große Spenden gaben. Sie wollen ja damit etwas ausdrücken.

Da kam auch eine arme Witwe und warf zwei kleine Münzen hinein. Er rief seine Jünger zu sich und sagte: Amen, ich sage euch: Diese arme Witwe hat mehr in den Opferkasten hineingeworfen als alle anderen. Denn sie alle haben nur etwas von ihrem Überfluss hergegeben; diese Frau aber, die kaum das Nötigste zum Leben hat, sie hat alles gegeben, was sie besaß, ihren ganzen Lebensunterhalt. [Vv. 42-44]

Die Witwe warf zwei Septa in den Opferstock, also ganz wenig. Septa gehörten zu den kleinsten Kupfermünzen der damaligen Zeit. Diese Situation benutzt Jesus, um seinen Jüngern eine Lehre zu erteilen. Vorher hatte Jesus zur großen Volksmenge gesprochen. Die Jünger waren sicher unter dem Volk verstreut. Jetzt ruft Jesus nur seine Jünger zu sich, die Zwölf. Er will ihnen eine wichtige Lehre erteilen, denn sie haben die Situation mit der Witwe sicher auch beobachtet. Anhand dieses Beispiels erklärt er ihnen, worauf es wirklich ankommt.

Die Reichen gaben von ihrem Überfluss, die Witwe gab von ihrem Mangel. Sie gab alles, was sie zum Leben brauchte, ihren ganzen Lebensunterhalt. Das wird deutlich an dem griechischen

Wort „bios“. Dies umfasst alles, was man für das irdische Leben braucht, also Nahrung, Wohnung, Kleidung usw., vor allem Nahrung. Die Witwe hat praktisch alles riskiert. Sie hat Gott alles gegeben. Sie vertraut jetzt nur noch auf Gott. Sie hat ja nichts mehr. Nicht einmal auf das Wenige, das sie noch besaß, hat sie ihr Leben abgestützt – nur noch auf Gott.

Diese Gedanken bringt Jesus immer wieder in anderen Variationen, in anderen Beispielen, auch hier wieder: Sich auf nichts abstützen, sondern Gott vertrauen, in der Vorsehung leben. *„Sorgt euch nicht ängstlich!“* (vgl. Mt 6,25-34)

Wer in den Tempel geht, wer Gott verherrlichen will, muss auch alles für Gott riskieren, sonst verhält er sich wie die Reichen. Sie geben etwas von ihrem Überfluss und gehen wieder. Sie brauchen Gott gar nicht. Sie besitzen noch so viel, dass sie auch ohne Gott gut damit leben können. Wenn ich zu Gott gehe, ihn verherrlichen und anbeten will, dann drücke ich damit aus: „Gott, du bist für mich alles, ich bin nichts!“

Dann muss ich mich auch ganz auf Gott einlassen, mich ganz ihm ausliefern, wie es die Witwe so wunderbar getan hat. Das ist die richtige Haltung vor Gott. Die Anbetung ist die tiefste Form der Gottesverherrlichung. Anbetung heißt: „Gott, du bist alles, ich bin nichts. Ich gebe dir alles, riskiere alles auf dich hin und vertraue nur auf dich und nicht auf meinen Besitz“. Ich darf durchaus etwas besitzen, die entscheidende Frage ist jedoch: Auf wen verlasse ich mich? Das ist mit diesem Bild von der Witwe wunderschön ausgedrückt. Die Reichen gehen auch zur Gottesverherrlichung. Worin besteht jedoch die Verherrlichung Gottes, solange man abgesichert ist? Solange ich abgesichert bin, brauche ich Gott nicht. Ich verherrliche ihn ganz nebenbei.

Doch solche Gottesverherrlichung kostet mich nicht meine Existenz. Wer aus dem Überfluss gibt, tangiert seine Existenz nicht. Es geht hier um unser Gottesverhältnis, die Grundhaltung, in der wir zu Gott gehen. Die Schriftgelehrten lehren alles, was Gott sagt, aber sie handeln nicht danach. Ihr Verhalten ist nicht glaubwürdig und keine Gottesverherrlichung. Sie geben von ihrem Überfluss, aber sie werfen nicht ihre ganze Existenz auf Gott. Sie vertrauen Gott nicht ganz – doch die arme Witwe tut es. Ein solches Vertrauen ist die Voraussetzung für echte Gottesverehrung.

Dieses Evangelium ist eine Antwort auf das Verhalten der Schriftgelehrten und ihre unredliche Gesinnung. Sie wollen den Armen nicht einfach nur helfen, sondern dabei gewinnen. Gewinnsucht aber steht den Forderungen des Wortes Gottes entgegen. Jesus geht es um die innere Gesinnung, nicht um das äußere Tun.

Dieser Text ist ein ziemlich kurzes Evangelium mit einem sehr markanten Inhalt, der uns zu einer Entscheidung ruft. Wir müssen uns immer wieder fragen: „Stimmt mein Christsein, mein Wort, meine Verkündigung mit meinem Tun überein? Gehe ich wirklich zu Gott in dem Bewusstsein, dass ich ganz auf ihn angewiesen bin? Oder gehe ich zu ihm mit allen möglichen Sorgen im Kopf, für die ich selber aufkommen will? Komme ich zu Gott im Vertrauen: Ich tue das Meine so gut ich kann, aber ich werfe meine Sorgen auf dich, o Herr!" – d.h. ich werfe mich selbst mit meiner ganzen Existenz auf Gott? Nur er ist die tragfähige Grundlage meines Lebens, unabhängig davon, ob ich etwas besitze oder nicht. Wir können uns an keinem Wort Gottes vorbei mogeln. Wir müssen genau hinhören, was der Herr uns heute sagen will, denn darüber müssen wir genauso Rechenschaft geben wie die Schriftgelehrten.

In jener Zeit sprach Jesus zu seinen Jüngern: In jenen Tagen, nach der großen Not, wird sich die Sonne verfinstern und der Mond wird nicht mehr scheinen; die Sterne werden vom Himmel fallen und die Kräfte des Himmels werden erschüttert werden. Dann wird man den Menschensohn mit großer Macht und Herrlichkeit auf den Wolken kommen sehen. Und er wird die Engel aussenden und die von ihm Auserwählten aus allen vier Windrichtungen zusammenführen, vom Ende der Erde bis zum Ende des Himmels. Lernt etwas aus dem Vergleich mit dem Feigenbaum! Sobald seine Zweige saftig werden und Blätter treiben, wisst ihr, dass der Sommer nahe ist. Genauso sollt ihr erkennen, wenn ihr all das geschehen seht, dass das Ende vor der Tür steht. Amen, ich sage euch: Diese Generation wird nicht vergehen, bis das alles eintrifft. Himmel und Erde werden vergehen, aber meine Worte werden nicht vergehen. Doch jenen Tag und jene Stunde kennt niemand, auch nicht die Engel im Himmel, nicht einmal der Sohn, sondern nur der Vater.

Der heutige Sonntag ist der vorletzte Sonntag im Jahreskreis. Die Liturgie führt uns das ganze Jahr über durch die einzelnen Heilsgeheimnisse als Quellen unserer Kraft in der Nachfolge Christi. Am Ende des Kirchenjahres werden wir auf das Ziel hingeführt, die Wiederkunft des Herrn. Wir kennen diesen Text von Kindheit auf, aber ich glaube, gerade weil wir ihn kennen, nehmen wir ihn nicht mehr ernst. Nicht zuletzt auf Grund unserer naturwissenschaftlichen Einstellung beinhaltet er für uns reine Bilder, die uns nichts mehr sagen. Wir verstehen die Zeichen der Zeit nicht mehr. Umso wichtiger ist es für uns, dass wir auf dieses Evangelium genau hören.

Jesus spricht am Ölberg, gegenüber dem Tempel. Zwischen dem Ölberg und dem Tempel liegt das Kidrontal. Der vorliegende Text ist die letzte Rede Jesu vor seinem Leiden. Diesem Text voraus gehen verschiedene Warnungen Jesu an seine Jünger, nämlich die

Warnung, sie sollen sich nicht verführen lassen in dieser Zeit vor seiner Ankunft. Es wird heißen: „Dort ist der Gesalbte, dort ist Christus, da ist er". Und Jesus sagt: „Glaubt dem nicht! Lasst euch nicht verführen!" Diese Art von Verführung ist heutzutage sehr konkret. Wie viele Christusse stehen auf? Wie viele sagen, sie seien die Wiedergeburt Jesu usw.? Wie viele Messiasse treten plötzlich auf in der Form von Gurus und Ähnlichem? Wir leben in dieser Zeit, von der Jesus hier spricht. Aber viele von uns sind bereits verführt – umso wichtiger ist es, hinzuhören und zurückzukehren. Das heutige Evangelium beginnt mit einem Übergang zu etwas ganz Neuem. Es heißt:

> **In jenen Tagen, nach der großen Not wird sich die Sonne verfinstern und der Mond wird nicht mehr scheinen; die Sterne werden vom Himmel fallen und die Kräfte des Himmels werden erschüttert werden.**
>
> [Vv. 24-25]

Dort, wo die Versuchungen sind, dort, wo die Gefahr des Abfalls ist, kommt also jetzt etwas ganz Neues. Mit *„jenen Tagen"* sind nicht mehr die Tage der großen Drangsal gemeint, sondern die Tage nach der großen Drangsal. In der großen Drangsal geht es um Verführung und Abfall. Wir erleben heute einen großen Glaubensabfall, ohne Übertreibung. Wer das nicht sieht, ist blind. Bis in unsere Dörfer hinein. Bis hinein in die Herzen derer, die vielleicht sogar noch in die Kirche gehen. Wie viel echte Glaubenssubstanz ist noch da? Nach diesem großen Glaubensabfall folgen gleichsam kosmische Veränderungen. Diese äußeren Zeichen, z.B. das Erlöschen der Himmelslichter, sind das Signal für die Ankunft des Menschensohnes. Sie sind für jeden plötzlich wie ein Blitz erkennbar. Jesus sagt an einer anderen Stelle: *„Denn wie der Blitz bis zum Westen hin leuchtet, wenn er im Osten aufflammt"* – und jeder kann es erkennen – „so wird es bei der Ankunft des Menschensohnes sein." (vgl. Mt 24, 27) Deshalb brauchen wir uns nicht irreführen zu lassen. Wenn der Tag des Gerichtes kommt, erkennt das jeder. Das ist ein ganz wichtiges Kennzeichen. Die himmlischen Kräfte zeigen den Gerichtstag an.

Dann wird man den Menschensohn mit großer Macht und Herrlichkeit auf den Wolken kommen sehen.

[V. 26]

Wir brauchen uns nicht vorher verführen zu lassen. Wenn der Messias kommt, sehen wir ihn, und zwar jeder. Es heißt: *„Sie werden den Menschensohn sehen"* – damit sind die Gegner Jesu und die Gegner seiner Jünger gemeint. Der unbestimmte Plural an dieser Stelle drückt die überall wahrnehmbare Offenbarung des Menschensohnes in seinem Machtglanz, in seiner Macht und Herrlichkeit aus. Der Ausdruck „mit großer Macht und Herrlichkeit aus den Wolken" steht für die Herrlichkeitsfülle des wiederkommenden Herrn, des Endrichters. *„Auf den Wolken"* ist immer ein Ausdruck für die Gegenwart Gottes. Die Wolke, die verbirgt, ist Umschreibung und Zeichen für die Gegenwart Gottes. In der Wolke steigt Gott auf den Tempel herab usw. Also alle – alle Gegner – werden ihn sehen. Alle Verfolger, auch die Verfolger der Jünger, werden ihn sehen. Es wird offenbar sein.

Und er wird die Engel aussenden und die von ihm Auserwählten aus allen vier Windrichtungen zusammenführen, vom Ende der Erde bis zum Ende des Himmels.

[V. 27]

Das ist der zweite Akt des Gerichtstages. Er wird im Griechischen eingeleitet mit einem Ausdruck für „zweiter Schritt". Das Erste ist das Erscheinen des Herrn. Dann werden die Engel ausgesandt als die Erntearbeiter, und sie sollen die Auserwählten sammeln, und zwar aus allen vier Winden. Das ist eine sehr tröstliche Verheißung. Kein Auserwählter wird bei dieser Sammlung vergessen werden, ganz egal, wo er sein wird. Die Engel werden ausgesandt, sie zu sammeln, sie zu holen. Wir werden abgeholt! Was für ein wunderbarer Ausdruck! Gott lädt uns ein. Er erscheint und er lässt uns durch seine Engel abholen, dort, wo wir sind, ganz gleich, wo. Und keiner wird vergessen. Es ist so ein schöner Ausdruck der Liebe Gottes, eigentlich ein Ausdruck auch für jenes Wort, das im anderen Evangelium steht: *„Wenn (all) das beginnt, dann richtet euch auf und erhebt eure Häupter; denn eure Erlösung ist nahe"* (Lk 21,28). Es ist ein Tag der Freude. Wenn ich mit Christus gelebt habe, ist es etwas Beglückendes, ihn schauen zu dürfen, wenn er kommt. Und warten zu dürfen, wie ich persönlich abgeholt werde. Das dürfen wir uns ruhig ein bisschen ausmalen, um den Hintergrund, die Bedeutung zu erspüren, das ganz Persönliche. Es ist nicht einfach ein Sammeln von Massen, sondern die Auserwählten werden, jeder Einzelne, von allen vier Richtungen gesammelt und abgeholt. Und diese Engel werden ausgesandt –„apostelein" –, das ist das gleiche Wort mit dem Jesus die Apostel aussandte. Er sendet sie also aus wie die Apostel, also mit Vollmacht, mit der Vollmacht, uns in das Reich der Herrlichkeit zu führen.

Lernt etwas aus dem Vergleich mit dem Feigenbaum! Sobald seine Zweige saftig werden und Blätter treiben, wisst ihr, dass der Sommer nahe ist. [V. 28]

Im Gegensatz zu den zahlreichen anderen Bäumen in Palästina, die immer grünen, wirft der Feigenbaum im Herbst seine Blätter ab und im Frühjahr schlägt er wieder neu aus – so wie es die Bäume bei uns auch tun. Damit kann er die Jahreszeit anzeigen. Das Endgericht wird also hier nicht mit dem Herbst verglichen, was wir vielleicht erwarten würden, sondern das Endgericht wird mit dem Frühling verglichen, mit dem Sommer. Wenn er Blätter ansetzt – das ist ja im Frühling – dann ist das Kommen des Herrn nahe. Ein wunderbarer Ausdruck, denn der Sommer bedeutet Leben. Das Leben ist nahe! Wenn der Herr kommt, ist das Leben, das ewige Leben, nahe. Das will das Bild des Feigenbaums uns sagen – es ist Ausdruck des beginnenden „Neuen Lebens".

Deshalb verwendet Jesus in seinem Vergleich diesen Baum und nicht Bäume, die die Blätter das ganze Jahr halten.

Genauso sollt ihr erkennen, wenn ihr all das geschehen seht, dass das Ende vor der Tür steht. [V. 29]

Alle Zeichen, die Jesus bis hierher geschildert hat, weisen auf die Nähe des Endes hin. *„Wenn ihr das alles seht"*, was Jesus da geschildert hat, *„dann ist der Herr vor der Tür"*. Die letzte Vollendung erfolgt mit der Ankunft des Menschensohnes. Der Ausdruck „so fängt es an" und „genauso sollt ihr erkennen", zeigt die starke Betonung der Aussage: An diesen Zeichen der Zeit werdet ihr die Nähe des Endes erkennen. Jesus zählt hier nur einige Zeichen auf. Wenn Sie bedenken, wie mächtig diese Zeichen der Zeit sind – hier werden ja nur einige Dinge aufgezählt, bei Matthäus und bei den anderen Evangelisten zählt Jesus noch ganz andere Zeichen der Zeit auf – und wenn wir das zusammen sehen, was auch Paulus schreibt über die Zeichen der Zeit, dann werden Sie merken: Wir erleben heute massiv solche Zeichen – Erdbeben, Überschwemmungen, Stürme, Feuer. Das sind alles Dinge, die das ganze Jahr die Menschheit im Banne halten. Auch die Wissenschaftler bestätigen, eine solche Fülle von Katastrophen habe es nach ihrer Auffassung in der Weltgeschichte noch nie gegeben. Mit diesen Ereignissen in der Schöpfung setzt Jesus ein Zeichen. Wir sollen sie als Zeichen sehen: Er steht vor der Tür. Das sollte uns eigentlich zu denken geben, und wir sollten nicht trotz der Zeichen einfach so gedankenlos vor uns hinleben. Die Welt sollte es spüren, dass wir auf einen Kommenden hinleben. Dass wir nicht einfach so vor uns hinleben, als ob das Leben alles wäre, sondern dass wir etwas erwarten so wie Menschen auf eine Hochzeit warten, wie ein Brautpaar auf die Hochzeit wartet – mit einer unheimlichen Spannung und Begeisterung. So sollen die Menschen uns erfahren: Wir warten auf die Hochzeit des Lammes mit seiner Braut, der Kirche, die wir sind. Wir warten auf die Ankunft des Bräutigams, auf die Ankunft des Herrn.

Gerade die Zeichen der Zeit sollten uns wieder ermutigen, Wartende zu sein. Wir beten doch in jeder heiligen Messe nach dem „Vaterunser“, dass wir das Kommen des Herrn Jesus Christus erwarten. Doch stimmt das überhaupt? Auch hier erleben wir oft ein Auseinanderklaffen von Gebet und Glaube.

Amen, ich sage euch: Diese Generation wird nicht vergehen, bis das alles eintrifft. [V. 30]

Wieder dieses „Amen“ – diese absolute Bestätigung. „Amen“ heißt „todsicher“, also eine ganz starke Betonung dieser Prophetie, die Jesus jetzt ausspricht, dass diese Generation – in der Einzahl – nicht vergeht, bis das alles geschieht. Das Menschengeschlecht – das ist diese Menschheitsgeneration, das Menschengeschlecht, in der Einzahl – wird nicht vorher aussterben. Es wird auch vorher nicht ausgelöscht, sondern es wird das alles erfahren. Das ist die Prophetie. Wenn also der Herr kommt, wird die Menschheit nicht ausgelöscht sein – wie wir oft befürchten – durch Atomwaffen und nicht durch die verrücktesten Massenvernichtungsmittel der Menschen. Nein, *diese Generation wird nicht vergehen, bis das alles geschieht.* Ich verstehe das als Garantie, dass die Menschen einander nicht ausrotten können und nicht dürfen, bis der Herr kommt. Das Menschengeschlecht wird vorher nicht aussterben und nicht ausgelöscht werden. Lesen wir doch die Heilige Schrift – das, was Gott uns gesagt hat. Diese Prophetie steht unter dem „Amen“, ist also todsicher.

Himmel und Erde werden vergehen, aber meine Worte werden nicht vergehen. [V. 31]

In diesem Satz wird beteuert, dass das Wort Jesu nie seine Gültigkeit verliert. Daran kann man nichts weg-exegetisieren. Das Wort Gottes steht. *„Himmel und Erde werden vergehen, aber meine Worte werden nicht vergehen“* – und zwar alle Worte der

Heiligen Schrift. Lassen Sie sich von niemandem irreführen und weismachen, dass man nicht alle Worte der Schrift ernst nehmen soll. Dann am Schluss sagt Jesus noch:

> **Doch jenen Tag und jene Stunde kennt niemand, auch nicht die Engel im Himmel, nicht einmal der Sohn, sondern nur der Vater.** [V. 32]

Jesus hat seine Gottheit abgestreift. Als Mensch weiß er den Zeitpunkt nicht, sondern nur der Vater kennt ihn. Die Jünger fragen immer nach den Zeiten – genauso wie wir. An einer anderen Stelle der Heiligen Schrift fragen sie Jesus: *„Wann wird das geschehen?* Woran wird man das erkennen? (vgl. Mt 24,3; Mk 13,4; Lk 21, 7) Wann wird das sein?" Die Frage nach dem Zeitpunkt ist reine Neugier. Wieso muss ich den Zeitpunkt kennen? Wenn ich Jesus erwarte, wenn ich auf ihn eingestellt bin, dann kann er doch jederzeit kommen. Wieso muss ich den Zeitpunkt kennen? Es ist doch immer etwas Schönes, überrascht zu werden. Und gar von etwas Angenehmem überrascht zu werden, ist doch großartiger, als vorher alles schon zu wissen. Weihnachten ist ein typisches Beispiel dafür. Wenn ich schon alles weiß, was ich geschenkt bekomme, na gut, da freut man sich vielleicht noch darauf. Aber wenn ich überrascht werde mit etwas, was ich nicht erwartet habe, das ist doch viel schöner. Lassen wir uns doch überraschen und versuchen wir nicht, immer voller Neugier nachzufragen, wann und wie das geschehen wird. Hinter diesem Fragen steckt oft die fehlende Bereitschaft zur Umkehr. Wir wollen sie noch ein bisschen hinausschieben. Heute rennen die Leute ja überall hin, wo irgendwo eine angebliche Botschaft auf die Zukunft hin kommt und wenn ein Wahrsager wieder etwas über die Zukunft sagt, dann sind alle gespannt. Aber bekehren tut sich keiner. Wenn wir ehrlich sind, wollen wir uns mit unseren Fragen: „Wann wird das sein?" eigentlich nur absichern. Denn wenn es erst in hundert Jahren ist, dann brauche ich gar nicht mehr damit zu rechnen, brauche ich nicht umzukehren – das tut´s noch kurz vor dem Sterben – obwohl das sehr riskant ist! Denn entscheidend ist mein Leben, ganz entscheidend, und so wird auch mein Tod sein. Wir sollten uns da kein X für ein U vormachen. Also nur der Vater kennt den Zeitpunkt und wir sollten uns auch gar keinen Zeitpunkt ausrechnen, sondern auf Jesu Botschaft eingehen – nämlich umdenken, umkehren, auf ihn hinleben. Dann kann er kommen, wann er will. Dann darf er uns jederzeit überraschen.

In jener Zeit fragte Pilatus Jesus: Bist du der König der Juden? Jesus antwortete: Sagst du das von dir aus, oder haben es dir andere über mich gesagt? Pilatus entgegnete: Bin ich denn ein Jude? Dein eigenes Volk und die Hohenpriester haben dich an mich ausgeliefert. Was hast du getan? Jesus antwortete: Mein Königtum ist nicht von dieser Welt. Wenn es von dieser Welt wäre, würden meine Leute kämpfen, damit ich den Juden nicht ausgeliefert würde. Aber mein Königtum ist nicht von hier. Pilatus sagte zu ihm: Also bist du doch ein König? Jesus antwortete: Du sagst es, ich bin ein König. Ich bin dazu geboren und dazu in die Welt gekommen, dass ich für die Wahrheit Zeugnis ablege. Jeder, der aus der Wahrheit ist, hört auf meine Stimme. Pilatus sagte zu ihm: Was ist Wahrheit?

Mit dem heutigen Christkönigsfest endet das laufende Kirchenjahr. Christus wird als Herr der ganzen Welt, des Himmels und der Erde gefeiert. Im Evangelium dieses Festtages spricht Jesus selbst von seinem Königtum und bestätigt es.

Pilatus ruft Jesus ins Prätorium. Dieses Verhalten ist völlig außergewöhnlich. Wir spüren daran, wie unsicher Pilatus war und dass er wohl etwas geahnt hat, was er jedoch nicht ernst genommen hat. Er hatte Angst. Jetzt, im Prätorium, fragt er Jesus: *„Bist du der König der Juden?"* Die Anklage des Volkes bzw. des Hohenpriesters und seiner Umgebung lautete auf Rebellion und war damit ein sehr gefährlicher Vorwurf.

Jesus antwortete: Sagst du das von dir aus, oder haben es dir andere über mich gesagt? Pilatus entgegnete: Bin ich denn ein Jude? Dein eigenes Volk und die Hohenpriester haben dich an mich ausgeliefert. Was hast du getan? [Vv. 34-35]

Mit der Frage *„Bin ich denn ein Jude?"* distanziert sich Pilatus von der Meinung des Volkes. Er schiebt die Verantwortung letztlich auf die Juden ab. Im Griechischen ist an dieser Stelle nicht das ganze Volk der Juden gemeint, sondern nur der Teil der Juden, der Jesus ausgeliefert hat. Für den Römer Pilatus ist nur die eine Frage maßgebend, was Jesus getan hat. Er lässt sich gar nicht auf seine eigene Frage ein, ob Jesus der König der Juden ist.

Jesus antwortete: Mein Königtum ist nicht von dieser Welt. Wenn es von dieser Welt wäre, würden meine Leute kämpfen, damit ich den Juden nicht ausgeliefert würde. Aber mein Königtum ist nicht von hier.“ [V. 36]

Jesus spricht hier von der „basileia Jesu“, seinem Königreich. Dieses Königreich ist nicht von der Welt, es ist aber auch nicht der himmlische Bereich, wie z.B. die *„basileia tou theou“,* die Königsherrschaft Gottes, die ja oft im Evangelium genannt wird. Die Königsherrschaft Gottes ist das ewige Reich, der Himmel. Die Königsherrschaft Jesu ist in dieser Welt und nicht aus der Welt ausgegrenzt. Das kommt im Urtext ganz klar zum Ausdruck. Die „basileia Jesu“, die Königsherrschaft Jesu, erweist sich gerade in der Welt, wo immer die Stimme Jesu gehört wird. Dort geschieht das Reich Jesu im Menschen. ‚Das Reich Gottes ist in euch.‘, sagt Jesus an anderer Stelle. (vgl. z.B. Lk 17,21: „Das Reich Gottes ist (schon) mitten unter euch.“) Die folgenden Worte bekräftigen diese Aussage. Jesus will Pilatus klarmachen, dass er keine Rebellion anstrebt und keinen Aufstand, weswegen er von den Juden überführt wurde. Eine Rebellion wird mit weltlichen Mitteln und mit Waffengewalt durchgesetzt. Hätte Jesus das gewollt, dann hätten seine Diener dafür gekämpft, dass er nicht den Juden ausgeliefert wird. Für „Diener“ steht an dieser Stelle dasselbe griechische Wort wie für die Waffenknechte, die Jesus am Gründonnerstag gefangen genommen haben. Jesus will damit ganz klar sagen: Mein Reich ist nicht von dieser Welt. Wenn es von dieser Welt wäre, dann hätte auch ich Waffenknechte und hätte mit Waffengewalt mein Reich durchsetzen können. Pilatus wird also hier mit einer Wirklichkeit konfrontiert, die er bis jetzt nicht gekannt hat und die er als Heide auch nicht begreift. Aber er ahnt etwas und fürchtet die Unfasslichkeit dieses Reiches, von dem Jesus spricht. Dieses Reich ist in uns. Seine unbesiegbare Macht erleben wir ganz besonders bei den Martyrern, die plötzlich die Kraft dieses Reiches in sich spüren. „Die auf seine Stimme hören“, sind die Menschen, in denen das Reich Gottes wirkt. Immer dort, wo die Stimme Jesu gehört wird, baut sich sein Reich in den Herzen der Menschen auf. Das ist keine Utopie, sondern etwas Reales und Erfahrbares. Wer das Reich Gottes in sich trägt, erfährt dies an einer Kraft, wie sie bei den Martyrern spürbar, sichtbar und greifbar wird. Dieses Reich ist nicht von dieser Welt, aber es ist in dieser Welt wie ein Sauerteig. Christus ist der König dieses Reiches. Deshalb ist er der König unserer Herzen. Die Gegenwart dieser „basileia Jesu“, dieser Königsherrschaft Jesu, spüren Sie auch im Leben von Menschen, die ihr Christsein bis ans Ende in Treue leben, durch alle Verfolgung, Verspottung, Mühsal, Beschwer, Krankheit und Leid hindurch. Gegen diese Herrschaft kommt niemand an. Selbst wenn uns die Menschen umbringen, können sie diese Herrschaft Gottes in uns nicht zerstören. Sie müssen selbst dann noch feststellen, dass sie uns nichts nehmen, sondern sogar etwas geben, nämlich das ewige Leben, das Jesus uns verheißen hat.

Pilatus sagte zu ihm: Also bist du doch ein König? Jesus antwortete: Du sagst es, ich bin ein König. Ich bin dazu geboren und dazu in die Welt gekommen, dass ich für die Wahrheit Zeugnis ablege. Jeder, der aus der Wahrheit ist, hört auf meine Stimme. Pilatus sagte zu ihm: Was ist Wahrheit? [Vv. 37-38a]

Wir spüren, dass Pilatus beunruhigt ist, weil Jesus von einem Reich spricht, das er zwar irgendwie wahrnimmt, für das er jedoch kein Gespür hat. Diese Unruhe des Pilatus bietet Jesus die Möglichkeit, sein Königtum noch genauer zu umschreiben. Er betont ausdrücklich: *„Du sagst es, ich bin ein König.“* Jesus führt nun aus, in welchem Sinn er König ist. Er bekennt, dass er aus einer anderen Welt stammt und in unsere Welt gekommen ist, um in dieser Welt von der Wirklichkeit jener anderen Welt, der Königsherrschaft des Vaters, Zeugnis abzulegen. In den Herzen der Menschen baut er seine Königsherrschaft auf. Er ist wirklich ein König. Jesus erweist sich als der alleinige kompetente Gesandte aus der Welt Gottes, der allein die Heilswahrheit offenbaren kann, weil er Zeuge dieser anderen Welt ist. Er ist der himmlische Zeuge, der das in der Welt verkündet, was er vom Vater gesehen und gehört hat. Dieses Wissen will er den Menschen als heilbringende Wahrheit offenbaren. Wer sie hört und annimmt, in dem baut er sein Reich auf. Wenn Christus in Herrlichkeit kommt und die Herrlichkeit seiner Königsherrschaft offenbar ist, wird auch dies, was er in uns aufgebaut hat, sichtbar werden. Alles Wirken Jesu, bis in unsere Zeit hinein, ist ein Zeugnis-Geben von Gott, dem Vater, der das Heil aller Menschen will.

So macht Jesus Pilatus neugierig. Er sagt: *„Jeder, der aus der Wahrheit ist, hört auf meine Stimme."* Damit ist jeder gemeint, der ehrlich die Wahrheit und den wahren Sinn des Lebens sucht. Denen, die nicht auf ihn hören wollten, sagte Jesus an einer anderen Stelle, dass sie nicht aus der Wahrheit und damit nicht aus Gott sind. Die aus der Wahrheit sind, hören auf die Stimme des Hirten, sagt Jesus.

Pilatus fragt Jesus, ob er ein König ist. Jesus gibt ihm zur Antwort: *„Jeder, der aus der Wahrheit ist, hört auf meine Stimme."* Mit dieser Aussage ist jetzt Pilatus direkt angefragt. Dieses Hören auf seine Stimme zeigt deutlich, dass sich sein Reich und sein Königtum auf Erden abspielen, mitten in uns. Die Menschen, die zu ihm gehören, gleichen sich nicht der Welt an. Sie handeln, lehren, reden und denken nach den Weisungen Jesu. Daran erkennt man das Königreich Christi in dieser Welt, in den Herzen der Menschen.

Auch wir müssen uns immer wieder fragen: Erkennt die Welt in mir diese Königsherrschaft Jesu? Bin ich aus der Wahrheit? Höre ich auf seine Stimme? Das Königreich Jesu wird für die Welt im Leben der Menschen erfahrbar, die zu ihm gehören. Dadurch wird die Welt provoziert. Sie erträgt es nicht, dass es Menschen gibt, die anders leben, als es in der Welt normalerweise üblich ist und die damit gleichsam einen Vorwurf darstellen. Die Welt wehrt sich dagegen und bekämpft dieses Reich. Man glaubt, das Reich Gottes besiegen zu können, indem man die Menschen umbringt, die Christus folgen. Dadurch wird man es jedoch nur vermehren, denn: Das Blut der Märtyrer ist der Same für neue Berufungen.

Mit seiner Frage *„Was ist Wahrheit?"* weicht Pilatus einer Entscheidung aus. Auch wir müssen uns fragen, ob wir nicht manchmal Entscheidungen ausweichen. Anstatt auf die Stimme Gottes zu hören und ihr zuzustimmen fragen wir: Was ist Wahrheit? Stimmt das überhaupt, was wir vernehmen? So, wie Pilatus damals, hören auch in der heutigen Zeit viele Menschen – auch Christen – die Stimme der Wahrheit letztlich nicht, weil sie nicht aus der Wahrheit sind. Wie viele Menschen hören auf das Evangelium, und hören trotzdem nicht darauf?

Die in Jesus gegenwärtige Offenbarung Gottes zwingt die ungläubigen Juden genauso wie den Heiden Pilatus zur Entscheidung, also zur *„krisis"*. Die jetzt im fortlebenden Christus gegenwärtige Offenbarung, das Königreich Jesu in den Menschen, die wirklich mit Christus leben, ruft die Welt zur Entscheidung, ja, man könnte sogar sagen, in die *„krisis"*. Wir erleben heute einen massiven Kampf gegen das Königtum Christi, gegen die Christen. Wenn Sie irgendwo sagen, dass Sie katholisch sind, werden Sie oft schnell angegriffen, in Frage gestellt und sogar lächerlich gemacht, obwohl Sie nichts Böses tun. Das Königtum Christi in uns ruft die Welt in die Entscheidung, in die „krisis". Daran erkennen wir die Macht und Kraft des Königtums Christi in uns und in der Kirche. Wer aus der Wahrheit ist, hört die Stimme Gottes. Das ruft die Welt in die *„krisis"*.

Persönliche Notizen